논어, 세 번 찢다

去聖乃得眞孔子 QUSHENGNAIDE ZHENKONGZI by 李零 LI LING

Copyright 2008 ⓒ 李零 LI LING

All rights reserved

Korean copyright ⓒ 2011 by Geulhangari Publishers

Korean language edition arranged with SDX JOINT PUBLISHING COMPANY

through Eric Yang Agency Inc.

논어, 세 번 찢다

계보 · 사상 · 통념을 모두 해체함 리링李零 지음 황종원 옮김

글항아리

세상에는 갖가지 약이 있는데 간단히 말하자면 하나는 진짜 약이고 다른 하나는 가짜 약으로 이 둘은 모두 필요로 하는 사람이 있다. 세상에는 만병통치약이 없지만, 사람들은 이런 약이 있었으면 하기에 이런 약이 생겨난다. 하루는 산리엔三聯 서점 2층 커피숍에서 누군가를 기다리고 있었다. 손님은 나 말고는 한 무리의 젊은 남녀밖에 없었다. 그들은 그리 멀리 떨어지지 않은 탁자에 앉아 있었는데, 아마도 회의를 하고 있는 듯했다.

그들은 고담준론을 벌이고 있었고, 주제는 약품 사업에 관한 것이었다. 그중 한 사람이 약이 팔리려면 치료가 잘 되지 않는 약, 정확히 말하자면 도무지 치료하기 어렵지만 환자가 치료되기 바라는, 하지만 치료가 잘 되지 않는 약을 팔아야 한다고 말했다. 예컨대 류머티즘이나 B형 간염 따위는 분명히 치료하기 어려울 테지만, 바로 그 치료하기 어렵다는 점으로 인해 그런 약은 특별히 잘 팔릴 것이라고, 그것이 아무리 비싸더라도 사려는 사람이 있을 것이라고 했다. 또 이렇게도 말했다. 당신은 이런 짓을 부도덕하다고 할 테지만, 나는 보통 사람의 도덕에 어긋났을 뿐, 상도덕에는 어긋나지는 않았다고 말이다. 보통 사람의 도덕이란 리지아청李嘉誠만큼 돈을 번 뒤라야 논할 수 있다고 말이다.

5

요 몇 년 사이 나는 너무나 많은 정력을 『논어』 연구에 쏟아 부었는데, 과연 그럴 만한 가치가 있었는지 스스로 묻곤 한다. 솔직히 말해 나는 정말 하루빨리 논란이 분분한 이 주제에서 몸을 빼고 싶었다. 그것 외에도 할 일이 많기 때문이다. 바쁘지만 또 게으르기도 한 나로서는 논쟁이란 얼마간은 귀찮은 일이다.

옛사람은 이렇게 말했다.

"뭇사람들에게 손가락질을 당하면, 병이 없어도 죽는다千人所指, 無病而死."(왕가王嘉가 인용한 속담)

"사람들 사이에 빠지느니 차라리 연못에 빠지겠다. 연못에 빠지면 그래도 헤엄칠 수 있지만, 사람 사이에 빠지면 살 수 없다與其溺於人也, 寧溺於淵, 溺於淵猶可游也, 溺於人不可活也."

『대대예기大戴禮記』「무왕천조武王踐阼」, 중산왕中山王의 대정大鼎 명문銘文에도 이와 유사한 말이 있다. 나를 아끼는 일부 친구들은 내가 여론의 심연 속에 빠져 몸을 빼지 못할까 걱정한다. 하지만 나는 이 작업이 필요하다고, 다른 사람들에게 그리고 나에게 모두 필요하다고 생각한다.

나의 연구는 지난 20여 년 동안 중국 사회에 불어닥친 복고의 광풍

7

을, 거의 미친 듯이 보이는 이 기이한 현상을 겨냥한 것이다. 나는 일찌감치 누군가 나와서 몇 마디라도 해야 했다고, 그것은 '아니다'라는 한마디라도 해야 했다고 생각한다. 누군가를 난처하게 만들기 위해서가 아니라, 다만 학자의 양심에 기초해 아주 평범한 말 몇 마디라도 하기 위해서 말이다.

나는 나의 사랑하는 중국이 이렇게 짓밟혀가는 것을, 온통 거짓말과 유언비어로 날조되어 자신을 속이고 남을 속임으로써 짓밟혀가는 것을 차마두고 볼 수 없었다.

나는 앞서 『상가구喪家狗』(집 잃은 개)를 썼는데, 이 책은 원래 2004~2005년 내가 베이징대에서 학생들에게 수업할 때 썼던 강의록이다. 이 강의록은 『논어』를 통독하는 데 쓰였다. 한 편씩 한 장씩 한 글자씩 한 구절씩 원서의 순서를 따라 읽었는데, 원서의 분량이 자못 많았던 까닭에(『노자』와 『손자』와 『역경』을 합친 분량) 먹을 금처럼 아끼려 했지만 써 내려가다보니 결국은 두툼해지고 말았다.

나는 능력이 부족했다. 두세 마디로 모든 문제를 꿰뚫으면서도 오류를 범하지 않는다는 것이 어찌 말처럼 쉽겠는가? 애초부터 나는 그럴 수밖에 없었다.

나는 그 책을 쓴 목적을 그 책 서문에 이미 밝혀두었다. 내가 비판하고자 하는 것은 어떤 사람이 아니라 커다란 조류라고 말이다. 어떤 사람은 내가 누구누구에 기대어 유명해지고 싶어한다고 악의적인 추측까지 했으니, 정말 지겹다. 중화서국中華書局에서도 '백가강단百家講壇'에서도 내 책은 일찌감치 쓰였으며 어느 조류에도 영합하지 않았음을 분명히 알고 있었다. 어린아이가 고양이를 건드리고 개를 놀리듯이 짓

굳게 굴어 남의 눈과 귀를 끌어들이는 것은 나에게 익숙한 일이 아니다. 여러분은 그 책 서문이 「공자 기호학 발미孔子符號學發微」라는 제목으로 잡지 『독서讀書』에 발표된 것이라는 점에 주목해야 한다. 그것은 1년 전에 욕먹을 준비를 하고 쓴 것이지, 환심을 사기 위해 쓴 것이 아니다. 만약 나의 비판이 공교롭게 누군가의 아픈 곳을 건드렸다면, 그것은 우연의 일치였을 따름이다. 이를테면 나는 소인을 어린아이로 해석하는 잘못된 설을 언급한 바 있다. 바로 일찍이 누군가 말했던, 대단히 여성주의적인 해석을 담고 있는 그것 말이다. 물론 그것은 헛소리다. 나는 다만 나의 책을 읽고 학생들을 데리고 원전을 읽을 따름이지 후대의 유명인사와는 아무런 관련이 없다. 떠받드는 일이건 욕하는 일이건 나는 그 일에 끼어들고 싶지 않다.

내가 가진 애초의 생각은 원전을 읽는 것이었다. 나는 독서를 통해 많은 무의미한 논쟁을 불식시키고 사람들을 위해 토론할 수 있는 공간을 제공해주고 싶었다. 최소한의 비판의 공간이라도 말이다. 공자가 말한 대로 말했으니 살펴볼 수 있는 기록도 있고, 책을 읽으려고만 한다면 사정은 어렵지 않게 분명해지리라 믿었다. 누가 열심히 읽고 누가 열심히 읽지 않는가 하는 것이 환히 밝혀지리라 생각했다. 나는 다만 힘껏 노력했을 따름이다.

그런데 모두가 목도한 것처럼 이 일은 커다란 파문을 일으켰다. 책을 읽지 않은 자가 책을 읽은 자를 욕하되, 올바른 이유가 있다는 듯이 당당하게 쓸데없는 말을 한 바가지 쏟아내는데, 그것은 책과는 전혀 관계가 없는 것들이었다. 나를 지지하는 사람들도 물론 많았지만, 나를 반대하는 자들도 결코 소수가 아니었고, 급기야 문화적 사건이라 일컬어지기에 이르렀다.

중국에서 공자 존숭은 유림 내부 인사의 설명에 따르면 대략 1980
년대 말에 태동하여 오늘날 크게 성행하게 되었다고 하는데, 세월로
논하건 사람 수로 논하건 이들은 굉장히 큰 세력을 이루게 되었다. 이
20년 동안 중국에서는 도대체 무슨 일이 일어났던 것일까? 이것은 확
실히 의미심장한 일이다. 논쟁의 배후에는 많은 민감한 문제가 투영되
어 있는데, 아마 이것들은 아직까지 뚜렷이 보이지 않는 것 같다. 따라
서 나는 이 논쟁에 대해 서둘러 어떤 결론을 내리지 않겠다. 다만 나는
상식과 이치에 어긋나는 일이라면 그것이 무엇이든, 토끼의 꼬리가 그
렇듯이, 자라날 수 없다고 믿는다.

겉으로만 보면 논쟁은 책 제목으로 인해 일어난 듯이 보이지만 실은
그렇지 않다. 『집 잃은 개喪家狗』라는 책 제목은 하나의 고사故事일 따
름이다. 내가 무슨 의미에서 그 제목을 사용했는지는 그 책에 명확히
설명되어 있다. 책을 읽지 않은 사람들만 보자마자 안달하며 조상 무
덤을 파헤친 것처럼 노발대발한다.

사마천은 한 무제武帝 시대(중국에서 최초로 정부가 공자 존숭을 주창했
던 시대)에 공자를 지극히 경모한 대학자였다. 그런 그가 그 고사를, 아
주 깊은 의미가 담긴 고사를 전하고 있는 것이다. 이 고사에서 공자는
자신이 성인이라는 점을 부인하고 도리어 자신이 '집 잃은 개'라는 점
을 인정한다. 이외에 다른 네 권의 고서에서도 이 고사를 전하고 있는
데, 그 작자들 역시 전형적인 유가이다. 저간의 사정은 이렇게 간단명
료하다.

그래도 부족한 감이 있다면 취푸曲阜를 구경시켜드리겠다. 공자사당

으로 들어갔다가 성적전聖跡殿으로 들어가면 벽 사방에 공자의 일생을 묘사한 벽화가 있음을 발견하게 될 터인데, 이것이 이른바 「성적도聖跡圖」이다. 「성적도」는 공자를 욕하기 위한 그림이 아닌, 그를 홍보하기 위한 그림이다. 그렇지 않다면 전각에 모셔놓았을 리가 없다. 게다가 이러한 홍보 그림은 석각본石刻本만 있는 게 아니라, 채색본도 있고, 목각본도 있다.

또 모든 「성적도」에 바로 이 고사를 전하는 그림 한 폭이 있다는 것에도 유의해야 한다. 특히 공자 생가에 소장되어 있는 명대 채색본은 제목이 '누루설성도累累說聖圖'라고 되어 있는데, '지쳐서 초라하다累累'는 것은 무엇을 뜻하는가? 바로 '집 잃은 개'를 뜻한다. 그것은 공자가 '집 잃은 개'라는 말로 '자신이 '성인'인가 아닌가 하는 문제에 답한다는 그림의 주제를 분명히 귀띔해주고 있는 것이다. 또 그림의 왼쪽에는 사마천의 말을 베낀 것이자 내가 이 책 표지에 넣은 말도 있다. 이렇듯 이 모든 것들이 옛날부터 이미 존재해온 것들이다.

어떤 이는 리링이 고의로 '집 잃은 개'라는 기발한 말을 만들어냈다고 하면서 원망하나, 사실 내게 그런 말을 만들어낼 무슨 권한이 있겠는가. 그들의 공자 존숭은 공자의 말조차, 사마천조차 욕하는 지경에 이르렀으니, 욕하다 머리가 흐려진 것이다. 그러나 범인들이 긁어 부스럼을 만들어도, 말라버린 옛 우물에는 물결이 일지 않는 법이다.

여기 놓여 있는 이 책은 『집 잃은 개』의 속편이다. 이 책은 앞선 책과는 달리, 통독할 수 있는 책이 아닌 정독을 해야 하는 책이다. 이 책에서 나는 『논어』를 해체해 읽었다. 먼저 첫 편에서는 인물을 논하면서 종으로 읽고, 둘째 편에서는 사상을 논하면서 횡으로 읽었다. 그리고 마지막으로 성전聖典으로서의 이미지를 해체했다. 이 책과 앞선 책에는 공통된 주제가 있다. 첫째는 성인 개념의 변화를 논한 것이다. 공자가 왜 자신이 성인이라는 점을 부인했는지, 자공이 왜 그를 성인으로 세우려 했는지를 논한다. 둘째는 도통의 오류를 논한 것이다. 공자·안연의 도에서 공맹의 도에 이르기까지, 다시 공맹의 도에서 공자·주자의 도에 이르기까지, 사배四配와 열두 철인이 어떻게 날조되었는지를 논하고 있다. 그래서 나는 '성인의 이미지를 벗겨내야 진짜 공자가 보인다'고 하는데, 이 책의 제목은 이렇게 해서 붙은 것이다.

내가 이야기하는 것은 다 역사적인 사실이다. 능력이 있다면 나와서 반박해보시라. 욕만 하는 것은 쓸데없는 짓이다. 사실 그들이 욕을 할수록 나는 더욱 책을 읽고 싶어지고, 책을 읽을수록 나는 더욱 그들이 황당하게 느껴진다.

내 책 두 권은 각각 역할 분담이 되어 있다. 앞서 쓴 책(『상가구』)은 조금 두툼한 반가공품으로 주로 세부 사항을 훑어 내려갔다. 이에 비해 뒤에 쓴 이 책은 조금 얇다. 이 책에서는 원서를 흐트러뜨려 각기 다른 주제로 나누었으며, 각각의 문제를 차례로 논하였다. 이 책은 앞선 책보다 대중적이다. 하지만 대중적인 동시에 심화되기도 했다. 즉 주제가 더욱 두드러지고 논리가 더욱 분명해졌다. 나 스스로 앞선 책보다 이 책의 논의가 더욱 깊고 투철하다고 생각한다. 많은 문제들은 다시 생각된 것으로, 원래 있던 것을 반복한 것이 아니다. 이렇게 나는 『논어』를 얇게 읽을 수 있게 되었다. 얇게 읽어야 비로소 맛을 느낄 수 있는 것이다.

올 여름(2007년) 나는 공자가 걸었던 길을 따라 24개 현縣과 시市를 돌아다녔다. 6천 킬로미터에 달하는 여정이었는데, 이것 또한 이 책의 저술에 많은 새로운 단서와 생각, 특히 공간적·시간적 느낌을 가져다 주었다. 나는 책을 읽고 답사를 하는 것이 논쟁을 하는 것보다 훨씬 중요하다고 생각하며, 특히 공부가 필요하다고 생각한다. 책은 읽지 않고 욕만 하는 것은, 심지어 거리낌 없이 유언비어를 만들어 그 칼로 사람을 죽이는 것은 비겁함을 드러내는 것이다.

『논어』를 둘러싼 논쟁은 머지않아 과거사가 될 것이다. 어떤 이는 진짜 공자란 존재하지 않으며, 존재한다 해도 소용없는 일이라고 말한다. 나는 이런 사람과 토론하는 것이야말로 가장 쓸데없는 일이라고 생각한다.

오늘날의 여론은 영상과 매체 그리고 인터넷을 통해 확산된다. 그리하여 자그마한 일이 크게 확대될 수 있다. 특히 유언비어가 그렇다. 하지만 진실이 이로 인해 바뀔 수는 없는 법이다.

나는 책을 읽을 뿐, 논쟁에는 관심이 없다. 공자는 "삼군의 장수는 빼앗을 수 있지만 필부의 뜻은 빼앗을 수 없다"[1]고 했다. 여론에 직면하여 지식인이 어떠해야 하는지, 우리는 그 어르신의 가르침에 귀 기울여봄 직하다. 공자는 이런 말들을 했다.

자공이 물었다. "마을 사람들이 모두 좋아하면 어떻습니까?" 공자께서 말씀하셨다. "아직 그렇다고 해서는 안 된다." "마을 사람들이 모두 미워하면 어떻습니까?" 공자께서 말씀하셨다. "아직 그렇다고 해서는 안 된다.

마을 사람 중에 선한 사람이 좋아하고, 선하지 않은 사람이 미워하는 것만 못하다." 子貢問曰, '鄕人皆好之, 何如?' 子曰, '未可也.' '鄕人皆惡之, 何如?' 子曰, '未可也. 不如鄕人之善者好之, 其不善者惡之.'(「자로子路」 13.24)

공자께서 말씀하셨다. "많은 사람이 미워하더라도 반드시 살펴보고 많은 사람이 좋아하더라도 반드시 살펴보아야 한다." 子曰, '衆惡之, 必察焉, 衆好之, 必察焉.'(「위령공衛靈公」 15.28)

공자께서 말씀하셨다. "향원은 덕을 해치는 사람이다." 子曰, '鄕原愿, 德之賊也.'(「양화陽貨」 17.13)

그 어르신의 뜻은 모든 사람들이 좋다고 해서 꼭 좋은 사람인 것은 아니며, 모든 사람이 나쁘다고 해서 꼭 나쁜 사람인 것은 아니라는 것이다. 좋은 사람이 좋다고 하고 나쁜 사람이 나쁘다고 해야 비로소 참으로 좋은 사람이다. 나는 여론에 대한 그의 이런 태도를 지지한다.

나는 나를 지지하는 사람은 모두 좋은 사람이고 나를 반대하는 사람은 모두 나쁜 사람이라고 말하려는 뜻은 없다. 개인적인 호오好惡를 가지고 모든 것을 재는 척도로 삼을 수는 없기 때문이다. 심판 노릇을 하는 것에 대해 나는 전혀 관심이 없다. 더군다나 도덕이란 탄력성을 지녀 언제든지 변할 수 있는 것이 아닌가. 좋은 환경에 처하면 나쁜 사람도 좋게 변할지 모를 일이다. 핵심은 환경에 달려 있는 것이다.

이 논쟁 중에 깨어 있는, 이지적인 태도를 견지하며, 도의적으로 나에게 지지를 보내준 모든 분들께 깊이 감사를 드리는 바이다.

2007년 10월 14일
날씨가 갑자기 추워진 미국 시카고대 인터내셔널 하우스에서

『논어』독법

『논어』를 읽는 가장 좋은 방법은 원서를 중요하게 생각하는 것, 『논어』라는 책 그대로를 읽는 것이다. 이제 나는 나의 『논어』 독법을 말할 터이니 참고로 하시기 바란다.

자서子書이니 자서로 읽어라

『논어』를 읽을 때는 마음가짐이 중요한데, 우선 가져야 할 것은 편안한 마음이다. 『논어』는 공자 문하에서 남긴 대화록으로, 일부분은 선생님의 말이고 일부분은 학생들의 말이다. 우리가 이 책을 읽는 것은 그들의 한담을 듣는 것으로, 꼭 정식 경전으로 볼 것만도 아니고 부들부들 떨 만큼 감동적인 것만 있는 것도 아니다. 따라서 읽지 않음으로 인해 생겨나는 숭배하는 마음은 한구석에 버려두는 것이 좋다.

『논어』는 『한서漢書』 「예문지藝文志」에는 「육예략六藝略」 안에 있고, 후세에는 경부經部에 속하게 되었지만, 원래부터 경은 아니었다.

옛사람들이 말하던 '육경六經', 즉 시詩·서書·예禮·악樂·역易·춘추春秋
는 공자 시대에는 여섯 종의 고서였다.² 이들 책 대부분은 케케묵은
고서들이다. 예컨대 『시경』 『서경』 『주역』은 공자가 살던 시절에도
해독하기 어려웠다. 『좌전』 등의 책에서 인용된 것들을 보라. 많은 것
들이 단장취의斷章取義한 것으로, 이미 원뜻에서 멀어져 있다. 『의례儀
禮』와 『춘추』의 경우 연대가 조금 늦은 것이기는 하지만, 그것 역시
읽기가 쉽지는 않다. 전국시대나 진·한 시대에도 읽기 힘들었으니, 한
이후는 더 말할 것도 없다. 오늘날 경전을 읽어야 한다며 칭얼대는 사
람들, 특히 어린이들의 경전 읽기를 부채질하며 선동하는 어른들, 이
들은 먼저 자신부터 이것들을 읽는 모범을 보이는 것이 좋을 것이다.
이들 책은 어린아이는 물론이고 어른조차도 읽어 내려가기 힘든 것
들이다. 특히 유문儒門에서 송독하는 『시경』 『서경』은 교수들한테도
힘겨운 것들이다.

『논어』는 그런 책이 아니다. 공자와 학생들의 한담을, 춘추 말기 당
시의 백화白話로 된 한담을, 당시 사람들이 아무리 공자를 크게 숭배했
다손 치더라도 경전으로 삼을 수는 없었을 것이다. 내가 『논어』를 경
전으로 보는 것은 자서子書 중의 경전, 오늘날 우리가 읽기에 훨씬 적합
한 경전이기 때문이지, 공자 시대에 경전이었기 때문은 아니다. 자서는
당시에 백화였다.

공자는 성인이 아니라 민간의 학자이자 사립학교의 선생님이었을
뿐이다. 후세에 유가라고 불린 그가 세운 학교나 학파—영어로는 모두
school이라 칭한다—는 원래는 제자백가 가운데 일가一家였을 뿐이
다. 『논어』의 본래 면모는 자서로서 『묵자墨子』나 『노자老子』와 마찬가

지로 단지 일가의 학설이었을 뿐이다. 당시의 지식인들은 누구나 옛것을 그리워하고 복고하려 했으며, 누구나 당대 사회에 불만을 품고 정치가를 설득시키려고 했다. 하지만 그 누구의 방안도 그저 말해본 것일 뿐, 관방의 이데올로기가 되지는 못했다.

공자의 학이 신성시된 것은 공자 사후의 일이고, 이데올로기화된 것은 한나라 때의 일이다. 한나라 때 오경이 있었다고 하나 그것은 전국시대의 '경經'이었으며, 『논어』의 지위가 높아졌다고 하나 그것은 '4대전四大傳'(나머지 셋은 『맹자孟子』 『효경孝經』 『이아爾雅』) 가운데 하나였을 뿐 결코 '경'은 아니었다. 한나라 때 '전'이란 '경'을 읽을 때 입문서나 참고자료로 삼았던 유가의 서적으로, 진정한 의미의 '경'과는 여전히 구분되는 것이었다. 당나라 때에는 '9경'이 있었지만, 한나라의 '4대전'은 그 안에 포함되지 않았다. 송나라 때에는 '사서오경四書五經'이 있었고, 『논어』가 '사서'(나머지 셋은 『맹자』 『대학大學』 『중용中庸』이다) 중의 하나였지만, 사서 역시 오경 밖에 있는 책, '4대전'에 해당되는 책이었다. 청나라 때 13경의 경우에는 『논어』가 '경'으로 배열되어 앞선 이해와는 달라진다.

5·4운동 때 '공자의 거점을 타도하자打倒孔子店'—원래 말은 '공가의 거점을 부수자打孔家店'였다—고 했던 것에 대해 어떤 이는 그것을 '전통의 단절'이라고 말한다. 하지만 실제로 그 운동으로 부순 것은 '주가의 거점朱家店'이었지, '공가의 거점孔家店'이 아니었다. 타도한 것도 거점이었을 뿐 공자는 아니었다. 공자가 성전에서 내려와 제자백가로 되돌아간 그 일에 무슨 잘못된 점이 있단 말인가? 그 일을 통해 원래의 모습이 회복된 것이다. 나는 공자 연구의 자료로 『논어』를 읽지, 조상께

바칠 것으로 여기지 않고, 공경하되 멀리하여 숭배만 할 뿐 읽지 않지 않으며, 혹은 읽기는 읽되 제대로 읽지 않고 몹시 초조해하며 무슨 쓸모가 있을까만을 생각하지도 않는다.[3]

독자는 학생이니 대상을 착각하지 말라

선진시대의 자서는 벼슬을 구하는 책으로 그 안에 담긴 정치적 구상은 다 통치자에게 헌납하려는 것이었다. 군주에게 유세하는 일은 전국시대에 크게 유행했는데, 이러한 분위기는 공자와 관련이 있다. 공자는 이곳저곳을 다니며 외쳐댔으나, 타인의 뜻에 맞춰줄 줄 모르고 틀어지기만 함으로써 많은 말들은 헛말이 되어 기록되지 못했다. 기록된 말이 있다면 그것은 주로 학생들에게 들려주기 위한 것으로, 옛 책을 읽고, 옛 예를 익혀 고대 귀족처럼 군자다운 풍모가 있기를, 자신을 변화시킬 뿐만 아니라 당시의 통치자도 변화시키기를, 단단히 벼르며 언제나 준비가 되어 있기를 바라는 것들이다. 이는 유세를 하기 위한 초기 단계에 해당되는 것들이다. 『논어』를 읽을 때 우리는 공자가 현실에 불만을 품고 있었고, 현실이 너무도 군자답지 않음을 한탄했으며, 그의 이상은 서주의 군자국을 회복하는 데 있었다는 점에 유의해야 한다. 『논어』에서 이야기를 들려주는 대상은 대중이 아니라 엘리트이다. 그는 예수나 붓다와는 달리 전혀 군중 노선을 걷지 않았고, 대중의 영웅도 아니었다. 그가 논한 인仁은 모든 이들을 똑같이 대하는 것이 아니었고, 그가 논한 사랑愛도 천하를 두루 사랑하는 것이 아니었다. 계급사회에서 누군가 어떤 말을 할 때 그 말은 누군가에게 들려주기 위한 것이다. 이런 종류의 분석을 우리는 여전히 하지 않을 수 없다.

많은 학자들—예컨대 자오지빈趙紀彬이나 양보쥔楊伯峻 같은 이들[4]—은 일찍이 『논어』에 나오는 '사람 인人'과 '백성 민民'이 한 구절에서 대구를 이룰 때, 그 의미가 같지 않다고 이야기한 바 있다. '사람 인'은 인텔리, '백성 민'은 대중, 전자는 군자, 후자는 소인이라고 말이다. 공자가 관심을 가졌던 일은 오직 군자와 관련이 있을 뿐, 소인과는—그리고 여성과도—무관했다. 관련이 있다 해도 그것은 그들을 배불리 먹고 마시게 하고, 말썽 피우지 않게 하며, 말 잘 듣고 힘써 일하게 하고, 윗사람에게 감격해 받들게 하는 것으로, 즉 '백성 민'은 주로 '시킬 사使' 뒤에서 목적어로 쓰였을 뿐이다. 마르크스는 "종교는 인민의 아편이다"(『헤겔 법철학 비판 서설』)라고 했는데,[5] 이 말은 옳다.(아편은 일찍이 만병통치약이었다.[6]) 예로부터 오늘날까지 대중이 듣고 싶어하는 것은 종교지만(혹은 다소간 종교의 냄새를 풍기고 있는 것이지만), 공자는 이런 것을 이야기하지 않았다. 그의 가르침은 주로 도덕적인 측면에 관한 것이었다. 공자는 솔직하여 엘리트의 입장이면 엘리트의 입장이지, 대중과 친한 척할 게 무엇이냐고 생각했던 것이다.

『논어』를 읽을 때 우리는 그 대상이 어떤 사람들인가를 결코 잊어서는 안 된다. 어리석은 사람들처럼 절에 들어가 향을 피우고 혼잣말을 하며 '오버'하다가 스스로가 스스로에게 답을 찾아주어서는 안 된다. 공자가 무엇을 말했는지 듣지 않고, 말하지 않은 것도 그의 입을 빌려 우리를 대신해 말하게 해서는 안 된다는 말이다.

길고 두서가 없으니 인내심을 갖고 읽어라

오늘날은 공자의 열기로 떠들썩하거니와 누구나 『논어』가 중요하다고 말한다. 그런데 그것의 중요성은 어디에 있을까? 태반은 남들이 그렇다고 하니 그렇다고 할 뿐, 진짜 원서를 읽어본 이들은 별로 없다. 솔직히 말해 이 책은 읽기가 결코 쉽지 않다. 일반적인 자서보다 읽기가 어려워 인내심이 없으면 결코 읽어 내려갈 수 없다. 특히 이 책에는 두 가지 특징이 있으니, 첫째는 길다는 것이다. 『노자』『손자孫子』『주역』을 다 합쳐야 이 책만 하다. 둘째는 두서가 없다는 것이다. 책은 대부분 짧은 장절로 되어 있고, 3~5문장이 한 단락을 이루며, 각각의 단락을 모아놓아도 「향당鄕黨」과 「미자微子」편을 제외하고는 집중된 주제가 없다. 한 편 안에 많아야 3~5장이 약간은 연관된 듯이 보이지만, 전편을 보아 내려가면 어떻게 한 편으로 볼 수 있는지, 아무런 규칙이 없다. 편명 또한 편마다 첫 두세 글자를 따와 억지로 붙인 것으로 내용과는 관계가 없으며, 한 편과 다른 한 편을 한데 놓으면 어느 편이 앞에 놓이고 어느 편이 뒤에 놓여야 하는지, 이 또한 두서가 없다.

오늘날에는 학술 저널의 원고청탁을 받을 경우 5천~1만 자 정도면 글 한 편을 충분히 쓸 수 있는데, 고대에는 이 정도면 책 한 권 분량이었다. 옛사람들은 이 정도 되는 글자로 많은 이치를 논하여 영원히 남을 만한 경전을 이루어냈으니, 우리와는 비교가 되지 않는다. 옛사람들 앞에서 우리는 매우 부끄럽다. 나는 줄곧 나 자신을 욕해왔다. 왜 그렇게 멍청하냐고, 책을 얇게 만들 능력은 없느냐고 말이다. 나에게 이상적인 책은 10만 자 정도 되는 책이다.

『논어』를 읽을 때 하루에 얼마나 읽어야 소화가 되고 이해가 되면서도 싫증나거나 힘들지 않을 수 있는지 나는 나의 경험을 약간이나마 이야기해줄 수 있다. 내가 베이징대에서 5~6천 자 되는 고서, 예컨대 『노자』『손자』『역경』 같은 것을 매주 두 시간씩 강의할 경우 한 번 통독하려면 한 학기가 걸린다. 또 자서 중에서 『논어』는 분량이 많지 않지만, 즉 『묵자』『맹자』『순자』『관자管子』『장자』『한비자韓非子』『여씨춘추呂氏春秋』에 비해서는 훨씬 적지만, 한 번 통독하려면 반드시 두 학기를 보내지 않으면 안 된다. 현행 판본 『논어』는 (중복되는 문장을 계산에 넣지 않을 경우) 1만5천여 자인데, 두 학기를 강의하더라도 꽉 찬다. 이렇게 『논어』를 읽을 때 우리는 충분한 인내심을 가져야 한다.

어록체이니, 흐트러뜨려 읽어라

동서고금을 막론하고 사상을 기록하는 데에는 두 가지 방법이 있다. 첫째는 선생님이 말하면 현장에서 일문일답하여 머릿속에 기억했다가 다른 이들에게 들려주어 입과 귀로 배운 것을 대대로 전하는 것이니, 이것은 '말語'이다. 둘째는 잊어버릴까 하여 붓으로 기록하여 정리하고 윤색하는 것이니, 이것은 '기록錄'이다. '말'이란 아차 하면 잊기 쉬운 것이어서 현장에서 기록하지 않으면 곧 잊어버리고 만다.[7] 하지만 현장에서 기록한다는 게 어찌 말처럼 쉽겠는가? 많은 기록들은 여전히 구전에 의존하고 사후의 기억에 의존하기에, 말했을 때부터 쓰일 때까지의 사이에는 시간차가 존재하며, 어떨 때는 아주 커다란 시간차가 존재한다. 그리하여 뒤틀리게 기억하거나 잘못 기억하는 것은 늘 있는 일이다. 또 마지막으로 쓰는 것 역시 선별해야 하고, 편집해야 한다. 이렇게 마지막으로 정리하여 완성되는 대화록이 이른바 '논어論語'이다. 이것이 '논어'라는 말의 본래적인 의미이다.

『논어』는 어록체로 쓰였다. 이 책이 어떻게 엮였을까 하는 문제는 더 연구해보아야 한다. 하나의 가능성은 수시로 듣고 수시로 기록해놓았을 거라는 것인데, 이 경우 생생하고 원래의 맛이 간직된다. 다른 하나의 가능성은 이미 정리된 장편에서 뽑아낸, 명언 발췌에 해당될 거라는 것이다. 그밖에 또 하나의 가능성은 위의 두 가지 상황이 모두 존재하는 '칵테일'일 거라는 것이다.

『논어』 이후 이러한 장르에 속하는 것으로는 선종禪宗의 어록과 송명이학의 어록이 있고 연대가 가장 가까운 것으로는 『마오쩌둥어록』도 있다. 이 책은 포켓북으로 손바닥만 하다.

동한시대에 『논어』에 주를 달았던 정현鄭玄은 당시 '오경'은 2척尺4촌寸으로 된 큰 죽간에 베껴 쓴 데 비해, 전은 그것과는 달리 8촌(여기서 말하는 길이는 모두 한나라 때의 것을 가리킨다)의 짧은 죽간에 베껴 썼다고 말했다. 『논어』는 바로 8촌의 죽간에 썼으며, 그것 또한 당시의 포켓북이었다. 1973년에 출토된 팔각랑八角廊 한나라 죽간漢簡에는 『논어』가 들어 있다. 그것은 한나라 선제宣帝 때의 옛 판본으로 정현의 것보다 오래되었는데, 길이는 더욱 짧아 7촌(여기서 말하는 길이 역시 한나라 때의 것을 가리킨다)밖에 안 된다. 옛 『논어』 판본 역시 포켓북이었던 것이다.[8]

『논어』의 편집 방식을 연구할 때 1993년에 출토된 '곽점 초나라 죽간郭店楚簡'은 우리에게 많은 것을 일깨워준다. 이 죽간에는 4종의 작은 책이 있는데, 모두 6촌 반에서 7촌 반에 이르는 짧은 죽간에 베껴 쓴 것들로 팔각랑 판본 『논어』와 크기가 비슷하다. 정리자는 이를 '어총語叢'이라 불렀는데, 그 중 『어총일語叢一』 『어총이語叢二』 『어총삼語叢三』 은 모두 짧은 문장이 뒤섞인 것으로 한 장씩 따로 베꼈으며 각 장 또한 두세 조각의 죽간으로 이루어져 『논어』와 매우 흡사하다. 형식만 비슷한 것이 아니라 내용 또한 비슷하며 어떤 것은 자구마저도 비슷하다. 이 점은 『논어』가 베껴 쓴 카드처럼 그렇게 긁어모은 것이라는 점을 설명해준다.

과거에 어떤 이는 『논어』는 해체해서 읽어야 한다고 했는데, 그 말은 맞다.[9] 난화이진南懷瑾 선생은 『논어』에 '일관된 체계'가 있다고, 그 것은 하나의 어떤 장과 다른 어떤 장을 잇는 일, 하나의 어떤 편과 다른 어떤 편을 잇는 일에 모두 크게 신경을 썼으니, 절대로 그것을 건드려서는 안 된다고 말했는데, 이는 사실을 고려하지 않은 것이다.[10]

『논어』를 읽는 일과 관련해 나는 한 가지 제안할 것이 있다. 책에 두서가 없는 이상 우리가 그것을 해체해 읽지 않을 이유가 어디에 있느냐는 것이다. 백정庖丁이 소를 해체하는 것처럼 여덟 조각으로 크게 해체한 후 대비와 분석을 통해 이 책이 도대체 무엇을 이야기하고 있는지 살펴보자. 반드시 원서의 순서대로 읽을 필요는 없으며, 설사 원서의 순서대로 읽더라도 한편으로는 읽으면서 다른 한편으로는 전후좌우의 관계가 어떤지 보도록 하자. 그렇게 하지 않는다면 뒤쪽에 이르러 앞쪽의 내용을 잊어버림으로써 뒤죽박죽이 될 것이고, 설사 통째로 외운다 하더라도 뒤죽박죽이 될 것이다.

　나의 『논어』 독법에는 두 가지가 있다. 첫째는 종으로 읽는 방법이고 둘째는 횡으로 읽는 방법이다. 나는 먼저 종으로 읽고 그 후에 횡으로 읽는데, 둘 다 해체해서 읽는다. 아래에서 이야기하는 것은 바로 이렇게 읽는 법에 관한 것이다.

종으로 읽는 방법

　종으로 읽는 방법이란 인물에 따라, 그 인물이 산 연대에 따라 읽는 방법이다. 『논어』에 두드러진 한 가지 특징은 양산梁山의 호걸들보다도 등장하는 인물이 훨씬 많다는 점이다. 여기에 등장하는 인물들은 개성이 뚜렷하고 이에 대한 묘사도 생동감이 넘친다. 예를 들어 안연顔淵과 자로子路는 유별나게 주목을 끄는 인물이다. 선생님은 왜 안연은 편애하고 자로에게는 늘 욕을 해댔을까? 이런 서술 방법은 매우 강렬한 대비를 이루고 있다. 게다가 이 책은 굉장히 이상하다. 선생님은 학생을 욕하고 학생은 선생님에게 덤비며 학생과 학생 사이는 틀어져 있는데, 이 사실들을 은폐하지 않는다. 주변 사람들은 선생님께 무례하고 선생님을 모욕하며, 선생님을 자리에서 물러나지 못하게 하면서 꼬박꼬박 모욕을 당하게 하며, 심지어 선생님도 화를 억누르지 못하고 막대기로 오래된 친구를 치는데, 이런 것들도 모두 기록했다. '성서聖書'라고 하지만 성스러운 맛이라고는 하나도 나지 않는다.

　그것은 『노자』와는 다르다. 『노자』는 철학적인 말로 넘쳐나되 거기에 사람은 없다. 『노자』를 읽다보면 마치 무인지경에 들어선 것 같다. 그것은 『손자』와도 다르다. 『손자』의 각 편은 '손자 왈孫子曰'이라는 세 글자로 시작되어, 오직 그 한 사람만이 책 속에서 이야기를 하고 있다. 그 책에서는 모든 것이 한 사람에 의해 결정되며, 언급되는 사람도 다 합쳐야 네 사람뿐이다. 테러리스트(전저專諸와 조귀曹劌)가 둘, 거물 간첩 (이윤과 여아呂牙)이 둘이다.

『논어』란 주로 공자와 학생의 한담을 기록한 책이다. 공자와 공자의 학생 및 다른 사람들, 대화 당사자와 그들이 언급하는 사람들, 벼슬하고 정치를 하는 고관대작들 및 산림에 숨어 사는 비협조자들, 죽은 사람과 산 사람, 이 모든 인물을 합치면 156명이 된다. 이들 인물이나 이야기의 배경에 대해 분명히 알지 못하면 이 책은 읽어 내려갈 수 없다.

따라서 내 방법은 먼저 공자의 연표를 작성하고, 그다음에 공자 제자의 연표를 작성하며, 다시 다른 인물들의 연표를 작성하여, 『논어』의 내용을 이 세 가지 연표와 대조하여 읽는 것이다.[11]

횡으로 읽는 방법

공자의 사상에는 내적인 체계가 있으나, 『논어』에는 체계가 없다. 이런 체계가 없는 책에서 우리가 그것의 체계를 읽어내려면 다른 방법은 없고 스스로 손을 대 책 전체를 분류하고 거기에서 사용되는 개념을 분석해내, 이 개념들이 어떤 관계에 있는지를 살펴보는 것뿐이다. 예를 들어 인仁·의義·효孝·우友·충忠·신信·관寬·서恕·공恭·경敬의 열 글자를 공자가 어떻게 이야기했는지 한번 조사해본 후, 모든 문장을 한군데에 모아놓은 후 서로 대조해보아야 한다. 한번 정리해보면 단서가 분명해질 것이다. 위에서 우리는 『논어』는 길이가 길고 인물이 많아 정리되지 않으면 안 된다고 했는데 개념 역시 그렇다. 『논어』 20편에는 연결되는 서술이 없고, 집중된 주제가 없다. 무엇인가를 이해하고 기억하려 한다면 원서를 흐트러뜨려 주제에 따라 채록해야 한다. 내가 말하는 횡으로 읽기는 바로 주제에 따라 채록하는 방식으로 읽는 것을 말한다. 그리고 마지막으로 약간의 심리적인 분석도 해야 한다.

이해하기 어려운 구절은 제쳐놓아라

『논어』에 나오는 말이 모두 정수인 것은 아니다. 많은 것들은 다 평범한 말로 억지로 깊은 의미를 구할 필요는 없다. 한마디 한마디가 다 주옥같고 그 안에는 반드시 깊은 뜻이 있을 거라고 생각할 필요는 없다. 특히 어떤 말 중에는 깊은 의미가 있다 하더라도 당시 사람들은 분명히 이해하지만 후대 사람들은 이해하지 못하는 것도 있다. 『논어』에 나오는 말들 중 많은 것은 머리와 꼬리가 잘려 앞뒤 말을 알 수 없고 대화의 배경을 분명히 알 수 없는 것들로, 이런 것들은 억지로 후벼 파봤자 후벼낼 수 없다. 예컨대 문화대혁명이 끝나기 직전 마오쩌둥은 마지막으로 "당신이 일처리를 하면 나는 마음이 놓인다你辦事, 我放心"는 여섯 글자를 썼다. 이 여섯 글자는 매우 평범하지만, 이를 당대로 가져다놓으면 그것은 황제의 최후 조칙 비슷한 것이다. 그 안에 담긴 깊은 뜻은 그 시대를 살았던 사람들만이 이해할 수 있을 뿐, 그 시대를 지나면 이해가 되지 않는다. 나는 이 여섯 글자를 수백 년 후로 가져다놓을 필요도 없이 지금의 아이들에게 가져다놓는다 해도 영문을 모를 것이라고, 숭배를 하고 싶어도 어느 곳을 향해 숭배해야 할지 모를 것이라고 감히 말할 수 있다. 그래서 나는 이런 대목을 읽는다면 한번 추측해볼 것을 제안한다. 하지만 만약 추측해내지 못한다면 그것으로 그만이지 집요하게 파고들 필요는 없다고 본다.

어떤 책을 골라 읽어야 좋을까

『논어』를 연구한 책은 많다. 하지만 진짜 중요한 책은 많지 않다. 내가 여러분을 위해 골라드리겠다. 서한시대의 고본古本으로는 『고론古論』『제론齊論』『노론魯論』이 있었는데, 이 셋은 이미 전하지 않으므로, 이것들에 대해서는 깊이 따질 필요가 없다. 후에 이 셋은 하나로 융합되어 『장후론張侯論』이라 불렸는데, 이것이 곧 현행 판본의 전신이다. 지금 여러분이 보는 판본은 모두 비슷하다. 따라서 오늘날 『논어』를 읽을 때 여러분은 백화 번역이 붙어 있는 통속적인 판본부터 시작해도 괜찮다. 예컨대 양보쥔의 『논어역주論語譯注』(중화서국, 1958·1980)가 비교적 유행하는 독본이다. 만일 한 걸음 더 나아가 깊이 공부하고 싶다면 다음에 제시하는 몇 권의 책을 참고하기 바란다.

1) 『논어정씨주論語鄭氏注』(정현 주): 돈황 판본과 청나라 때의 각종

집일輯佚 판본이 있다. 왕쑤王素 편저, 『당 사본 논어 정씨 주 및 그에 대한 연구唐寫本論語鄭氏注及其研究』(문물출판사, 1991)를 참조하라.

2) 『논어집해論語集解』(하안何晏 집해, 형병邢昺 소): 돈황 판본과 『13경주소十三經注疏』 판본이 있다. 리팡루李芳錄가 감수를 본 『둔황 「논어집해」 교증敦煌論語集解校證』(강소고적출판사, 1990)을 참조하라.

3) 『논어집해의소論語集解義疏』(황간皇侃 집해·소): 일본 다이쇼 12년(1923) 회덕당懷德堂 판본과 청대 『지부족재총서知不足齋叢書』 안에 인쇄되고 『총서집성초편叢書集成初編』에 수록된 근본백수씨根本伯修氏의 교열 판본이 있다.

4) 주희의 『논어집주論語集注』(주희의 『사서장구집주四書章句集注』에 수록) 중화서국의 표점 판본(중화서국, 1983)이 있다.

5) 유보남劉寶楠의 『논어정의論語正義』: 중화서국의 표점 판본(1990)이 있다.

6) 청수더程樹德의 『논어집해論語集解』: 중화서국의 표점 판본(1990)이 있다.

출토문헌의 발견은 매우 중요

과거에는 공자만이 신성시된 것이 아니고, 공자의 학생 또한 신성시되었다. 누가 둘째가는 성인인지, 누가 셋째 가는 성인인지 하는 말들이 있었다. 송나라 때 유자들은 도통道統을 논하면서 세 사람을 부각시켰다. 증자를 부각시키고, 자사를 부각시켰으며, 맹자를 부각시킨 것이 바로 이런 종류의 말들이다. 70여 제자 가운데 『논어』에는 29명이 나오고, 70여 제자 이후에도 많은 사람이 있었지만, 언제 이렇게 서열을 매긴 적이 있었던가? 출토문헌의 발견은 공자 문하의 실상이 그렇지 않았음을 증명한다.

『논어』를 연구할 때 가장 중요한 발견으로 세 가지가 있다. 첫째는 곽점 초나라 죽간으로 거기에는 13종의 유가 전적이 있는데, 앞서 언급했듯이 그 중 3종의 '어총'이 매우 중요하다. 둘째는 '상하이박물관 초나라 죽간上博楚簡'으로 현재까지 완전히 다 발굴되지는 않았으나 거기에도 십수 종의 유가 전적이 있고 『논어』의 많은 인물이 모두 언급되어 있다. 또 몇 가지 고사와 문구는 서로 관련되어 있다. 곽점 초나라 죽간이 막 공표되었을 때, 죽간에는 자사子思밖에 없다는 점 때문에, 다들 자사를 갖고 도통이 증명되었다고 떠들어댔다. 하지만 이 죽간들이 나왔으니 어찌 이야기들을 할까? 셋째는 팔각랑 한나라 죽간으로 거기에는 한 선제 때의 『논어』 결본과 『유가자언儒家者言』이 있다.

팔각랑 한나라 죽간 『논어』와 관련된 작은 책 한 권도 있다. 허베이河北성 문물연구소 정주定州 한나라 무덤 죽간 정리팀에서 엮은 『정주한대 무덤 죽간 논어定州漢墓竹簡論語』(문물출판사, 1997)가 그것이다. 한번 찾아 읽어보면 좋을 것이다.

『논어』를 읽을 때의 금기사항

『논어』를 읽을 때 가장 바보 같은 짓은 그것을 이데올로기화하는 것이다. 멀쩡한 공자를 공자로 이해하지 않고 긴장하면서 성인으로 숭배하지 않으면 안 된다고 하고, 성인의 이미지를 훼손하는 대목이 있으면 반드시 빙빙 돌려 그것을 미화하고 신화화하고 곡해하고야 만다. 예를 들어 공자는 "여자와 소인은 다루기가 어렵다. 가까이하면 불손해지고 멀리하면 원망한다"(「양화陽貨」 17.25)고 했다. 원문에는 이해하기 어려운 것이 없다. 하지만 최근 사람들은 대단히 시끄럽게 떠들어대곤 한다. 공자가 성인이신데 어찌 부녀자를 무시하여 위대한 여성과 덕이 부족한 소인을 하나로 묶을 수 있었겠느냐, 설마 그에게 어머니가 없었겠느냐며 공자를 대신해 서둘러 '여자女子'를 '여자汝子'로 읽고('사내아이 종竪子'으로 이해해야 한다고 말하는 이도 있다), '소인'을 어린아이로 이해하지 않으면 안 된다고 한 것이 바로 전형적인 예이다. 또 있다. 『논어』를 읽다보면 누구나 공자가 고독했으며 고뇌에 젖어 있었음을 어렵지 않게 발견할 수 있는데 많은 이들은 그를 끌어다 심리치료사로 만드니, 이 어찌 가소롭지 않겠는가? 이러한 곡해에 맞닥뜨릴 때마다 나는 자주 루쉰魯迅이 떠오른다. 루쉰은 "아이를 구하자"(『광인일기』)고 했다.[12] 나는 "공자를 구하자"고 말한다. 5·4운동 때 공자를 욕했다고 생각하지 말라. 사실 그것은 공자를 구한 운동이었다.

역사적으로 공자를 떠받드는 방법으로는 세 가지가 있었다. 첫째는 정치적 정통성을 강조하는 것으로, 이는 한나라 유자들이 취한 방법이었다. 둘째는 도통을 강조하는 것으로, 이는 송나라 유자들이 취한 방법이었다. 셋째는 유학을 종교로 삼는 것으로, 이는 근대 이후 기독교의 자극을 받아 형성된 구세救世설이다. 그런데 이 세 가지는 모두 이데올로기로 공자를 사랑한다고 말하지만 사실은 공자를 해치는 짓이다. 나는 이와는 반대되는 방향으로 간다. 공자를 정치화하고 도덕화하고 종교화하는 것에서 벗어나려 한다. 이 셋에서 벗어나지 못한다면 그 사람은 도저히 따라잡을 수 없을 정도로 우매하다 하겠다. 백성을 우매하게 만드는 자는 그 자신이 반드시 백성을 위해 우매해진다.

제1부

『논어』
위에서 아래로 찢기

인물편

1장

공자에게 다가가기

이 책의 상편은 인물 편으로 역사적 서술에 치중될 것이다. 우리는 우선 공자에 대해, 다음으로 그의 학생들에 대해, 그다음으로는 기타 인물들에 대해 하나씩 천천히 이야기할 것이다. 마치 연극 구경을 하는 것처럼 먼저 극중 인물을 소개할 것이다.

공자는 어떤 사람이었을까? 나는 4장에 걸쳐 그를 소개하려 한다. 그를 역사적 인물로 삼아 소개하려 한다. 이것이 상편의 중심 내용이다.

공자를 연구하는 것과 관련하여 두 가지 제안할 것이 있다. 첫째, 먼저 사마천의 『사기』 「공자세가孔子世家」를 읽어 그의 생애와 족적을 이해하고 그가 살아 있을 때 어떠했는지를 앎으로써 시간적 감각이 생겼으면 한다.

둘째, 공자의 고향을 둘러보아 그가 살았던 환경을 이해하고 역대 왕조의 공자 존숭 분위기를 느낌으로써 약간이나마 공간적 감각이 생기고, 약간이나마 고금을 대비시킬 수 있었으면 한다. 살아 있었을 때의 공자와 죽은 후의 공자 사이에 어떤 차이점이 있는지 생각해보아도 좋을 것이다.

사마천은 최초로 공자를 위해 전기를 지었다

선진시대 제자백가 중에서 선생님의 일생이 어땠는지, 제자들은 어떤 이들이 있었는지 등을 담은 가장 상세한 기록으로 공자 문하의 그것만 한 것은 없다. 다른 학파는 이들과 비교가 안 될 정도이다.

공자는 살아 있을 때 뜻을 이루지 못했는데, 죽은 후에 그의 제자들은 이 점에 승복하지 못하고 자신들의 선생님을 성인이라고, 요임금이나 순임금보다도 뛰어난 성인이라고 했다. 이에 공자는 성인이 되었다. 그들 마음속의 구세주가 되었다. 그 후 다른 학파의 학생들도 이것을 줄줄이 모방해 자신들의 선생님이 마찬가지로 성인이라고 했다. 그렇지만 이 성인들은 다 민간의 성인들로서 정부의 인정을 받지는 못했다. 정부의 인정을 받은 것은 한 무제 때, 즉 사마천이 활동하던 시대에 이르렀을 때이다. 한 무제는 성인으로 한 사람만을 인정했는데, 그가 바로 공자다.

성인이라면 전기가 없을 수 없는 법이다.

한나라 때의 공자 존숭은 무제 때 가장 대단했다. 사마천은 그가 지은 『사기』에서 왕후王侯를 집중적으로 기록한 30세가世家에 공자를 편입시켰는데, 이는 그를 군주가 정한 성인, 왕후와 같은 귀인으로 간주해 논하는 것이었다. 그런데 그의 이 기록은 매우 중요하다. 공자에 대해 연구할 때 우리는 많은 고서를 참고할 수 있으나, 「공자세가」에서 제공하는 틀이 가장 기본이 되며 가장 중요하다. 우리는 다른 고서를 가져다 『사기』에 대한 교정을 보고 그것의 오류를 지적할 수도 있다. 그러나 다른 고서의 기록은 조각조각 흩어져 있어 총체적이라는 느낌이 부족하다. 따라서 공자의 일생을 대략적으로나마 이해하려면 아무래도 사마천의 기록을 보아야 한다.

「공자세가」를 쓸 당시 사마천은 다음과 같은 유명한 말을 남겼다. "『시경』에 '높은 산을 우러러보며 대로를 걷는다'는 말이 있다. 비록 이르지는 못할지라도 마음은 그곳으로 향한다. 나는 공자의 책을 읽고 그 사람됨을 알고 싶었다."[1] 그의 뜻은 당신이 공자를 숭배하여 그의 책을 읽는다면 자연히 그가 어떤 사람인지 알고 싶어질 것이므로 자신이 공자의 사람됨에 대해 이야기해주겠다는 것이다.[2]

혹자는 다행히도 참으로 위대한 공자를 역사가 선택했다고 말한다. 하지만 역사란 무엇인가? 너무도 추상적이다. 사실은 콘스탄티노플이 기독교를 선택했듯이 한 무제가 공자를 선택한 것이다.[3]

『논어』를 읽는 것에 관한 나의 제안은 공자 그 자신을 이해하려면 『사기』「공자세가」를 읽고, 그의 학생을 이해하려면 『사기』「중니제자열전仲尼弟子列傳」을 읽으라는 것이다. 공자는 한 무제가 떠받들던 성인이고, 사마천은 측근에서 시중을 들며 공자를 대단히 숭배했다. 그는 공자의 고택에 가봤고, 공자의 고택 벽에서 나온 책들도 읽어봤다. 그 책들 중에는 당시까지 전해지고 있었고 고문으로 쓰였으며, 공자 문하 제자들의 인명부로 알려진 『공자제자적孔子弟子籍』도 포함되어 있다. 심지어 공자의 후손인 공안국孔安國에게 직접 가르침을 청하기도 했다. 이렇게 그의 기록은 가장 오래되었으며 가장 귀하다.

그밖에 다른 책 두 권도 참고하기 바란다. 한 권은 공자에 대해 논한 『공자가어孔子家語』이고, 다른 한 권은 공자의 후예들, 한 무제 이후의 후예들에 대해 논한 『공총자孔叢子』이다. 이 두 권의 책은 한漢나라와 위魏나라 교체기에 쓰인 고서로 좀 늦은 시기의 것이기는 하지만 위서는 아니다. 과거에는 위서라 했으나 이는 옳지 않다.[4]

물론 이 문헌들 자체에는 많은 오류가 있어, 고증을 거쳐야만 비로소 사료로 쓸 수 있지 구구절절 전부 믿을 것은 못 된다.

취푸曲阜를 구경하라

공자를 연구할 때 독서 외에 여행도 해볼 만한 일이다. 산둥 취푸에 가 보는 것도 좋을 것이다. 사마천이 그랬던 것처럼 공자가 태어나고 성장했으며 묻힌 현장에서 한번 느껴보시라.

여행이라는 '수업'도 수업 '준비'가 필요하다. 출발 전에 역도원酈道元의 『수경주水經注』 권25에 있는 「사수泗水」 「기수沂水」 「수수洙水」를 읽어 보는 것이 좋다. 공자는 '수수'와 '사수' 사이에서 가르쳤다고 하는데(『예기』 「단궁檀弓」), 역도원은 비교적 일찌감치 수수와 사수 사이에 어떤 고적들이 있는지 기록을 남겼다.

아주 중요한 지도 한 장도 있다. 바로 송나라 소흥紹興 24년(1154)에 유순개兪舜凱가 만든 『노국지도비魯國之圖碑』가 그것이다.[5] 유순개는 남송 사람이지만, 지도에 반영된 것은 북송시대의 선원현仙源縣으로 오늘날 남아 있지 않은 많은 고적들, 역도원이 말한 고적들이 이 지도에 표시되어 있다. 예를 들어 사수, 기수, 수수가 어떻게 흘렀는지, 노나라의 성문 12개가 어디에 있었는지 따위의 많은 문제들이 이 지도를 보아야 비로소 분명해진다.

취푸를 유람할 때 추천할 만한 곳으로 10대 관광 명소가 있다.

첫째는 취푸 동남쪽에 있는 루위엔촌魯源村이다. 전하는 바에 의하면 이곳은 공자 아버지의 집이 있던 곳이라 한다. 마을에 있는 '고창평향 비古昌平鄕碑'는 1924년에 캉유웨이康有爲가 세운 것이다. 캉유웨이는 예수 탄생에 대항한다는 의미에서, 윗부분에는 "공자께서는 2475년 전에 태어나셨다"고 쓰고, 아랫부분에는 "갑자년 9월 캉유웨이 삼가 올림"이라고 썼다. 비문에 적힌 '갑자년'은 1924년이다. 이 마을 주민 대부분은 리우劉 씨이고, 콩孔 씨인 사람은 없다.

둘째는 공자가 태어난 곳이라고 알려진 루위엔촌 부근의 니산尼山이다. 산 위에는 니산 공자 사당이 있고, 산 아래에는 부자굴夫子洞이 있다. 공자는 바로 이 굴에서 태어난 것으로 알려져 있다.

셋째는 니산 부근에 있는 옌무좡顔母莊이다. 이곳은 공자 어머니의 집으로 알려져 있다. 옌무좡에는 안모사顔母祠가 있다. 그 사당 안에 명나라 때 세운 비가 있는데, 이것은 연성공衍聖公이 이곳에 와 제사를 지낼 때 세운 비로, 비문에는 "주고 공부자의 외조부 안부군 사당有周故孔夫子外祖顔府君祠"이라고 되어 있다. 재미있는 것은 이 사당을 공자의 어머니의 사당이 아닌 공자 외조부의 사당으로 간주했다는 점이다. 완전히 남성 본위라 하겠다. 안모사 부근에는 옛사람들이 '안모정顔母井'이라 부르던 기울어진 우물 하나가 있다.[6] 이 마을에는 여러 성을 가진

니산.

사람들이 섞여 살고 있고 안 씨는 없다.

넷째는 취푸 동쪽에 있는 량공린梁公林이다. 이곳은 공자의 아버지, 어머니, 그리고 형의 장지로 알려져 있다. 량공린은 방산防山 일대에 있으며, 방산은 곡부 노고성魯故城의 동편에 있다. 고서에서는 공자는 3살 때 아버지를 여의어 아버지가 어느 곳에 묻혔는지 몰랐으며, 그로 인해 어머니가 돌아가신 후 어머니를 어디에 묻어야 할지 몰랐다고 되어 있다. 그래서 그는 어머니의 관을 '오보의 네거리五父之衢'에 놓고 이곳저곳 사람들에게 물어보다가 마지막으로 추郰 땅 만보曼父의 어머니에게 물은 후에야 아버지가 방산 일대에 묻히셨음을 알게 되었다고 한다.(『예기』「단궁상檀弓上」)[7]

다섯째는 취푸 동북쪽의 수구壽丘(소호릉少昊陵)이다. 옛사람들은 황제는 수구에서 태어났고, 소호는 궁상窮桑에 도읍을 정했으며, 노나라는 곡부에 도읍을 정하고 소호의 터 위에 세웠다고 했는데, 바로 이곳이다. 곡부는 길이가 7~8리 되는 나지막한 흙 언덕으로 량공린에서 서쪽으로 노고성 동북쪽 끝까지 이어져 있었다. 오늘날 소호릉 뒤편에 있는 토산은 바로 이 흙 언덕의 일부이다. 곡부 노고성은 후에 곡부현曲阜縣이라 불리는데, 바로 이 흙 언덕으로 인해 생긴 이름이다. 그러다가 북송 때 곡부현은 선원현仙源縣으로 이름이 바뀌고 현 정부를 이곳으로 옮기면서 경령궁景靈宮이라는 궁전을 지은 바 있는데, 그 경령궁의 폐허는 아직도 남아 있다. 궁전 앞쪽에는 선화대비宣和大碑 4개가 있는데, 송 휘종徽宗이 사람을 보내 비석을 옮겨오도록 했으나, 미처 글자를 새겨 비석을 세우지 못한 상황에서 금나라 병사들이 쳐들어왔다고 한다. 비석의 높이는 16미터 95센티미터로 천하제일의 비석이다. 비석을 업고 있는 대형 거북만 해도 사람보다 더 커서, 높이가 2미터 22센티미터에 달한다.

여섯째는 곡부 노고성魯故城, 즉 서주西周 노고성이다. 성은 길쭉한 네모꼴로 만들어져, 동서 방향은 길고 남북 방향은 짧다. 당시의 성벽은 지금도 남아 있다. 성을 보호하는 하천의 경우 서북쪽은 지금도 남아 있으나, 동남쪽은 끊겼다. 성벽에 12개의 성문이 있는데,『노국지도비』에는 그것들의 이름이 나와 있다. 성은 다섯 개의 세로선과 과 다섯 개의 가로선으로 되어 있고, 각기 다섯 개의 큰 길이 나 있다. 궁은 북쪽으로 약간 치우친 중앙에 있다. 전체적인 설계는「고공기考工記」에 기록된 왕성과 가장 비슷하다. 명·청시대의 북경은 바로 이러한 구조로 되어 있다.

일곱째는 주공 사당周公廟이다. 주공 사당이란 곧『논어』에 나오는 태묘太廟(「팔일」3.15,「향당」10.19)로 베이징의 태묘(현재의 노동인민문화궁)와 같은 곳이다. 오늘날 주공 사당은 상당히 작지만『노국지도비』에는 아주 큰 것으로 되어 있다. 원래는 승과사勝果寺(오늘날에는 성과사盛果寺로 되어 있으며 위치도 바뀌었다)와 좌우로 나란히 있었으며, 곱자('ㄱ' 모양의 자) 형태의 파손된 성벽으로 에워싸여 있었는데, 이곳은 노나라 궁성 혹은 영광전靈光殿의 북쪽에 해당된다. 한편 주공 사당 남쪽에는 곱자 형태의 파손된 성벽이 있는데, 이곳은 노나라 궁성 혹은 영광전의 남쪽으로, 거기에 있는 양관兩觀은 그것의 남문이며, 문 밖에는 태자조어지太子釣魚池, 반지泮池, 곡지曲池라는 세 개의 못, 그리고 투계대鬪鷄臺 같은 고적이 있다. 이곳은 노고성의 중심지역으로 성의 고지대에 세워져 있다. 송나라 진종眞宗 이전에 노현魯縣 혹은 곡부현의 현 정부 소재지는 바로 이 일대였다.

여덟째는 명나라 때의 곡부성과 궐리闕裏 공자 사당이다. 공자가 살던 주거지역을 고대에는 궐리라고 불렀는데, 명나라 때의 곡부성이 이 주거지역을 둘러싸고 있는 점을 볼 때, 그곳은 사실상 공자의 집을 특별히 보호하기 위해 만든 공자성孔子城이었다 하겠다.[8] 그러다가 정덕正德 6년(1511)에 하북河北 농민들이 모반을 일으켜 "뜰에서는 말에게 꼴을 먹이고 못에서는 책이 더럽혀졌다秣馬於廷, 汚書於水." 이로 인해 정덕 8년~가정嘉靖 원년(1513~1522)에 이르러서야 이 성이 수축된다. 공자 사당은 저택을 따라 세운 것으로 저택과 사당이 분리되어 있지 않다. 또 최초의 공자 사당은 굉장히 작았으나 후에 점점 커진다. 북송시대 공자 사당이 바로 그렇게 매우 커져서, 『노국지도비』를 보면 누항陋巷 서쪽이 모두 공자 사당의 범주에 든다.(공자 생가는 후에 분리되어 나온 것이다.) 누항 북쪽에 있는 안연의 사당은 본래는 없던 것으로, 거기에는 우물 하나만이 있었다.

아홉째는 공림孔林, 즉 공씨 가족의 장지이다. 그 가운데 공자·공리孔鯉·공급孔伋, 이렇게 조부에서 손자에 이르는 3대의 무덤, 그리고 한나라 때의 공백孔白, 공패孔霸 무덤을 제외하면 대부분은 명나라 이후(42대 손 이하)의 공자 자손의 무덤이다. 이 묘지에 원래는 벽 구실을 하는 숲이 없었다. 즉 『노국지도비』에는 그것이 없는 것으로 되어 있다. 그것은 원나라 지순至順 2년(1331)에 이르러서야 생겼으며, 그것의 벽 구실을 하는 남쪽 숲은 노고성 북쪽 벽에 세워졌다.

열째는 무우대舞雩臺, 즉 증점이 봄 소풍을 간다고 한 곳이자(「선진」 11.26), 공자가 산책을 하던 곳(「안연」 12.21)이다. 이곳은 서주시대부

「공림도」, 작자미상, 107.5×54cm, 성균관대박물관.

공자 묘.

터 이미 있었던 고적이다.

취푸의 고적들은 하나의 연속체를 이루고 있다. 소호의 터, 서주의 고성, 한·당 이후 및 송 이후의 고적들이 모두 한 지역에 집중되어 있다. 공자를 연구한다면 가보지 않을 수 없는 곳들이다.

공자 사당으로 들어가다

취푸의 고적은 궐리 공자 사당을 중심으로 한다. 그것은 취푸 노고성의 서남쪽 끝에 자리를 잡고 있다. 이 건축물에는 전殿 다섯, 누각 하나, 단壇 하나, 사당 하나, 당堂 둘, 기숙사 둘, 비각 열다섯, 문 54개, 비석 2000여 개를 포함한 9개의 뜰이 있다.

공자 사당을 유람할 때 중점적으로 보아야 할 것은 다음 세 부분의 건축물이다.

첫째로 보아야 할 것은 규문각奎文閣과 15개의 비각이다. 공자 사당안 영성문欞星門으로 들어가 뜰 세 개를 지난 다음 다시 대중문大中門을 지나 네 번째 뜰에 이르면 규문각과 15개의 비각이 보인다. 규문각은 서적을 보관하던 누각이다. 규성奎星이란 문文의 기운을 주관하는 별로, 이 이름은 금나라 때 장종章宗이 지었다. 15개의 비각 가운데 명나라 때의 홍무洪武 비각과 영락永樂 비각을 제외한 나머지는 전부 금·원·청 3대의 정복 왕조에 의해 세워졌다. 정복의 상책은 사람의 마음을 정복하는 것으로, "사람의 마음을 얻는 것이 곧 천하를 얻는 것"이라 했다. 그들은 한족보다 공자를 더욱 존숭했다.(베이징의 공자 사당은

규문각.

바로 몽골 사람들이 세운 것이다.)

둘째로 보아야 할 것은 대성전大成殿과 그 주위의 건축물들이다. 공자 사당의 뒷부분은 왼쪽·가운데·오른쪽, 이렇게 세 갈래 길로 나뉜다.

그 중 가운데 길은 대성전을 핵심으로 한다.

대성전은 공자 사당 중의 정전正殿이다. 대성전이라는 이름은 송 휘종이 지은 것으로, 그것은 "공자를 집대성한 자라 한다孔子之謂集大成"(『맹자』「만장하萬章下」)고 한 맹자의 말에 기원을 두고 있다. 그곳은 공자에게 제사 지내는 곳으로, 누런 기와, 용으로 조각된 기둥 등 제왕의 기상으로 넘쳐흐르고 있다. 공자는 면류관을 쓰고 대전 한가운데에 단정히 앉아 있다. 양쪽 측면에는 사배四配라 하여 공자 다음가는 네 명의 성인이 있다. 동쪽에는 복성復聖 안연, 술성述聖 자사가 있고, 서쪽에는 종성宗聖 증자曾子, 아성亞聖 맹자가 있다. 벽 쪽에는 십이철十二哲이 있다. 동쪽에 있는 여섯 철인은 민자건閔子騫·염백우冉伯牛·자공子貢·자로·자하子夏·유자有子이고, 서쪽에 있는 여섯 철인은 중궁仲弓·재아宰我·염유冉有·자유子游·자장·주희이다. 그들은 모두 좌측에서 우측으로 서열에 따라 배열되어 있다.

대성전의 동·서 양편에 있는 곁채는 두 개의 회랑으로, 동쪽 곁채에는 선현先賢 40명과 선유先儒 39명의 위패가 놓여 있고, 서쪽 곁채에는 선현 38명과 선유 37명의 위패가 놓여 있다. 양쪽 곁채에 있는 선현으로는 주로 '사배'와 '십이철' 외의 공자 제자들이 있고(공자가 칭찬했던 선현들, 예컨대 거백옥蘧伯玉 같은 이가 포함되어 있다), 양쪽 곁채에 있는 선유들은 공양적公羊赤이나 곡량고穀梁高 같은 선진시대의 거유들을 빼면 나머지는 모두 한나라 이후의 거유들이다. 흥미로운 것은 주돈이周

敦頤·장재張載·이정二程·소옹邵雍 같은 송대 유자들도 선현에 배열되어 있는데, 그 지위가 한나라 유자들 위에 놓여 있다는 점이다.

대성전에서 순서를 배열할 때 사람들은 누가 있어야 하고 누가 없어야 하는지, 누구를 앞에 놓고 누구를 뒤에 놓아야 하는지 대단히 신경을 썼는데, 이는 그 자체로 연구해볼 만한 역사적 문제이다. 또 대성전과 그 양쪽 곁채에 그렇게 많은 사람들이 있는데, 유독 순자荀子만 없는 것도 주목할 만한 현상이다.

대성전 앞쪽에는 행단杏壇이 있다. 『노국지도비』에도 이미 행단에 관한 기록이 있다. 옛사람은 이렇게 말했다. "공자가 치유라는 숲에서 노닐다가 행단에 앉아 쉬었다. 제자들은 책을 읽고, 공자는 노래를 부르며 현금을 뜯었다."(『장자』「어부漁父」)[9] 그 시절 공자는 주로 집에서 수업을 하거나, 무우대 같은 교외로 산책을 나가서 토론을 했다. 만약 진짜 행단이 있었다면 아마도 교외에 있었을 것이다. 그런데 오늘날의 공자 사당은 그것을 대성전 앞쪽에 가져다놓았다. 그것은 마치 170여 명의 유령이 공자 곁을 둘러싸고 앉아서 어둠 속에서 무엇인가 가르침을 받는 그런 커다란 강당처럼 보인다.

대성전의 뒤에는 침전이 있다. 이 침전은 공자의 부인인 계관幷官 씨를 위해 만들어진 것이다.[10] 이 건물 서쪽에는 계성왕전啓聖王殿과 계성왕침전啓聖王寢殿이 있는데, 이것은 공자의 아버지 숙량흘叔梁紇과 어머니 안징재顏徵在를 위해 만들어진 것이다. 또 이 건물 동쪽에는 숭성사崇聖祠가 있는데, 이것은 공자, 공리, 공급 부부를 위해 만들어진 것이다.

전체적인 구조는 학생들이 안에 있고 가족들은 바깥을 둘러싸는 식으로 되어 있다. 학생과 가족들 모두 공자의 덕을 보고 있다. 참으로

대성전.

「행단현가도杏壇絃歌圖」, 나능호, 159×105cm, 1866, 개인소장.

한 사람이 영화로우니 다른 이들도 함께 영화롭다 하겠다.

셋째로 보아야 할 것은 성적전聖跡殿이다. 성적전은 공자 사당의 가장 뒷부분에 있다. 그것은 명 만력萬歷 22년(1594)에 산동 순안어사巡按御史 하출광何出光이 「성적도」를 보존하기 위해 세운 것이다. 이 세 건축물의 맨 앞에는 비석이 있고 가운데에는 상(혹은 나무로 된 위패)이 있으며, 뒤에는 그림이 있는데, 이것들은 모두 공자를 선전하는 데 쓰였다.

성적전의 벽화

성적전은 석각 벽화 전각으로, 그림을 이용해 공자, 공자의 학생, 그리고 그의 일생을 표현했다. 거기에 있는 벽화는 공자의 상, 제자의 상, 그리고 「성적도」 이렇게 셋으로 나뉜다.

1) 공자의 상

공자의 상은 반신상과 전신상으로 나뉜다.

반신상 중 전해지는 것으로는 고개지顧愷之 혹은 오도자吳道子가 그린 「공자위노사구상孔子爲魯司寇像」(공자가 노나라 사구로 있을 때의 상)이 있는데, 모습이 비교적 단정하다. 이 상 중에는 모방해 새긴 것이 적지 않아, 석각본 외에 채색본도 있다. 채색본 중 외부에서 가장 널리 떠도는 것은 공자 생가 소장본으로('허재虛齋' 및 '선화전보宣和殿寶'라는 인장이 찍혀 있는 것), 표범 눈에 휘둥그런 눈동자를 하고 있어 이미지가 그리 좋은 것은 아니다. 이미지가 비교적 좋은 것은 역시 산둥성박물관에 소장되어 있는 명 성화成化 을사乙巳년(1485) 본이다.

전신상 중 전해지는 것으로는 당나라 때의 오도자가 그린 「공자행교상孔子行教像」(공자가 가르침을 행하는 상)이 있는데, 한 종류는 당나라 때의 '덕배천지德配天地: 덕이 천지와 짝한다' 등 16글자가 있는 것이고, 다른 한 종류는 송 숭녕崇寧 연간(1102~1106)에 송 미불米芾이 쓴 '공자공자, 대재공자孔子孔子大哉孔子'(공자여, 공자여. 위대하구나, 공자여) 등 32글자가 있는 것이다. 이 상은 청 옹정雍正 13년(1735) 공광계孔廣棨가 그린 「선사공자행교상先師孔子行教像」의 저본이기도 하다. 지금은 이것이 가장 널리 유행하여 거의 '표준 상'이 되고 있다.

2) 제자의 상

공자 제자의 상으로는 「공행안수상孔行顏隨像」(공자가 행하니 안연이 따르는 상)과 「십철시립상十哲侍立像」(열 명의 철인이 모시고 서 있는 상)이 있다.

「공행안수상」은 공자가 만족스러워했던 문도 안연이 그의 뒤를 바짝 따라가며 스승이 걸으면 걷고 스승이 뛰면 뛰는 모습을 표현하고 있다.[11] 송 소성紹聖 2년(1095)에 고개지가 그린 「안자종행소영顏子從行小影」(안자가 따라 행하는 모습 소영), 송 정화政和 8년(1118)의 「선성화상先聖畫像」, 그리고 송대에 새긴 「선성소상先聖小像」이 모두 이런 상들이다.

「십철시립상」 가운데 전하는 것으로는 송 소성 2년(1095) 오도자가 그린 「공자빙궤좌상孔子憑几坐像」(공자가 안석에 기대어 앉아 있는 상)이 있다. 『논어』를 읽다보면 이 열 명의 철인들이야말로 공자가 가장 중요하게 생각했던 제자들임을 알게 된다.

오도자가 그렸다고 전해지는 공자의 상.

3) 「성적도」

불교에서는 전생 이야기로 석가모니의 일생을 표현하는데, 당·송 이후 불교를 심하게 배척해온 유가는 자신을 홍보하는 방법을 오히려 불교에서 취한다. 이로 인해 공자의 일생에 대한 이야기는 제자백가 중 어느 누구보다 많은데, 그 이야기는 그림책으로 그려내는 것이 가장 알맞다. 「성적도」는 바로 불교의 전생 이야기를 모방하여 공자의 일생에 대한 대중적인 홍보를 하고 있다.

'성적전'에 있는 「성적도」는 규모가 매우 크다. 120개의 석각이 있는데, 그 중 글자가 새겨진 것이 8개이고, 그림이 새겨진 것이 112개이다. 이러한 「성적도」가 어떻게 생겨나고 발전해왔는지는 연구해볼 만한 문제이다. 최초에는 아마도 한 폭씩 그려진 회화였다가 후에 이야기 그림책으로 발전하면서 규모가 부단히 커졌을 것이다.[12]

이러한 그림은 대체로 남송과 원에 이르러서야 발전하기 시작했는데, 오늘날 남아 있는 가장 오래된 것은 원대 왕고운王孤雲이 그리고 원대 유자지俞紫芝가 표제를 쓴 일본 소장본이다. 그러나 그것은 그림 10폭에 불과하다.[13]

성적전에 있는 「성적도」의 유래에 관해서는 그것이 명 정통正統 9년(1444), 장해張楷의 선화線畵본에서 발전되어 나왔다는 것이 일반적인 설명이다. 장해는 명대 초기 인물로, 그의 「성적도」 원본은 석각본이나 그것은 일찌감치 유실되었다.[14] 이른바 명 정통 9년 본이란 사실은 명 가정 27년(1548)의 주윤체朱胤㮚 번각본인 것이다. 거기에는 3면의 글씨와 26폭의 그림밖에 없는데, 그것은 원본도 아니고 전체를 다 담고 있는 것도 아니다. 그림 앞에 나오는 글씨는 『사기』「공자세가」

구영이 그린 성적도. 「문질도」(위), 「공부문물선도」(가운데), 「기
린옥서도」(아래), 명대.

先聖小像

「선성소상先聖小像」.

에서 발췌한 것으로 송대의 주희 편찬이라 적혀 있다. 26폭의 그림은 「공자세가」를 그림으로 해설한 것으로, 「공자세가」 외에 『논어』 『맹자』 『공자가어』도 뒤섞여 있다.

한편 취푸 문물자료관에는 채색본도 있다. 구십주仇十洲(구영)가 그림을 그리고 문징명文徵明이 글씨를 썼다고 되어 있는데, 3면의 글씨와 36폭의 그림이 있어, 앞의 것과 비교해보면 근원이 같음을 알 수 있다. 하지만 서로 다른 점도 있고 그림이 앞의 것에 비해서는 조금 더 많다.[15]

이런 비교적 오래된 것들에는 보통 그림의 제목이 없다. 가끔 있다고 해도 통일된 격식이 없다.(예를 들어 아래에서 언급할 「누루설성도累累說聖圖」가 그렇다.) 반면 성적전에 있는 「성적도」의 특징은 격식이 통일되어, 네 글자로 된 그림 제목이 있다는 것이다.

「성적도」를 읽을 때 우리가 주목해야 할 것은 그것의 처음과 끝이다. 처음과 끝은 모두 찬미하는 말로 되어 있다.

모든 「성적도」는 내용이 유사하다. 특히 처음 다섯 폭이 그렇다. 첫번째 그림은 모두 '선성소상先聖小像'(즉 공행안수상孔行顔隨像)이고, 그다음 네 폭의 그림은 모두 공자가 탄생할 때 어떤 상서로움이 있었는지에 대해 이야기하고 있다. '니산치도尼山致禱'(공자 어머니, 니산에서 기도하다), '인토옥서麟吐玉書'(기린, 공자 탄신일에 옥서를 토하다), '이룡오로二龍五老'(두 마리의 용과 다섯 신선, 공자 탄신일에 공자 집으로 내려오다), '균천강성鈞天降聖'(공자의 어머니, 공자가 태어날 때 천상의 음악을 듣다) 등이 그 예이다. 이들 그림은 신화적인 냄새를 짙게 풍기는, 실제 상황일 가능성은 없는 것들이다.

그것의 끝부분도 재미있다. '애공입묘哀公立廟'(애공, 공자사당을 세우

鈞天降聖
顔母之房聞白天之
樂空中有聲云天感
生聖子降以和樂之
音故孔子生有異質
凡四十九表胷有文
曰制作定世符

「균천강성鈞天降聖」, 작자미상, 1742, 종이에 담채, 33×54cm, 종이에 담채, 성균관대박물관.

다), '한고사노漢高祀魯'(한 고조, 노나라 공자에게 제사를 지내다), '진종사노眞宗祀魯'(진종, 노나라 공자에게 제사를 지내다) 등은 모두 공자 사후에 그가 통치자들로부터 어떻게 중시되었는지를 이야기하고 있다. 특히 마지막 그림은 그 시대를, 즉 송 이후의 공자 숭배에 대해 더욱 잘 표현하고 있다.

공자의 일생은 매우 불행했다. 어릴 때도 그는 불행한 아이였으며, 위나라에서 노나라로 돌아왔을 때에도 눈물로 마음을 적시고 있었다. 그는 기본적으로 비극적인 인물로 처음과 끝이 모두 불행했다. 이것이 진실이다.

다른 이야기들은 대부분 중복된다. 예를 들어 공자가 '집 잃은 개'로 자인하는 그림은 모든 「성적도」에 다 있다. 원의 왕고운 본에는 네 번째 화폭에, 명의 채색본에는 '누루설성도'라 하여 25쪽에, 그리고 취푸 공자 사당 성적전 안에 있는 석각본에는 79번째 석판(미복과송微服過宋)에 나온다. 위쪽에 쓰인 제사題辭도 『사기』 「공자세가」에 나오는 이야기로 완전히 일치한다.

공자를 연구한다면 이들 「성적도」를 봐두는 것이, 송 이후로 공자를 논하면서 그가 어떻게 신비화되었는지를 봐두는 것이 좋을 것이다. 만약 좀 더 깊이 들어가고 싶다면 각각의 그림에 해당되는 근거를 조사하여 그 그림의 작자들이 어떤 자료들을 이용했는지 살펴보고, 그런 다음 그 묘사들을 사마천의 기록 및 다른 고서들의 기록과 대조해 볼 수도 있을 것이다.

그렇게 대조를 해보면 사마천의 이야기가 비교적 진실에 가깝고 「성적도」의 묘사는 자못 과장되어 있다는 점을 발견할 수 있을 것이다.

微服過宋

孔子去宋適鄭弟子
相失孔子獨立郭東
門鄭人謂子貢曰東
門有人其顙似堯其
項類皋陶其肩類子
產自腰以下不及禹
三寸纍纍若喪家
之狗子貢以告孔子
孔子欣然笑曰形狀末也而
之狗然哉然哉

「미복과송微服過宋」.

之狗駃然我
哭曰形狀未也喪家
之狗子貢以告孔子
三寸累累然若喪家
産自肩以下不及禹
項似皐陶其顙似堯
門有人其顙似堯
門郞人謂子貢曰東
相失孔子獨立郭東
孔子去宋適鄭與弟子
微服過宋

「미복과송微服過宋」, 작자미상, 종이에 담채, 33×54cm, 1742, 국립중앙박물관.

사마천의 붓끝에 묘사된 공자가 아무래도 비교적 믿을 만한 것이다.
때를 잘 못 만나고 뜻을 이루지 못한 공자, 이것이야말로 공자의 참된
모습이다.

2장

공자의 이미지

사람들은 공자가 어떻게 생겼는지 궁금해한다. 공자를 숭배한다면 이는 더욱 중요한 문제이다. 성인이라면 그 모습이 없을 수 없고, 없다고 하더라도 그것을 그려내야 하기 때문이다.

'성인'은 그리기 어렵다

회화사에서 인물화는 독립된 한 분야이다. 고대에 사진 기술은 없었으나 초상화는 있었다. 초상화 및 촬영은 앞선 사람들(예컨대 청나라 말기, 민국 초기의 사람들)에게는 오늘날과는 달리 신비스러운 의미가 있었다. 형체를 그린다고 하지만, 그리는 것은 단지 형체만이 아니고, 촬영을 한다고 하지만 촬영하는 것은 단지 형체만이 아니라 사람의 혼백이기도 하다는 것이다. 이러한 생각은 중국뿐만 아니라 많은 민족들이 품고 있었다. 사람이 죽으면 사람들은 그 사람을 너무도 그리워한다. 어떻게 해야 좋을까? 일반적으로 두 가지 방법이 있다. 하나는 오늘날의 흉내 내기 쇼처럼 모습이 비슷한 사람을 찾아내 그 사람이 대신하게 하는 것이다. 그럼 누가 죽은 자와 가장 닮았을까? 물론 그의 자손이다. 옛사람들은 죽은 자를 대신하는 자손을 시자尸子라고 불렀다. 공자 문하에서도 이런 일이 있었다. 공자가 계시지 않게 되자 제자들은 그를 그리워했다. 참을 수 없을 만큼 그립게 되자, 자유·자하·자장은 이렇게 생각했다. '선생님의 아들도 죽었는데, 우리 주변에 있는 사람들 중에 누가 선생님과 가장 닮았을까? 유약이 그렇다. 됐다.' 그들은 유약을 끌고 와 선생님의 자리에 앉힌 뒤 제자들의 절을 받게 했다(『맹자』「등문공상騰文公上」). 이것이 한 가지 방법이다. 다른 하나는 더 똑똑한 방법이다. 그림을 그리거나 인물을 조각하여 살아 있는 사람들로 하여금 기념하게 하는 것이다.

오늘날의 묘지 무덤 앞에는 비석이 하나씩 세워져 있다. 비석에는 죽은 자의 이름과 생졸연대가 새겨져 있고, 어떤 경우에는 사진이나 초상화 심지어 조각상도 있다. 이러한 관습은 매우 일찍부터 있었다. 예를 들어 후난湖南 창샤長沙의 진가대산 초묘陳家大山 楚墓, 자탄고 초묘子彈庫 楚墓, 마왕퇴 한묘馬王堆 漢墓(1호 묘와 3호 묘)에서 출토된 비단에 그려진 그림에는 모두 죽은 자의 초상이 있다. 진가대산과 자탄고에서 나온 비단 그림의 경우 사람이 크고 배경이 작은 반면, 마왕퇴에서 나온 비단 그림의 경우는 사람이 작고 배경이 커 초점이 다르다. 이 그림들은 죽은 자에 대한 산 자의 상상을 불러일으켜 그들과 죽은 자 사이의 거리를 가깝게 만들 수 있다. 옛사람들은 일찌감치 이런 것을 생각해냈던 것이다.

고대에는 인물화 외에 신상神像도 있었다. 신을 어떻게 그릴 것인가? 이것은 난제였다. 유대교·기독교·이슬람교는 모두 우상숭배를 반대한다. 지고한 최고의 신은 추상적인 신으로 없는 곳이 없으나, 그 어느 것도 아니어서 형상을 띠지 않는 그릴 수 없는 존재이다. 그렇지만 종교는 일종의 갈망이다. 일반 신도들은 이렇게 아무것도 없이 상상하는 것을 견디지 못한다. 마치 미녀의 아름다움에 대해 대입시킬 수 있는 것이 없을 수 없는 것처럼 사람들의 상상 속에서 그것은 결국은 설명되어야 한다. 사람들은 육신으로 강림하는 신을 필요로 한다. 그래서 성모와 예수는 여전히 형상이 있다. 그렇다면 사람과 신의 관계는 어떻게 정립할 수 있을까? 정립할 수 없다. 마치 공자가 "여자와 소인은 다루기가 어렵다"고, "가까이하면 불손해지고 멀리하면 원망한다"(「양화」 17.25)고 했던 것처럼 말이다. 신과 사람은 너무 가까워도 안 되고, 너무 멀어도 안 된다. 마르크스는 "사람이 종교를 창조했지, 종교가 사람을 창조한 것이 아니다"(『헤겔 법철학 비판 서설』)라고 했다. 예수와 붓다는 본래 사람이었지만, 신도들은 그들을 신이라고 하지 않을 수 없었다. 각종 성상聖像들에서 사람과 신의 관계를 확정짓는 일은 가장 어렵다. 사람과 너무 다르게 그리면 괴물이 되어 친근한 느낌이 부족해지고, 사람과 완전히 똑같이 그리면 속인이 되어 신성한 느낌이 부족해진다.

중국문화에서 공자의 위치는 매우 미묘하다. 공자가 죽은 뒤 사람들은 그를 성인이라고 했다. 그 성인을 어떻게 그릴 것인가 하는 것은 역시 난제였다.

고서에서의 묘사

공자의 이미지에 대한 고서의 묘사는 약간 괴상하다. 그 중 상당수
는 관상 전문가들이 남긴 말이다.

1 『세본世本』 일문佚文[1]: "중니는 머리 가운데가 움푹 들어가 있으며, 이마
가 넓고 얼굴이 크다. 49가지 모습을 하고 있으며, 둑 같은 눈썹에 골짜기
같은 눈, 커다란 팔에 장대한 기골, 허리둘레는 10위에 키는 9척 6촌으로
당시에 큰 사람이라 불렀다."[2] (『사기』 「공자세가」에서는 "태어나면서부터
머리 위가 움푹 들어갔다生而首上圩頂"고 했다.)

2 『장자』 「외물外物」: "노래자의 제자가 땔나무를 구하러 나갔다가 중니
를 만났다. 돌아온 후 이렇게 고했다. '저기 어떤 사람이 있는데, 상반신은
길고 하반신은 짧습니다. 등은 굽었으며 귀는 뒤쪽에 걸려 있고, 눈은 사해
를 보고 있습니다. 그 사람이 누구인지 모르겠습니다.' 노래자가 말했다.
'공구다. 불러서 오게 하라.'[3]

3 『순자』 「비상非相」: "중니의 모습에서 얼굴은 게 같다."[4]

4 『사기』 「공자세가」에 기록된 정나라 사람의 말: "그 이마는 요임금 같
고, 머리 윗부분은 고요와 비슷하며, 어깨는 자산과 비슷하나, 허리 아래로
는 우임금에 세 치 못 미친다."[5]

5 관상가 고포자경姑布子卿이 공자에 대해 말했다. "요의 이마, 순의 눈, 우
의 목, 고요의 입을 타고났다."[6]

6 『공총자孔叢子』 「가언嘉言」: 장굉이 유문공에게 말했다. "내가 공자를 보
니 성인의 모습이 있다. 강 같은 눈에 넓은 이마는 황제의 모습이고, 긴 팔

에 거북 같은 등, 9척 6촌의 키는 성탕의 용모다. 선왕을 말하고 몸소 실천하고 겸양하며, 넉넉히 듣고 열심히 기억하며, 끊임없이 사물을 널리 아니, 이 또한 대단한 성인이 아니겠는가?"[7]

옛사람들은 공자의 모습이 일반인과 다르다고 했다. 신기한 머리 모양과 기괴한 얼굴, 머리는 요를, 눈은 순을, 목은 우를, 입은 고요를 닮은, 종합해서 한마디로 말하자면 그는 성인의 모습을 하고 있다는 것이다. 성인은 어떤 모습을 하는가? 왕충王充은 이렇게 말했다. 요임금은 머리가 크고, 순은 눈동자가 두 개이며, 고요의 입은 앞으로 돌출되어 말의 입 같다고 말이다(『논형』 「골상」). 성인이 어찌 이렇게 생길 수 있는가? 참으로 이상하다. 옛사람들이 공자는 성인의 모습을 하고 있다고 말하면 말할수록 그는 괴물 비슷해진다.

사람으로서의 공자는 어떻게 생겼을까? 다음 몇 가지 사항은 분석해볼 만한 가치가 있다.

첫째 공자는 '머리 가운데가 움푹 들어가 있다杅頂'는 말은 네 변이 높고 가운데가 낮아 양푼 같다는 뜻이다. 두개골이 양푼 같은 이를 나는 본 적이 없다. 단지 가운데 머리카락이 부족한, 속칭 '소갈머리가 없는' 혹은 '지중해'라 하고, 학명으로는 '지방 과다 분비로 인한 탈모'라고 하는 머리밖에 본 적이 없다. 3면에 모두 머리카락이 있지만, 정수리 부분에만 머리카락이 없는 것 말이다. 그런데 사마천은 공자가 "태어나면서부터 정수리 부분에 머리가 없다"고 했다. 태어나면서 소갈머리가 없다는 것도 맞지는 않다. '반수反首'라는 말도 『좌전』 희공僖公 15년에 나오는 '반수'(머리를 산발했다)가 아니라, '융상隆顙', 즉 이마가 크다는 뜻일 것이다. 마치 설날에 붙이는 장수(수성) 노인 그림처럼 뒤통수가 앞부분보다 크다는 말이다.

둘째, 그의 얼굴에 대한 묘사에서 '장면張面'이라는 말은 대체로 얼굴이 비교적 크다는 뜻일 것이다. 순자의 "얼굴은 팽기彭蜞 같다"는 말의 정확한 해석은 '게 같은 얼굴'이다. '둑 같은 눈썹에 골짜기 같은 눈'이라는 말은 두터운 눈썹, 움푹한 눈이라는 뜻일 것이다. '후이後耳'라는 것은 돌출형 귀와는 정반대로 귀가 뒤쪽으로 붙어 있는 것을 말한다.

셋째, 그는 키가 아주 크고 어깨는 떡 벌어졌으며 허리는 두꺼워 '큰 사람'이라 칭해졌다. 또 상반신은 길고 하반신은 짧았으며, 팔은 보통 사람보다 길고, 등은 약간 굽어 있었다. 허리둘레가 10위라는 말은 옛 길이로는 5척이고, 오늘날의 길이로는 3.4척, 한나라 때의 23.1센티미터로 계산하면, 허리둘레가 115.5센티미터라는 계산이 나온다. 드럼통 허리인 것이다. '9척 6촌의 키'란 한나라 때의 23.1센티미터로 계산하면 221.76센티미터라는 계산이 나온다. 226센티미터인 야오밍姚明(농구선수)과 비슷한 키이다. 공자는 키다리라고, 옛사람들은 그렇게 말했다.[8]

결론적으로 그는 키가 비교적 크고 얼굴도 비교적 컸다고 할 수 있다.

한나라 화상석의 공자 상

현존하는 가장 오래된 공자 상은 한나라 때의 화상석畫像石에 그려진 공자 상이다. 이 그림들은 모두 공자가 노자를 뵙는 그림으로, 시기

는 서한 말기에서 동한시대에 해당된다.[9]

공자가 노자를 뵙는 그림의 세부 내용은 각기 다른데, 일반적으로는 이렇다. 노자는 대나무 지팡이를 짚고 왼쪽에 있고, 뒤쪽에는 몇몇 제자들이 있다. 공자는 예물을 들고(꿩 혹은 기러기로 당시 인사를 할 때 들고 가는 예물이었다) 오른쪽에 있으며, 뒤쪽에는 역시 몇몇 제자들이 있다. 공자 뒤에 있는 제자들이 구체적으로 누구인지 다 같지는 않다. 또 화면 상단에 용 한 마리, 새 한 마리가 있는 경우도 있다. 용은 공자가 노자를 용 같다(『사기』「노자신한열전」)고 했다는 사마천의 말을 따른다면 아마도 노자를 상징하는 것 같다. 새는 어쩌면 봉황일까? 잘 모르겠다. 초나라 광인 접여接與가 '봉황의 노래'에서 공자를 봉황에 비유하기는 했다.(「미자」 18.5) 두 사람은 얼굴을 마주보고 몸을 굽혀 인사를 하고 있다. 중간에 고개를 들어 공자에게 묻고 있는 아이는 바로 항탁項橐이다. 옛사람들은 이 어린아이가 어려서부터 총명하여 감히 문제를 들고 가 공자를 시험했다고 말했다.[10] 그의 손에는 막대기 하나, 바퀴 두 개가 들려 있는데, 그것은 바람개비는 아니고, 학자들의 고증에 의하면 '구거鳩車'라 부르는 장난감이라고 한다.[11]

한나라 초기인 고제高帝 · 혜제惠帝 · 문제文帝 · 경제景帝 때에는 황로학이 가장 유행했고, 무제 이후에야 유학의 독존이 이루어졌다. 공자가 노자를 만났다는 그 의미는 어디에 있을까? 나는 그것이 일종의 홍보 전략이었다고 생각한다. 불교가 중국에 처음 들어왔을 때 그것은 도교를 모방하려고 했다. 명나라 말기에 마테오리치가 중국에서 선교를 할 때에도 그 지방에 가면 그곳의 풍속을 따르는 이른바 '마테오리치의 규칙'이 있었다. 그들은 모두 이러한 전략을 구사했다. 나는 유가가 자기 변신을 할 때에도 아마 이 전략을 구사했을 것이라고 추정한다.

서한의 무제 때, 즉 공자의 운이 이제 막 좋아지기 시작하던 그 시절에도 노자의 명성은 아주 대단했다. 당시에는 노자의 신세를 진 이라면 사람들에게 쉽게 받아들여졌다. 노자老子의 특징은 '오래 산다老'는데 있다. 한나라 때 노자는 장수하는 노인, 살아 있는 신선으로 알려졌다.(『열선전列仙傳』 상권) 또 공자가 노자에게 예에 대해 물었다는 것[12]에는 상징적인 의미가 있다. 그는 노자를 뵙고 항탁으로부터 곤란을 겪었는데, 거기에는 노인을 공경하고 어린아이를 사랑한다는 정신이 잘 체현되어 있다. 노자를 공경하는 것은 자신을 공경하는 것이기도 하다. 민간의 화법畵法에는 이런 애교 섞인 모습이 담겨 있다.

이런 그림을 보고 있노라면 나는 라파엘로의 「아테네 학당」이라는 또 다른 그림 하나가 떠오른다. 「아테네 학당」은 초점투시로 되어 있다. 화면에는 먼 곳에서 가까운 곳에 이르기까지 4개의 아치형 문이 층층이 이어져 있다. 계단 위아래로는 한 무리의 사람들이 있고, 플라톤과 아리스토텔레스는 그 한가운데에 서서 공자나 노자보다 훨씬 편안하게 어깨를 나란히 하고 이야기를 나누며 우리를 향해 걸어오고 있다. 화면은 종으로 깊어지는 느낌이 매우 강하다. 이와는 완전히 반대로 한나라 때의 화상석은 동일선상에 횡으로 나열하는 방법, 즉 산점투시로 되어 있다. 공자와 노자는 얼굴을 마주보고 몸을 굽혀 읍을 하고 있으며, 옆으로는 우리와 마주하고 있다. 무리가 둘이요, 중심점이 하나이다. 사람의 시선은 왼쪽에서 오른쪽으로, 다시 오른쪽에서 왼쪽으로, 이렇게 횡으로 훑어가다 중심점을 향해 접근한다. 이 중심점은 항탁이다. 모든 사람이 횡으로 늘어서 있으며, 종으로 깊어지는 느낌이란 아예 없다. 이렇게 두 그림의 구도는 완전히 다르다.

그밖에 한나라 때 공자 상은 표정이 불분명한데, 이 점은 아쉬움으로 남는다.

문옹학궁과 홍도학궁의 공자 상

한나라 때의 화상석은 고분에 쓰인 것이지만, 그것은 산 사람이 머무는 궁실 및 사당의 벽화에 기원을 두고 있다. 한나라 때의 화상석에 새겨진 공자 및 공자 제자의 상은 어디에서 온 것일까? 나는 그것이 아마도 한나라 때의 두 군데 학교와 관련 있을지도 모른다고 생각한다.

1) 문옹학궁

문옹학궁文翁學宮은 한나라 경제·무제 때(기원전 약 145~136년) 촉군蜀郡 태수 문옹이 성도현성成都縣城(오늘날의 쓰촨성 청두) 남문 밖에 세운 학궁으로 그 안에는 강당과 정사精舍(학생 기숙사)가 있었다.[13] 주공예전周公禮殿이라 불린 강당 안에는 벽화가 있었는데, 거기에는 삼황오제, 하·은·주 삼대의 군신 및 양한시대의 군신이 그려져 있었다. 이것이 하나의 그림이다. 또 다른 하나의 그림은 중니 및 72현을 그린 것으로, 대들보에 그렸을 것이며[14] 약간 작았을 것이라고 한다.

2) 홍도학궁

홍도학궁鴻都學宮은 한나라 영제靈帝 광화光和 원년(178), 낙양 홍도

문鴻都門(한나라와 위나라 때 낙양성 동남쪽 태학 근처에 있었다)에 설치한 학궁으로, 거기에도 공자 및 72제자 상을 그린 벽화가 있었다고 한다.(『후한서後漢書』「채옹전蔡邕傳」)

한나라 때 화상석의 공자 상은 아마 이런 그림들을 원본으로 삼았을 것이다.

역도원이 보았던 공자 상

한나라 때 공자를 존숭하던 성지로는 앞서 말한 학궁들 외에도 공자의 고택과 무덤이 있는데, 이곳들은 사마천과 역도원酈道元(북위시대의 지리학자)이 모두 가봤던 곳이다. 사마천은 공자 무덤의 크기가 1경頃이고, 한 무제 때 공자의 고택 및 학생들의 기숙사가 이미 사당으로 바뀌었으며, 그 안에는 마치 박물관처럼 공자의 의관, 그가 탔던 현금, 앉았던 가마, 읽었던 책들이 소장되어 있다고 말했다.(「공자세가」) 역도원 역시 공자 사당의 크기는 1경이고 거기에는 방 세 칸이 있어 공자는 서쪽 방에, 공자의 어머니는 북쪽 방에, 부인은 동쪽 방에 살았다고 말했다. 또 사당에는 공자의 수레, 즉 안무요顔無繇가 공자에게 수레를 팔아버리라고 요구했던 바로 그 수레(「선진」 11.8)가 있는데, 원품은 이미 훼손되고 남아 있는 것은 모조품이라고도 했다. 그밖에 무량사武梁祠의 한나라 때 화상석에 이 수레 두 대가 있는데, 이 오래된 가옥 안에 공자 상이 있으며, 그림에는 두 제자가 손에 서책을 들고 곁에서 모시고 서 있다(『수경주』「사수泗水」)고 한 말에도 주목해야 한다.

이 두 제자 가운데 한 명은 분명히 안회일 것이다. 그러면 나머지 한 명은 누구일까? 나는 송나라 때 사람들이 추숭하던 증자, 자사, 혹은 맹자가 아닌, 자로 혹은 자공일 것이라고 생각한다. 이 그림 역시 상당히 오래된 것인데 안타깝게도 남아 있지 않다.

문옹예전도文翁禮殿圖의 유실

송나라 때까지만 해도 문옹예전은 익주益州(오늘날의 청뚜시)의 공자 사당에 있었다. 경력慶歷 연간(1041~1048)에는 장당蔣堂(자는 희로希魯)이라는 사람이 추밀직학사樞密直學士로 익주를 다스릴 때 이 사당을 확장했다고 한다.[15] 송나라 때의 범진范縝은 「예전도禮殿圖」가 장당에 의해 도장되었다고 했다.(『동재기사東齋記事』 권4) 하지만 명나라 때의 하우도何宇度는 이들 인물화가 "당나라 때에 이르러 이미 마멸되었다. 송 가우 연간에 다시 모사되어 173인으로 늘어났다. 지금 학궁에는 단지 공자 문하 여러 제자들의 석각만이 존재하는데, 그것들이 옛 문물인지 알 수 없으며, 그 나머지는 보이지 않는다"[16]고 했다. 이렇게 두 사람의 설명은 다르다. 중국의 고대 건축이 자주 보수되었던 점을 생각할 때 이들 그림이 부단히 도장되고 부단히 다시 그려졌다는 점은 상상하기 어렵지 않다. 또한 주목할 만한 것은 여기에서 하우도가 명대에도 돌에 새긴 공자 제자 상이 있다고 했다는 점이다.

문옹예전의 인물화는 당·송 이후로는 그림으로 그린 복제본이 유행했다.[17] 그러다가 북송 선화宣和 이후로는 '서촉 문옹예전의 인물화西

蜀文翁禮殿畫像'[18]라 하여 그것을 궁에서 소장하였으나, 후에 약탈당해 북경으로 갔다고 한다.[19]

청나라 때인 1775년에 건륭황제는 사천 총독에게 성도부의 학예전學禮殿 인물화가 존재하는지를 물었는데, 그때 들은 대답은 "오늘날 성도부 학궁의 예전은 이미 옛날 같지 않으며, 그림 또한 일찌감치 없어졌습니다"[20]라는 것이었다. 아쉬운 점은 원품과 그림으로 그린 복사본이 모두 남아 있지 않다는 것이다.

송나라 이후의 공자 상

고대에 공자 제사가 어땠는지 당나라 이전의 상황은 그리 확실치 않다. 당나라 개원開元 8년(720) 이전에는 공자와 안회의 조각상만 있었고, 10명의 철인은 모두 인물화로 남겨졌다. 그러다가 이때에 이르러서야 일률적으로 조각상으로, 그것도 좌상으로 바뀌었다. 송나라와 원나라 때 공자에게 제사를 지낼 때는 사배四配(안회·증삼·공급·맹가)로 바뀌고, 10명의 철인(안회가 빠지고 그 자리는 전손사顓孫師로 보충되었다)이 추가되었는데, 이들 역시 조각상, 좌상이었다. 그러나 명나라 때 누군가 조각상은 절에서나 사용하고, 조각상의 채색은 쉽게 떨어져 나가므로, 그렇게 되면 크게 불경스러워진다고 했다. 그리하여 가정嘉靖 9년(1530)에 공자 사당은 개조되어, 조각상을 허물고 나무로 된 위패를 사용하는 등 이전과는 크게 달라졌다.

송 이후의 공자 상 가운데 약간 작은 조각상은 그런대로 존재하지만,

모두 그다지 훌륭하지 못하고 어떤 것들은 익살맞아 보이기까지 한다. 그때 주로 유행하던 것은 여전히 평면 채색화나 석각 인물화였다.

이 중 몇몇 그림은 도처에서 사용되어 사람들에게 비교적 익숙한 것들이지만, 솔직히 말해 이미지가 그리 좋은 것은 아니다. 예를 들어 명나라 때 채색으로 그린 「공자연거상孔子燕居像」(공자가 한가로이 지내는 상)을 보라. 이를 드러내고 눈썹은 축 처져 있으며 온통 멍해 보인다. 또 명나라 때 채색으로 그린 「공자위노사구상孔子爲魯司寇像」(공자가 노나라 사구로 있을 때의 상)을 보라. 머리에 관을 쓰고 있고, 표범 눈에 휘둥그런 눈동자를 하고 있으며, 온통 살기로 가득 차 있다. 아마도 작자는 공자가 집에 있을 때는 자못 느긋하여 표정이 좀 흐리멍덩해도 무방하다고, 사구로 있던 시절에는 사람을 죽여야 했으므로 조금 사나웠을 것이라고 생각했던 듯하다. 이 두 점의 그림은 모두 그리 훌륭하지 못하다. 명나라 가정 9년에 개조를 하면서 다른 곳에서는 상을 모두 없애버렸지만 곡부 공자 사당에서만은 여전히 남겨두었다. 그러다 문화대혁명 때에 이르러 취푸 공자 사당에 있던 공자 상도 때려부수었다. 현재 존재하는 상은 1988년에 다시 세운 것이다. 그 상은 두 눈이 무척 크고, 모습 또한 그다지 품위 있어 보이지 않는다.

물론 이런 인물화 중에 비교적 봐줄 만한 것도 있다. 예컨대 오늘날 가장 많이 인쇄되어 거의 표준 인물화로 간주되는 청 옹정 13년(1735) 공광계孔廣棨의 「선사공자행교상先師孔子行教像」(스승 공자가 가르침을 행하는 상)이 그렇다. 이 그림에 훌륭한 점이 있다고 한다면 그것은 이 그림이 마치 어느 산동 사람을 보고 그린 것처럼 산동 사람의 냄새를 약간이나마 풍김으로써 우리에게 친근감이 생겨나게 한다는 데 있다.

산동 사람은 어떤 특징을 지니고 있는가? 첫째는 키다리가 비교적 많다는 점이다. 옛사람들은 공자의 키가 9척 6촌이라고 했는데, 물론 이는 과장일 수도 있지만 비교적 컸다는 점만큼은 분명하다. 고대에 일부 지방 사람들은 비교적 키가 확실히 컸다. 예컨대 공자가 말한 장적長狄은 키가 매우 컸다.(『국어國語』「노어하魯語下」) 오늘날의 산둥성 서남 지역, 장쑤江蘇성 북쪽, 그리고 안후이安徽성 북쪽은 자고이래로 왕래가 빈번하여 키다리들이 배출되던 곳이다. 동북 사람들의 경우 산동인의 후예이기에 키가 큰 이들이 비교적 많다. 둘째는 머리가 비교적 둥글고 얼굴이 크다는 점이다.

고고학자 옌원밍嚴文明 선생은 이렇게 말했다. "선사시대 산동 지역 주민(예컨대 대문구大汶口문화에 속하는 이들)과 선사시대 중원 지역 주민(예컨대 앙소仰韶문화에 속하는 이들)의 체질적 특징은 비록 현대 몽골인인 동아시아형에 가깝기는 하지만 적지 않은 차이 또한 있다. 예를 들어 전자는 얼굴 부위가 비교적 넓고 이상구梨狀口가 약간 좁은 데 비해, 후자는 이와는 상반된다. 또 전자는 코 넓이가 중간 정도인 데 비해, 후자는 코가 넓은 편이다. 그밖에도 전자의 경우 남자의 평균 신장은 1미터 72센티미터인 데 비해, 후자는 1미터 68센티미터밖에 안 된다."[21] 이렇게 산동인의 체질적 특징은 고고학적으로도 그 증거를 찾을 수 있다.

우리는 화폭에 표현된 공자의 크고 둥근 머리와 넓적한 얼굴이 바로 이 지역 사람들의 특색이라는 점에 주목해야 한다. 그밖에도 지나칠 수 없는 또 한 가지가 있다. 그림에 표현된 공자는 허리춤에 칼을 차고 있고 두 손은 가슴 한복판에 두었으며, 허리는 약간 굽히고 몸은 앞쪽으로 약간 기울어 있다. 혹자는 이것을 곧 옛사람들이 말하는 '거북 등'이라고 하면서 공자는 곱사등이라고 할지도 모른다. 하지만 나는 차라리 이것이 그의 공손함을 표현하는 것이라고 믿고 싶다. 그림의 이 자세를 옛사람들은 마치 연주하는 석경에 굽은 곳이 있는 것과 같다고 하여 '경절磬折'이라 불렀고, 『논어』에서는 "이기지 못하는 듯이 몸을 굽히셨다鞠躬如也"(「향당」 10.4)고 했는데,[22] 이런 모습은 뒷짐을 지고 배를 내밀며 기고만장한 모습과는 완전히 상반된, 온화하고溫 선량하며良 공손하고恭 검소하며儉 겸양함讓을 표현하고 있다. 공자가 노자를 뵌 화상석에서 두 사람의 모습은 바로 이와 같다. 공자에 대한 나의 상상은 여기까지 하도록 하겠다.

루쉰이 말하는 공자 상

상상의 힘은 무궁하다.

중국의 인물화는 대부분 대동소이하다. 그리하여 사람들에게 깊은 인상을 주는 것이 많지 않다. 칼처럼 뾰족한 얼굴을 한 주원장朱元璋, 둥근 얼굴에 짧은 수염을 하고 있는 칭기스칸을 빼고는 대부분 기억이 나지 않는다. 오늘날 역사적 인물의 상 역시 그렇다. 허리춤에 칼을 찬 것을 빼고는 늙은 농부를 꼭 빼닮았다.

구 중국 역사박물관(현재의 중국 국가박물관)의 통사관通史館에는 갖가지 상이 있다. 일부는 일찍부터 전해 내려오는 것이고 일부는 유명 화가에게 요청해 그린 것이다. 우리는 모두 이런 교육을 받고 자라 익숙해져 있다. 공자의 상은 옛사람도 많이 그리고 새겼으며, 오늘날의 사람들도 거기에 덧붙여 많은 것들을 창작해냈다. 『홍루몽』에 나오는 말을 빌리자면 이는 '경애하는 마음에서 견강부회되는' 게임에 불과하다 하겠다. 그런데 그것이 게임인 이상 각기 선호하는 것이 있게 마련으로, 그 누구도 명령을 하여 그 중 어떤 그림을 받아들이지 않으면 안 된다고 할 수는 없는 것이다. 그럼에도 오늘날은 이와는 달리 일부 사람들이 공자를 숭배의 대상으로 삼은 나머지 상의 문제가 '하나의 존귀한 것에 의해 흑백이 정해지는' 커다란 문제가 되어버렸다.

근래에 공자 표준 상 문제가 풍파를 일으키자 언론에서는 나에게 의견을 표할 것을 요청했는데 나는 한마디도 하지 않았다. 마치 '007은 어떤 모습이어야 하느냐' 하는 문제처럼 따분하다고 느꼈기 때문이다. 사실 이 문제에 대해서는 70여 년 전에 이미 논한 사람이 있다.

1935년 일본 유시마湯島에 있는 공자 사당이 낙성되자, 허지엔何健이 공자 상을 그곳으로 보냈다. 그때 루쉰은 이렇게 말했다. 공자가 어떤 모습인지 중국의 백성들은 거의 아무것도 아는 바가 없고, 비록 자고 이래로 거의 모든 현마다 문묘가 있었지만 사당 안에는 일반적으로 상이 없었다. 중국인들은 존숭할 만한 인물을 위해 상을 세울 경우 일반적으로 보통 사람보다 크게 만들었는데, 오직 공자만은 상을 세우는 것이 오히려 모독인 듯하여, 차라리 없는 게 낫다고 여겼다. 공자가 사진을 남기지도 않았으니 진짜 얼굴을 볼 수도 없고, "만약 새로 조각을 한다고 하면 조각가의 상상에 맡기는 것 외에는 다른 방법이 전혀 없었으므로 더욱 마음이 놓이지 않았다. 이에 유자들은 마침내 '전부 혹은 전무'라는 브랜트William Brandt식의 태도를 취할 수밖에 없었다."[23] 여기서 '전부'란 다 있다는 뜻, 즉 마음대로 그린다는 뜻이고, '전무'란 아예 그리지 않는다는 뜻이다. 어느 것이든 모두 당신의 '상상'에 맡긴다는 것이다.

상상을 하면서 마음대로 해서는 안 된다고, 명령을 따르고 지휘를 따라야 한다고 말한다면 멍청이 아닌가?

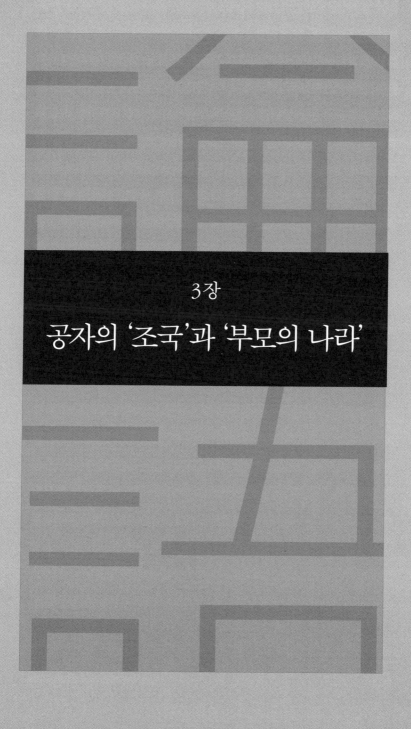

3장

공자의 '조국'과 '부모의 나라'

공자는 춘추 말기를 살았다. 이 시대에는 예악이 무너지고 귀족 전통이 크게 붕괴되었지만, 그런대로 귀족전통이 존재하기는 했던 시대였다. 그 당시의 인물을 연구하고자 한다면 우리는 반드시 그들의 출신을 이해해야만 한다. 공자를 연구할 때도 우리는 그의 출신을 잊어서는 안 된다. 그의 '조국'은 송나라이고,[1] '부모의 나라'는 노나라였다.[2] 여기서는 먼저 송나라에 대해 이야기하고, 그다음에 노나라에 대해 이야기하도록 하자. 여러분과 함께 여행을 함으로써 『논어』의 갖가지 대화가 일어나는 지점에 대해 약간의 공간적인 느낌이 생기도록 하겠다.

송나라의 공 씨, 공보가孔父嘉

송은 은나라 왕의 후예다. 주 무왕은 은을 쳐 동쪽을 점령하고 난

후, 은 왕조의 핵심 지역을 송宋과 위衛(허난성 동북부)로 봉했다. 또한 이 지역의 후방, 즉 동이의 땅은 제齊와 노魯(산둥성)로 봉했다. 공자의 일생과 가장 큰 관련이 있는 곳은 노나라와 위나라이고, 제나라와 송나라도 그는 가보았다.

송은 은의 유민들이 남아 있던 곳으로 은과의 관계가 가장 밀접했다. 당시 사람들은 주로 송을 통해 은에 대한 지식을 얻었다.

송은 공자의 '조국', 즉 그의 조상의 나라였다.

『세본世本』의 기록에 의하면 공자의 송나라 조상들은 다음과 같다.

송민공宋湣公(이름은 공共, 대략 서주 중기의 인물) ─ 불보하弗甫何 ─ 송보주宋父周 ─ 정고보正考父 ─ 공보가孔父嘉(이름은 가嘉, 자는 공보孔父, 기원전 720년 혹은 710년?) ─ 목금보木金父 ─ 고이皋夷(자는 기보祁父) ─ 공방숙孔防叔.

공자가 공을 성씨로 한 것은 공보가에서 비롯된다. 공보가는 곧 『좌전』 환공 원년과 2년 조에 언급된 공보孔父이다. 그의 이름은 이름과 자를 이어서 칭한 것으로, 그의 이름(태어났을 때 지은 아명)은 가이고, 자(성인이 된 후에 지은 존함)는 공보이다. 성이 공이고 이름이 보가인 것이 아니다.[3] 공자가 공을 씨氏로 삼은 것은 '왕부王父', 즉 할아버지의 자를 성씨(가족의 명칭)로 삼은 것에 해당된다. 그의 이 지파는 고대의 성씨 명명(가족에게 이름을 지어주는) 관례에 따르자면 사실은 고이皋夷 할아버지의 자를 가족의 이름으로 지은 것이다. 즉 그들의 이 지파는 고이 대에 계파를 세우기 시작했으며 이때부터 공 씨라 칭하게 되었던 것이다.

공보라는 이 지파는 서주 중기의 인물 송민공에서 갈라져 나왔는데, 그 근원을 거슬러 올라가면 이들은 성탕成湯의 후예다. 공자가 노나라에서 다른 눈으로 비춰지기 시작한 것은 최초에는 조상 덕분이었다. 노나라의 대귀족이었던 맹희자孟僖子는 공자를 "성인의 후손"(『좌전』 소공昭公 7년)이라 했는데, 이는 주로 그의 혈통이 고귀함을 가리킨다. 옛사람들이 말하는 '성인'이란 다 일반인이 아닌 상고시대의 현군이었다.[4]

공보는 송나라에서 대사마大司馬 직을 맡고 있었는데, 송 목공穆公으로부터 그의 임종 전에 후사를 부탁받은, 임금의 유지를 받든 대신으로 지위가 아주 높았다. 그런 그의 부인은 아주 아름다웠는데, 어느 날 길에서 송나라 태재太宰인 화보독華父督과 마주치게 되었다. 화보독은 "눈으로 오는 것을 쳐다보고 다시 가는 것을 쳐다보더니, '아름답고도 곱구나'라고 말했다."[5] 공자의 조상 할머니가 마음에 든 것이다. 한편 당시 송나라와 정나라는 서로를 미워하여 10년 동안 11차례나 전쟁을 치렀는데, 이로 인해 백성들의 원성이 자자했다. 화보독은 이 기회를 이용해 이 재난은 모두 군사를 책임지고 있는 대사마에게서 생겨난 것이라 선동을 하여, 공자의 조상을 죽여버리고, 조상 할머니를 독차지했다. 또 송나라 군주가 불만을 갖자 그도 죽여버렸다.(『좌전』 환공 2년)

공보 사후에 가세가 기울자, 그의 후손[6]은 "화 씨의 핍박을 두려워하여 노나라로 갔다."[7] 송나라 수도는 지금의 허난성 상치우商丘에 있었으니, 곡부에서 멀지 않았다. 그의 집은 상구에서 북상하여 노나라로 이주한 것이다.

상구는 성탕이 허난성 기현淇縣의 조가朝歌나 안양安陽의 은허殷墟보다도 더 이른 시기에 머물던 곳이다. 작고한 장광즈張光直 교수는 과거에 줄곧 한 가지 꿈이 있었다고 한다. 바로 성탕이 머물던 그 '상商' 지역을 찾아 직접 발굴해내는 것이었다. 그래서 그가 조직한 중·미 연합 고고학 발굴팀이 허난성 상치우에 몇 년 동안 머물렀는데, '상'은 발굴하지 못하고 동주시대의 송성宋城을 발굴해냈다.[8] 송나라와 위나라가 있었던 이 일대는 홍수가 범람하기로 유명한 지역으로, 옛 성들은 여러 차례 누런 토사에 묻혀 완전히 땅 밑으로 들어가버렸다. 오늘날에는 지면에서 10여 미터를 파 내려가야 동주시대의 송성 지면과 맞닿을 수 있다. 은나라와 서주시대의 유적들도 땅 밑에 있다.

송 왕조는 송을 국호로 삼았는데, 송 휘종 숭녕崇寧 3년(1104)에 현지에서 송공성종宋公成鍾이 출토되어 상서로운 일로 여겨진 바 있다. 하지만 오늘날에 이르기까지 현지에서는 동주시대의 것으로 발견된 것이 얼마 없다.

송나라 사람의 특징, 고지식하고 예법에 밝음

공자는 노나라에서 자랐다. 하지만 그 자신이 했다고 하는 다음과 같은 말도 전한다. 그는 이렇게 말했다. "나는 어려서 노나라에 살면서 소매가 넓고 큰 옷을 입었고, 커서 송나라에 살면서는 장보章甫의 관을 썼습니다."[9] 만약 이 말을 믿을 수 있다면 그는 젊었을 때 한동안 송나라로 돌아가 지낸 셈이 된다.

60세 되던 해에 공자는 열국을 주유하던 중, 송나라를 지나가다가 하마터면 송나라의 사마환퇴司馬桓魋에게 죽임을 당할 뻔한다. 이로 인해 송나라에 대한 인상은 좋지 않았다. 한편 만년에 공자에게는 사마우司馬牛라는 학생이 있었는데, 그는 곧 사마환퇴의 동생이다. 그의 집안 역시 송나라 사마였다.

『논어』에서 우리는 다음과 같은 글귀를 읽을 수 있다.

공자께서 말씀하셨다. "서술하되 창작하지 않으며, 옛것을 믿고 좋아하는 점을 가만히 우리 노팽에 비겨본다."子曰, '述而不作, 信而好古, 竊比於我老彭.'(「술이述而」 7.1)

공자께서 말씀하셨다. "남쪽 사람들 말에 '사람으로서 변치 않는 마음이 없으면 무의가 될 수 없다'는 말이 있는데 좋은 말이다. 『주역』에서는 '그 덕을 일정하게 유지하지 않으면 간혹 수치스러운 일을 당하게 된다'고 했다." 공자께서 말씀하셨다. "변치 않는 마음이 없는 사람은 점을 치지 않을 따름이다."子曰, '南人有言曰, "人而無恒, 不可以作巫醫." 善夫! 不恒其德, 或承之羞.' 子曰, '不占而已矣.'(「자로」 13.22)

은나라 사람의 특징은 옛것을 지킨다는 데 있다. 노팽은 보수적인 인물이다. 공자는 계승하되 창조하지는 않으며 옛것을 믿고 좋아하는 자신이 노팽과 같다고 말했다. 노팽은 노자에 팽조를 더한 두 사람이 아니라, 팽조 한 사람만을 가리킨다. 여기서 '노老'란 장수를 가리키는 것으로, 그는 800세까지 살았다고 전한다. 그는 팽성彭城(오늘날의 장쑤성 쉬저우徐州) 사람으로, 팽 씨 성을 가진 이들의 시조이다. 이 때문에 팽조라고 불리며, 이름은 갱鏗이다. 『열선전列仙傳』『신선전神仙傳』에서는 그를 은나라 왕에게 지상신선이 되는 방법을 가르치고, 먹고 노는 법, 여자와 놀아나는 법 등을 가르친 은나라 때의 유명한 양생가라고 했다. 한·진晉 시대에 유행한 『팽조경』은 이른바 '방중술 7경' 가운데 하나이다.[10] 왕부지는 팽조를 '음란한 방사一陰邪之方士'라고 했지만, 공자가 그를 자신과 같은 부류로 끌어들이는 걸 볼 때 그를 욕하는 것은 공자를 욕하는 것과 같다고 하겠다.

은나라 사람들의 또 다른 특징은 점을 무척 좋아했다는 것이다. 고고학적 발견은 이 점을 증명해준다. '남쪽 사람'을 공안국의 주에서는 '남쪽 나라 사람南國之人'이라 하여 어느 나라를 가리키는지 확실치 않았는데, 상하이박물관 죽간 및 곽점초간 「치의緇衣」에서는 모두 '송나라 사람'이라고 하여 비로소 수수께끼가 풀렸다. 송나라는 노나라의 서남쪽에 있다. 이른바 '남쪽 사람'이란 실은 송나라 사람인 것이다. 공자의 뜻은 사람은 점을 치는 것처럼 변치 않음을 귀히 여긴다는 것이다. 한 번 해서 듣지 않으면 재차 점을 치고, 이것으로 안 되면 다른 것으로 바꾼다.[11] 그는 자신이 그리 똑똑하지는 않지만, "배우되 만족하지 않고, 남을 가르치되 싫증내지 않는"[12] 변함없는 자세를 지키는 사람이라고 했다. 점을 좋아하는 사람에게는 이런 종류의 힘이 있다. 공자는 변치 않을 것을 무척 강조했으며 중간에 그만두는 것을 반대했다. 그의 자신에 대한 격려와 학생에 대한 가르침 곳곳에는 이러한 정신이 배어 있다. 좋은 쪽으로 말하자면 집요한 것이고, 나쁜 쪽으로 말하자면 완고한 것이다.

서주시대에 송나라 사람들은 옛 왕조를 잊지 못하는 유민들이었다.

이들은 옛 예법을 무척 잘 알고 있었고, 성격은 고집스러웠다.

우리는 공자 이전에 송나라에 송 양공襄公이라는 괴이한 인물이 있었음을 안다. 기원전 638년에 송나라와 초나라는 홍泓(오늘날의 허난성 저현柘縣 북쪽) 땅에서 전투를 벌였다. 송나라 사람들은 이미 진을 치고 있었고, 초나라 사람들은 그때까지 강을 건너고 있었는데, 그는 초나라 사람들이 진을 치지 못한 틈을 타 공격하려 하지 않았으며 그 결과 대패하여 허벅다리도 다치게 되었다. 전투가 끝난 후 나라 사람들이 모두 그를 욕했는데, 그는 그것이 옛사람의 법도, 군자의 법도이고 자신은 '망국의 후예亡國之餘(은나라 사람의 후예)'라고 하면서 진을 치지 못한 적군은 치지 않는 법이라고 변명했다. 그러다가 이듬해 깊은 상처가 치료되지 않아 속절없이 목숨을 잃고 말았다. 마오쩌둥은 이를 두고 '얼간이 같은 인의도덕'[13]이라 했다.

돈키호테는 옛것을 좋아하고 풍차와 싸우기도 했는데, 문학사를 연구하는 이들은 송 양공이야말로 중국의 돈키호테라고 한다.

공자에 대해 성문을 지키던 어느 노나라 사람(석문石門이라는 외성에서 새벽에 문을 열어주는 사람)이 말하기를, 그의 특징은 "안 된다는 것을 알면서도 하는"[14] 데 있다고 했다. 분명히 안 되는데도 하려 한다는 점에서 그의 고집스러움을 알 수 있다. 공자에게서 우리는 그의 조상들의 성격 또한 발견할 수 있다. 이렇게 공자는 돈키호테였다. 돈키호테가 우습지만 사랑스러운 인물이었던 것처럼 말이다.

노나라의 공 씨, 공자의 할아버지와 아버지

공자의 조상은 '국방부 장관'이었는데, 나중에 가세가 기울어 어쩔 수 없이 노나라로 이민해오면서 지위가 옛날보다 훨씬 못하게 되었다. 그가 속한 계파는 방계 중의 방계였다.

『세본』의 기록에 의하면 노나라에서 살았던 공자의 조상은 모두 3대였다고 한다.

공방숙孔防叔 – 공백하孔伯夏 – 숙량흘叔梁紇 – 공구孔丘(자는 중니仲尼)

공방숙은 공자의 증조할아버지, 공백하는 공자의 할아버지이다. 공자의 아버지인 '숙량흘'의 '숙량'은 자이고, '흘'은 이름으로, 공부가와 마찬가지 방법으로 이름과 자를 이어서 불렀다. 흘紇은 '건장하다'는 뜻을 지닌 '흘仡'로 읽을 수 있고, '양梁'은 '용맹스럽다'는 뜻이니, 이름과 그의 사람됨이 비슷하게 대응된다. 그는 노나라 추鄹읍의 관리(추읍의 읍장)로 핍양偪陽 전투에서 힘으로 갑문을 받치고 있었을 정도로(『좌전』 양공 10) 힘이 셌다고 한다. 전하는 바에 따르면 신장이 10척(약 2미터 31센티미터)으로 공자보다도 더 컸다(『공자가어』 「본성해」)고 한다.

『논어』에서도 공자의 아버지에 대해 언급하고 있다.

공자께서 태묘에 들어가시어 매사를 물으셨다. 어떤 사람이 말했다. "누가 추읍鄹邑 읍장의 아들이 예를 안다고 하였는가? 태묘에 들어가 매사를 묻는구나." 공자께서 듣고 말씀하셨다. "이것이 바로 예이다." 子入大廟, 每事問.

或曰, '孰謂鄹人之子知禮乎? 入大廟, 每事問.' 子聞之, 曰, '是禮也.' (「팔일」 3.15)

'추인鄹人'이란 당시의 뜻으로는 추읍에 사는 사람이 아니라, 추읍의 읍장을 가리킨다. 위의 구절에서 '추인'이란 곧 공자의 아버지인 것이다.

공자는 군인 명가 출신으로, 선인들은 모두 기골이 장대한 씩씩한 무인들이었다. 그는 조상의 은혜를 입어 유전적인 이점을 지니고 있었던 것이다. 아버지가 키다리였고, 그 역시 키다리였다. 사마천의 설명에 따르면 공자의 7대손인 손공등孫孔騰 역시 공자만 한 키다리였다 (「공자세가」)고 한다.

공자의 아버지인 숙량흘에 대해 『좌전』 양공 10년 조에서는 '추인 흘鄹人紇'이라 칭하고 있고, 17년 조에서는 '추 숙흘鄹叔紇'이라 부르고 있다. 그는 '현급 간부'로 지위가 그다지 높지 않았다. 사마천은 "숙량흘과 안 씨 부인이 야합野合하여 공자를 낳았다"[15]고 했다. 공자의 어머니인 안 씨에 대해서는 다음에 논할 것이다.

'야합'이란 무슨 뜻인가? 과거에 사람들은 이것에 대해 대단히 열심히 떠들어댔다. '성인이신 공자께서 어찌 야외에서 일을 치러 태어날 수 있었겠는가?' 하고 말이다. 많은 사람들은 차라리 이를 공자의 부모가 나이 차이가 많이 나 정식으로 혼인을 치르지 못하고 절차도 제대로 다 밟지 못한 것으로 믿고 싶어한다. 하지만 사실 야합에 이런 복잡한 의미는 없다. 그렇다고 오체투지를 할 정도로 공자를 숭배했던 사마천이 고의적으로 성인을 모멸했을 리도 없다.

우리는 공자가 불행한 아이였음을 안다. 세 살 때 아버지를 여의었으니, 아버지에 대해 별 인상이 없었을 것이다. 어머니 역시 그에게 아버지에 관한 이야기를 별로 해주지 않았던 듯하다. 왜 이야기해주지 않았을까? 아마 야합과 관련이 있을 것이다. 정식 배우자가 아니었던 것이다. 그래서 공자는 어머니가 돌아가셨을 때 어머니의 관을 오부五父의 네거리에 놓고 아버지가 어디에 묻혀 있는지 이곳저곳 사람들에게 물어보다가 알게 된 후에 부모님을 합장했던 것이다.

이는 무엇을 설명하는가? 공자가 자신의 내력을 잘 모르고 있었다는 점을 설명한다. 나는 옛사람이 이런 이야기를 한 것은 대부분 공자의 내력이 불분명하여 어렸을 때부터 차별을 받았으며 일반인과는 달랐음을 강조하기 위해서였다고 생각한다. 치욕을 참아가면서 중임을 진다는 것은 성인의 이야기에서 늘 깔리는 배경이다.

노나라의 안 씨, 공자의 어머니

한 아이가 양친 슬하에서 자라났는지, 아니면 결손가정에서 자라났는지, 혹은 아버지 품에서 자라났는지, 아니면 어머니 품에서 자라났는지 하는 것은 매우 중요하다. 공자는 어머니가 키워 성장했으니, 그에게는 어머니가 더욱 중요하다.

공자의 출생과 관련된 또 다른 전설 하나가 있다. 몸이 좋고 정력이 왕성했던 숙량흘은 시施 씨(정실)와 단숨에 딸 아홉을 낳았는데, 아들이 없었다. 그래서 어렵게 첩을 하나 얻어 맹피孟皮라는 아들을 낳았는데, 그 또한 절름발이(소아마비였을 것임)였다. 그러니까 공자의 아버지는 두 명의 부인을 얻었으나 건강한 아들은 하나도 낳지 못했던 것이다. 이에 만족할 수 없었던 그는 다시 안 씨 집안에 구혼을 한다. 안 씨 집안에는 딸이 셋 있었는데, 그 집 아버지는 어린 딸들이 남편 될 이가 너무 늙었다 할까 하여 공자의 아버지에 대해 '성왕의 후예聖王之裔'이고, '신장은 10척에 힘은 더할 나위 없이 센身長十尺, 武力絶倫', 고귀한 신분에 신체 건강한 이라고 특별히 소개를 했다. 하지만 첫째, 둘째 딸은 그렇게 하려 하지 않았고, 셋째 딸만이 그 뜻을 따랐다. 이 셋째 딸이 안징재로 곧 공자의 어머니다.(『공자가어』「본성해」)[16]

이는 정식으로 구혼을 했다는 이야기로 사마천의 설명과는 다른 일종의 수정 설명일 텐데, 이로써 야합설이 낳은 나쁜 영향을 제거할 수 있었다.

공자의 외가는 안 씨이다. 노나라의 안 씨에는 희姬 씨에서 나온 안 씨와 조曹 씨에서 나온 안 씨가 있는데,[17] 그녀는 어느 안 씨였던 걸까? 확정적으로 이야기할 수 없다. 안 씨의 뿌리를 찾아 조상이 누군지 물어보면, 모두들 자신은 안회의 후손이라고 말한다. 다시 더 위로 올라가 따지면 조 씨, 즉 주邾나라의 한 갈래인 소주국小邾國에서 나왔다고 말한다. 2002년에 산둥성 짜오좡棗莊시 샨팅山亭구 동지앙東江촌에서 무덤 하나가 발견되었는데, 모두 여섯 개의 무덤으로 그 중 세 개 반은 도굴되었고 나머지 두 개 반만이 남아 있었으며, 그것은 2003년에 발굴되었다. 나는 이 무덤에 가보았는데, 거기에 안 씨 조상의 무덤이라 하는 비석이 하나 있었다. 안 씨의 후손들이 머리를 조아려 절을 하려고 특별히 세운 것이다.

공자 문하의 제자 중 여덟 명은 안 씨 집안에서 나왔는데,[18] 가장 유명한 학생으로는 안회가 있다. 공 씨와 안 씨 두 집안은 인척 관계로 사돈끼리 친밀하게 왕래를 했다. 이 학생들은 모두 외가에서 배출한 이들이다.

숙량흘은 건강한 아들을 갖기를 바랐고 그건 안징재도 마찬가지였다. 전하는 바에 따르면 안징재는 추읍 부근의 니구산(산둥성 취푸시 동남쪽)에 올라 아들을 낳게 해달라고 신에게 기도를 올렸다고 한다. 이와 관련해 공자를 왜 구丘라고 불렀는지에 대해서는 두 가지 설이 있는데, 일설에는 그의 머리 모양과 관련이 있다(「공자세가」)고 하며, 일설에는 그가 그 산에서 태어났다는 점과 관련이 있다(「본성해」)고 한다. 이 때문에 공자의 이름은 구丘요, 자는 중니仲尼라는 것이다. 니구산은 본래 니구산이라 불렸으나, 공자의 이름이 '구'인 관계로 이 글자를 피하기 위해 지금은 니산尼山이라고만 부른다.

'중니'란 항렬에 자를 덧붙인 것으로, 옛사람들의 자字 사용은 그 사람에 대한 존칭이었다. 공자가 사망하자 노 애공은 추도사에서 그를 '니보尼父'라 칭했다. '니보'란 그의 자였다(옛사람들은 자를 부를 때 남자의 경우에는 종종 보父라는 글자를 덧붙였고, 여자의 경우에는 모母라는 글자를 덧붙였다).

공자가 둘째 아들이었다는 점에서 우위吳虞는 농담조로 그를 '공이 선생孔二先生'이라 불렀다. 5·4운동과 문화대혁명 시기에 사람들은 종종 직접 공자의 이름을 불러댔다. 예를 들어 자오지빈趙紀彬은 자신의 책에서 '공구'라고만 부르고 '공자'라고 부르지는 않았다.(반면 공자의 학생들에 대해서는 오히려 자字로 부르고 있다.) 한편 가장 듣기 거북한 호칭은 '공 씨 둘째 아들孔老二'이다.[19] '공구'의 '구'를 청나라 때에는 일부러 빼고 써야 했다. 이름을 부르는 것은 예의에 어긋나는 것으로 이를 직접 부를 수 없었다. 그리고 '둘째 아들'이라는 칭호는 더욱 모욕적인 어휘였다.

공자의 출생지

맹자는 이렇게 말했다. "공자께서 제나라를 떠나실 때에는 물에 인 쌀을 건져 바로 떠났으나, 노나라를 떠나실 때에는 '더디고 더디구나, 내 걸음이여. 이것이 부모의 나라를 떠나는 방법이다'라고 하셨다. 속히 떠날 만하면 속히 떠나고, 오래 머무를 만하면 오래 머무르며, 은거할 만하면 은거하고, 벼슬할 만하면 벼슬을 하신 분은 공자셨다."[20] 한편 유하혜柳下惠는 옥관이 되었다가 세 차례나 파직되는데 누군가 그에게 위나라를 떠나라고 권고하자 그는 이렇게 말한다. "도를 곧게 해서 사람을 섬길진대 어디를 간들 세 번 쫓겨나지 않겠으며, 도를 굽혀서 사람을 섬길진대 어찌 부모의 나라를 떠날 필요가 있겠습니까?"[21] 옛사람들은 모두 자기 '부모의 나라'를 중요하게 생각했던 것이다.

노나라는 공자의 출생지이자 주거지였다. 아버지가 노나라 사람이었으며 어머니도 노나라 사람이었으니, 그에게 노나라는 명실상부한 '부모의 나라'였다. 그는 제나라를 떠날 때는 즉시 떠나기를 간절히 바랐으나, 노나라를 떠날 때에는 한 걸음 뗄 때마다 수없이 뒤를 돌아보며 느릿느릿 차마 떠나지 못했는데, 그 이유는 간단했다. 제나라는 외국인 데 반해 노나라는 조국이었기 때문이다.

공자에게는 집이 둘 있었으니, 하나는 아버지의 집이었고, 다른 하나는 어머니의 집(혹은 외가)이었다.

공자의 출생지는 취푸 노고성 동남쪽, 즉 니산 부근이다. 그곳은 성 바깥으로, 교외 벌판에 세워진 작은 마을이다.

사마천은 공자가 노나라 창평향昌平鄕 추읍鄹邑에서 태어났다고 했다. 그런데 추鄹와 추鄒는 옛 발음이 같아, 역도원은 같은 곳이라고 여겼다.[22] 반면 허신許愼은 다른 두 곳이라 여겼다.[23]

추鄒, 즉 주邾는 노나라 남쪽의 작은 나라로, 지금의 산둥성 쩌우청 시鄒城市 남쪽 이산嶧山 자락에 있었다. 속칭 '기왕성紀王城'이라 했다. 그 러다 진나라가 천하를 통일한 후 '주'는 현지에서 출토된 진나라 도량陶量에 시황이 10번 찍힌 조서 외에도 그것을 만든 곳으로 '추'라는 글자가 찍혀 있는 것처럼, '추騶'로 바뀌어 불렸다. 그 후 한나라 때의 고서에서도 그곳을 '추騶'라고 썼다. 추와 노는 유가를 배출한 곳으로, 옛사람들이 말하는 '추와 노의 진신지사縉紳之士'는 곧 이 두 지역의 특산을 말한다. 노는 공자의 고향이었고, 추는 맹자의 고향이었다. 공자는 주邾나 추鄒 사람이 아니다. 이렇게 추鄹와 추鄒는 한데 섞어 이야기해 서는 안 된다.

공자의 고향, 즉 그의 아버지의 집을 사마천은 노 창평향 추읍이라고 했다. 서한시대에 노는 왕국으로 당시에 그런 곳이 있었을 것이고, 사마천은 아마 그곳에 갔다 왔을 것이다. 나중에 사람들은 그곳이 곧 니산에서 서쪽으로 5리 되는 곳에 있는 노원촌이라고 했다.(『궐리지闕里誌』「니산尼山」) 캉유웨이가 공자를 존숭하여 마을 입구에 비석을 특별히 세웠다는 점은 앞서 이야기한 바 있다.

공자의 아버지가 추읍의 읍장이었으니, 그가 추읍에서 출생했다고 해야 자연스럽다.

공자의 출생지에 대해서는 두 가지 설이 있다. 하나는 니산 부자동굴夫子洞에서 태어났다는 것이다. 오늘날의 니산 산허리에는 사당이 하나 있으니, 그것이 니산 공자 사당이다. 이 사당 아래쪽, 즉 산기슭에 동굴이 하나 있는데, 그것이 이른바 부자동굴이다. 전하는 바에 의하면 공자는 그 동굴에서 태어났다고 한다. 다른 하나는 여릉산女陵山의 공두空竇(『수경주』권25, 『사기』 「공자세가」의 정의正義)에서 태어났다는 것이다. 공두란 곧 공두孔竇이다. 한나라 '건녕원년사신비建寧元年史晨碑'에는 '공독孔瀆·안모정顔母井'이라는 언급이 있는데, '공독孔瀆'이란 곧 '공독孔竇'다. 이는 또 다른 부자동굴인 것이다.[24]

니산 부근에는 옌무좡顔母莊도 있는데, 그곳은 안징재의 친정이었다고 한다.

공자의 주거지

공자의 주거지는 취푸였다고 하지만, 나는 취푸야말로 그의 외가가 있었던 곳이라고 생각한다.

공자는 세 살 때 아버지를 여의었는데, 공자의 어머니는 젊어서부터 이름도 지위도 없이 수절을 지키다가 얼마 지나지 않아 그를 데리고 취푸로 이주해왔다.

안징재는 취푸성 밖에서 취푸성 안으로 옮겨와 누구에게 의탁했던 것일까? 나는 그것이 틀림없이 그녀의 친정 식구였을 것이라고 생각한다. 안회가 누추한 거리에서 가난하게 살았다고 할 때의 그 누추한 거리란 바로 이 지역을 말한다. 이 지역은 안 씨 집안사람들이 살던 곳이었음을 알 수 있다.

공자가 살았던 곳은 줄곧 궐리闕里라 불렀다. 궐리란 옛 지명이다. 그런데 이 마을을 왜 궐리라 불렀을까? 노 궁궐의 궐문에 가까이 있었기 때문이다. 노 궁궐의 궐문은 바로 공자가 소정묘少正卯를 죽인 양관兩觀인데, 역도원은 그곳을 쌍석궐雙石闕이라 불렀다.(『수경주』 권25) 『논어』에 나오는 '궐당동자闕黨童子'(「헌문」 14.44)도 바로 궐리에 살았던 젊은 이를 가리킨다. 후세의 공자 사당이나 공자 생가도 모두 궐리에 있다.

노고성이 1977~1978년에 발굴되고 나서 발굴 보고서가 나왔는데,[25] 이에 따르면 공자 사당 및 공자 생가를 포함한 옛 곡부현은 노고성 서남 자락에 있었다고 한다. 이 일대는 평민들 거주 지역으로, 과거 베이징 남쪽의 쉬엔우구宣武區와 마찬가지로 가난한 사람이 살던 곳이었다. 공자는 가난하고 누추한 거리에서 자라나 청빈함이 어떤 것인지 알고 있었다. 그 때문에 그는 늘 '인仁'과 '가난함'을 하나로 묶어 말하곤 했다. 예컨대 안회를 칭찬하여 "어질다, 안회는. 대그릇 하나에 담긴 밥과 표주박 하나에 담긴 물을 먹고 누추한 마을에 산다"[26]고 말했다. 후대의 이른바 누추한 거리는 공자 사당 동쪽에 남북 방향으로 난 작은 거리로, 그 거리 북쪽에는 송 이후 생긴 안연 사당이 있다. 이 일대는 나중에 대단히 넓어져 더 이상 누추하다고 할 수 없게 된다.

노고성에는 성문이 12개 있다. 동서남북 방향마다 문 세 개가 있는

데, 남쪽의 서쪽으로 치우친 우문雩門이라 하는 문이 공자 사당과 공자 생가에서 가장 가깝다. 우문 밖에는 무우대舞雩臺라 부르는 기우제를 지내는 대가 하나 있다. 공자와 그의 학생들은 자주 그곳으로 산책을 나갔는데, 『논어』에 두 차례 언급되어 있다.(「선진」 11.26, 「안연」 12.21) 오늘날 취푸 남문 밖에는 흙더미가 하나 있는데, 본래 거기에는 명 가정 45년에 세운 비석이 하나 있었다고 한다. 바로 후대 사람들이 그리는 무우대이다.

『논어』에는 "공자께서 태묘에 들어가신"27 일이 두 차례 언급되어 있는데, 이른바 태묘란 주공의 무덤이다. 오늘날 주공의 무덤은 노고성 중심에서 동쪽으로 치우쳐 있는데, 이는 명·청 시대 북경 성의 태묘와 비슷한 위치이다.

공자 사후에 그는 성 북쪽에 있는 사수 변에 묻혔다. 그리고 이곳은 후에 공자 집안의 가족 무덤, 즉 현재의 공림孔林을 이루게 된다.

요컨대 공자는 노나라에서 태어나 노나라에서 자랐으며 노나라에서 사망했다. 그는 어머니를 사랑했으므로 곡부의 궐리를 사랑했고, 궐리를 사랑했으므로 노나라를 사랑했다. 노나라를 사랑했으므로 주공을 사랑했고, 주공을 사랑했으므로 서주를 사랑했다. 서주를 사랑했으므로 서주의 예를 사랑했다. 이것이 공자의 애국주의였다.

4장

70세의 자술自述

『논어』에는 아주 유명한 구절이 하나 있는데, 나는 그것을 '70세의 자술'이라 칭한다.

공자께서 말씀하셨다. "나는 열다섯에 배움에 뜻을 두었고, 서른에 섰으며, 마흔에는 미혹되지 않았고, 쉰에는 천명을 알았으며, 예순에는 귀로 들은 대로 들어 넘겼고, 일흔에는 마음이 하고자 하는 대로 해도 법도를 넘지 않았다." 子曰, '吾十有五而志于學, 三十而立, 四十而不惑, 五十而知天命, 六十而耳順, 七十而從心所欲 不踰矩.'(「위정」 2.4)

이 말을 사람들은 자기에게 가져다 대입시키곤 하지만, 실은 아무하고도 관련이 없고 오직 공자하고만 관련이 있다. 위 구절의 첫 글자가 '나吾'라는 점에 주목하길 바란다. '나'라고 한 이상 자기에 대해 이야기하는 것이지 남에 대해 이야기하는 것이 아님을 알 수 있다. 그는 여기서 다른 이가 얼마나 오래 살 수 있고, 몇 살까지 산 뒤에는 어떻게 되는지, 혹은 어때야 하는지에 대해 말하지 않았다. 그 자신 73세까지 살았으니 일반인보다는 오래 산 셈이다.

73세란 오늘날로 보면 그저 그렇지만 과거에는 대단한 것이었다.[1] 영양 상태로 인해, 의료 수준으로 인해, 그리고 여러 가지 의외의 요인들로 인해 많은 사람들이 그 나이까지 살 수 없었고, 40~50세가 되면 압축해서 만든 비상식량처럼 재빨리 삶을 정리해야 했다.[2] 어디 오늘날처럼 나이가 들어서도 죽 유치원에 다니듯이 여전히 그곳에서 노는 일이 있었겠는가? 공자는 이렇게 말한 바 있다. "사십, 오십이 되어서도 이름이 나지 않는다면 이런 이는 또한 두려워할 것이 없다."[3] "40세가 되어서도 남에게 미움을 받으면 그 사람의 일생은 그대로 끝이다."[4] 그는 40~50세가 되어서도 희망 없이 남에게 미움을 사면 그 일생은 그대로 끝인 것으로 보았다.

'70세의 자술'은 공자가 70세가 된 후 자신의 일생을 되돌아보며 정리한 말로서, 첫 구절을 빼면 모두 정수로 되어 있다. 10년을 한 묶음으로, 구절마다 그의 인생의 한 토막이 담겨 있다. 선인들은 이것을 공자 '일생의 연보—生年譜',[5] 혹은 '일생의 학력—生學歷'[6]이라고 했으니, 우리는 그 자신의 회고를 빌려 그의 일생을 개괄해도 무방하리라.

공자는 평생 동안 뜻을 이루지 못했는데, 나는 그것을 거칠게나마 여섯 단계로 나누어 그의 일생을 가지고 위 글귀에 주석을 달고자 한다.[7]

1~33세(기원전 551~519), 노나라에서 살다

공자는 기원전 551년(『사기』「공자세가」), 혹은 이보다 1년 전에 태어났다[8]고 한다. 공자가 태어났을 때 아버지는 70세, 어머니는 20세였으니, 늙은 아버지와 젊은 어머니 사이에 태어났다 하겠다. 그의 아버지는 무인 명가였고 키가 무척 컸다. 공자도 키가 무척 컸지만, 그는 문文을 좋아했지 무武를 좋아하지는 않았다. 사마천은 공자가 어려서부터 평범하지 않아, 놀 때도 "늘 제기를 진설하고 예의바른 몸가짐을 하고"[9] 의례를 재연하면서 놀았다고 말했다. 나는 이것이 어머니를 따라 노 문화의 영향을 받은 것이라 생각한다.

공자는 이름난 효자였다. 그는 3살 때 아버지를 여의고, 17살에는 어머니를 여의었다. 부모님이 돌아가시자 혼자서 장례를 치르고 방산防山에 합장을 해드렸다. 방산은 취푸 동쪽에 있는 속칭 비지아산筆架山이라 부르는 곳이다. 그곳에 후대 사람들이 추모하는 그의 부모의 장지가 있으니, 방산 아래 양공림梁公林이라 부르는 곳이 그곳이다. '양공'이 '숙량흘'을 뜻함은 앞에서 이야기했다.

공자는 어머니가 돌아가신 후 삼년상을 치러야 했다(17~19세). 사마천은 공자가 상을 치르는 동안 허리춤에 삼끈(요질腰絰)을 맨 상복 차림을 하고 노나라의 권신 계평자季平子 집안의 잔치에 갔다가 그 집 집사 양화陽貨에 의해 쫓겨났다고 말했다.(「공자세가」) 이 사건이 좀 이상해 보였는지, 최술崔述은 상을 치르는 동안에는 술을 마시거나 고기를 먹지 못하는데 예를 잘 아는 공자께서 어떻게 잔치에 가실 수 있었겠느냐[10]라고 말하고 있다. 설마 그가 일부러 말썽을 부렸겠냐는 것이다.

나는 그것을 역사가가 단지 문학적 과장을 담아 당시의 전설을 서술한 것일 뿐이라고 생각한다. 그가 과장하고 싶어했던 것은 공자의 출신이 비천하고, 어려서부터 차별을 받았다는 점이지, 반드시 진짜 그런 일이 있었던 것은 아닐 것이다.

상을 다 치르고 난 뒤, 공자는 인륜지대사를 처리하고 서둘러 대를 이음으로써 돌아가신 부모님이 지하에서 섭섭해하지 않게 했다. 그는 19살에 아내를 맞이하고 20살에 아들을 낳았다. 오늘날로 보면 조혼이고 빠른 출산이지만, 옛날로 보아도 그리 늦은 편은 아니다. 그의 아내는 계관씨幷官氏라 하는 송나라 처녀였고, 아들의 이름은 공리孔鯉, 자는 백어伯魚였다.(「본성해」) 청년 시절에 공자의 삶은 매우 험난해 사회 밑바닥 사람들이 하는 일을 많이 했다. 예컨대 창고를 지키거나 가축에게 먹이를 먹이는 일 따위를 했다.[11] 그랬지만 30세부터는 약간의 명성을 얻게 되어, 제 경공과 안영이 노나라를 방문했을 때 공자에게 예를 묻기도 했다.[12]

'70세에 자술을 할 때' 공자는 스스로 자신이 "열다섯에 배움에 뜻을 두었다"고 했다. 옛사람들은 15살이 된 사람을 '성동成童'이라 불렀는데, 이는 소학을 졸업하고 대학을 다녀야 한다는, 정식으로 예악을 배울 나이가 되었다는 뜻이다. 중국에서는 고대에 중학교가 없어 소학을 마치면 대학에 다녀야 했다. 공자는 소년 시기에 노숙하여 그 나이에 뜻을 세우고 학문을 하겠다고 했으니 출발이 비교적 빠른 셈이다. 그런데 공자의 그 큰 학문은 어디에서 나온 것일까? 독학을 한 결과일까, 아니면 뛰어난 스승이 전수를 해준 것일까? 분명하지 않다. 공자가 죽은 후 위나라 공손조公孫朝가 당신의 선생님은 누구에게서 배웠느냐고 물었을 때 자공은 '문무의 도'가 민간에 흩어져 있어, 공자께서는 많은 사람에게서 배우시고 정해진 선생님은 없었다고 말했다.(「자장」 19.22) 공자 자신도 "세 사람이 길을 가면 반드시 거기에는 나의 스승이 있다"[13]고 말했다. 선생에 대해 말하자면, 그에게는 선생이 하나도 없었다고도, 아주 많았다고 말할 수도 있다. 우리는 공자가 27세에 담국郯國의 임금에게 가르침을 청한 적이 있고(『춘추좌전』 소공 17년), 또 노나라의 악관 사양자師襄子에게서 음악을 배웠음을 안다.[14] 사양자는 노나라의 악관, 즉 「미자」 18.9에서 말하는 '경쇠를 두드리던 양擊磬襄'을 가리킨다. 그밖에도 몇 사람이 있지만, 반드시 만났던 사람들은 아니었을 것이다. 많은 이들은 이미 죽은 사람들이었다.

'70세의 자술'에서 공자는 스스로 "서른에 섰다"고 했다. '섰다立'는 말은 무슨 뜻일까? 관례(남자가 20세에 모자를 쓰는 의례)를 행하고 결혼을 하고 아이를 낳는 것을 의미하지는 않을 것이다. 공자는 섰는가의 여부를 판단하는 핵심은 예를 아느냐에 있다고 말했다. "예를 배우지 않으면 설 수 없다."[16] 또 이렇게도 말했다. "예를 알지 못하면 설 수 없다."[17]

이렇게 공자는 30세에 예를 아는 것으로 이름을 날렸는데, 이에 근거해 학자들은 그가 학생을 받아들여 가르치기 시작한 것, 즉 제1기의 학생들을 받아들이기 시작한 것은 아마도 이때를 전후로 한 일일 것이라고 추측한다.

34~35세(기원전 518~517), 주나라와 제나라로 가다

기원전 518년, 맹희자孟僖子는 죽음을 앞두고 두 아들 하기何忌(맹의 자孟懿子)와 열閱(남궁경숙南宮敬叔)에게 공자에게 예에 대해 여쭐 것을 당부한다.(『좌전』 소공 7년) 나중에 남궁경숙은 공자를 모시고 주나라 도서관으로 가 노자에게 예에 대해 물었다. "수레 한 대, 말 두 필, 동복 한 명을 갖추고" 낙양으로 갔다.[18] 오늘날 허난성 뤄양洛陽시 옛 성 동문(찬허瀍河구 동관대가東關大街)에 청 옹정 4년(1727)에 세운 비석이 하나 있는데, 거기에는 "공자가 주나라의 이곳에 이르러 예악에 대해 물으셨다孔子至周問禮樂至此"고 새겨져 있다. 바로 이 일을 갖다 붙인 것이다. 후대 사람들은 공자가 산동에서 출발했으니 분명히 성 동문을 통해 들어왔을 것이라 상상한 것이다.

공자가 노자를 만났는지에 대해 의혹을 제기하는 학자가 있는데, 그것은 계속 논의해볼 문제이다. 하지만 기원전 517년에 공자가 제나라를 갔었다는 점만큼은 『논어』에 기록된 결코 의심할 수 없는 사실이다. 공자가 제나라로 간 까닭은 일자리를 구하기 위해서였다. 그런데 제 경공은 그를 기용하지 않았을 뿐만 아니라 빙빙 돌려 먼저 대우에 대해 말하기를 계 씨와 같은 봉급은 줄 수 없고, 준다면 "계 씨와 맹 씨 사이季孟之間"가 될 것이라고 했다. 그러다 나중에는 다시 나이를 들어 "내가 늙어서 기용할 수 없습니다"[19]라고 그럴싸하게 둘러댔다. 그때 제 경공은 55세였다.[20]

제나라에서 공자가 얻은 가장 큰 수확은 고전음악 감상이었다. 공자는 " '소' 음악을 듣고 나서, 석 달 동안 고기 맛을 몰랐다."[21] 지금의 산둥성 쯔보淄博시 린쯔臨淄 옛 성 동남쪽에 샤오위엔촌韶院村이라는 곳이 있는데, 청 가경嘉慶 연간에 이곳에서 "공자가 '소' 음악을 들었던 곳孔子聞韶處"이라는 글자가 새겨진 비석 하나와 석경 여러 개가 출토되었다고 한다. 후에 이 비석은 유실되었고 청 선통宣統 3년(1911)에 또 하나가 새겨졌는데, 이 역시 억지로 갖다 붙인 것이다.[22]

36~50세(기원전 516~502), 노나라로 돌아오다

제나라에서 돌아온 뒤에 공자는 관직에 오르지 못했으니, 물러나시·서·예·악을 닦으며 교육으로 사람을 기르고 학문하는 것으로 낙을 삼을 수밖에 없었다. 이 시기는 그에게 학문적으로 황금시대였다. 학문을 제대로 하면 혼란스럽지 않게 마련이다. 그리하여 '70세의 자술'에서 공자는 자신이 "마흔에 미혹되지 않았다四十而不惑"고 했다. 공자는 20년간 학문에 헌신하고 10년간 교육에 종사하면서 다음과 같은 생각이 점차 분명해졌을 것이다. 바로 벼슬할 수 있는 밑천을 자신이 갖추게 되었다고, 일은 사람의 노력 여하에 달려 있다고 할 때의 노력은 자신이 다 했으니 천명이 어떤지를 기다릴 뿐이라고 말이다.

공자는 온 마음을 다해 벼슬을 하고자 했으나 그럴 수 있는 운명이 아니었다. 노 양공이 재위에 있던 1살에서 10살까지 그는 아직 벼슬을 거론할 수 없는 어린아이였다. 노 소공이 재위에 있던 11살에서 42세까지 노나라의 집정대신은 계평자였다. 그리고 42세는 공자의 설명에 따르면 이 나이에도 이름을 날리지 못한다면 더 이상 기회란 없는 이미 적지 않은 나이였다. 하지만 아무도 그를 벼슬길로 나오라고 천거하지 않았다. 무엇이 문제였을까? 나는 양화陽貨가 그의 앞길을 가로막았을 것이라고 생각한다. 당시 노나라는 가신이 나라의 운명을 손아귀에 쥔, 강상綱常이 뒤집힌 상태였다. 그런데 양화는 계 씨의 가신이었고, 계 씨는 노나라의 집정대신이었다. 그러니까 양화는 계 씨를 통제하고 계 씨는 노나라 군주를 통제했던 것이다. 양화가 벼슬을 하라고 해야 할 수 있었지, 그가 벼슬을 못 하게 하면 할 수 없었던 것이다.

기원전 509년, 노 정공定公이 즉위했다. 그리고 기원전 505년, 계환자가 집정하자 양화는 그를 구금한 채 자신의 여러 조건을 받아들이라고 핍박한 후에야 겨우 풀어주었다. 당시 양화의 권력은 아주 컸던 것이다. 그런 양화가 하루는 먼저 스스로 새끼돼지를 안고 공자를 찾아왔는데 공자가 만나주지 않았다. 하지만 당시의 법도에 의하면 공자는 답례를 해야 했다. 이에 공자는 그가 집에 없는 틈을 타 그의 집을 방문했는데, 돌아오는 길에 그와 딱 마주치고 말았다. 그때 양화는 나라가 이렇게 어지러운데 당신은 신경을 쓰지 않으니 이것을 인하다고, 지혜롭다고 할 수 있겠느냐고, 세월은 사람을 기다려주지 않는데 여전히 하산하지 않고 기다리고 있는 것은 무엇 때문이냐고 힐문한다. 이에 공자는 그렇다고, 자신은 벼슬을 할 터이지만, 당장 벼슬길에 오르지는 않겠다고 말한다.(「양화」 17.1) 당시에 양화는 공자가 마음에 들었던 데 반해 공자는 양화가 마음에 들지 않았다. 그는 여전히 관망하고 있었다. 이것은 그가 47세 때 일어난 사건이다.

47세를 우리는 아직 젊다고 느끼지만, 옛사람들은 발 하나를 이미 노년의 문턱에 들여놓은, 서둘러 인생을 정리해야 할 때라고 생각했다.

그런 의미에서 사마천은 공자가 만년에 『주역』을 좋아하여 그것을 너무 열심히 읽다가 죽간을 묶는 끈이 여러 차례 끊어졌다(「공자세가」)고 했는데, 우리는 거기에 나오는 '만년'이라는 말을 공자가 위나라에서 노나라로 돌아온 이후로 생각해서는 안 된다. 공자는 "만약 내가 몇 년 더 살아 50에 주역을 배울 수 있다면 큰 잘못을 저지르지 않을 수 있을 것이다"[23]라고 말했다. 또 그는 '70세의 자술'에서 "쉰에 천명을 알았다五十而知天命"고도 했다. 이 두 숫자의 일치는 우연이 아니다. 공자는 『주역』을 읽으면서 자신의 운명을 점쳤다. 벼슬길에 오르는 것이 그의 '천명'이었던 것이다. 여러 나라를 주유하다가 아무 성과 없이 돌아온 공자가 무슨 점을 칠 기력이 있었겠는가?

공자는 "천명을 알지 못하면 군자가 될 수 없다"[24]고 했다. "쉰에 천명을 알았다"는 말은 실은 『주역』을 읽고서 천명을 알았다는 뜻이다. 그는 47세부터 4년의 시간을 들여 『주역』을 읽다가 50세가 되어서야 때가 왔음을, 벼슬길로 나아가야 함을 알았던 것이다. 그리하여 이듬해 그는 바로 벼슬길에 올랐다. 그때의 그는 참으로 "서생이 늙어가니 기회가 바야흐로 이른書生老去, 機會方來"[25]것이라 하겠다.

51~54세(기원전 501~498), 노나라에서 벼슬을 하다

기원전 501년(51세)에 양화가 제나라와 진나라로 간 것은 노나라에서는 큰 사건이었다. 곧이어 공산불요公山弗擾가 비費 땅을 근거지로 반란을 일으키자, 공자는 그에게로 가려 하다가 그만두었다.(「양화」

17.5) 이어 공자는 중도재中都宰 직을 맡게 되었다.

기원전 500년(52세)에 공자는 노나라 사공司空 직과 대사구大司寇 직을 맡아 보았다.[26] 아울러 협곡夾谷의 회맹에서 노 정공定公을 돕기도 했다.(『좌전』 정공 10년)

기원전 498년(54세)에 중유仲由가 계환자의 가신이 되자, 공자는 그를 보내 삼도三都의 성벽을 무너뜨리라墮고 했다. 우선 후郈를 , 그다음은 비費를 무너뜨렸으나, 성成은 무너뜨리지 못했다.[27] 공산불요는 노 정공을 공격했으나 공자에 의해 좌초를 겪고 제나라와 오나라로 도망쳤다. 공자는 노나라 대사구로서 재상의 일을 대행했으며, 소정묘少正卯를 죽였다.[28]

당시 노나라의 통치자들은 모두 무례했다. 노나라 군주가 무례했고, 삼환(대대로 노나라의 경이었던 계손 씨, 숙손 씨, 맹손 씨)가 무례했으며, 계 씨의 가신이었던 양화와 공산불요 역시 무례했다. 공자에게 내적인 갈등은 이 셋 가운데 어느 쪽을 지지해야 하느냐에 있었다. 그리고 그가 선택한 쪽은 노나라 군주였다. 그건 아무 문제가 될 게 없었다. 그렇다면 나머지 둘은 어떻게 해야 하는가? 양화와 공산불요를 공격하자니 삼환을 돕는 꼴이 되고, 삼환을 공격하자니 양화와 공산불요를 돕는 꼴이 되어, 어느 것도 왕실에 이롭지 못할 터였다. 공산불요가 비 땅을 근거지로 삼아 반란을 일으켰을 때 가려고 하다가 그만두는데, 이는 삼환을 공격하고 싶었으나, (가신의 주군에 대한 배신을 지지하는 것은 예에 맞지 않아) 망설였기 때문이다. 또 삼도의 성곽을 무너뜨린 것도 삼환을 공격하기 위해서였다. 하지만 공산불요가 노 정공을 공격하자, 그는 왕실을 지켜야 했다. 이 때문에 결연히 그를 공격하여 반란을 진압했던 것이다. 공산불요의 난이 끝난 후 상황은 바뀌지 않고 노나라의 정권은 여전히 계환자의 수중에 놓인다. 게다가 제나라에서 압박을 가하자 공자는 나라를 떠나지 않을 수 없었다.

55~68세(기원전 497~484), 여러 나라를 주유하다

공자는 이 시기에 여러 나라를 주유하다가 주로 위衛나라와 진陳나라에서 벼슬을 했는데, 나는 이를 세 단계로 나누어 이야기하고자 한다.

1) 55~59세(기원전 497~493), 노나라를 떠나 위나라로 가 위 영공을 섬기다

기원전 497년(55세), 제나라 사람이 계환자에게 여자 악사들을 보내오자 그가 그것을 받고 3일 동안 조정에 나오지 않았다. 이에 공자가 크게 노하며 노나라를 떠났다.(「미자」18.4) 제자 중유·안연·염구 등도 그를 따랐다. 하지만 그렇다고 해서 공자가 국내 정치에서 손을 뗀 것은 아니었다. 그는 염옹에게 중유를 대신해 계 씨의 가신이 되게 하고, 고시高柴에게는 비 땅의 읍장이 되게 하는 등 그들을 국내에 머물게 했다.[29]

기원전 496년(56세), 공자는 위나라를 떠나 서쪽으로 가던 중 광匡 땅을 지나다 포위되었다가 포蒲 땅을 거쳐 위나라로 되돌아왔다.[30]

기원전 495~493년(57~59세), 공자는 3년 동안 위 영공을 섬겼다.(「공자세가」) 기원전 494년에는(58세) 노 애공이 즉위했으며, 기원전 493년에는(59세) 위 영공이 사망하자 공자는 위나라를 떠난다.(「공자세가」)

2) 60~63세(기원전 492~489), 위나라를 떠나 진나라로 가 진 민공을 섬기다

기원전 492년(60세)에 계강자가 집정을 하자 염유는 노나라로 돌아가 중궁을 대신해 계 씨의 가신이 된다. 공자는 조曹·송宋·정鄭을 거쳐 진陳에 이르는데, 도중에 하마터면 송의 사마환퇴에게 살해를 당할 뻔한다. 그는 변복을 하고 도망친다.[31] '70세의 자술'에서 그는 "예순에는 이순耳順에 도달했다"고 했다. 이 말이 무슨 뜻인지 이해하기가 쉽지 않은데, 나는 이 말이 그가 여러 나라를 돌아다니던 시기에 관한 것, 즉 공자가 60세 전후에 여러 나라를 돌아다니던 시기에 관한 것이리라 추정한다. 그는 돌아다니던 내내 요동치며 마음먹은 대로 되지 않았지만 그래도 마음을 비웠다. 초나라의 광인 접여接輿·장저長沮·걸닉桀溺·김매는 기구를 멘 노인 등 길을 가다 마주친 괴짜들이 비아냥거리며 귀에 거슬리는 소리를 해도 그는 다 들어 넘겼다.(「미자」 18.5-7) 심지어 "지쳐 보이는 것이 집 잃은 개 같다累累若喪家之狗"는 정나라 사람의 말에 대해서도 고개를 끄덕이며 긍정했다.(「공자세가」) 내 생각에 60여 세가 된 사람은 경험이 풍부하여 비방이든 칭찬이든 신경 쓰지 않고, 생각하고 싶은 대로 놔두라고, 괜찮다고, 얼굴 붉힐 일도 부끄러울 것도 없다고 여긴다. 이것이 아마도 "이순耳順"의 뜻이 아닐까 한다.

기원전 491~489년(61~63세)에 공자는 진 민공을 3년 동안 섬겼다. 그러다 기원전 489년이 되면 공자는 진나라를 떠나 채蔡나라로 가는데, 진나라와 채나라 사이에서 식량이 떨어진다. 다시 진나라와 채나라를 거쳐 초나라 섭현葉縣에 도착해 초 섭공을 만나 초 소왕昭王에게 기용되기를 청했으나 뜻을 이루지 못하고 섭 땅에서 위나라로 돌아온다.[32]

3) 64~67세(기원전 488~485), 진나라를 떠나 위나라로 가 위 출공을 섬기다

기원전 488~485년(64~67세)에 공자는 위 출공을 4년 동안 섬겼다. 기원전 484년(68세)에 공자는 계강자의 부름에 응하여 노나라로 돌아갔다. 계강자가 돌아오라고 한 까닭은 그의 학생을 기용하기 위한 것이었지 그 노인네를 등용하기 위한 것은 아니었다. 이렇게 그 자신은 여전히 할 수 있는 벼슬이 없었다.

이 기간의 여행에서 공자는 위·조·송·정·진·채 이렇게 6개국과 초나라 변경 지역을 갔다. 그런데 당시 위나라와 진나라에서 벼슬한 것을 제외하고는 어느 나라도 그를 중용하려 하지 않았다.

69~73세(기원전 483~479), 노나라로 돌아오다

기원전 483년(69세)에 공자의 아들 공리孔鯉가 죽자 "관만 있고 곽은 없을有棺而無槨"(「선진」 11.8) 정도로 간소하게 장례를 지냈다.

기원전 482년(70세)에 공자는 일생에서 몇 년밖에 남지 않은 마지막 시기로 진입한다. 이 시기에 공자는 마음 상태가 대단히 좋지 않았지만, '70세의 자술'에서 "일흔에는 마음이 하고자 하는 대로 해도 법도를 넘지 않았다從心所欲, 不踰矩"고 했듯이 최고의 경지에 도달한다. 이 말은 무슨 뜻일까? 줄곧 해석하기 어렵다고 해왔는데, 나는 이 말이 공자가 외부 세계의 비난이나 칭송에 개의치 않고 남들이 말하고 싶어 하는 대로 내버려두었을 뿐만 아니라, 자신의 마음도 활짝 열어 말하고 싶은 대로 말하고 행동하고 싶은 대로 해도 어디서나 합당하여 조금도 법도를 어기지 않았음을 뜻할 것이라 짐작한다. 그런데 이 말은 조금 이상하다. 그는 자유와 법도를 한군데에 갖다놓았는데, 이는 마치 역설처럼 들린다. 예컨대 어린아이는 마음대로 하지만 커서는 데굴데굴 구르며 떼를 쓸 수 없다. 손오공 역시 마찬가지였다. 천궁天宮에서 소란을 피운 것은 마음대로 한 것이었지만 법도는 없었다. 반대로 서역으로 불경을 구하러 갈 때에는 말을 듣지 않는 손오공 머리에 씌운 테를 조이는 주문이 있어 마음대로 하려 해도 그럴 수 없었다. 이렇게 사람은 살아 있을 때는 법도가 관여하고, 죽어야 비로소 완전히 자유로워진다. 공자는 이 둘을 한군데에 갖다놓았으니 그 경계가 어디인지 파악하기 쉽지 않다.

공자에게 법도란 예였으며, 자유란 예에 부합하는 것이었다. 마치 법을 준수하는 것이 곧 자유인 미국처럼 말이다.

기원전 481년(71세)은 노 애공哀公 14년에 해당된다. 이 해에 공자는 노나라의 역사 기록에 의거해 『춘추』를 개편해낸다. 노 은공 원년부터 이 해에 이르기까지 죽 써 내려간 것이다. 이 해에 애공은 기린麟을 잡는다. 기린은 신비화된 동물이었는데 실제로는 사슴의 일종이었다. 그런데 공자는 그것을 인수仁獸라 생각하였다. 그리하여 인수가 잡힌 것을 보고는 자신의 운명을 연상해 크게 상심해 목 놓아 울었으며, 이 때부터 『춘추』를 더 이상 쓰지 않았다 한다.(두예, 『춘추좌전』 서문) 안회 또한 이 해에 죽어 그를 더욱 상심하게 했으며, 다시 한번 목 놓아 울게 했다.

기원전 480년(72세)에는 자로가 위나라의 내란으로 의관을 단정히 한 채 장렬히 전사했으나 시신은 알아볼 수 없을 정도로 처참하게 찢겼다.(『좌전』 애공 15년) 공자는 이 소식을 접하고 목 놓아 울며, 자로의 죽음이 떠오를까 하여 식구들에게 부엌의 다진 고기를 쏟아버리게 했다.(『예기』 「단궁상」)

기원전 479년(73세)에 공자는 별세했다.(『춘추』 경전經傳 애공 16년) 아마도 이 전후에 공자는 자신이 너무 늙어 오랫동안 꿈속에서 주공을 뵙지 못했다고 말했으리라.(「술이」 7.5) 한편 공자의 병환이 위중할 때 단목사(자공)가 문병을 와서 다음과 같은 노래를 불렀다고 한다. "태산이 무너지려 하는구나, 동량이 쓰러지려 하는구나, 철인이 죽으려 하는구나."[33] 그러자 공자는 자공에게 어찌 이렇게 늦게 왔냐고, 자신이 곧 죽겠다고 말한다. 이에 대해 사마천은 공자가 말을 마치고 울면서 자공에게 "천하에 도가 사라진 지 오래되어 아무도 나를 존중하지 않는다天下無道久矣, 莫能宗予"(『사기』 「공자세가」)고, 아무도 자기 이야기를 들어주지 않는다고 원망했다고 한다. 그리고 7일 후에 그는 과연 사망했다. 공자는 눈물을 머금고 세상과 이별을 고했던 것이다.

사망한 후 그는 후세에 공림[34]이라 부르는 곡부 노성 북쪽에 묻혔다. 무덤 앞쪽에는 비 두 기가 세워져 있는데, 앞에 있는 것은 명나라 때의 비이고, 뒤에 있는 것은 원나라 때의 비이다.

공자의 후세

공자의 아들은 공리(자는 백어伯魚, 기원전 532~483), 손자는 공급(자는 자사子思, 기원전 483~402)이다. 『논어』에는 공리가 세 차례 언급되어 있고,[35] 공급은 언급되어 있지 않다.

공리는 공자의 학생이 아니었다. 그는 아버지의 가르침 12글자를 이른바 뜰에서 들었을 따름이다. "시를 배우지 않으면 말을 할 수가 없고不學詩, 無以言"(「계씨季氏」 16.13), "예를 배우지 않으면 설 수 없다不學禮, 無以立"(「계씨」 16.13)는 것이 그것이다.

공급 역시 공자의 학생은 아니었다. 공자가 사망했을 때 공급은 5살이었으니 신동이 아닌 한 공자에게서 무엇인가를 배울 수는 없었을 것이다. 공급은 곧 그 유명한 자사다. 전국 후기에 유가에는 여덟 개 파가 있었는데, 그 중에는 자사지유子思之儒와 맹씨지유孟氏之儒도 있었다.(『한비자』 「현학顯學」) 맹자는 "자사의 문인에게서 배웠다"[36]고 하니, 그들 사이에는 학문적 전승관계가 있다 하겠다. 그런데 송대 유자들의 이른바 도통에 이르면 70제자가 증자 한 사람으로, 유가의 여덟 개 파가 사맹학파로 축약된다. 또 증자, 자사, 맹자를 하나로 묶어 직선적으로 전파된 이른바 도통을 이루었다고 하니, 이는 후대 유자들이 위조해낸 유학 전통으로, 나는 이 점을 6장에서 다시 논의할 것이다.

『황람皇覽』 「총묘기塚墓記」에서는 "백어의 무덤은 공자의 무덤 동쪽에 공자와 나란히 놓여 있으며, 크고 작은 것이 서로 마주보고 있다. 자사의 무덤은 공자의 무덤 남쪽에 있으며, 역시 크고 작은 것이 서로 마주보고 있다"[37]고 적고 있다. 오늘날의 공림에 있는 공리, 공급의 무덤은 바로 이렇게 배치되어 있다. 묘비 또한 앞뒤 둘로 나뉘어 있는데, 앞쪽에 있는 것은 명나라 때의 비이고, 뒤쪽에 있는 것은 원나라 때의 비이다.

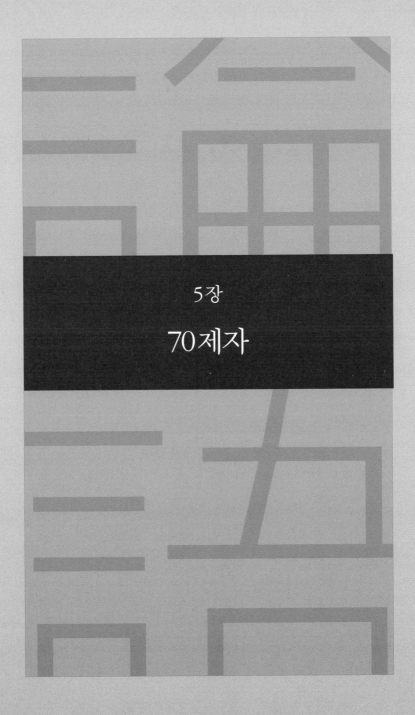

5장

70제자

공자에 대한 이야기를 마쳤으니 이제 우리가 논해야 할 것은 공자의 학생에 관한 것이다. 공자의 학생에 대한 호칭으로 『논어』에는 '이삼자二三子' '제자弟子' '소자小子' '문인門人' 같은 여러 가지가 있다.[1]

공자 제자 연구, 마음속으로 셈을 잘하라

공자는 학생들이 몇 명이나 되었을까? 무척 많다고들 한다. 3천 명의 학생이 있었으며, 그 가운데 72명이 가장 우수했다고 한다. 그리하여 '3천 제자에 72명의 현인'이라는 세상의 말이 전해오고 있다. '3천 제자'는 어떤 사람들이었을까? 모르겠다. 아무도 이를 논한 적이 없다. 하지만 70여 명의 제자에 대해서는 그 이름이 알려져 있다. 이와 관련하여 77명이었다는 이설도 있다. 하지만 72명이었건 77명이었건 습관적으로는 '70제자七十子'라고 불러왔다. 이 '70제자'라는 설은 최초로 『맹자』「공손추상」에 보이며, 한나라 때 유행했다. 이들은 공자가 직접 가르쳤던 학생들이다.

'70제자'에 대해 기록한 고서 중에 가장 오래된 것은 『사기』「중니 제자열전」이다. 사마천은 이를 다음의 두 가지로 설명하고 있다.

하나는 "제자가 약 3천 명이었으며, 몸소 육예에 능통한 자가 72명이었다"[2]는 것이다. 즉 공자의 학생은 대략 3천 명이고, 그 중에 시·서·예·악·역·춘추, 이렇게 여섯 과목에 능통한 자는 72명이었다는 것이다.

다른 하나는 "공자께서 '수업을 받아 몸소 능통한 자가 77명이다'라고 하셨다"[3]는 것이다. 여기서는 '3천 제자'를 언급하지 않고 다만 '수업을 받아 몸소 능통한 자가 77명'이라고만 했다. '수업受業'이란 선생님으로부터 직접 전수를 받았다는 뜻이다. 문 안으로 들어갔을 뿐만 아니라 마루 위로 올라갔으며, 마루 위로 올라갔을 뿐만 아니라 방 안으로 들어가 선생님과 같은 방 안에 앉아서 가르침을 청했다는 뜻이다. '몸소 능통했다身通'는 것은 '몸소 육예에 능통했다'는 말의 준말이다. 여기서는 공자의 문하에 시·서·예·악·역·춘추, 이렇게 6과목에 능통한 자가 77명이었다고 말하고 있으며, 열전에서 논하는 제자 역시 바로 77명이다.

이 두 설명에서 거론한 숫자는 이렇게 각각 다르다. 『사기』의 특징은 이런 이설을 모두 다 남겨둔다는 데 있거니와, 이 두 설의 연원에 대해 이렇게 설명하고 있다.

첫 번째 설명에서는 고대의 오행 및 절기를 갖다 붙여 거기에서 상서롭다는 의미를 취한 것이지 학생 수가 그렇게 많은 것은 아니라고 하고 있다. 고대에서 말하는 절기는 둘로 나뉜다. 하나는 사시의 절기, 즉 1년 360일을 춘하추동 사계절에 따라 각 절기를 90일로 나누어 24절기를 배치한 것으로 이것은 현재까지도 유행하고 있다. 다른 하나는 오행의 절기, 즉 1년 360일을 목·화·토·금·수의 오행에 따라 각각 72일로 나누어 30절기를 배치한 것으로, 이것은 나중에 그다지 유행하지 않게 된다. 어쨌거나 72는 상서로운 숫자로 실제 수치는 아니었으나 옛사람들은 이 숫자를 좋아했다. 예컨대 옛사람들이 자고로 봉선 태산에 72대 임금이 살았고, 한 고조의 등에 72개의 사마귀가 있다고 한 것은 바로 이러한 숫자에서 견강부회한 예이다.

두 번째 설명은 앞의 것과 다르다. 그것은 공자 문하 제자들의 명부에 근거를 두고 있다. 사마천은 「중니제자열전」을 집필할 때 『공자제자적孔子弟子籍』이라는 책을 참조했는데, 이 책은 고문, 즉 전국시대의 문자로 베껴 쓴 유래가 깊은 것이다. 「중니제자열전」에는 공자 문하의 명부에 이름을 올린 제자들이 모두 기록되어 있으니, 이것이야말로 실제 수치라 할 것이다.

사마천 이후 서한 성제成帝·애제哀帝 무렵에 쓰인 『한서』「예문지·육예략六藝略」에 『논어』 유류類로 분류된 것으로는 『공자가어』 27권과 『공자도인도법孔子徒人圖法』 2권이 있다. 또 동한시대의 것으로는 정현의 『논어공자제자목록論語孔子弟子目錄』[4]이 있고, 위진 이후로는 『공자가어』「칠십이제자해七十二弟子解」(『사기』「중니제자열전」[3]가 주에서 인용되었으며, 지금 전해지는 판본도 있다)가 있다. 이 설명을 보면 두서가 잡혀 전해지고 있다. 정현의 『목록』과 「칠십이제자해」를 「중니제자열전」과 비교해보면 세부적으로는 약간 차이가 있으나 중복되는 것을 비교하여 빼내면 대체로 같아진다. 「칠십이제자해」의 제목은 '72제자'로 되어 있으나, 실제 사람 수는 77명이다. 이로부터 '70제자'란 바로 공자의 77인 제자를 가리킴을 알 수 있다.

이렇게 많다니, 믿을 수 있는가

우리는 중국이 근대에 들어와 과거제도를 폐지하고 학교를 세우면서 '반별 수업제도'가 생겨났음을 안다. '반별 수업제도'는 17세기에 체코인 코메니우스Comenius에 의해 창안된 것으로, 몇몇 학생을 개별적으로 지도하는 것이 아니라, 학생들을 학년별로 분반하여 선생님 한 명이 한 무리의 학생들을 지도하는 것이고, 한 교실 안에 앉아 수업을 받게 하는 것이다.

공자가 살던 시대는 그렇지 않았다. 『논어』를 읽어보면 우리는 공자가 학생들에게 수업을 하던 방식이 그렇지 않았음을 알게 된다. 이때의 수업이라는 것은 매우 자유로워 학생이 공자를 모시고 이야기를 하는 것, 다 같이 토론을 하는 것이었다. 방 안에 앉아 이것저것 말하거나 야외에 나가 거닐면서 이야기하는 것이었다. 일반적으로는 공자가 그 안에 있고, 제자들은 양쪽에서 서 있거나 혹은 꿇어앉아 있거나 했다. 서 있을 때는 '시립侍立(「공야장」 5.26)하고 있다' 했고, 앉아 있을 때는 '시좌侍坐(「선진」 11.26)하고 있다' 했으며, 앉아 있는지 서 있는지 불분명할 때는 '곁에서 모시고 있다侍側(「선진」 11.13)'고 했다. 공자의 핵심 제자는 몇 명 되지 않아 공자는 이들을 '이삼자二三子'라고 불렀다. 이야기는 주로 이들과 했으니, 일반적으로 두세 명뿐이었고, 많아야 현금을 연주하는 한 사람을 더해 네 명뿐이었다. 예를 들어 「공야장」 5.26에서 네 명의 제자에게 포부를 말하게 한 경우가 그러하다. 공자는 음악교육을 중요시하여 『시경』을 가르칠 때면 언제나 음악을 깔고 노래하여 현금이 손에서 떠나지 않았다. 이야기를 할 때도 연주를 하면서 했다. 마치 추이용위엔崔永元이 진행하는 '사실대로 말합시다實話實說'라는 프로그램처럼 말이다. 공자 교육의 큰 특징 가운데 하나는 음악과 수업이 하나로 어우러져 있다는 데 있다.

이야기를 할 때도 여러 가지 사항에 신경을 썼다. 나는 진정한 교류를 하려면 사람이 많아서는 안 된다고 생각한다. 두 사람이 차나 술 한 병을 놓고 무릎을 맞대고 얼굴을 맞대고 이야기하는 것이 가장 좋다고 본다. 이야기를 하려면 끝까지 다 해야 한다고, 밤새도록 이야기하다가 할 말이 없어져 각자 잠을 자러 갈 때까지 오래도록 이야기를 해야 한다고 본다. 세 사람도 괜찮다. 두 사람은 말하고 나머지 한 사람은 듣다가 끼어들어 말하거나 차례대로 말하면 되니까 말이다. 하지만 세 사람 이상이면 너무 혼란스러워진다.

수업을 할 때에도 이치는 마찬가지이다. 토론수업의 경우 열 명을 넘어서는 안 된다. 대여섯 명이면 대충 맞다. 나는 공자가 살던 시대의 이런 교육이 부럽다. 그렇다 하더라도 그가 지도한 학생이 어떻게 3천 명에 달할 수 있단 말인가? 오늘날에도 교수 한 명이 3천 명의 학부생과 70명의 대학원생을 지도한다면 이는 대단한 일일 것이다.

그렇다면 사마천의 말은 참일까, 거짓일까? 이는 토론해볼 만한 문제이다. 예를 들어 한나라 때의 상황을 가지고 비교해보도록 하자. 뤼스미엔呂思勉의 말에 따르면 한나라 때 대사들의 경우는 가르치는 제자들이 매우 많았다고 한다. 예컨대 『후한서』「유림전」에는 "학사를 임시로 지음에 휴대한 식량이 무척 많았는데, 그 이름이 높고 고매하여 문을 열고 제자를 받아들인 자의 경우 명부에 기입된 자가 1만 명 이상이었다"[5]라고 되어 있다. 관련 기록을 보건대 당시의 대사 가운데 문하의 제자들이 수천 명에 이르고 명부에 오른 제자가 수만 명에 이르는 것은 매우 흔한 일이었음을 알 수 있다.[6] 이것이 동한시대의 상황이었으니, 서한시대의 규모가 설사 그것보다 크지 않았다 할지라도 비슷했을 것이다. 이는 교수 한 명이 대학 하나 되는 규모의 학생을 가르칠 수 있었음을 의미하는 것으로, 뤼 선생의 글을 읽다보면 공자의 학생들은 한나라 때에 비해 그리 많은 편이 아닌, 완전히 적당한 범위 안에 있었음을 알게 된다.

그 학생들을 다 어떻게 가르쳤을까

이 점은 걱정 마시라. 그는 학생들을 여러 층으로 나누어, 높은 위치에 있는 제자들이 낮은 위치에 있는 제자들을 가르치게 했다. 선배들이 후배들을 가르치게 한 것이다.

공자의 제자들은 크게 두 종류로 나뉜다. 하나는 명부에 오른 제자들이다. 명성을 듣고 와 명부에 이름을 올렸을 뿐인 학생들이다. 명부에 등록을 한 자들은 '저록著錄' 혹은 '재적在籍'이라고 불렸는데, 그 가운데에는 핵심 제자들도 있었지만, 대부분은 주변인물에 해당되는 학생들이었다. 이 주변인물인 학생들은 신세가 가련하여 스승을 일반적인 상황에서는 전혀 만날 수 없었다. 한편 다른 하나는 문하의 제자들이다. 선생님의 문하로 들어간 제자들이다. 그런데 이런 제자들은 다시 두 종류로 나뉜다. 하나는 문에는 들어갔으나 방 안으로는 들어가지 못한, 스승의 가르침을 몸소 맛보지 못하고 기껏해야 마당에서 서성댈 뿐인 이들이다. 다른 하나는 입실하여, 즉 선생님이 지내는 거실로 들어가 주변이 조용한 가운데 선생님의 가르침을 직접 전해 듣는 이들이다. 예컨대 서한 때의 대사였던 동중서는 "휘장을 치고 강론을 하며 송독을 함에下帷講誦" "3년 동안 정원을 내다보지 않았다三年不窺園" (『한서』「동중서전」)고 하니, 정원에 있었던 사람들은 자연히 그를 뵐수 없었을 것이다. 동한 때의 대사였던 마융馬融 문하의 제자로는 400여 명이 있었는데, 그중 마루에 올라 방에 들어간 이들은 50여 명에 불과했다. 그리하여 정현鄭玄은 그 문하에 있으면서 3년 동안 선생님을 한 번도 뵙지 못했다고 한다.(『후한서』「정현전」)

선생님을 뵐 수 없었던 학생들은 어찌 했을까? 간단하다. 학생들에게 학생들을 지도하게 하면 되었다. 먼저 배운 자가 나중에 배우는 자들을 가르치고, 자신이 배운 대로 가르쳐 서로 전수해주었으니, 이를 일러 "도를 들음에 선후가 있고, 학업에 전공이 있다"고 한다. 『논어』를 읽다보면 우리는 대부분의 상황에서 대선배는 공자와 이야기를 나누고 나머지 학생들은 밖에서 기다리고 있다가 공자가 가면 그때야 그 대선배를 쫓아가 아까 선생님께서 무슨 말씀을 하셨는지 묻곤 했음을 어렵지 않게 알게 된다.(예컨대 「이인」 4.15이 그렇다.) 이렇게 제자가 제자를 지도하는 이상, 공자의 학생 중에는 제자의 제자도 있고, 대선배는 선생님이기도 하다. 예를 들어 진항陳亢은 단목사의 학생이고, 양부陽膚는 증삼의 학생이었다. 또 담대멸명澹臺滅明은 언언言偃이 무성의 읍재로 있을 때 발굴한 인재였다. 이 진항과 담대멸명은 77제자에 속하는 인물이다. 일반 제자들을 『논어』에서는 '문인' '문제자門弟子' '문인소자門人小子'라고 불렀는데, 이들 중 대부분은 제자의 제자였을 것이다. 예컨대 '자하의 문인子夏之門人'(「자장」 19.3)이나 '자하의 문인소자子夏之門人小子'(「자장」 19.12)는 자하의 학생을 가리킨다. 우리는 공자의 상을 치르는 것과 관련한 자로의 이야기(「자한」 9.12)로부터 이들과 '이삼자'가 다르다는 점을 알 수 있다. 대선배와 후배·핵심 제자와 주변인물로서의 제자들, 이들의 관계는 마치 다단계 판매처럼 한 단계에 한 무리의 사람들이 묶여, 사람 수가 아주 많되, 서열이 어떻든지 간에 모두들 자신이 동일한 하나의 사문師門에서 나왔다고 말한다.

고대의 대사에게는 '허명을 좇고 기세에 기대려는' 추종자들이 많았다. 이들은 멀리서 와 집을 짓고 방을 빌리기도 했는데, 그 목적은 그 풍채를 한번 보려는 데 있었다. 하지만 반드시 선생님을 뵐 수 있었던 것은 아니며, 반드시 구체적으로 어떤 가르침을 받을 수 있었던 것은 더더욱 아니었다.

『논어』에 등장하는 학생들의 서열

사마천이 말한 77제자 가운데 『논어』에 등장하는 이들로는 29명이 있다. 그런데 이들 제자에게는 '먼저 들어온 자先進'와 '뒤에 들어온 자後進'의 구분이 있다.(「선진」11.1) 먼저 들어온 자는 초기 제자들이고, 뒤에 들어온 자는 후기 제자들이다. 나는 이들을 연령에 따라 공자의 일생과 대조해가면서 거칠게나마 3기의 네 그룹으로 나누어보았다. 각 그룹은 모두 연령에 따라 순서를 배열했다.[8]

1) 제1기

공자의 1기 학생들은 주로 그가 초년에 노나라에 머물 때(1-35세) 받아들인 학생들로, 모두 5명이 포함된다.

1. 안무요顔無繇(자는 계로季路, 기원전 545-?). 노나라 사람이다. 안회의 아버지로 공자보다 6살 적다. 안 씨는 공자의 외가이다. 안회가 죽자 안무요는 공자에게 공자의 수레를 팔아 안연의 관곽을 마련해줄 것을 부탁했다가, 공자에게 거절을 당한다.(「선진」11.8) 공자는 안회를 가장 사랑했는데, 여기에는 이유가 없지 않았다. 공자 문하의 학생들 중 5명은 안 씨 성을 가졌는데, 이들은 아마도 그가 데려온 이들일 것이다. 그밖에 공자 문하에는 두 명의 자로가 있는데, 이는 옛사람들 중에 동명이인이 많았던 탓이다. 그의 이름과 자는 자로와 같다.('요繇'는 '유由'와 통한다.)

2. 염경冉耕(자는 백우伯牛, 생졸년은 미상). 노나라 사람으로 유명한 도덕군자이다. 공자 생가의 『성문지聖門志』와 『궐리광지闕里廣志』에 따르면 염경은 공자보다 7살이 적었다고 하므로, 잠시 이곳에 배열했다. 전하는 바에 따르면 그는 악질(나병)에 걸려 죽었다고 하는데, 공자는 그를 병문안 가 연방 탄식하며 이렇게 훌륭한 사람이 어찌 이런 병에 걸

릴 수가 있단 말인가 하면서 매우 안타까워했다.(「옹야」 6.10) 염 씨 집안 역시 공자 문하에 활력을 불어넣은 이들이라 할 수 있다. 공자에게는 염 씨 성을 가진 학생이 모두 다섯 명 있었는데, 여기서 말하는 염경 외에도 염옹과 염구 등이 공자의 가장 유명한 제자들이었다.

3. 중유仲由(자는 자로子路 혹은 계로, 기원전 542-480). 노나라 변읍卞邑(산둥 사수 동쪽 비엔치아오진卞橋鎭) 사람으로 공자보다 9살 어리다. 치국과 용병 방면의 인재였다. 그는 공자 문하의 제자 가운데 가장 처음으로 벼슬을 한 학생이자, 가장 중요한 학생이다. 공자가 노나라 정공에게서 벼슬을 할 때 그는 계환자의 가신 직을 맡았다.(기원전 498) 공자가 열국을 주유할 때에도 곁을 따라다녔으며, 노나라로 돌아오기 전에는 위나라 포읍蒲邑의 읍재가 되기도 했다.(기원전 488) 또 공자가 노나라로 돌아온 후에 그는 염유와 함께 계강자를 모시며 노나라와 위나라 사이를 왕래했다. 기원전 480년, 그는 위나라 내란의 와중에 사망했다.(『좌전』 애공 15) 변읍에서는 변장자卞莊子라는 용사를 배출한 바 있었는데, 자로 역시 변읍 사람으로 다른 사람들보다 용기를 좋아했다. 그는 성격이 급하고 성질을 잘 부려, 안연처럼 선생님으로부터 귀여움을 받지 못하고 공자로부터 자주 욕을 얻어먹었다. 그는 『논어』에서 출현 횟수가 가장 많은(42차례) 인물이다.

4. 칠조계漆彫啓(자는 자개子開, 기원전 540-?). 노나라 사람이다.(혹은 채나라 사람이라고도 한다.) 공자보다 11살 어리다. 그는 형벌을 받아 장애인이 된 인물이다. 공자가 그에게 벼슬길로 나아가라고 격려했는데 그가 자신이 없다고 하자 공자가 매우 기뻐했다고 한다.(「공야장」 5.6) 공자 문하에는 칠조 씨를 가진 제자가 3명 있다.

5. 민손閔損(자는 자건子騫, 기원전 536-?). 노나라 사람으로 공자보다 15살 어리다. 덕행으로 칭송된 유명한 효자이다. 민 씨 집안사람들은 모두 그를 칭송했다.(「선진」 11.5)

2) 제2기

공자의 제2기 학생들은 주로 그가 제나라에서 노나라로 돌아온 후(36-54세)에 받아들인 이들로 모두 8명이 있다.

1. 염옹冉雍(자는 중궁仲弓, 기원전 522-?). 노나라 사람으로 공자보다 29세 적다. 덕행으로 유명했으며, 정사에 능했다. 이 인물은 말하기를 좋아하지 않아, 공자는 "염옹은 군주의 자리에 앉힐 만하구나雍也可使南面"(「옹야」 6.1)라고 칭찬하기도 했다. 기원전 497-493년에 그는 자로를 이어 계환자의 가신이 되었다. 『논어』에 이 일이 언급되어 있기는 한데, 단지 "중궁이 계 씨의 가신이 되었다仲弓爲季氏宰"(「자로」 13.2)라고만 되어 있다. 상하이박물관 초나라 죽간 「중궁」에도 이 일이 언급되어 있는데, "계환자가 중궁을 가신이 되게 했다"[9]고 기록되어 있다.

2. 염구冉求(자는 자유子有, 기원전 522-472?). 노나라 사람으로 공자보다 29세 적다. 정사에 능한 것으로 유명했다. 기원전 492년에 그는 염옹을 이어 계강자의 가신이 되었다. 기원전 472년에도 여전히 그는 노나라에 있었다.(『좌전』 애공 23) 그가 『논어』에 출현한 횟수 또한 비교적 많으며(16차례), 두 번은 '염자冉子'라 칭해졌다.(「옹야」 6.4, 「자로」 13.14)

3. 재여宰予(자는 자아子我, 생졸년 미상). 노나라 사람으로 언어에 능한 것으로 유명했다. 『대성통지大成通志』 「선현열전상先賢列傳上」에 따르

면 그는 공자보다 29살 어렸다고 한다. 그리하여 여기에 배열하였다. 옛사람들은 "재여의 글은 우아하고 화려하다宰予之辭, 雅而文也"고 말했다. 하지만 공자는 그와 오래 접촉한 후에 그의 "지혜가 말 잘함을 채우지 못함智不充其辨"을 발견하고는 "말을 가지고 사람을 평가하려 하는가, 재여에게서 잃는다"[10]라고 말했다. 또 한번은 공자가 그를 욕하면서 "썩은 나무는 조각할 수 없고, 더러운 흙으로 쌓은 담장은 흙손질할 수 없다"[11]고 말하기도 했다. 그렇기는 해도 그는 공자의 가장 우수한 학생이었다. 그는 사람됨이 고집스러워, 공자가 삼년상에 대해 말하자 거리낌 없이 반대함으로써 선생님을 엄청나게 화나게 만들기도 했다.(「양화」 17.21) 공자가 사망한 후에도 그는 여전히 살아 있었는데, 단목사가 공자를 성인으로 세우자 그는 이를 지지한 인물이었다.

4. 안회顔回(자는 자연子淵, 기원전 521-481). 노나라 사람으로 공자보다 서른 살 어리다. 덕행으로 유명했으며 선생님으로부터 자주 칭찬을 받은, 공자가 가장 마음에 들어했던 학생이다. 『장자』「전자방田子方」에서는 안연이 공자가 하는 대로 따라했다고 했다. "선생님께서 걸으시면 저도 걷고, 선생님께서 빨리 걸으시면 저도 빨리 걸으며, 선생님께서 뛰어가시면 저도 뛰어가나, 선생님께서 먼지도 날리지 않을 정도로 빨리 뛰어가심에 이르러서 저는 뒤에서 두 눈 뜨고 보고 있을 수밖에 없습니다"[12]라고 하여 아무리 바짝 따라가려 해도 도저히 따라갈 수 없다고 스스로 말하고 있다. 그가 『논어』에 출현한 횟수 또한 비교적 많다.(21차례)

5. 무마시巫馬施(자는 자기子期 혹은 자기子旗, 기원전 521-489?). 노나라 사람으로 공자보다 서른 살 어리다. 노나라 단보單父의 읍재였다.[13] 공자

는 진 민공潘公 밑에서 벼슬을 하며 진의 사패司敗와 이야기를 했는데, 그때 그가 바로 진나라에 있었으므로, 일설에는 그를 진나라 사람이라 하기도 한다.

6. 고시高柴(자는 자고子羔 혹은 계고季羔, 기원전 521-478?, 혹은 기원전 511-478?). 제나라 사람[14]으로 공자보다 30세(혹은 40세) 어리다. 키가 작고(5척도 안 되었음) 얼굴도 못생겼다고 한다. 그 또한 정사에 재능이 있는 제자였다. 기원전 498년, 자로가 자고를 비읍의 읍재로 삼자,[15] 공자는 "남의 자식을 해친다賊夫人之子"고, 즉 그가 자고에게 해를 입혔다고 하여 자로를 욕했다.(「선진」 11.25) 기원전 488-480 연간에 그는 위나라 출공出公 밑에서 벼슬을 했는데, 『공자가어』 「치사致思」에는 그가 사사士師의 직을 맡았다고 되어 있어 일설에는 그를 위나라 사람이라고도 한다. 기원전 480년에 괴외蒯聵가 위나라로 들어오자 그는 위나라를 벗어나 노나라로 돌아갔으나 자로는 난의 와중에 사망했다.(『좌전』 애공 15) 기원전 478년까지도 그는 노나라에 있었다.(『좌전』 애공 17)

7. 복부제宓不齊(자는 자천子賤, 기원전 521-?, 혹은 기원전 502-?). 노나라 사람으로 공자보다 30세 혹은 49세 적다. 일찍이 단보의 읍재로 있었다.(「중니제자열전」) 공자는 그를 노나라의 군자라고 칭찬했다.(「공야장」 5.3)

8. 단목사端沐賜(자는 자공子貢, 기원전 520-468?). 원래는 노나라의 상인이었다. 언어를 잘하기로 유명했으며, 공자보다 31살 어리다. 연령으로 말하자면 그는 이 시기의 학생들과 더 가깝지만, 스승으로 섬긴 시기는 공자가 노나라를 떠나 위나라로 가 위나라에 도착한 기원전 497

년 이후에 해당된다. 옛사람들은 그가 위나라에서 신양信陽의 영令으로 혹은 신양의 읍재로 있었다고 했다.[16] 공자가 열국을 주유할 때 그 또한 함께 참여했으며, 공자가 노나라로 돌아왔을 때 그는 노나라에서 벼슬을 하며 외교 일에 종사하고 있었다. 공자가 사망한 후에 그는 문하의 책임자였다. 그리하여 제자들이 삼년상을 치르고 돌아간 뒤에도 홀로 6년간 초막을 지킨 공자 말년의 가장 중요한 인물이다. "숙손무숙叔孫武叔이 중니를 헐뜯자", 선생님의 명예를 지킨 이도 그였다. 공자를 성인으로 내세운 것도 그가 시작한 일이었다. 기원전 468년까지도 그는 노나라에 있다가(『좌전』 애공 27년), 최후에는 제나라에서 사망했다.(『사기』「유림열전」) 그는 『논어』에 출현 횟수가 중유 다음가는 인물이다.(38차례)

3) 제3기

공자의 제3기 학생들은 주로 그가 열국을 주유하고 말년에 노나라에 머물 때(55-68세) 받아들인 학생들로 모두 11명이 있다.

1. 원헌原憲(자는 자사子思, 기원전 515-?). 노나라(혹은 송나라) 사람으로 공자보다 36살 어리다. 공자의 집사 일을 한 바 있다.(「옹야」 6.5) 전국·진·한 시대의 고서에서는 자주 그와 단목사를 대비시켜 단목사는 유복한 데 비해 그는 가난했다고 말했다.

2. 번수樊須(자는 자지子遲, 기원전 515-484?). 제나라(혹은 노나라) 사람으로 공자보다 36살 어리다. 이 사람은 농사짓는 일을 좋아한 중농파로, 공자는 그를 소인이라고 욕했다.(「자로」 13.4) 기원전 484년까지도 그는 노나라에 있었다.(『좌전』 애공 11년)

3. 담대멸명澹臺滅明(자는 자우子羽, 기원전 512-?, 혹은 기원전 502-?). 노나라 무성武城(산둥성 평읍平邑 남쪽) 사람으로 공자보다 49살 혹은 39살 어리다. 그는 공자가 만년에 노나라에 있을 때(기원전 484-479) 무성의 읍재로 있던 언언言偃이 현지에서 발굴한 인재였다.(「옹야」 6.14)[17] 후에 초나라에서 커나가 300명의 제자가 생겼다. 옛사람들은 그가 "군자의 용모君子之容"를 지니고 있다고 말했으나, 공자는 그와 오래 지낸 후 그의 "행동과 용모가 부합되지 않음行不稱其貌"을 발견하고 "용모를 가지고 사람을 평가하려 하는가. 자우에게서 잃는다"[18]고 했다. 사마천은 "외모로 사람을 평가하면 자우에게서 잃는다"고 했는데[19], 나중에 이것은 성어가 되었다.

4. 진항陳亢(자는 자항子亢 혹은 자금子禽, 기원전 511-?). 진나라 사람으로 공자보다 40살 어리다. 이 사람은 아마도 자공의 학생이었을 것이다. 『논어』에 세 차례 나오는데, 두 차례 모두 자공에게 가르침을 청하고 있다.[20]

5. 공서적公西赤(자는 자화子華, 기원전 509-?). 노나라 사람으로 공자보다 42살 어리다. 예를 좋아했으며 외교 방면에 재능을 갖고 있었다.

6. 유약有若(자는 자유子有, 기원전 518-?, 혹은 기원전 508-?). 노나라 사람으로 공자보다 43살 혹은 33살 어리다. 공자와 외모가 아주 흡사했다고 한다. 공자가 사망한 후에도 그는 생존해 있었다. 단목사가 공자를 성인으로 내세웠을 때 그는 이를 지지한 인물이었다. 그리하여 언언·복상卜商·전손사顓孫師가 유약을 공자를 대신하는 인물로 추대하여 제자의 예를 갖추려 했으나 증삼曾參의 반대에 부딪혔다. 『논어』에는 그가 네 차례 언급되어 있는데, 세 번은 '유자有子'라 칭했으며,[21] 한

번은 '유약'이라 칭했을 뿐(「안연」 12.9), 한 번도 그의 자는 언급되지
않았다.

7. 복상卜商(자는 자하子夏, 기원전 507-?). 위나라 온현溫縣(허난성 원溫현
서남쪽) 사람으로 공자보다 44살 어리다. 문헌에 밝은 것으로 유명했
으며, 일찍이 거보莒父읍의 읍재 일을 맡아본 바 있다.(「자로」 13.17) 노
년에는 서하西河에서 강론을 하였는데, 위문후魏文侯·전자방田子方·단간
목段干木·이극李克·오기吳起가 그를 스승으로 섬겨, 삼진三晉 지역의 법술
학에 큰 영향을 주었다. 자하는 『시경』과 『춘추』를 전하여 경전의 전
수라는 측면에서도 매우 유명했다. 공자가 사망한 후에도 그는 생존해
있었으며, 『논어』에서 그가 출현한 횟수 또한 비교적 많다.(21번)

8. 언언言偃(자는 자유子游, 기원전 516-?, 혹은 기원전 506-?). 오나라(혹
은 노나라) 사람으로 공자보다 45세 혹은 35세 어리다. 일찍이 무성의
읍재로 있었다.(「옹야」 6.14) 그 역시 문헌에 밝은 것으로 유명해 자하
와 함께 자주 거론되었다. 공자 사후에도 생존해 있었다.

9. 증삼曾參(자는 자여子輿, 기원전 505-432). 노나라 남무성南武城(산둥
성 페이현 서쪽) 사람으로 공자보다 46세 어리다. 그 역시 『논어』에 출
현한 횟수가 비교적 많은데(15번), 대부분은 '증자曾子'라고 칭했다.

10. 전손사顓孫師(자는 자장子張, 기원전 503-?). 진나라 사람(허난성
화이양淮陽) 혹은 양성陽城 사람(허난성 덩펑東封 동남쪽)이라고 하며 혹
은 노나라 사람이라고도 한다. 공자보다 48세 어리다. 일찍이 공자를
따라 진나라와 채나라를 돌아다녔다. 전손사는 개성이 비교적 강하
여 자로와 약간 비슷했다. 그 역시 『논어』에 출현한 횟수가 비교적 많
다.(18번)

11. 사마경司馬耕(자는 자우子牛, ?-기원전 481). 송나라 사마환퇴의 동생이다. 『논어』에 세 차례 연속해서 보이는데 모두 '사마우'라 칭했다.(「안연」 12.3-5) 사마우는 말이 많고 조급했으며 쉽게 감정적이 되었다. 그래서 공자는 그에게 말을 할 때면 참고, 근심하지 않고 두려워하지 않는 방향으로 노력하라고 말했다. 사마우는 모두 형제가 있는데 자기만 없다고 하면서 자신의 형제를 인정하지 않았다. 그러자 자하가 그를 위로하면서 "사해 안에 있는 이들이 모두 형제다四海之內, 皆兄弟也"라고 말했다. 기원전 481년, 사마환퇴가 난을 일으키자 그의 형제들이 모두 참여했지만 오직 그만은 참여키를 거부하고 망명해 있다가 결국 노나라에서 죽었다.(『좌전』 애공 14년)

4) 기타

그밖에 연대를 알 수 없는 학생들도 있는데 모두 다섯 명이다.

1. 공야장公冶長(자는 자장子長, 생졸연대 미상). 제나라(혹은 노나라) 사람이다. 공야장은 감옥살이를 한 바 있는데, 공자는 그가 무고하다고 생각하여 자신의 딸을 그에게 시집보냈다.(「공야장」 5.1)

2. 남궁괄南宮括(자는 자용子容, 생졸연대 미상). 노나라 사람이다. 남궁괄은 대단히 신중하여 자신을 잘 보호했는데, 공자는 이러한 학생을 좋아하여 자기 형(맹피孟皮)의 딸을 그에게 시집보냈다.

3. 증점曾點(자는 자석子晳, 생졸연대 미상). 증삼의 아버지로 노나라 사람이다. 전하는 바에 따르면 증점은 고욤(일종의 작은 감)을 좋아했다고 하는데, 공자의 눈에는 "광사狂士(『맹자』 「진심하」)"로 보였다고 한다. 『논어』에서는 네 제자가 선생님을 모시고 앉아 있다가 각기 자신

의 뜻을 말하는 글귀가 나오는데, 공자는 오직 후련하게 세속을 초월하여 잊겠다는 증점의 말에만 동의하였다.(「선진」 11.26)

4. 공백료公伯寮(자는 자주子周, 생졸연대 미상). 노나라 사람이다. 계손씨에게 가 부추기는 말로 자로를 비방하고 공자를 팔아넘겨 시비를 일으킨 인물이다.(「헌문」 14.36) 후대 사람들은 이를 납득하지 못해, 공자 문하에 어찌 이런 학생이 있을 수 있겠는가 하고 사마천이 착각을 했을 것이라고 의심했다. 그리하여 명 가정嘉靖 연간에 그를 공자 사당에서 축출했다. 하지만 공자 문하에도 이런 배신자가 출현할 수 있다. 이상할 게 무엇인가? 그는 공자 문하의 '유다'였다.

5. 금뢰琴牢(자는 자개子開 혹은 자장子張, 생졸연대 미상). 위나라 사람이다. 고서에는 다수 '금장琴張'이라 되어 있는데 이는 그의 자이다.[22] 반면 『논어』에서는 이름을 불러 '뢰牢'라고 했다.

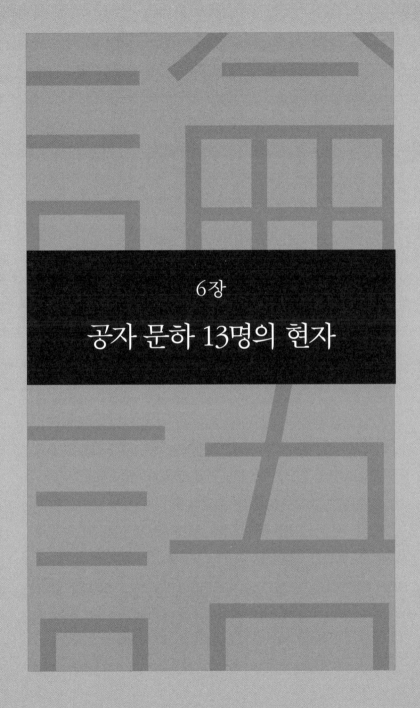

6장

공자 문하 13명의 현자

공자의 학생은 굉장히 많지만, 3천 제자 가운데 70제자를 제외하면 전혀 알 수 없다. 그리고 70제자 또한 극히 일부만 알 수 있을 뿐이다. 사마천이 말한 학생 77명 중 35명만이 연령과 성명이 밝혀져 있고 공자에게서 배운 경험이 있을 뿐 (『사기』「중니제자열전」), 나머지 42명은 사마천으로서도 이름만 남아 이미 분명하게 이야기할 수 없었다. 『논어』에 언급된 사람의 경우는 더욱 얼마 안 되어 29명에 불과하고 그것도 사마천이 이야기한, 즉 앞 장에서 말한 35명 안에 모두 포함되어 있다. 따라서 이치를 따져 말할진대, 이 29명만 기억한다면 우리는 『논어』를 쉽게 읽을 수 있다.

사실 나로서는 『논어』의 이 29명도 약간 많아 보인다. 그것은 다시 축소되어 13명으로 집약될 수 있다. 그리고 이 13명이야말로 (공자를 제외한다면) 『논어』에서 가장 중요한 인물이라고 생각한다. 이제부터 이 13명에 대해 토론해보자.

사과십철四科十哲에 대하여

『논어』에는 아래와 같은 매우 유명한 말이 있다.

덕행에는 안연·민자건·염백우·중궁이 뛰어났고, 언어에는 재아·자공이 뛰어났으며, 정사에는 염유와 계로가 뛰어났고, 고문헌에는 자유와 자하가 뛰어났다.德行: 顏淵 閔子騫 冉伯牛 仲弓, 言語: 宰我 子貢, 政事: 冉有 季路, 文學: 子游 子夏.(「선진」 11.3)[1]

여기서 말하는 '덕행' '언어' '정사' '고문헌文學'은 습관적으로 '4과'라고 부른다. 이것들은 공자 문하에서 교육한 네 과목인데, 여기서는 10명만을 말했지만 다른 학생들 또한 이에 따라 분류할 수 있다.

이러한 분류법은 후대에도 영향을 주었다. 예컨대 왕망王莽 시대에는 이 4과에 의거해 인재를 선발했다.(『후한서』 「경단전景丹傳」) 또 인물 품평이 유행한 위진시대의 저작, 『세설신어世說新語』의 앞 네 편은 4과로 제목을 붙였는데, 이 4과 역시 인물을 품평하기 위한 분류법이었다.

한편 안연을 비롯하여 위에서 논한 10명은 습관적으로 '10철'이라고 부른다. 일반적으로 이들은 공자가 가장 마음에 들어했던 학생들이며, 당 개원開元 8년에 공자 제사의 예를 정한 뒤 이 10철을 배향했을 정도로(『구당서』 「예의지사禮儀志四」) 이들은 가장 중요하다.

덕행과德行科의 4대 제자

'덕행'은 개인의 수양으로 공자는 이 학문을 가장 중요하게 생각했다. '덕행'의 가장 주된 지표는 안빈낙도이다. 둔하고 말주변이 없지만 몰두하여 부지런히 배우고 묻기를 좋아하며 태반은 대단한 효자이다.

안연(안회)·민자건(민손)·염백우(염경)·중궁(염옹)은 모두 빈한한 가정 출신으로 이 학문의 대표인물이 된 이들이다. 이 가운데 염백우가 가장 나이가 많고(공자보다 7세 연하), 민자건이 그다음으로 많으며(공자보다 15세 연하), 중궁이 그다음이고(공자보다 29세 연하), 안연이 가장 어리다(공자보다 30세 연하). 그렇지만 안연이 도리어 첫 번째 자리에 놓여 있다. 안연은 공자의 외가 쪽 사람이며 공자가 가장 사랑했기 때문이다. 안연의 특징은 말을 많이 한 적이 없고, 말대꾸를 한 적도 없으며, 게으름을 피운 적도 없고 선생님의 생각을 아주 열심히 헤아려 선생님이 가장 좋아했다는 데 있다. 민자건 역시 말하기를 좋아하지 않았다. 하지만 "저 사람은 말을 하지 않을지언정, 말을 하면 반드시 딱 맞는 말을 한다夫人不言, 言必有中"(「선진」 11.4)고 했듯이 공자는 그 또한 매우 높이 평가했다. 그는 대단한 효자로 유명했다. 민 씨 집안 사람들은 누구든지 좋다고 하지 않은 이가 없을 정도로 그를 칭찬했다.(「선진」 11.5) 그래서 여기에서는 두 번째 자리에 놓았다. 염백우의 경우에는 어떤 미덕을 지녔는지 알 수 없지만, 『논어』에 한 가지 사건이 언급되어 있기는 하다. 즉 그가 악질(나병)에 걸려 임종을 앞두고 무척 불쌍해 보였는데, 공자가 병문안을 하러 가 그의 손을 잡아당기고는 크게 애석해했다는 것 말이다.(「옹야」 6.10) 그래서 여기서는 세 번째 자리에 놓았다. 중궁은 마지막 자리에 놓았다. 공자는 "염옹은 군주의 자리에 앉힐 만하구나"(「옹야」 6.1)라고 그를 칭찬했다. 임금의 상을 지니고 있다는 뜻이다. 그의 장기는 본래 정사를 돌보는 데 있어 정사과에 편입되어야 할 듯하나 그에게는 "말재주가 없다不佞(「공야장」 5.5)"는 미덕이 있어 합격점을 받았다. 그 역시 말하기를 좋아하지 않은 인간형이었다.

공자는 인격과 학문이 훌륭하면 마땅히 벼슬을 해야 한다고 생각했다. 하지만 위의 몇 사람 가운데 오직 중궁만이 자로의 뒤를 이어 계씨의 가신 일을 했다.(「자로」 13.2) 민자건은 너무도 청렴해서 계 씨가 그에게 비읍의 읍재를 맡도록 하자 발을 빼 단숨에 문수 북쪽까지 도망을 쳤다.(「옹야」 6.9) 안연과 염백우도 벼슬을 했다는 기록은 없다. 공자는 "천하에 도가 있으면 나타나고, 천하에 도가 없으면 은거하라天下有道則見, 無道則隱"(「태백」 8.13)고 했다. 그가 살았던 시대는 분명히 도가 없는 시대였다. 그렇다면 학생으로서 어찌해야 할까? 집에 틀어박혀 팔을 베개 삼고 냉수나 마셔야 할까, 아니면 깨끗하든 그렇지 않든 우선 한번 참여해보기 위해 끈덕지게 벼슬자리를 구해야 할까? 공자는 갈등했다. 집에 틀어박혀 안빈낙도하면 인격이야 분명히 가장 고매할 테지만, 그런 고매함은 아무것도 한 일이 없는, 은자와 아무 차이가 없는 결과를 초래할 것이기에, 공자에게는 그것 역시 기꺼운 일이 아니었다.

공자는 고지식한 것을 좋아하여, "말은 어눌하게 하고 행동은 민첩하게 하라訥於言而敏於行"(「이인里仁」 4.24)고도 하고, "강하고 굳세며 질박하고 어눌하면 인에 가깝다剛毅木訥, 近仁"(「자로」 13.27)고도 했다. 사람은 '질박하고 어눌해야' 한다. 즉 얼굴에는 표정이 없고 잘 표현하지 못해야 한다. 그러나 춘추 말기에 사람들은 난세에 처해 있었으므로, 당시에 고지식함은 무용함의 별칭이었다. 전국시대에는 더욱 그랬다. 그리하여 그는 고지식한 학생은 집 안에 둬 주변 사람들을 감동시키게 하는 한편, 재간 있는 학생들은 밖으로 내보내 외부 사람들을 설득시키게 했으니, 각기 쓰임이 있었던 셈이다. 그렇다 해도 그의 마음속에서 나머지 3과는 첫 번째 덕행과 비교가 되지 않았다. 말하자면 그는 얼음이나 옥처럼 맑고 깨끗하고자 한다면 집에 머물러야 함을, 즉 은자의 인격이라야 가장 고매함을 알고 있었던 것이다.

언어과言語科의 양대 제자

'언어'란 말재주가 좋고, 여러 의례의 사회나 사교장에서의 일을 잘 보는 것으로 그것은 정치적·외교적 재능에 속한다. 공자는 말재주가 뛰어난 사람이나 달변가들을 싫어했지만, '언어'란 말하는 능력이다. 전국시대에 제자백가들은 유세를 할 때 입 하나에 전적으로 의존했거늘, 말주변이 없었던들 그것이 가능했겠는가? 공자가 열국을 주유하면서 도처에서 지배가들에게 권고를 했을진대, 유세하는 풍조는 도리어 공자에 의해 일어난 것이다. 그리하여 미생묘微生畝는 공자에게 어찌 그리 분주하게 밖으로 돌아다니느냐고, 그건 말재주를 뽐내는 것이 아니냐고 한다. 이에 대해 공자는 즉각 자신은 말재주를 뽐내는 것을 좋아하는 것이 아니라 저들이 너무 완고해서라고 설명한

다.(「헌문」14.32)

　재아(재여)와 자공(단목사)은 언어과의 대표인물로 이들은 모두 말을 잘했다. 이 두 사람은 안연과 동년배로서, 재아는 안연보다 한 살 많았고 자공은 안연보다 한 살 어렸다. 공자는 말 잘하는 사람들에게서 벗어나지 못했으나 다른 한편으로는 말 잘하는 사람들을 싫어했다. 말을 잘하는 것에는 나쁜 점이 두 가지 있다. 하나는 식언이 늘어난다는 것이니, 말만 하고 해내지 못하면 체면이 깎이게 된다. 둘째는 말이 적절하지 않아 일을 망치고 남에게도 죄를 짓는 경우이다. 예컨대 재여는 낮잠을 자다가 공자로부터 심하게 욕을 얻어먹었다. "썩은 나무는 조각할 수 없고, 더러운 흙으로 쌓은 담장은 흙손질 할 수 없다." 속담에 개똥은 벽을 쌓는 데 쓸 수 없다는 말이 있다. 듣기에 매우 거슬리는 말이다. 재여가 욕을 먹은 까닭은 단지 낮잠을 늘어지게 잤기 때문이 아니라, 내뱉은 말을 지키지 않았기 때문이다. 재여는 틀림없이 절대로 낮잠을 늘어지게 자지 않을 것이라고 맹세했었을 것이다.(「공야장」5.10) 그렇지만 단지 이 문장만을 보고 다른 부분을 보지 않으면 그가 공자의 마음에 들었던 문하 제자라는 점은 알 수 없을 것이다. 재아는 성격이 고집스러웠다. 그래서 선생님이 삼년상에 대해 논하자, 그렇게 오랜 기간 상을 치르면 예와 음악은 틀림없이 무너질 것이니 그럴 필요가 없다고 고집을 부렸다. 선생님이 상을 치르는 기간 동안 좋은 것을 먹고 입으면 마음이 편하겠느냐고 하자, 그는 그렇다고 하면서 선생님의 마음을 거스른다. 그러자 공자는 재여는 불인(不仁)하다고, 참으로 양심이 없는 놈이라고 말한다. '사람은 누구나 부모님이 길러주는 법. 부모님이 삼 년 동안 길러주어야 비로소 그 품에서 벗어날 수 있는데, 이에 보답하지 않겠다는 말이냐. 재여는 어찌 저렇게 말할 수 있느냐'고 말한다.(「양화」 17.21)

자공 역시 언어과에 속하는 인물로, 장사를 할 줄 알았을 뿐만 아니라, 정치·외교 분야에서도 재능을 지니고 있었다. 능력이 상당히 출중했으며 공자에 대해서 충성심을 불태우는 면도 자로에 비해서 전혀 손색이 없었다. 공자가 노나라로 돌아간 후 그는 노나라의 정계에 있으면서 큰 영향력을 발휘했다. 이에 삼환 가운데의 숙손무숙은 자공이 자신의 선생보다 뛰어나다고 말했다.(「자장」 19.23) 특히 안연과 자로가 사망한 후 공자 문하 제자 중에서 그는 지위가 가장 높았다. 하지만 그에 대한 공자의 평가는 그리 높지 않아, 안연과 비교할 때 그는 한참 멀었다고 했고(「공야장」 5.9), 자공은 능력이 있으나 그 그릇은 기껏해야 호련瑚璉이라고 했다. 호련이란 고대에 밥을 담는 데 쓰던 것이다. 또 공자는 자공이 수양이 부족하여 서恕의 덕을 행하지 못한다고 했으며(「공야장」 5.12) 다른 사람과 비교하는 것도 그의 흠이라고 했다.(「헌문」 14.29) 이렇게 말 잘하는 학생들을 공자는 좋아하지 않았다.

정사과政事科의 양대 제자

정사란 관리능력이다. 염유(염구)와 계로(중유, 즉 자로) 두 사람은 계 씨의 가신 일을 했다. 재宰란 무엇인가? 귀족이 고용한 집안 관리 책임자다. 이들은 대신의 신하로, 옛사람들은 이들을 '배신陪臣'이라 불렀다. 공자의 제자들이 구한 직업은 주로 이런 파견직이었으며, 그들 중

세 사람이 계 씨의 가신 노릇을 했다. 자로는 가장 먼저 그리고 가장 짧게(기원전 498) 이 일을 했고, 중궁은 그다음 순서로 그다음으로 짧게(기원전 497-493) 이 일을 했으며, 염유는 가장 늦게, 하지만 가장 오래(기원전 492-?) 이 일을 했다. 『논어』에 공자 제자 가운데 '자子'라 칭한 인물로는 오직 세 사람, 즉 염자·유자·증자가 있는데, 염유는 그 중의 한 사람이다.

염유는 재산 불리기에 뛰어났다. 그는 어떻게 재산을 불렸던 것일까? 주로 가난한 이의 재물을 빼앗아 부자들을 돕는 식이었다. "부족한 자에게서 덜어내어 여유 있는 자에게 바친다損不足而奉有餘."(『노자』 제77장) 공자를 도와 집을 관리할 때에도, 계 씨를 도와 집을 관리할 때에도 그는 이렇게 했다. 인재는 인재였으나 너무 권세에 빌붙는 자였다. 공서적이 출장을 갈 때 "살진 말이 끄는 수레를 타고 가벼운 가죽옷을 입었는데도乘肥馬, 衣輕裘"(「옹야」 6.4) 그가 억지로 공서적 어머니에게 쌀을 보내드리려 하자 공자는 불쾌해했다. 또 계 씨는 주공보다도 넉넉했으나 염유는 여전히 계 씨를 도와 재물을 긁어모았다. 이 때문에 공자는 학생들더러 "북을 울려 공격하라鳴鼓而攻之"(「선진」 11.17)고 했다.

계로는 그와는 달랐다. 염유가 성 하나를 다스릴 수 있다면 그는 한 나라를 다스릴 수 있었다. 뜻도 크고 능력도 컸다.[2] 하지만 선생님에게 그는 충성을 완전히 다하여 문하 내부의 일을 바깥일보다 중요하게 생각했다. 언제나 여러모로 애를 쓰며 선생님을 대신해 일을 처리했다.

계로는 공자보다 9세 어린 공자 문하의 대선배였던 데 비해, 염유와 재아는 동갑으로 후배였다. 그런데도 여기서 염유를 계로 앞에 놓은 까닭은 계 씨의 가신으로 있었던 기간이 염유가 가장 오래되었고, 공자 사후에도 계속 그 일을 맡아보아 관직에 깊이 빠져 들어가 있었기 때문이다. 공자 사후에는 선생님 문하와 왕래가 없었던 듯하며, 그래서 그가 무엇을 하고 있었는지는 아무도 몰랐다.

문학과文學科의 양대 제자

여기서 말하는 '문학'이란 오늘날 시를 짓고 소설을 쓰는 것과 같은 문학을 말하는 것이 아니라, 방술方術과 상대되는 말이다. 방술이란 고대의 자연과학(각종 점술과 미신도 포함)인 데 비해 문학이란 고대의 인문학(육예, 제자백가, 시부)이다. 공자는 "행하고도 남는 힘이 있으면 글을 배우라行有餘力, 則以學文"(「학이」 1.6)고 했다. 이른바 '글을 배우라學文'는 것은 이런 것들을 배우라는 것이다. 문학은 입으로 전수하는 것이 아니라 죽간이나 비단에 쓰인 것을 가리킨다.

문학과에 속한 학생의 특징은 독서를 좋아하고 경예經藝에 뛰어났다는 데 있다. '경'이란 경서이고, '예'란 예악이다. 이 방면에 능력이 제일 뛰어났던 이로는 나이가 가장 적은 학생 둘이 있다. 자하는 공자보다 44세 어리고, 자유는 공자보다 45세 어린, 공자 문하의 10대 철인 가운데 가장 어린 세대이다. 이 두 사람은 나이도 비슷하고 관심도 비슷하였다. 하지만 문제를 처리하는 스타일은 아주 달랐다.

자하의 특징은 작은 도에 열중하고 세밀한 것을 추구한다는 데 있었다.(「자장」 19.4)[3] 참깨를 줍다가 수박을 잃듯이 작은 것에 신경을 쓰다가 큰 것을 잃어버리는 경향이 있었다. 자유는 이에 대해 다음과 같이 완곡하게 비판한다. 자하가 "물 뿌리고 청소하며 손님에 응대하고 나아가고 물러나는 것"에만 신경을 쓴다고 말이다. 근본을 버리고 말단을 좇다가 큰 근본을 모르게 된다는 뜻이다. 자하는 비판을 받아들이지 않고 도리어 상대방을 비판한다. 작은 것이 없다면 큰 것이 어찌 있을 수 있겠느냐는 것이다.(「자장」19.12) 한 사람은 작은 것을, 다른 한 사람은 큰 것을 중시했다. 자하는 작은 것에 구애되어 행동이 느렸으니 그 스타일은 자장과도 달랐다. 공자는 자장의 문제점이 '지나친過' 데 있다고, 과감하게 나아가지만 무엇을 하든 과도하게 되는 데 있다고 했고, 자하의 문제점은 '미치지 못하는不及' 데 있다고, 무엇을 하든 못 미치는 데 있다고 했다.(「선진」11.16)

공자 문하의 4과 가운데 후대에 가장 큰 영향을 미친 것은 어느 것이었을까? 덕행도 언어도 정사도 아닌 문학이었다. 유학은 텍스트로 세상에 전해졌으니, 유가 경전을 보급하는 데 세운 공헌은 이 두 인물이 제일 컸다. 특히 자하가 그렇다.(물론 그 역시 정치를 했으며 그의 많은 학생들 또한 정치가였다.) 그래서 전국시대와 한나라 때에 자하는 매우 유명했다.

고대에 관리의 선발 방식은 부단히 변했지만 대체로 이 4과를 넘어서지는 못했다. 학생 중에 말 잘하는 자는 언어과에, 재물을 불리고 사람을 관리하는 자는 정사과에, 책을 잘 알고 이치에 통달한 이는 문학과에 속했는데, 이들은 모두 덕행과보다 한 단계 낮았다. 공자는 말하기를 좋아하지 않고 일도 잘하지 못하는 안연 같은 이를 좋다고 여겼으며, 능력은 뛰어나지만 말하기를 좋아하지 않는 중궁 같은 이도 꽤

찮게 여겼다. 제일 용인할 수 없었던 이는 자로처럼 말이 많고 고집을 부리며 앞 다투어 주제넘게 나서는 자였다. 말 잘하는 자는 덕행과로 들어갈 수 없었음에 틀림없다.

공자 사후의 7대 제자

공자의 10대 철인 가운데 덕행과에 속하는 네 명과 정사과에 속하는 두 명, 이렇게 여섯 명은 나이가 비교적 많았다. 또 안연·자로·염백우는 모두 공자보다도 오래 살지 못했다. 민자건·중궁·염유는 공자 사후에 어땠을까? 염유의 경우, 계 씨 집안의 일로 바빴을 터이니 전해진 것이 없다. 다른 두 사람 역시 잘 모르겠다. 진정한 의미에서 남아서 약간의 일이라도 한 이들은 주로 다음의 네 사람이다. 언어과의 재아, 자공, 문학과의 자유, 자하가 그들이다.

공자 사후에는 7명의 학생, 즉 여기서 말하는 '7대 제자'가 가장 유명했다. 이들은 각각 재여(재아)·단목사(자공)·유약(자유子有)·복상(자하)·언언(자유子游)·증삼(자여)·전손사(자장)다. 이들 중 네 사람은 공자 문하의 10대 철인으로 남은, 즉 방금 말한 네 사람이다. 더해진 세 사람은 유약·증삼·전손사다. 이 7명 가운데 재아와 단목사는 대선배로, 공자가 사망했을 때 재아는 44세였고, 단목사는 42세였다. 유약·복상·언언·증삼·전손사는 한참 어린 후배들이었다. 공자가 사망했을 때 유약은 30세, 복상은 29세, 언언은 28세, 증삼은 27세, 전손사는 25세였다. 유약과 증삼은 아마도 덕행과에 속했을 것이고, 성격이 급한 것이 중유를 닮은 전손사는 작은 자로로 아마도 정사과에 속했을 것이다.

이 7대 제자 가운데 후세에 책을 남긴 이로는 오직 증삼밖에 없다. 책을 남겼는가 그렇지 못했는가는 큰 차이를 낳는다. 안회는 인격이 고매했지만 행적이 없고 저작도 없다. 허명만이 있을 뿐이어서 따라 배울 수 없다. 중유는 능력이 뛰어나고 행적도 있으나 저작이 없어 따라 배울 수 없다. 단목사는 공자 사후 지위가 가장 높았으나 저작이 없어 마찬가지로 따라 배울 수 없다. 『한서』「예문지·제자략諸子略」에는 70제자 가운데 『자사子思』 『증자曾子』 『칠조자漆雕子』(칠조계의 책), 그리고 『복자宓子』(복부제宓不齊의 책)만이 있다고 전한다. 게다가 이 책 가운데 대다수는 유실되었는데, 증삼의 것만이 남아 있으며, 또한 비교적 많이 남아 있다.(『효경』 외에 그와 관련이 있는 것들은 대부분 『대대예기』와 『소대예기』에 산재해 있다.)

옛사람들은 "최상은 덕을 세우는 것이고, 그다음은 공을 세우는 것이며, 그다음은 말을 세우는 것"[4]이라고 했다. 이른바 '세 가지 불후三不朽'이다. 안연은 덕이 있었으나 그 덕은 가장 빨리 흩어졌다. 중유는 공이 있어 당시에는 기억될 수 있었으나 사후에는 이 역시 잊혀갔다. 지식인이 후세에 큰 이름을 얻는가의 여부는 책이 있느냐 없느냐에 따라 매우 달라진다. 증자는 당 이후로 인기가 높아졌고, 송 이후로는 지위도 높아졌다. 그러다 송나라 유자들은 증자를 부각시켜, 공자 문하 70명에 대해 전혀 논하지 않고 오직 그 한 사람만을 부각시켰는데, 이는 그가 남긴 저작이 있었기 때문이다.

하지만 솔직히 말해 공자 사후 증자의 지위는 유약만도 못했다. 유약과 큰형님은 함께 공자를 성인으로 세움으로써(『맹자』「공손추상」) 사문을 빛내는 데 공을 세우고자 했다. 아마도 두 큰형님의 생각이었으리라. 유약이 후임자가 되었다. 유약은 공자의 생각을 잘 알고 있을 뿐만 아니라(『예기』「단궁상」), 생김새도 공자와 아주 비슷했다(『맹자』「공손추상」). 당시에 그에게는 동학이 세 명 있었다. 복상·언언·전손사가 그들이다. 이들은 재주가 출중하여 각기 일군의 학생들을 거느리고 있었다. 그 중 어느 누구도 한 치의 물러섬이 없었는데, 오직 유약에게 대해서만큼은 불만이 없었다. 그리하여 모두들 유약을 공동으로 추대하여 공자를 대신해 제자의 예를 갖추었다. 하지만 증삼이 이에 불복하였다.(『맹자』「등문공상」) 당시에 그는 후배로서 마음이 편치 않아 유약에게 복종하지 않았던 것이다. 자장 또한 그와 함께 있는 것이 수치스럽게 느껴졌다. "당당하구나! 자장은. 하지만 함께 인을 행하기는 어렵겠다." (「자장」 19.16)[5] 자장은 소수파, 비주류였던 것이다.

이렇게 공자 문하의 10대 철인에 유약·증삼·전손사를 보태면 우리가 말하는 '공자 문하 13명의 현자'가 된다. 역대로 공자에게 제사를 지낼 때 배향하여 함께 제사 지내는 여러 가지 제도가 있었는데, 한나라에서 청나라에 이르기까지 주되게는 이 13명의 제사를 지냈다.

도통의 오류

역대로 공자 제사를 지낼 때에는 배향하여 함께 제사 지낼 사람으로 누구를 포함하고 빼야 하는지, 누구를 어디에 세워야 하는지에 대해 무척이나 신경을 썼다. 마치 '문혁' 때 천안문에 누가 어떻게 서 있는지, 이튿날 신문을 보며 누가 있고 누가 없는지, 누가 올라가고 누가 내려갔는지 민감해했던 것처럼 말이다.

청대의 공자 사당은 공자가 한가운데에 앉고 제자들이 양편에 앉아 있는 이른바 '4배12철四配十二哲'의 모습을 하고 있다. 이 중 '4배'란 4명의 2급 성인들, 즉 복성復聖 안회·종성宗聖 증삼·술성述聖 공급(자사)·아성亞聖 맹가孟軻를 가리킨다. '12철'은 10대 철인 중에서 (이미 4배로 올라간) 안회를 빼고 전손사·유약·주희를 추가한 것을 가리킨다. 70제자 범위 밖에 있는 공급·맹가·주희를 빼면 바로 13명, 즉 우리가 말한 '13명의 현자'이다. 이 제도는 점차 형성되었는데, 나는 아래에서 이 과정을 논해보고자 한다.

한나라 때의 문옹학궁文翁學宮이나 홍도학궁鴻都學宮에 있는 벽화에는 많은 인물이 있었다. 공자와 70제자뿐만 아니라 한나라 때의 유명한 유자들도 있었다. 하지만 어떻게 배치했는지는 잘 모르겠다. 화상석에도 있으나 비교적 제멋대로여서 근거로 삼을 수 없다.

공자에게 제사를 지냄에 위魏 정시正始 5년(244) 이후로는 안연을 배향했다(『삼국지』「위서·제왕방기齊王芳紀」). 또 동위東魏 흥화興和 3년(541)에는 유관儒冠을 쓰고 옛 유생들의 옷을 입은 10대 철인을 배향한 입상이 있다(이중선李仲璇, 『수공자묘비修孔子廟碑』)

당조 개원開元 8년(720) 이전에는 안회만을 아성이라 칭하고 소상塑像을 만들어 공자 곁에서 모시고 서 있게 했으며 나머지 10대 철인은 벽 양쪽에 새긴 화상이었다. 그런데 이 해에 이원관李元瓘이 안회 상을 좌상으로 바꿀 것, 10대 철인 상을 소상으로 바꾸고 10대 철인 중 (공자 곁으로 올라간) 안회의 빈자리에 증삼을 집어넣어 사당의 동서 양측면에 역시 좌상으로 할 것, 70제자와 하휴何休·범녕范寧 등의 22현자를 양쪽 벽에 그리도록 할 것 등을 상주했다.(『구당서』「예의지사禮儀志四」)

남송 단평端平 2년(1235)에는 증삼을 올려 공자 곁에 배향했다. 그리하여 공자에게는 오른팔 왼팔이 생겼다. 그리고 10대 철인의 빈자리는 공급에 의해 메워졌다.(『송사』「이종본기理宗本紀」) 또 함순咸淳 3년(1267)에는 다시 공급을 올려 공자 곁에 배향하고 맹가까지 더하여, 안회·증삼과 함께 '4배'를 형성하게 되었다. 그리고 10대 철인의 빈자리는 전손사에 의해 메워졌다.(『송사』「도종본기度宗本紀」) '4배'란 공자가 증삼에게 전하고, 증삼이 자사에게 전하였으며, 자사가 맹자에게 전했다는 것으로, 이것은 바로 불교의 전등傳燈처럼 송조 유자들이 세운 도통이다. 송조의 사서, 즉 『논어』『맹자』『대학』『중용』은 바로 이 '4배'에 대응된다.

원 왕조 지순至順 원년(1330)에 안회는 복성공으로, 증삼은 종성공으로, 공급은 술성공으로, 맹가는 아성공으로 봉해져(『원사』「문종봉기文宗本紀」) 모두 '성聖' 자를 갖게 되었다. 이들은 모두 2급 성인이었으며, 지위는 10대 철인 위에 있게 되었다.

명나라 때 어떤 이가 공자는 부처와는 달리 상을 세워서는 안 된다고, 소상의 채색은 쉽게 떨어져 나가, 그렇게 되면 도리어 불경스러워진다고 했다. 그리하여 가정嘉靖 9년(1530)에 공자 사당은 바뀌어 소상을 허물고 나무로 된 위패를 사용하게 되었다.(『명사』「예지사禮志四」)

청 강희 51년(1712)에는 주희가 11번째 철인으로 올랐고, 건륭 3년

(1738)에는 유약이 12번째 철인으로 올랐다(『청사고淸史稿』「예지삼禮志
三」). 이로부터 '4배12철'이 형성되었다.

4배12철을 합치면 모두 16명으로 3명이 더 많다. 보태진 세 사람은
자사·맹자·주희로, 이들은 공자의 학생하고는 근본적으로 거리가 멀
다. 공자가 사망했을 때 자사는 겨우 5살이었고, 맹자는 아직 태어나
지도 않았다. 맹자는 100여 년 뒤의 사람이고, 주희는 1600여 년 후의
사람이다. 송나라 때의 유자들은 자사와 맹자를 채워 넣어 10대 철인
위에 놓았는데, 이는 정말 우습다 하겠다.(베이징 말로 하자면 '연배를 뛰
어넘었으니邁輩兒' 말이다.) 또 청나라 때는 주희를 채워 넣었는데, 이는
더욱 우습다 하겠다. 공자-안연의 도가 공맹의 도로 변하고, 공맹의
도는 다시 공자-주자의 도로 변했다. 이렇게 뒤에 생겨난 것이 앞선 것
을 넘어서버린 점, 이 점이 유학 전통의 가장 큰 단절이라 하겠다.

송 이후로는 도통을 논하곤 하는데, 도통은 정치적 합법성을 뜻하
는 치통治統에 상대되는 말이다. 그것은 사상의 정통성을 뜻한다. 한나
라 때의 이른바 '양으로는 유가, 음으로는 법가陽儒陰法'라는 말은 이 양
자의 결합을 의미한다. 그런데 송 유자들이 말하는 도통은 4과 가운
데 오로지 덕행과만을 높이는 것, 70제자 가운데 오로지 증자만을 높
이는 것을 뜻한다. 이들은 맹자에서 자사로 거슬러 올라갔고, 다시 자
사에서 증자로 거슬러 올라갔으며, 증자에서 공자로 거슬러 올라가 공
자의 일맥이 단선적으로 전해졌다고 말한다. 이는 어떤 치우친 일면으
로 전체를 개괄하는 것으로서 근거 없는 허구이며 공자에 대한 연구
를 크게 파괴한 것이라 하겠다.

왜 나는 그것을 파괴라고 말하는가? 이치는 매우 간단하다. 첫째,

70제자는 단지 증자 한 사람이 아니다. 무슨 근거로 증자만을 논하고, 더군다나 공자의 일맥이 단선적으로 전해졌다고 말하는가? 둘째, 70제자는 4과로 나뉜다. 오직 덕행과 하나만 있는 것이 아니며, 더구나 덕행과에 속하는 네 명의 철인 중에도 증자는 없었다. 셋째, 공자가 살아 있을 때 덕행과에 속하는 네 명의 철인은 은자에 가까워 태반이 중용되지 않았다. 사문을 지키고 주장을 전파한 점을 볼 때, 이들은 나머지 6명보다도 훨씬 못했다. 공자 사후에 사문을 진정으로 빛낸 이들은 주로 후자에 속하는 학생들이었다. 넷째, 공자 사후에 증자는 주류가 아니었다. 주류는 언어와 문학 두 과에 속하는 학생들이었으며, 덕행과를 논한다 하더라도 증자보다는 유약의 지위가 높았다. 증자는 70제자 중 연배가 가장 낮은 학생이었으며, 공자 사후의 7대 제자 중에서도 주류가 아니었다. 다섯째, 자사나 맹자 학파는 8개의 유가 학파 가운데 두 개의 학파일 뿐이다.(『한비자』「현학」) 여덟 개의 학파를 두 개의 학파로 논하는 것은 말도 안 된다. 여섯째, 선진시대의 유가 전적들은 다수 유실되었으나 『순자』가 아직까지 남아 있다. 한나라 때의 4대 전적 가운데에는 『순자』가 없고, 송나라 때의 '사서'에도 없다. 『대학』과 『중용』은 『예기』 속의 두 편일 뿐이고, 『대대예기』와 『소대예기』에도 증자의 것을 포함하여 적지 않은 유가 관련 서적들이 담겨 있는데, 이것들도 그 안에 포함되어 있지 않다. 이렇게 공자·증자·자사·맹자, 『논어』『맹자』『대학』『중용』으로는 유가의 전모를 전혀 알 수 없다. 발견된 출토문헌 또한 우리가 공자 문하의 제자를 논하려면 적어도 13명은 논해야 한다는 점을 증명해주고 있다.

『논어』의 문학적 특징

『논어』라는 책은 어록으로, 선별한 것도 훌륭하고 편집도 훌륭하다. 무엇이 훌륭하다는 말인가? 주로 거리낌이 없고 솔직하며 거짓되지 않다는 점에서 그렇다. 책 속의 인물들이 공부자이건 10대 철인이건 공자 사후의 7대 제자건 간에 그들의 기쁨과 노함, 웃음과 욕설을 조금도 감추지 않고 있고, 몇 마디 안 되는 말이지만 묘사에 생동감이 넘쳐, 일상의 일이란 원래 이와 같을 것이라 느끼게 한다는 점에서 그렇다. 후대 사람들은 성인을 숭상하여 복잡하게 빙빙 돌려가며 미화하고 신화화하지만, 이러한 장점을 가리지는 못한다. 그 누가 선생은 완벽해야 하고 성인의 제자들은 몸에서 빛을 발해야 한다고 하는가? 예컨대 자로는 선생님에게 버르장머리가 없었으며, 선생님은 욕하고 싶으면 하고 싶은 대로 하여 조금도 체면을 봐주지 않았다. 또 염구가 선생님을 화나게 하자 그는 학생들더러 "북을 울려 공격하라"(「선진」 11.17)고 하기도 했다. 선생과 학생이 한자리에 모이면 학생은 선생님께 대들고 선생님은 학생을 욕했는데, 이런 것들이 모두 기록되어 있다.

또 공자는 열국을 주유하면서 은자들과 접촉했는데, 공자를 풍자하고 비꼬곤 한 이들의 말 또한 기록되어 있다.

공자는 학생들에게 자신이 학생들에게 숨기는 게 아무것도 없다고 말했다. "너희들은 내가 무엇인가 숨기고 있다고 생각하느냐? 나는 숨기는 것이 없다. 나는 무언가를 할 때 너희들과 함께 하지 않는 것이 없다. 이것이 바로 나다."(「술이」 7.24)[6]

공자 문하의 13현자 가운데 초기에 해당되는 사람은 민자건·염경·안회·염옹·중유·염구, 이렇게 6명이고, 후기에 해당되는 사람은 재여·단목사·유약·복상·언언·증삼·전손사, 이렇게 일곱 명이다. 이 중 공자가 가장 좋아했던 이는 안회였다. 그러나 안회에 대한 묘사는 실패작이다. 그것은 중유에 대한 것, 단목사에 대한 것보다도 못하다.

4대 도덕선생들은 사후에 이름이 알려지지 않았다. 알려졌다 해도 그것은 허명일 뿐이었다. 이들은 중유보다도 못했다. 중유는 『삼국연의』의 장비나 『수호지』의 이규李逵처럼 유비보다 그리고 송강宋江보다 더 훌륭히 묘사되어 매우 깊은 인상을 남겼다. 예컨대 똑같은 부귀에 대한 관점을 논하는 다음 두 단락을 비교해보라.

공자께서 말씀하셨다. "어질다, 안회는. 대그릇 하나에 담긴 밥과 표주박 하나에 담긴 물을 먹고 누추한 마을에 산다. 사람들은 그런 근심을 견디지 못하는데, 안회는 그 즐거움이 변치 않는다. 어질다, 안회는." 子曰, '賢哉回也! 一簞食, 一瓢飮, 在陋巷, 人不堪其憂, 回也不改其樂, 賢哉回也!' (「옹야」 6.11)

공자께서 말씀하셨다. "해진 솜옷을 입고서 여우나 담비가죽으로 만든 옷을 입고 있는 사람과 함께 서 있으면서도 부끄러워하지 않는 사람은 아마 중유일 것이다. 질투하지 않고 탐하지 않으니 어찌 좋지 않겠는가?" 자로가 죽을 때까지 이 시를 외우려 하자 공자께서 말씀하셨다. "이 이치를 어찌 좋다고 하느냐?" 子曰, '衣敝縕袍, 與衣狐貉者立, 而不恥者, 其由也與(歟). 不忮不求, 何用不臧.' 子路終身誦之. 子曰, '是道也 何足以臧.' (「자한」 9.27)

우리는 영화를 볼 때 좋은 사람은 잘 기억하지 못한다. 기억하는 것은 나쁜 사람과 흠이 있는 사람이다. 이치가 바로 그렇다. 선생님은 착한 아이를 좋아한다. 하지만 많은 아이들은 착한 아이가 되고 싶어하지 않는다.

7장

공자의 인물 품평(상)
: 옛 성현 및 그 외의 인물들

속담에 "누구인들 뒤에서 남에게 욕을 먹지 않고 누구인들 뒤에서 남을 욕하지 않겠느냐"는 말이 있다.(『증광현문增廣賢文』)¹ 남을 평하고 남에 의해 평해지는 것은 정상적인 일이다. 예컨대 공자도 남을 평하기를 좋아했다. 전국시대에는 처사들이 멋대로 의론을 했는데, 그렇게 멋대로 의론한 결과 제자백가의 말이 유행하게 되었다. 고금을 논하고 정사와 타인을 논하며 무엇이든 비판을 가했다. '어류語類'의 작품들에서 인물에 대한 품평은 흔히 보인다. 『논어』의 '어', 『세설신어』의 '어'가 다 그러한 것들이다.

혹자는 입으로 인물의 좋고 나쁨을 평가하지 않는 것을 수양이 잘된 것으로, 인격이 고매하지 않으면 그리 할 수 없는 것으로 여기나, 이는 오해이다. "입으로 인물의 좋고 나쁨을 평가하지 않는다口不臧否人物"는 말은 완적阮籍이 한 말이다. 완적은 위진시대의 명사名士이자 죽림칠현 가운데 한 사람이었다. 그는 자신을 바짓가랑이에 끼어 있는 이라고 하면서 "깊은 솔기에 피해 살고 해진 솜에 숨어 있으면서도 훌륭한 저택이라 여긴다"[2]고 했다. 그는 "기쁨과 노함을 낯빛에 드러내지 않고 喜怒不形於色" "입으로 인물의 좋고 나쁨을 평가하지 않을" 수 있었는데, 이는 절대로 그의 인격 수양이 아주 높은 수준에 이르렀기 때문이 아니고 난세로 인해 두려워했기 때문이다. 옛사람들은 완적이 "본래는 세상을 구하려는 뜻이 있었으나本有濟世志" "위, 진을 즈음하여 천하에 변고가 많았으므로 명사 가운데 온전할 수 있는 자가 적었다"[3]고 했다. 그는 하루 종일 술을 마셔대며 흐리멍덩한 척했는데, 그 목적은 목숨을 보전하려는 데 있었다.(『진서晉書』 본전本傳)

『논어』에 출현하는 인물은 공자, 공자의 아들, 공자의 제자를 제외하면 모두 125명이다. 이제 나는 이들 공자 문하 밖에 있는 인물들에 대해 논할 터인데, 우선은 약 3분의 1을 차지하는 42명의 공자 이전 인물들에 대해 논해보고자 한다.

당우시대의 인물들

옛사람들에게 '당우'란 두 개의 왕조시대가 아니었다. 당·우唐虞의 선양禪讓은 두 개인 사이의 관계로 기간도 아주 짧았다. 전하는 바에 의하면 '당'은 지금의 산시山西 린펀臨汾시에, '우'는 지금의 산시 융지永濟시에 있었던 작은 지역이었다고 한다. 당의 요와 우의 순을 후세에는 천하를 거머쥔 통일 군주라고 여기나, 사실 이들은 작은 두 부락의 수장이었을 뿐이다. 공자가 살던 시대에 왕위를 자식이 아닌 어진 이에게 물려준다는 것은 상고시대의 미담이었다. 이 때문에 단지 공자뿐만 아니라 선진 제자백가들도 이것을 즐겨 말했다. "공자께서는 멀리 요임금과 순임금을 높여 계승하셨다"⁴고 했는데, 이는 위 두 사람을 최고의 인품을 지녔다고 여긴 것으로, 이들의 이름이 언급되기만 하면 언제나 "높고 크구나"⁵와 같은 말을 사용하여 그 위치에 올라갈 수 없다고 생각했다. 요의 미덕은 천도에 따라 일을 행한다는 점이었으며(「태백」 8.19), 순의 미덕은 무위로 다스린다는 점이었다.(「위령공」 15.5) 이러한 이미지는 근거 없이 날조된 것은 아니고 『상서』의 「요전」과 「순전」에 근거를 두고 있다.

『논어』에는 "순임금께서 유능한 신하 다섯 사람이 있어 천하가 다스려졌다"⁶고 되어 있다. 이 다섯 대신은 누구인가? 아마도 「순전」에 언급되어 있는 우禹(사공司工)·기棄(후직后稷)·계契(사도司徒)·고요皐陶(이李)·백익伯益(우虞)일 듯한데, 『논어』에는 단지 고요와 후직 두 사람만이 거론되고 있다.⁷

하·상·주 삼대의 인물

삼대에 대한 공자의 평가는 당·우보다 못하다. 삼대는 우禹가 선양을 받은 것을 제외하면 나머지는 모두 폭력혁명으로 천하를 취한, 즉 역성혁명을 통해 왕이 된 시대이자, 어진 이가 아닌 아들에게 왕위를 물려준 시대였다.

(1) 하 왕조

하의 개국 군주인 우는 공자가 숭상한 인물이기도 하다. 그는 상고시대 전설 속 선양을 받은 최후의 1인으로 종종 요순과 함께 거론되는, 후대 삼대의 임금들과는 다른 사람이다. 공자 또한 그를 극진히 찬미했는데, 공자가 그를 칭찬한 점은 다음의 두 가지였다. 한 가지는 그가 순과 마찬가지로 무위로 다스렸다는 점이고(「태백」 8.18), 다른 하나는 그가 치수에 공이 있고 근면하며 검소했다는 점이다.(「태백」 8.21) 이러한 이미지들 역시 『상서』의 「우공禹貢」 편에 근거를 두고 있다.

하 왕조에서 폭군은 걸이었는데 『논어』에는 나오지 않는다. 거기에는 예羿와 오奡만이 언급되어 있다. 예는 유궁국有窮國의 군주이고, 오는 과국過國의 군주였다. 이 두 사람은 모두 대단했지만 "강한 사람으로서 좋은 죽음을 맞지 못했다."[8] 그래서 하루는 남궁괄이 공자에게 "예는 활을 잘 쏘았고, 오는 배를 육지로 끌었지만 모두 제 명대로 죽지 못했습니다. 반면 우와 직은 몸소 농사를 지었지만 천하를 소유하였습니다"[9]라고 하면서 이런 평가가 어떻냐고 물었다. 공자는 대답하지 않다가 그가 가고 나서야 "군자다, 이 사람은. 덕을 숭상한다, 이 사람은"[10]이라고 그를 칭찬했다. 공자는 왜 대답하지 않았던 것일까? 내 추측으로는 "예는 활을 잘 쏘았고 오는 배를 육지로 이끌었지만 모두 제 명대로 죽지 못했다"는 것에 대해서 찬성을 하고 우와 직이 몸소 농사를 지으며 겸손하고 유유자적했던 것도 높이 평가를 하면서도, 공자는 농사짓는 것을 좋아하지 않아 "우와 직이 몸소 농사를 지어 천하를 소유하였다"는 것에 대해서는 유보적인 태도를 보인 것 같다.

(2) 상 왕조

상의 개국 군주인 탕(「안연」 12.22)은 스스로를 '이履'(「요왈」 20.1)라 칭했는데, '이'는 탕의 사적인 이름이다. 한편 이윤伊尹은 그를 보좌하여 천하를 얻은 명신이다. 탕은 천하의 백성들 가운데서 그를 발견하고 선발해 만인지상의 자리에 올려놓았는데, 이는 『논어』에서 어진이와 유능한 자를 천거하는 모범으로 여겨지고 있다.

상나라의 마지막 군주인 주紂는 아무리 욕을 해도 지나치지 않을정도로 악명이 높다. 마치 오수로 가득한 웅덩이에서는 누구나 더러운 물을 퍼낼 수 있는 것처럼 말이다. 하지만 자공은 "주왕의 선하지않음이 그렇게 심하지는 않았을 것이다"[11]라고 하여 공정하고 객관적인 잣대가 있어야 한다고 말한다. 많은 사람들이 밀어 담장을 무너뜨리듯이 나쁜 사람이라고 해서 아무렇게나 욕하는 것을 반대한 것이다. 그의 이 말은 공자 사후에 퍼진 몇 가지 유언비어와 관련이 있는것 같다.

주는 폭군이었지만 그에게는 미자微子·기자箕子·비간比干같이 고대인의 마음에 이름을 남긴 훌륭한 사람들도 있었다. 미자는 주의 이복형이고 기자와 비간은 주의 숙부였는데, 이들은 모두 주의 폭정에 반대했다. 하지만 방법은 각기 달랐다. 미자는 도피를 선택했고, 기자는미친 척했으며, 비간은 강력히 간언하다 죽었다. 공자는 "은나라에 어진 사람이 세 명 있었다殷有三仁焉"(「미자」 18.1)고 하여 이들을 대단히높이 평가했다. 이들은 공자가 말한 일민逸民, 즉 고대의 비협조자였다. 『논어』에 이런 사람들에 대한 논의는 주로 「미자」 편에 보인다.

그밖에 공자는 스스로를 고대의 노팽老彭에 비견하여 자신은 "서술하지 창작하지 않으며, 옛것을 믿고 좋아한다述而不作, 信而好古"(「술이」7.1)고 했다. 노팽은 어떤 사람인가? 바로 고서에 나오는 팽조彭祖(축융祝融 8성 가운데 팽 씨의 조상)이다. 전국시대 이래로 고서에서는 곧잘 그를 유명한 장수 노인이자 양생가로 일컬어왔는데, 고증에 따르면 그 역시 상나라 초기의 인물이었다고 한다.

(3) 선주先周

공자는 주나라를 숭상했다. 무왕이 상을 무너뜨리기 이전에 주나라에는 상나라와 병존한 역사 시기가 있었는데, 이 시대를 일반적으로 선주先周시대라고 한다. 전하는 바에 따르면 주 태왕의 맏아들 태백泰伯(태백太伯이라고도 함)과 둘째 아들 중옹仲雍은 아버지가 어린 동생 계력季歷을 좋아한다는 사실을 알고 일부러 단발을 하고 문신을 한 뒤 오나라로 가버려 왕위를 어린 동생 계력에게 양보했다고 하는데, 계력의 아들은 바로 뒤의 주 문왕이다. 한편 태백은 오나라의 시조이자 주 문왕의 큰아버지이다. 사마천은 열국의 역사를 논할 때 서주로부터 시작했는데, 오나라 태백의 항렬이 가장 높았으므로 『사기』의 13세가 제1편에서 그에 관해 썼다.

고대의 선양, 즉 아들이 아닌 어진 이에게 왕위를 물려주는 행위가 실현하고 있는 것은 원시적인 민주제도였다. 이러한 정신은 3대에 이르면 이미 사라지고 변방의 소국에서만 그 잔재가 남아 있었을 따름이다. 태백이 동생에게 양보한 것은 형제간의 양보로, 어진 이들 사이의 양보는 아니었다. 하지만 어떤 양보였건 간에 형제간에 권력을 다투고 서로를 참살하는 당시 각국의 상황보다는 훨씬 나았다. 공자는 사양하는 것에 대해 논하기를 좋아하여 태백이 동생에게 양보한 것을 극진히 찬미했다. 그는 "태백은 지극한 덕을 지녔다고 할 수 있겠다. 세 번이나 천하를 사양했으니, 백성들이 어떻게 칭송해야 할지 모르는구나!"[12]라고 했다.

주 문왕 역시 선주시대에 속하는 인물이다. 그가 '문왕'이라 칭해진 까닭은 자애롭기로 이름났기 때문이니, 나중의 '무왕'과는 반대로 그의 시호는 '문'이 되었다. 폭력혁명으로 천하를 얻은 무왕이 강함의 이치를 논한 데 반해 그가 논한 것은 부드러움의 이치였다. 그는 노인들을 잘 봉양하고 겸양을 주창했으며, 우虞와 예芮 두 나라의 국경 분쟁을 중재한 것으로 이름을 날렸다.(『사기』「주본기周本紀」) '문'이라는 그의 시호에 담겨 있는 것은 은혜로움과 자애로움이다. 공자는 "문왕과 무왕의 도를 본받아 빛낸다"[13]고 하여, 마치 '문왕과 무왕의 도'를 그가 모두 전하려 했던 것 같지만, 그가 전하려 한 것은 주로 문왕의 도였다. 심지어 그는 그것을 하늘이 내려준 거부할 수 없는 큰 임무라 하여, 자신의 사명은 이 도를 전하는 것이라 여기기도 했다. 예컨대 광匡 땅에서 포위되어 큰 어려움에 직면했을 때에도, 공자는 자신이 죽는 것은 두려워하지 않고 문왕의 도가 이로부터 단절될 것을 두려워했다.(「자한」9.5)

문왕이 주나라를 가지라는 명을 받았을 때 곁에는 여덟 명의 어진 신하, 즉 '팔사八士'가 있었다고 하는데, 이들은 각각 백달伯達, 백괄伯适, 중돌仲突, 중홀仲忽, 숙야叔夜, 숙하叔夏, 계수季隨, 계와季騧다.(「미자」18.11) 이 여덟 명은 아마도 두 집안 소속이었을 것이다. 그리고 이들은 문왕에게 의탁한 은의 신하들로서 아마도 공자가 말한 일민逸民에 해당되는 이들이었을 것이다.

(4) 서주

공자의 서사 모델은 명군에게는 반드시 어진 신하가 있다는 것으로 상과 주의 군신은 당·우의 군신을 본받았다고 생각했다. 상 왕조의 어진 신하로는 탕임금을 보좌해 천하를 얻은 이윤이 있었다. 또 주 무왕이 천하를 얻었을 때에도 일군의 어진 신하들이 있었다. 공자는 무왕 곁에 "천하를 다스리는 신하 10명"[14]이 있었다고 했다. 이 10명의 이름을 책에서는 열거하지 않았는데, 마융馬融은 주석을 달아 이들이 각각 문모文母(즉 문왕의 부인 태사太姒)·주공·소공召公·태공太公·필공畢公·영공榮公·대전大顚·굉요閎天·산의생散宜生·남궁괄南宮适이라고 했다. 문모는 여성이고 나머지는 남성이다.

서주시대의 명신들 중에서 명성이 가장 높았던 이는 태공과 주공이다. 태공은 주 무왕을 보좌하여 말 위에서 천하를 얻은 명신이고, 주공은 주 성왕을 보좌하여 말 아래에서 천하를 다스린 명신이다. 『논어』에는 태공은 언급되지 않고 주공만 언급되어 있다.

공자는 주공을 좋아하여 꿈도 주공의 꿈을 꾸었다. 이는 그가 나라를 잘 다스린 능력 있는 신하였기 때문일 뿐만 아니라 노나라의 시조이기도 했기 때문이었다. 노나라의 첫 번째 군주인 노공백금魯公伯禽은 바로 주공단의 후손이었다.

『논어』에는 주공단이 세 차례 언급되어 있다. 「술이」에서는 만년에 이른 공자의 심경이 논해지고 있다. 그는 이렇게 말했다. "내가 심히 노쇠해졌구나! 내가 꿈에 다시 주공을 뵙지 못한 지 오래되었다."[15] 이것은 아마도 그가 죽기 직전에 한 말일 것이다. 「태백」 8.11에는 "주공의 훌륭한 재주周公之才之美"라는 말이 언급되어 있다. 또 「미자」 18.10에는 주공단이 백금을 노나라에 봉할 때 했던 말이 언급되어 있다. "군자는 친척을 소홀히 하지 않고 대신들이 써주지 않는 것을 원망하지 않게 하며, 옛 친구가 큰 잘못이 없으면 버리지 않고, 한 사람이 모두 갖추기를 요구하지 않는다."[16] 이는 다른 책에는 보이지 않는 매우 진귀한 자료이다.

서주시대의 인물로 명군과 어진 신하 외에 몇몇 고대의 일민들도 있다. 첫째는 수양산에서 굶어죽은 고죽군孤竹君 백이와 숙제이고,[17] 둘째는 오나라 중옹의 후손으로 우虞나라에 처음으로 봉해진 군주 우중虞仲이다. 우중은 무왕이 민간에서 널리 찾다가 얻은 이로 "일민을 등용한다擧逸民"(「요왈」 20.1)고 할 때의 그 '일민'에 해당된다.[18]

백이와 숙제는 비폭력주의자였다. 그들은 은나라 주紂의 폭정도 반대하고 무왕의 혁명도 반대했다. 이 괴짜들은 성격이 너무 좋아 타인이 해를 가해도 원한을 품지 않았으며, 자신의 처지에 대해서 원망하는 말을 하지 않았다. 하지만 성격은 몹시 고집스러워, "자신의 뜻을 굽히지 않고 자신의 몸을 욕되게 하지 않는不降其志, 不辱其身" 유형이었다. 차라리 굶어죽을지언정 신념은 굽히지 않았다.(「공야장」 5.23) 공자는 이들이 "인을 구하여 인을 얻은求仁得仁", 이미 고대의 어진 사람 기준에 도달한 이들이라고 했고, 네 번에 걸쳐 언급하면서 모두 칭송했다. 이들은 고대 도덕의 모범이었다. 그런 까닭에 『사기』 70편의 열전은 「백이숙제열전」으로 시작된다.

동주東周 각국의 인물

동주 각국 인물들은 주로 춘추 초기와 중기의 인물들로, 나라별로 보면 제齊·진晉·노魯·위衛·초楚 등이 포함되어 있다. 그 가운데 공자가 가장 관심을 둔 나라는 사실상 제나라와 노나라, 위나라였다.

(1) 제나라

공자는 춘추 말기를 살았는데, 그가 태어나기 이전인 춘추 초기와 중기에 가장 빛났던 정치인으로는 제 환공桓公과 진 문공文公이 있다. 이들은 춘추오패를 대표하는 인물이었다.

제 환공은 춘추 초기에 대단히 유명했던 인물로 그에 대한 공자의 평가는 굉장히 높다. 진 문공보다도 높다. 그 주된 이유는 그가 패도 일색이 아닌 왕도를 약간 강조했다는 데 있었다. 패도를 논하더라도 왕도의 전제 하에서 했다. 그는 존왕양이尊王攘夷를 외치고 왕명으로 천하를 호령했으며, 중원의 한족 국가들이 단결하여 오랑캐의 침입을 저지하자고 했다. 일을 처리함에 합법적이고 정정당당했으며 치우치거나 사악한 일은 하지 않았다.(「헌문」 14.15)

공자는 제 환공을 중요하게 생각했으나 제 환공보다는 관중에 대해 훨씬 많이 이야기했다. 관중은 제 환공을 도와 위세를 얻게 하고 패자가 되게 한 능력 있는 신하다. 공자는 관중에 대해 찬탄했으나 전면적으로 긍정한 것은 아니고, 이윤이나 주공만큼 높게 평가하지도 않았다. 관중에 대한 그의 생각은 복잡하여 나쁜 평가와 좋은 평가가 뒤섞여 있었다.

그가 관중을 좋아하지 않은 이유는 주되게는 큰 권력을 쥐었으나 그릇이 작고 생활이 사치스러웠으며 예를 모른다는 데 있었다.(「팔일」 3.22) 반면 관중을 좋아한 이유는 그가 환공을 보좌하여 천자를 높이고 오랑캐를 물리치는 데 큰 공을 세움으로써 중원의 여러 한족 국가와 주나라를 구했다는 데 있었다. 공자는 춘추시대의 인물을 매우 혹평하여 누군가를 인하다고 긍정한 적이 드물었으나 관중에 대해서만큼은 높이 평가하여 그를 인仁한 사람으로 칠 수 있다고 여겼다.

관중은 원래 제 환공의 적이었다. 그는 소홀召忽과 함께 노나라에 망명 중이던 제나라 공자 규糾를 도우면서 거莒에 망명했던 제나라 공자 소백小白과 권력을 다투었다. 소백 쪽은 포숙아鮑叔牙가 돕고 있었다. 그러던 어느 날 관중이 쏜 화살이 소백의 띠고리를 맞히자 소백은 분노하며 반드시 관중을 잡아 죽이겠다고 했다. 그 후 소백이 환공으로 옹립되자 공자 규를 죽였으며 소홀은 자살했다. 관중은 절개를 지키지 못하고 포숙아의 추천을 받아 오히려 환공에게 중용되어 국정을 맡았다. 그런데 공자가 그를 인한 사람이라고 했으니, 제자들은 이해할 수 없었다.

어느 날 자로가 공자에게 이렇게 물었다. "환공이 공자 규를 죽이자 소홀은 죽었는데 관중은 죽지 않았습니다."[19] 신하된 도리로 말할진대 이는 인이라 할 수 없다는 것이다. 하지만 공자는 이렇게 말했다. "환공이 제후들을 여러 차례 규합할 때 무력을 사용하지 않은 것은 관중의 힘이었다. 이것이 관중의 어짊이다. 이것이 관중의 어짊이다."[20] 여전히 그를 인한 사람이라 긍정한 것이다.

어느 날 자공 또한 같은 문제로 공자에게 이렇게 물었다. "관중은 어진 사람이 아닐 것입니다. 환공이 공자 규를 죽였는데 죽지 못했을 뿐만 아니라 환공을 도와주기까지 했습니다."[21] 이에 대해 공자는 이렇게 말했다. "관중이 제나라 환공을 도와서 제후의 패자가 되고 천하를 잡아 백성들이 오늘에 이르기까지 그 은혜를 입고 있다. 관중이 없었다면 우리는 머리를 풀어헤치고 옷깃을 왼쪽으로 여미게 되었을 것이다. 어찌 보통 사람들이 작은 신의를 위해 도랑에서 스스로 목을 매어도 알아주는 사람이 없는 것같이 해야겠느냐?"[22] 공자는 이렇게 생각했다. 만약 관중이 제 환공을 도와 오랑캐를 쫓아내지 않았다면 우리는 머리를 산발하고 옷깃을 왼쪽으로 여미는 오랑캐 옷을 입는 등 그가 구하려던 동주東周는 일찌감치 끝장났을 것이라고 말이다. 이렇게 관중의 어깨에는 큰 임무가 내려져 있었다. 어찌 일반 백성들처럼 작은 신의를 지키기 위해 제멋대로 자살을 할 수 있단 말인가. 이렇게 공자는 관중을 옹호하여 그가 큰 부분에서 훌륭하니 작은 부분은 무시할 수 있다고 생각했다.

이밖에도 『논어』에는 관중을 평가하는 도중에 백伯 씨라는 사람이 잠시 언급되어 있다. 이 인물은 역사서에는 보이지 않고 오직 이 책에만 나온다. 하루는 어떤 이와 공자가 이야기를 하다가 춘추시대의 집정대신들인 정나라의 자산子産·초나라의 영윤 자서子西·제나라의 관중, 이렇게 세 인물에 대해 논의하기 시작한다. 이 세 인물에 대한 공자의 평가는 이랬다. 자산의 정치는 너그러워 은덕이 백성에게까지 미치는 "은혜로운 사람惠人"이라고 하여 비교적 평가가 좋았다. 영윤 자서의 경우는 두 번에 걸쳐 정권을 사양했으나 단지 허명만 있을 뿐, 섭공葉公의 권고를 듣지 않고 백공白公의 난을 유발시켜 환란의 와중에 죽었으므로, "그 사람, 그 사람彼哉彼哉"이라고 하여 언급할 가치조차 없는 것으로 보았다. 관중의 경우에는 가장 사나운 수단을 썼으나 거기에 체현된 것은 오히려 인仁이라고 보았다. 관중에 대한 그의 평가는 이랬다. "어질었다. 백 씨의 식읍 300호를 빼앗았으나 백 씨는 거친 밥을 먹으며 죽을 때까지도 원망하는 말이 없었다."[23] 관중은 백 씨의 식읍을 빼앗고 백 씨를 평민으로 낮추어 가난한 생활을 하게 했으나 백 씨는 죽을 때까지 원망하는 말도 없이 그가 내린 징벌에 대해 마음으로 기뻐하며 진심으로 복종했다는 것이다. 관중에게 권위가 있었음을 알 수 있는 대목이다. 공자는 난세에는 엄격한 법률을 적용해야 한다고 생각했다. 어떤 정치가가 너그러움과 사나움을 잘 혼용할 줄 모르면 이는 '인'이라 할 수 없다는 것이다. 이렇게 그는 관중의 권위주의를 높이 평가했다.

(2) 진나라

진나라에서 크게 유명했던 사람은 진 문공文公이다. 공자는 그와 제 환공을 대비시켜 평가한다. "진 문공은 속임수를 써 바르지 않았고, 제 환공은 정당하여 속임수를 쓰지 않았다"[24]고 하여 진 문공에 대한 평가는 몹시 나빴다.

제 환공과 진 문공은 모두 패자로서 그들은 패도를 중시했다. 하지만 제 환공은 제후들을 '여러 차례 규합하였으며' '천하를 바로잡음에' 왕명王命으로 그 일을 행했다. 패도가 왕도에서 나온 것이다. 이것이 "정당하여 속임수를 쓰지 않았다"는 말의 뜻이다. 반면 진 문공은 달랐다. 그는 천자를 옆에 끼고 제후들에게 명령했으며 법도를 그다지 중시하지 않아, 천토踐土의 회맹이 열릴 때 주 천자에게 명령을 내려 천자를 하양河陽으로 불러와 회맹에 참석하게 했다. 이로 인해 공자에게 비판을 받았다. 공자는 "신하로서 군주를 부른 것은 가르침으로 삼아서는 안 된다"[25]고 했다.

'바름正'은 합법적이고 정정당당함을, '속임譎'은 나쁜 수법을 쓰고 교활하게 굴어 바름에 합치되지 않음을 뜻한다.

(3) 노나라

노나라는 공자의 모국이다. 공자는 노 양공襄公 22년에 태어났으며, 노 소공昭公이 왕위를 이었을 때에도 겨우 10살이었다. 그래서 노 양공에 대한 기억은 별로 없고 『논어』에도 노 양공에 대해서는 언급된 것이 없다. 이른 시기의 노나라 신하로는 장문중臧文仲, 유하혜柳下惠(전금展禽), 계문자季文子(계손의여季孫意如)만이 언급되어 있다.

장문중은 장공莊公·민공閔公·희공僖公·문공文公, 이렇게 네 임금을 두루 섬겼으며 공자보다 훨씬 이른 시기의 사람이다. 장 씨는 노 효공孝公에 뿌리를 둔 노나라의 오래된 귀족이다. 노 효공이 서주 말기의 군주이니, 장 씨는 삼환보다 훨씬 이른 시기의 사람이다. 사마천은 공자가 장문중을 여러 번 칭찬했다고 했으나(『사기』「공자세가」), 사실 『논어』에서는 두 차례만 언급되어 있으며, 다 나쁜 평가뿐이다. 한 번은 그가 점치는 데 쓰는 대채大蔡의 거북으로 집을 지을 때 들보에 새기고 기둥에 그려 그 사치스러움이 어리석은 지경에 이르렀다고 비판한 것(「공야장」 5.18)이고, 다른 한 번은 유하혜가 어질다는 것을 알면서도 그에게 자리를 양보하려 하지 않은 "벼슬을 도둑질한 자竊位者"

(「위령공」 15.14)라고 욕한 것이다.

유하혜는 장문중과 대략 동시대 사람으로 장문중과는 선명한 대조를 이루고 있다. 사마천은 공자가 유하혜를 수차례 칭찬했다고 했지만, 사실 『논어』에는 세 차례밖에 언급되지 않았다. 하나는 장문중과 대비하는 바로 위의 말이고, 다른 하나는 그가 옥관이 되었다가 세 번이나 쫓겨나자 어떤 이가 노나라를 떠나라고 하는데, 그가 떠나지 않는 이유에 대해 이야기하고 있다. 그는 이렇게 말했다. 내가 양심에 따라 일을 한다면, 즉 "도를 곧게 해서 사람을 섬길진대直道而事人", 어디에 간들 이런 결과를 낳지 않을 것이며, "도를 굽혀서 사람을 섬길진대枉道而事人" 어찌 "부모의 나라"를 꼭 떠날 필요가 있겠느냐고 한다.(『미자』 18.2) 또 다른 하나는 유하혜를 옛 일민逸民에 집어넣은 대목이다.(「미자」 18.8)[26]

맹자의 경우 유하혜에 대해 논한 횟수가 많다. 그는 유하혜와 백이가 모두 도덕적으로 고매한 사람이나 처세의 방법은 완전히 상반되었다고 말했다. 백이는 악한 것을 원수처럼 싫어해 "섬길 만한 군주가 아니면 섬기지 않고, 사귈 만한 벗이 아니면 사귀지 않았다."[27] 결코 그럭저럭 타협하려 하지 않은 비교적 고집스러운 사람이었다. 반면 유하혜는 무척 유순하여 자신의 행동과 태도가 바르기만 하면 외부세계에 대해 바라는 바가 없었다. 악한 군주도 꺼리지 않고 낮은 관직도 마다하지 않았다. 주위 사람들이 자신에 대해 뭐라고 해도 그저 너는 너고 나는 나라는 식으로 분명히 구분할 줄 알았다.[28] 그의 묘사에 따르면 유하혜는 더러운 진흙 속에서도 물들지 않는 사람이었던 것이다.

공자는 백이를 "옛 현인이다古之賢人也"라고도 하고 "인을 구하여 인을 얻었다"라고도 했다. 반면 유하혜는 옛 '일민' 가운데 '뜻을 굽히고 몸을 욕되게 할' 줄 아는 유형에 속한다고 했다.(「미자」 18.8) 이들은 모두 성인이 아니었다. 그런데 맹자는 이들을 "성인으로 백대의 스승이다"(『맹자』「진심하」)라고 했다.

맹자가 말하는 성인과 공자가 말하는 성인은 근본적으로 다르다. 맹자의 성인 개념은 좀 과도하다. 성인의 모습을 따라 배우기만 하면 누구든 성인이 될 수 있다고 하니 말이다. 그는 이렇게 말했다. "백이는 성인 중에 청렴한 자이고, 이윤은 성인 중에 책임을 다하는 자이며, 유하혜는 성인 중에 화합을 잘하는 자이고, 공자는 시의적절하게 행동하는 분이다."[29] 이것들은 맹자가 제멋대로 말한 성인이다. 공자의 기준에 따르면 모두 부정확한 것들이다. "성인 중에 화합을 잘하는 자"란 어떤 사람인가? 위의 글을 보면 알 수 있듯이 이는 성격이 유순한 성인을 가리킨다. 유하혜는 치욕을 참아가며 무거운 짐을 지고 억울한 일을 당하는 것도 두려워하지 않는 특징을 지닌 그런 성인이라는 것이다.

계문자는 노 환공의 아들인 계우季友의 손자로 나이는 앞선 두 사람보다 약간 적다. 문공, 선공宣公, 성공成公, 양공, 이렇게 네 군주를 두루 섬겼다. 환공 이후에는 맹손, 숙손, 계손의 세 계파가 있어 삼환이라 불렸는데, 이들은 노나라의 새로운 귀족들로 맹 씨, 숙 씨, 계 씨라고도 불렸다. 계문자는 초대 계 씨 일파로 비교적 정치적 명망이 있었다. 그가 죽었을 때 "비단옷을 입은 첩이 없었고, 식량을 먹는 말이 없었으며, 쇠그릇이나 옥그릇이 없었고, 중첩되는 가재도구가 없었다. 군자는 이로써 계문자의 왕가에 대한 충심을 알았다. 세 임금을 섬기는 동안 사사로이 축적한 것이 없었으니 충성스럽다 하지 않을 수 있겠는가."[30] 또 이 인물은 일처리가 비교적 신중해 "세 번 생각한 후에 행동했다三思而後行." 그래서 공자는 사실 두 번만 생각해도 충분하다고 말했다.(「공야장」 5.20)

(4) 위나라

위나라 사람으로는 오직 한 사람, 즉 영무자寧武子만이 언급되어 있다. 영무자의 이름은 유兪, 위나라의 경卿이고 춘추시대 중기 사람이다. 이 인물은 자신을 잘 보호할 줄 알았는데, 공자는 그에 대해 이렇게 평가했다. "나라에 도가 있을 때는 지혜롭고, 나라에 도가 없을 때는 어리석은 척했다. 그 사람의 지혜는 따라갈 수 있지만 그 사람의 어리석은 척하는 모습은 못 따라가겠다."[31] 그의 능력 가운데 가장 뛰어난 것은 난세에 어리석은 척하는 것이었다.

(5) 초나라

영윤 자문子文은 초 성왕成王의 영윤으로 두斗 씨에 뿌리를 두고 있으며, 이름은 곡어토谷於菟이고 자는 자문이다. 당시 초나라에는 3대 귀족이 있었는데, 두 씨는 그 중 하나이다.

자문은 직무에 충실한 사람이었다. 어느 날 자장이 공자에게 물었다. 이 사람은 세 번 영윤 벼슬을 지냈지만 얼굴에 기뻐하는 기색이 없었고, 세 번 파면되었지만 얼굴에 불쾌해하는 기색이 없었으며, "전임 영윤의 정무를 반드시 신임 영윤에게 알려주었는데"[32] 이 사람은 어떻냐고 말이다. 그에 대한 공자의 평가는 '충성스럽기는忠' 하지만, '인하

다仁'고 하기에는 부족하다는 것이었다.(「공야장」 5.19)

위에서 말한 인물들은 주로 좋은 사람들이다. 좋은 사람들 가운데 최고의 인품을 지닌 이는 성인이고, 그다음은 인한 사람仁人이다. 이런 좋은 사람들은 대부분 고대에 살았으며, 공자를 기준으로 말하자면 이들은 모두 이미 죽은 사람들이었다. 공자가 말하는 성인 및 인한 사람들은 모두 고대에 살았던 이들이다.[33]

8장

공자의 인물 품평(하)

: 당시의 정치가 및 은자들

『논어』에 등장하는 공자 당대의 인물[1]은 두 종류밖에 없다. 벼슬을 하는 자와 벼슬을 하지 않는 자, 관리가 된 자와 관리가 되지 않은 자가 그것이다. 하나는 상류층에 속하는 군자, 관리가 되어 정계에서 노는 자이고, 다른 하나는 벼슬을 버리고 산림에서 은일하는 자이다. 이들은 모두 83명으로 나머지 3분의 2에 해당된다.

　우리는 먼저 전자에 대해 논할 것이다. 전자에 해당되는 인물들은 『논어』 고유의 명명법으로 말한다면 '오늘날의 정치 종사자들'[2]이다. 이를 현대 중국어로 번역한다면 '오늘날 관직에 있는 자들現在當官的'이 될 것이다. 이런 사람들에 대해 공자는 대부분 비판을 했지, 칭찬을 한 경우는 드물었다.

주 왕실

공자는 동부 지역 사람이었다. 그가 가본 서쪽 끝은 주의 수도 낙양이었다. 낙양에서 그는 국가 도서관에서 관리로 일하던 노자를 만났는데, 『논어』에 노자는 언급되어 있지 않다.[3] 주 왕실 사람으로는 시기가 아주 늦은 주공만이 언급되어 있을 뿐이다.(「선진」 11.17) 이 주공은 누구인가? 물론 공자가 자주 꿈속에서 보았다는 주공, 즉 주공 단이 아닌, 주공 단의 몇 대 후손일 것이다. 그의 정확한 신분에 대해서 오늘날 우리는 살펴볼 방법이 없으나, 그 대략적인 시기는 추측해 볼 수 있다. 「선진」(11.17)에 언급되어 있는 '계 씨'는 염구가 섬기던 계 씨로, 계강자임에 분명하다. 이로부터 이 장은 노 애공 3년(기원전 492) 이후, 즉 공자 나이 60세 이후에 해당되는 문장임을 알 수 있다. 당시 계 씨는 주공보다도 부유했다고 하니, 주공의 지위는 이전보다 크게 못해진 것이다.[4]

제나라

제나라는 노나라와 관계가 가장 밀접했던 대국으로 자주 노나라를 괴롭혔고, 노나라에서 발생한 동란은 종종 제나라와 관련이 있었다.

공자가 살던 시대는 주로 제 경공景公이 정치를 하던 시대(기원전 547-490)였다. 제 경공이 재위에 있던 기간은 58년에 달할 정도로 무척 길었다. 그는 공자가 다섯 살이 되던 해에 즉위하여 공자가 62세 되던 해에 사망했다. 그 이전의 4년은 제 장공莊公 시대이고, 11년밖에 안 되는 그 이후는 안유자晏孺子, 제 도공悼公, 제 간공簡公, 제 평공平公의 시대였다. 『논어』에는 제 장공, 제 경공, 제 간공만이 언급되어 있다.

공자에게 묻는 자장의 질문 가운데 제 장공, 최저崔杼, 진문자陳文子가 언급되어 있다.(「공야장」 5.19) 장공은 음란하고 무도하여 최저의 난을 유발했다. 최저는 장공을 시해하고 장공의 이복동생을 경공으로 세우자 진문자는 국외로 도망을 갔다. 이는 공자가 어렸을 때 일어난 일이다.(기원전 547)

진문자의 이름은 수무須無로 진완陳完의 증손자이다. 진 씨는 제나라의 신흥귀족으로 후에 세력이 갈수록 커져 결국은 강 씨 제나라를 대체하게 되었다. 그는 영공靈公, 장공, 경공 세 임금을 두루 섬겼다. 최저의 난이 일어났을 때 진문자는 협조하기를 거부하고 국외로 망명했는데, 공자의 기준에서 그는 괜찮은 대신이었다. 자장은 진문자가 망명한 뒤에 가는 나라마다 모두 실망하며 정치를 하는 자들이 어찌 최저와 똑같냐고 했다고 말했다. 공자는 진문자를 높이 평가해 절개를 지킨 '깨끗한淸' 사람이라고 부를 수 있다고 했다. 하지만 '어질다仁'고 불리기에는 맞지 않다고도 했다.

제 경공은 『논어』에 세 차례 언급되어 있는데, 두 차례는 공자가 제나라로 취직을 하러 갔을 때이고, 한 차례는 경공이 사망했을 때이다. 공자가 처음 제나라로 가자, 경공은 정치에 대해 묻는다. 공자가 "임금은 임금답고, 신하는 신하다우며, 부모는 부모답고, 자식은 자식다워야 한다君君臣臣, 父父子子"고 답하자 경공은 이 말을 높이 평가하는데(「안연」 12.11), 이는 시작에 해당된다. 그러다 나중에 경공이 적당한 자리가 없고 자신이 나이가 너무 많다고 하면서 완곡하게 공자를 받아들이기를 거부하는데, 이것은 결말에 해당된다.(「미자」 18.3) 제 경공 또한 능력 있는 군주였다고 할 수 있는데, 그에 대한 공자의 평가는 그리 높지 않았다. 그는 "제 경공은 말 4천 필을 소유하고 있었지만 죽던 날 백성들이 칭송할 만한 점이 없었다"(「계씨」 16.12)[5]고 했다.

안영晏嬰은 제 경공의 유명한 대신이었는데, 그는 『논어』에 단 한 번 등장한다. 공자는 "안평중은 남과 잘 사귀어, 오래도록 존경을 받았다"[6]고 하며 그를 매우 높이 평가했다. 사마천은 "공자가 스승으로 섬긴 사람孔子之所嚴事"이 여섯 명 있었는데, 안영도 그 가운데 한 사람이었다고 했다.(『사기』 「공자세가」)

『논어』에는 진성자陳成子가 제 간공을 시해한 일(기원전 481)이 언급되어 있다. 공자가 애공에게 그를 토벌할 것을 부탁하자, 애공은 삼환에게 허락을 받으라고 하나 삼환은 이를 거부한다.(「헌문」 14.21) 이것이 춘추 말기에 일어난 가장 유명한 역사적 사건, 즉 '전 씨가 제나라를 대체한田氏代齊' 사건(사실은 '진陳 씨가 제나라를 대체한' 사건)이다. 제 간공은 공자가 만년에 노나라로 돌아온 후 잠시 동안 재위에 있던 제나라 군주이다.(「헌문」 14.21) 한편 진성자의 이름은 항恒이다. 진 씨는 이 대에 이르러 세력이 최정상에 이르렀는데, 공자가 보기에 그는 난신적자였다.

진晉나라

공자가 살던 시대에 진나라는 북방의 대국이었다. 남쪽으로는 초와 맞서고 동쪽으로는 제와 맞설 정도로 국제 정세에 큰 영향을 미쳤으며, 중원의 소국들은 이 나라의 통제를 많이 받았다. 당시의 진나라는 육경六卿이 강하고 왕실이 약한 것이 삼환이 노나라를 통제하는 것과 같았다. 그리고 노나라의 계 씨처럼 육경 중에서는 조간자趙簡子가 가장 강했다. 노나라에서 난이 일어나면 배신한 신하는 종종 제나라나 진나라로 도망을 갔다. 예컨대 양화陽貨는 난이 실패로 돌아간 후 먼저 제나라로 갔다가 나중에는 진나라로 가 조간자에게 의탁해 그의 수하로 일을 했다.

『논어』에는 진나라가 별로 언급되어 있지 않고, 작은 인물에 해당하는 중모中牟의 읍재 필힐佛肸만이 언급되어 있을 뿐이다. 공자의 기준에 따르면 그 역시 난신적자였다. 기원전 490년, 조간자가 중모 땅(오늘날 허난성 허비鶴壁시 서쪽)을 포위하자 필힐은 중모를 근거지로 반란을 일으킨다. 필힐이 공자에게 오라고 부르자 공자는 잠시 마음이 흔들리고, 자로의 반대에 부딪힌다.(「양화」 17.7)

노나라

『논어』에 언급되어 있는 노나라 군주는 소공昭公, 정공定公, 애공哀公 이렇게 세 명이다. 공자가 생존해 있을 때 그는 주로 이 기간 동안 살았다. 양공 때까지만 해도 그는 어렸다. 그의 유년(1-10세)은 양공 말기에 해당된다. 그는 이들 노나라 군주에 대해 불만을 가졌으나 노나라 군주를 직접 비판한 적은 없을 정도로 지도자들의 체면을 봐주었다.

노 소공은 공자가 47세가 되기 전까지의 노나라 군주였고, 그의 부인은 오맹자吳孟子라 했는데, 『논어』에는 이 두 사람이 단 한 차례 언급되어 있다.(「술이」 7.31) 노 소공은 오나라에서 아내를 맞이했는데, 오나라와 노나라는 똑같은 희姬 씨 성으로 이는 동성 간에는 혼인을 하지 않는다는 습속에 위배되는 것이었다. 고대에 여성의 호칭에는 반드시 성이 있어야 했는데, 부인과 그 자신이 동성이라는 점이 부끄러웠으므로 오맹자라고만 부른 것이다. 그런데 공자가 진나라에 망명해 있을 때 진陳의 사패司敗가 "소공은 예를 압니까?昭公知禮乎" 하고 묻자, 그는 "예를 압니다知禮"라고 함으로써 의식적으로 소공을 위해 그 일을 감춘다. 공자가 물러나자 진의 사패는 공자의 학생인 무마기巫馬期에게 "저는 군자는 편을 들지 않는다고 들었는데, 군자도 편을 듭니까? 소공은 오나라의 여자를 아내로 맞이했는데, 동성이어서 오맹자라고 불렀으니, 소공이 예를 안다면 누가 예를 모른다고 하겠습니까?"[7]라고 하면서 공자에 대해 불만을 표시한다. 무마기가 그의 말을 전하자 공자는 "나는 다행이로다. 만약 잘못이 있으면 사람들이 반드시 그것을 아는구나"[8]라고 말하여 진 사패의 비판이 옳다는 점을 인정했다. 그렇지만 그가 거짓말을 한 것은 자신의 군주가 지닌 결점을 감추어주기 위해서였다. 그는 타국의 군주는 비판할 수 있지만, 자신의 군주는 비판해서는 안 된다고 생각했다.

노 정공은 공자가 48-58세였던 시기의 군주였다. 『논어』에는 두 차

례 언급되어 있는데, 그 내용은 모두 공자에게 정치에 대해 묻고 군신의 도에 대해 토론하는 것이었다.[9]

노 애공은 공자가 59세 되던 해 이후의 군주이다. 『논어』에는 그를 언급한 횟수가 비교적 많은데, 일부는 공자에게 물은 것이고 일부는 공자의 제자에게 물은 것이다.[10]

노나라의 대신은 대부분 세습귀족들이었다. 첫째는 오래된 귀족 장 씨였고, 둘째는 계 씨, 숙 씨, 맹 씨로 이루어진 신흥귀족 삼환이었다.

장 씨 중에는 장무중臧武仲, 즉 장손흘臧孫紇이 있었는데, 그는 장문중의 손자로 성공과 양공 두 임금을 두루 섬겼다. 아마도 공자가 어렸을 때 사망했을 것이다. 이 인물은 매우 똑똑했으나 제나라로 도망가지 않을 수 없었다. 『논어』에는 그가 두 번 언급되어 있다. 한 번은 공자가 '성인成人(완벽한 사람)'에 대해 논하면서 든 네 사람 가운데 "장무중의 지혜"[11]라 한 것이 그것이다. 또 한 번은 공자가 "장무중이 방읍을 가지고 노나라에 후계자를 세워줄 것을 요구했는데, 비록 임금에게 강요한 것이 아니라고 말하지만 나는 믿지 않는다臧武仲以防求爲後於魯, 雖曰不要君, 吾不信也"(「헌문」 14.14)라고 한 것이 그것이다. 공자는 그가 방읍(장 씨가 사적으로 소유한 읍)을 내놓으면서 노 양공에게 그 후계자를 폐위하지 말 것을 부탁했는데, 거기에는 협박적인 요소가 있었다고 생각했다. 이 두 단락에 관해서는 『좌전』 양공 23년 조를 참조하면 좋다. 전문傳文에서는 "장흘이 방 땅을 내놓은 후 제나라로 갔다臧紇致防以奔齊"고 하고 있으며, 마지막 부분에는 공자의 다음과 같은 말이 있다. "지혜로운 사람이 되는 것은 어렵다. 장무중 같은 지혜를 가지고도 노나라에서 받아들여지지 못한 것에는 그 이유가 있다. 일이 순리에 맞지 않고 베풂이 너그럽지 않기 때문이다. 『하서』에서는 '이것을 생각한다면 이것을 하라'고 했으니 일이 순리에 맞고 너그럽게 베풀어야 함을 말한다知之難也. 有臧武仲之知, 而不容於魯國, 抑有由也, 作不順而施不恕也. 『夏書』曰, '念玆在玆', 順事, 恕施也."(『좌전』 양공 23년) 공자는 그가 그리 똑똑하면서도 나라 밖으로 망명까지 가야 했던 원인은 그 자신의 계승이 합법적이지 않았을 뿐만 아니라, 계 씨의 큰아들을 폐하고 작은아들을 세우는 일에 참여함으로써 계 씨에게도 맹 씨에게도 원한을 사, 제 꾀에 제가 넘어간 데 있다고 생각했다.

계 씨는 노나라의 세습 귀족世卿으로 대대로 노나라의 대사도大司徒를 지냈으며 삼환 가운데 세력이 가장 큰 집안이었다. 공자가 살던 시대에 이른바 계 씨는 주로 계평자季平子(이름은 의여意如), 계환자季桓子(이름은 사斯), 계강자季康子(이름은 비肥)를 가리킨다. 이들 세 사람은 대체로 각기 한 임금을 섬겼는데, 계평자는 노 소공을, 계환자는 노 정공을, 계강자는 노 애공(애공 3년부터)을 섬겼다. 『논어』에서 '계 씨'가 가리키는 바는 같지 않다. 「팔일」 3.1과 「미자」 18.3의 '계 씨'는 계평자를, 「자로」 13.2의 '계 씨'는 계환자를, 「선진」 11.17, 「계씨」 16.1의 '계 씨'는 계강자를 가리킨다. 계평자라는 칭호는 『논어』에는 등장하지 않고, 계환자라는 칭호는 「미자」 18.4에 등장한다. 『논어』에서 가장 많이 언급되는 것은 계강자로 모두 6번[12] 등장한다. 「헌문」 14.36에는 '계손季孫'이라는 이도 나오는데 계환자인지 계강자인지 모르겠다.

「선진」 11.24에 나오는 계자연季子然은 계강자가 파견하여, 공자를 찾아가 중유와 염구에 대해 조사하게 한 인물인데, 공안국은 주석에서 계 씨의 자제라고 했고 사마천은 이를 인용하면서 '계 씨'라고 했다.(「공자세가」)

『논어』에는 계 씨의 가신인 계 씨 집사 양화와 비의 읍재였던 공산불요도 언급되어 있다. 공자의 기준에 따르면 이들 역시 난신적자였다. 양화는 「양화」17.1에 등장하고, 공산불요는 「양화」17.5에 등장한다. 이들은 모두 공자에게 출사하라며 그를 불러들였고 공자도 마음이 흔들렸다. 계 씨는 세력이 가장 커 공자도 중요하게 생각했지만 이들에게 불만을 갖고 있었다.

숙 씨 역시 노나라의 세경으로 대대로 대사마를 지냈다. 공자가 살던 시대에 숙 씨는 숙손무숙叔孫武叔이었다. 숙손무숙의 이름은 주구州仇이며, 정공, 애공 두 임금을 섬겼다. 공자가 사망한 후에 조정에서 공자를 비방하여, 자공이 공자보다 어질다고 한 이가 바로 그다.(「자장」19.23-24) 이로써 보건대 공자와 숙 씨의 관계는 그리 좋지 않았던 듯하다.

맹 씨 역시 노나라의 세경으로 대대로 대사공大司空을 지냈다. 공자가 살던 시대의 숙 씨로는 모두 네 사람이 있다. 맹장자孟莊子(중손속仲孫速)·맹효백孟孝伯(중손갈仲孫羯)·맹희자孟僖子(중손확仲孫貜)·맹의자孟懿子(중손하기仲孫何忌)가 그들이다. 양공 말년을 살았던 맹 씨는 맹장자와 맹효백인데, 공자가 태어난 이듬해에 맹장자는 사망했다. 『논어』에서는 맹장자를 언급하며 그를 대단한 효자라고 했다. 아버지인 맹헌자孟獻子가 돌아가신 후 그는 "아버지의 가신과 아버지의 정책을 바꾸지 않을"[13] 수 있었다. 하지만 맹효백에 대해서는 언급되어 있지 않다. 맹효백의 시호가 효인 것으로 보아 그 역시 대단한 효자였을 것임에 틀림없다. 소공 재위 시절의 맹 씨는 맹희자였다. 맹희자 역시 예를 좋아했다. 그는 소공 24년(기원전 518)에 사망했는데, 죽기 직전에 그의 두 아들인 맹의자와 남궁경숙南宮敬叔을 곁에 있던 대부에게 부탁하면서 그들에게 공자를 스승으로 모시도록 했다. 하지만 『논어』에는 맹희자가 언급되어 있지 않다. 한편 공자가 살던 시대의 맹 씨는 주로 맹의자였다. 그는 공자의 나이 34세에서 71세에 이르는 기간 동안 줄곧 생존해 있을 정도로 비교적 오래 살았다. 맹 씨 집안은 효를 중시했으므로 맹의자는 효에 대해 물었다. 그러자 공자는 "어기는 일이 없어야 한다無違"(「위정」 2.5)고 대답했다. 그의 아들은 맹무백孟武伯(중손체仲孫彘)이었는데, 아마 공리나 안연과 나이가 엇비슷했을 것이다. 『논어』에는 맹무백이 두 차례 언급되어 있는데, 한 번은 효에 대해 물은 것(「위정」 2.6)이고, 다른 한 번은 자로·염구·공서적을 인한 사람이라 할 수 있는지를 물은 것(「공야장」 5.8)이다. 한편 맹무백의 아들은 맹경자孟敬子로 그는 증자의 학생이었다. 『논어』에는 증자가 병이 위중하자 맹경자가 병문안을 왔다(「태백」 8.4)는 내용이 언급되어 있다. 증자는 공자 문하의 제자 가운데 나이가 가장 적었으니, 이는 아마 공자 사후에 일어난 일이었을 것이다. 이렇게 공자는 맹 씨와 관계가 가장 좋았다.

『논어』에는 다른 맹 씨 가족 구성원들도 언급되어 있다. 첫째 인물은 맹공작孟公綽(「헌문」 14.11-12)이다. 『좌전』 양공 25년 조에 나오는 이 인물은 공자보다 한 세대 앞선 사람이다. 사마천은 그 역시 "공자가 스승으로 여겨 섬기던"[14] 사람으로 그의 특징은 '무욕'에 있었다고 한다. 둘째 인물은 맹지반孟之反(「옹야」 6.15)이다. 이 인물은 『좌전』 애공 11년 조에 나오는 맹지측孟之側으로 생졸연대가 비교적 늦다. 셋째 인물은 자복경백子服景伯[15]이다. 자복 씨는 맹 씨에서 나온 방계로 그의 생졸연대 역시 비교적 늦다. 이 인물은 공자 문하와 관계가 매우 좋았다. 예컨대 공백료公伯寮가 계 씨에게 밀고를 하여 자로에 대해 나쁜 말을 하자, 그는 공백료를 죽여버리려 했다. 또 공자 사후에 숙손무숙이 조정에서 유언비어를 퍼뜨려 자공이 공자보다 어질다고 했을 때도, 그는 곧장 자공에게 이 일을 보고했다.[16] 이렇게 맹 씨는 삼환 가운데 약자였으며 공자 문하와 관계가 가장 좋았다.

위나라

공자는 열국을 주유하던 기간에 주로 위나라에서 벼슬을 했다. 공자가 위나라에 흥미를 느낀 까닭은 "노나라와 위나라의 정치가 형제지간이고,"[17] 위나라는 부유하고 사람이 많으며(「자로」 13.9), "위나라에 군자가 많기"[18] 때문이었다.

『논어』에는 위나라의 군주 두 사람이 언급되어 있는데, 한 사람은 위 영공이고 다른 한 사람은 위 출공이다. 모두 공자가 벼슬할 때 섬겼던 임금들이다.

위 영공은 재위 기간이 42년에 달한(기원전 534-493) 노쇠하고 우둔한 인간이었다. 공자가 위나라에서 벼슬한 때는 그의 마지막 3년에 해당된다. 『논어』에는 그가 두 번 언급되어 있는데, 두 번 다 평가가 좋지 않다. 하나는 공자가 노나라로 돌아간 후 계강자에게 위 영공이 무도하다고 한 대목이다. 계강자가 그런데 그가 왜 끝장나지 않느냐고 묻자, 공자는 "중숙어는 손님을 잘 접대하고, 축타는 종묘의 일을 잘 돌보며, 왕손가는 군대를 잘 이끄는"[19] 등 그에게는 그를 도와 나라를 지탱해나갈 능력 있는 일군의 대신들이 있었다고 한다. 다른 하나는 대략 위 영공이 죽기 직전에 한 말이다. 그는 사후에 전란이 일어날까 근심하여(즉 진나라가 무력을 써 태자 괴외蒯聵를 보내 위나라로 침입할까 두려워하여) 공자에게 병법에 대해 묻는다. 이에 공자는 "제사지내는 일은 일찍이 들었지만 군대의 일에 대해서는 배운 적이 없습니다"[20]라고 하고는 이튿날 위나라를 떠나버렸다.

위 영공 시대에 위나라에는 일군의 괜찮은 대신들이 있었다. 예컨대 오吳나라의 계찰季札이 칭송한 거원蘧瑗·사구史狗·사추史鰌·공자형公子荊·공숙발公叔發·공자조公子朝의 6군자가 그렇다.

거원은 곧 거백옥蘧伯玉이다. 사마천은 거백옥 역시 "공자가 스승으로 여겨 섬겼던" 사람이며, 공자가 위나라에 갔을 때 그의 집에 머문 적이 있다고 말했다.(「공자세가」) 그는 자중자애하는 사람으로, 자기 반성하기를 아주 좋아해 자신의 일생이 거의 다 오류투성이라고 생각했다.[21] 또 하루는 그가 사람을 보내 공자를 방문하게 했는데, 공자가 그 사자에게 선생님께서는 무엇을 하시느냐고 묻자, 사자가 "선생님께서는 잘못을 줄이려고 하십니다만 아직 그렇게 되지 못하셨습니다"[22]라고 말했다. 그는 바로 이런 모습이었다. 공자는 "군자다. 거백옥은. 나라에 도가 있으면 벼슬을 하고, 나라에 도가 없으면 거두어 감출 수 있구나!"[23]라고 하여 그를 군자라고 칭찬했다.

사추는 곧 사어史魚다. 공자는 그에 대해 사람됨이 정직하다고 칭찬했다. "곧구나, 사어는. 나라에 도가 있을 때에도 화살처럼 곧고, 나라에 도가 없을 때에도 화살처럼 곧다."[24]

공자형은 곧 위나라의 공자公子 형荊이다. 공자는 그를 소박함을 추구하여 아쉬운 대로 그럭저럭 지낼 줄 아는 이라 칭찬했다. "공자께서 위나라의 공자 형에 대하여 이렇게 말씀하셨다. 그는 집에 머물며 지내기를 잘했다. 처음 재물이 생기자 '그런대로 모였다'라고 했고, 조금 갖추어지자 '그런대로 완비되었다'라고 했으며, 많이 갖추어지자 '너무 화려해졌구나'라고 하셨다."[25]

공숙발은 곧 공숙문자公叔文子다. 공자는 일찍이 공명가公明賈에게 공숙문자에 대해 물은 적이 있다. 그가 경솔히 말하거나 웃지도 않고, 의가 아니면 취하지 않는 사람처럼 보인다는 것이었다.(「헌문」 14.13) 그의 사후 시호는 문文이었다. 공숙문자 수하에는 선僎이라는 대부가 있었는데 그의 추천을 받아 그와 함께 조정에서 벼슬을 했다. 공자는 "그 사람의 시호를 문이라고 할 만하다"[26]라고 말했다. 그를 높이 평가하여 그 시호를 받을 만하다고 생각한 것이다.

그밖에 위에서 언급한 "중숙어는 손님을 잘 접대하고, 축타는 종묘의 일을 잘 돌보며, 왕손가는 군대를 잘 이끈다"라는 말 속의 세 사람도 위나라의 능력 있는 신하였다. 비록 공자가 축타를 좋아하지 않기는 했지만 말이다.

중숙어는 곧 공문자로 손님 접대를 책임졌는데 사후의 시호는 문文이었다. 어느 날 자공이 공자에게 공문자의 시호는 왜 '문'이냐고 묻자, 공자는 "명민하고 배우기를 좋아하며, 아랫사람에게 묻는 일을 부끄러워하지 않는다. 그런 까닭에 문이라고 했다"[27]고 말했다. 공자는 그 또한 높이 평가하여 그 시호를 받을 만하다고 보았다.

축타는 종묘의 제사를 책임졌다. 이 사람은 말을 잘해 공자는 영侫이라는 글자로 그를 묘사했다.(「옹야」 6.16)

왕손가는 위나라의 대사마였을 것이다. 당시에는 "방구석 신에게 아첨하는 것보다 차라리 부엌신에게 아첨하는 것이 낫다"[28]는 속담이 있었다. 즉 오신奧神에게 아첨을 하느니(오奧는 실내의 서남쪽 구석이다), 차라리 부엌신에게 아첨하는 것이 낫다는, 오늘날의 '현급 관리도 직속상관보다는 못하다縣官不如現管'는 말과 비슷한 뜻이다. 왕손가는 공자에게 이 말이 무슨 뜻인지 물었는데, 공자는 이 말이 틀렸다고, 만약 하늘에 죄를 짓는다면 어떤 신에게 구하든 다 소용이 없을 것이라고 말했다.(「팔일」 3.13)

위나라의 나쁜 사람으로 『논어』에 언급된 이는 주되게는 위 영공의 부인 남자南子와 송조宋朝가 있다.

남자는 미녀였다. 공자가 남자를 만났다는 이야기는 「옹야」 6.28에 나오는데, 자로가 이런 공자에 대해 불만을 갖자 공자는 하늘에 대고 맹세를 하며 만약 자신이 예에 맞지 않는 생각이나 행동을 했다면 하늘이 자신을 버릴 것이라고 말한다.

송조는 미남으로 남자와 사통을 했다. 태자였던 괴외는 이를 추악하게 생각하여 남자를 죽이려 했으나, 일이 실패로 돌아가 진나라로 도망감으로써, 위 영공 사후에 난국이 펼쳐지는 화근이 된다. 공자는 말재주와 미색으로 남의 환심을 사는 것을 싫어했다. 그는 이렇게 말했다. "축타의 말재주와 송조의 미색이 없다면 오늘날과 같은 세상에서 화를 면하기가 어려울 것이다."[29]

위 영공이 죽자 진나라의 조간자는 무력을 써서 태자인 괴외를 보내 위나라를 침입하게 하고, 위에서는 괴외의 아들을 출공으로 세움으로써 부자간에 정권을 다투는 난국이 조성되었다. 염유는 백이와 숙제의 고사(백이와 숙제는 악한 것을 원수처럼 싫어했으며, 섬길 만한 임금이 아니면 섬기지 않았다)를 가지고 공자가 위나라에 머무르려고 하는지를 떠보았다. 그 결과 공자는 이 어지러운 나라에 머무르기를 원하지 않는다는 것이 증명되었다.(「술이」 7.15) 그러나 후에 공자는 다시 위나라로 돌아와 위 출공 아래에서 벼슬을 했다. 그는 대세가 이미 결정되었다고 본 것이다. 이때 자로는 공자에게 그의 정치적 강령이 무엇이냐고 묻는다. 공자는 정명正名이라고 말한다.(「자로」 13.3)[30]

송나라

공자는 60세에 송나라를 지나가다가 하마터면 사마환퇴에게 살해를 당할 뻔하는데, 이 사건은 「술이」 7.23에 나온다. 공자는 이 대재난을 당하여 "하늘이 나에게 덕을 주셨는데 환퇴가 나를 어찌 하겠느냐?"[31]라고 말한다. 이것은 그의 정신승리법[32]이다. 사마환퇴는 사마우와는 형제지간이었으며, 사마우는 공자의 학생이었다. 기원전 481년에 사마환퇴가 난을 일으키자, 사마우의 형제 가운데 그를 제외한 모두가 그 난에 참여함으로써 사마우를 창피하게 했다. 이에 그가 누구나 형제가 있게 마련인데 자신만 없다고 하자, 자하는 그를 위로하며 "사해 안에 있는 이들이 모두 형제다四海之內, 皆兄弟也"라고 말한다.(「안연」 12.5)

정나라

정나라의 대신 중에 이름이 가장 높았던 이는 자산子産이다. 사마천은 자산 역시 "공자가 스승으로 여겨 섬겼던"(「공자세가」) 이라고 했다. 60세의 공자가 정나라를 지나갔을 때 자산은 이미 세상에 없었다. 자산은 곧 공손교公孫僑로, 간공과 영공 두 임금을 섬겼다. 자산이 정권을 잡았을 때 풍간자馮簡子·자대숙子大叔·공손휘公孫揮·비조裨竈(『좌전』 양공 31년), 이렇게 네 명의 신하가 그를 도왔다. 공자는 정나라의 명령이 네 사람에 의해 기초된다고 말했다. "비침이 초안을 만들고, 세숙이 검토를 했으며, 외교관 자우가 꾸미고, 동리에 살던 자산이 윤색을 했다."³³ 세숙世叔은 곧 자대숙이고, 외교관 자우子羽는 곧 공손휘이며, 비침裨諶은 곧 비조이다. 공자는 자산을 "은혜로운 사람惠人"(「헌문」 14.9)이라고 했다. 그에게는 "군자의 도가 네 가지 있다. 스스로의 행동은 공손하고, 윗사람을 섬기는 것은 공경스러우며, 백성을 기르는 것은 은혜롭고, 백성을 부리는 것은 의롭다."³⁴ 자산의 정치는 너그러웠으니, 백성에게 은혜를 베푸는 것이 그의 특징이었다.

진陳나라

공자는 61세에서 63세 사이에 진 민공湣公 아래에서 벼슬을 했다. 그는 진나라의 사패(다른 나라의 사구司寇에 해당됨) 한 사람을 언급했는데, 이것은 「술이」 7.31에 나온다. 앞서 노 소공에 대해 이야기할 때 언급했었다.

초나라

각국의 정계 요인을 평가할 때 공자는 자산, 자서, 관중을 비교한 적이 있다.(「헌문」14.9) 그때 그가 언급한 자서는 초 소왕昭王의 영윤, 즉 초나라의 공자公子 신申, 영윤 자서다. 그에 대한 공자의 평가가 좋지 않았다는 점은 앞서 관중을 논할 때 언급했다.

공자는 63세에 초나라 변경지역인 섭현葉縣에 가 심저량沈諸梁, 즉 섭공 자고子高를 만났다. 그는 『논어』에 세 번 나온다. 한 번은 섭공이 자로에게 공자의 사람됨에 관해 물어본 대목이다. 당시까지만 해도 공자는 섭공을 만나지 못하고 자로가 먼저 그를 만났다.(「술이」7.19) 나머지 두 번은 섭공이 공자와 직접 이야기를 나눈 대목이다. 한 번은 정치에 대해 물었으며(「자로」13.16), 다른 한 번은 정직함에 대해 논했다.(「자로」13.18)

다음으로는 '세상을 피해 숨은 선비들隱逸之士'에 대해 이야기해보자. '은隱'이란 숨는 것을, '일逸'이란 도피하는 것을 가리킨다. 다 정치적으로 협력하지 않는 것이다. 이들은 협력하지 않되, 죽음으로 항쟁하는 것은 그럴 만한 가치가 없다 하여, 산림 속으로 피해 숨고 들에서 몸소 경작을 하거나 혹은 미친 척하면서 세상을 피해 저자나 조정에서 숨어 지냈다. 이런 종류의 인물들은 주로 「미자」편에 집중적으로 나오고, 나머지 각 편에도 나온다. 공자는 그들을 감탄해 마지않았으나, 그들은 공자를 깔보았다. 그들이 안 된다는 것을 알고 도피한 이들이라면, 공자는 "안 된다는 것을 알면서도 하려고 했다."[35] '안 된다는 것을 안' 것은 공통점이나, 하거나 하지 않음에 이르러서는 불일치함이 커진다. 하지만 어쨌건 공자는 그들을 경탄해 마지않았다. 그것은 고풍古風이었기 때문이다. 미자微子·기자箕子·비간比干·백이·숙제, 이들은 합격점에 도달한 인한 사람들, 즉 그에게는 훌륭한 모범이었다.

은사隱士

장저長沮와 걸닉桀溺은 「미자」 18.6에 출현한다. 공자가 열국을 주유하다가 마주친 두 은자이다. "장저와 걸닉은 함께 밭을 갈았다長沮桀溺耦而耕." 그들은 농사를 지어 생계를 영위했던 것이다. 공자는 자로더러 나루터가 있는 곳을 묻게 했다가 그들로부터 조소를 당한다.

김매는 기구를 멘 노인荷蓧丈人은 「미자」 18.7에 등장한다. 그 역시 공자가 길에서 마주친 사람이다. 그는 농사를 짓는 노인이었는데, 공자가 예를 표시했지만, 그 역시 공자를 비웃는다.

일민逸民

「미자」 편에 나오는 일민은 대부분 공자 이전의 인물들로, 7장에 이미 수록된 바 있다.[36] 오직 「미자」 18.9에서 논하는 8명의 악사만이 이 시기에 속한다. "태사 지는 제나라로 갔다. 두 번째 식사의 음악을 맡은 간은 초나라로 갔고, 세 번째 식사의 음악을 맡은 요는 채나라로 갔으며, 네 번째 식사의 음악을 맡은 결은 진나라로 갔다. 북을 치던 방숙은 황하 변으로 갔고, 소고를 흔들던 무는 한수 변으로 갔으며, 태사를 보좌하는 소사 양과 경쇠를 두드리던 양은 바닷가로 갔다."[37] 이 악사들은 모두 노나라의 악사들로, 이들이 사방으로 흩어졌다는 것은 바로 '예악이 붕괴됨'을 상징한다. 이들 가운데 태사 지摯는 곧 「태백」 8.15에 등장하는 '악사 지師摯'이고, '경쇠를 두드리던 양襄'은 곧 공자의 음악 선생님 사양자師襄子다.(『공자가어』「변악辨樂」)

광인과 괴짜

초나라의 광인 접여接輿는 공자가 초나라에서 마주친 광인으로 「미자」 18.5에 등장한다. 그 역시 공자를 비웃었다.

자상백자子桑伯子는 모든 일을 간단히 할 것을 추구하는 광인으로 「옹야」 6.2에 등장한다. 공자가 자상백자를 만났을 때 그는 알몸이었다고 한다. 간단한 것을 추구함이 옷조차 입지 않음에 이른 것이다.(『설원說苑』「수문修文」)

원양原壤은 예절에 구애받지 않던 사람으로, 「헌문」 14.43에 등장한다. 공자가 그의 집에 갔을 때 그는 무례하게도 두 다리를 쭉 펴고 엉덩이는 땅에 대고 이른바 모래 고를 때 쓰는 키 모양의 자세로 앉아 손님을 맞이했다. 어릴 때부터 그와 알고 지냈던 공자는 그가 어려서부터 교양이 없었는데 늙어서도 그렇게 제멋대로라는 데 생각이 미치자 머리끝까지 화가 나 막대기로 힘껏 그의 다리를 친다.[38]

공자의 인물 품평이 지닌 특징은 옛사람에게는 후하고 당대 사람에게는 박했다는 데 있다. 좋은 사람은 고대에 많은 반면 나쁜 사람은 당대에 많다는 것이다. 당시 사람들 중에서는 정치에 종사하는 이들 가운데 나쁜 사람이 많고, 도덕은 오히려 세상을 피해 숨은 선비들에게 있다는 것이다. 세상을 피해 숨은 선비들이 좋기는 좋았지만 그는 이들을 본받지 않았다. 그의 활동 범위는 역시 관료사회였다. 그는 노동자·농민·군인과 결합하는 길을 걷지는 않았던 것이다.

제2부

『논어』
옆에서 옆으로 찢기

사상편

9장

주공을 향한 꿈

여기서부터는 사상에 관한 것이다. 나는 두 측면으로『논어』를 해부하고자 한다. 첫째, 공자 본인의 말과 공자의 제자들이 "공자에게서 직접 들은接聞於夫子"말을 귀납시켜봄으로써 공자의 가장 중요한 생각을 소개하려고 한다. 둘째, 그의 학문적 배경과 벼슬자리를 얻기 위해 돌아다닌 경험들을 분석함으로써 그의 내면 깊숙한 곳에 있던 모순이 도대체 무엇인지 살펴보려고 한다.

『논어』를 연구할 때 우선 우리는 공자가 어떤 사람이었는지를 그의 역사적 역할이라는 측면에서 이해해야 한다는 점을 결코 간과해서는 안 된다. 따라서 나는 그의 계급적인 입장과 역사관에 대해 먼저 논하고자 한다.

공자의 사상은 귀족 중심적이다

중국 역사와 유럽 역사의 가장 큰 차이점은 다음의 두 가지이다. 첫째, 중국 정치-종교의 구조는 진·한 이래로 줄곧 하늘과 사람이 분열되고 정치와 종교가 길을 달리하여, 국가는 위에 있고 종교는 아래에 있으며, 국가는 일원화되고 종교는 다원화되는 형태를 띠어왔다. 중국은 문관정치가 매우 발달하여 책을 읽는 사람은 백성들과는 달리 모두 벼슬길을 일생의 대사로 여긴 반면 종교적 감수성은 그다지 강렬하지 않았다. 둘째, 중국의 사회구조는 사람을 여러 등급으로 나누어 늘 불평등하였으나 황제를 빼고는 일찍부터 그럴듯한 귀족이 없어졌으며, 설사 황제라 하더라도 타도해야 할 때가 되면 조금도 예의를 차리지 않고 늘 타도의 대상으로 여겼다. 물론 이런 전통은 일시에 형성될 수 있었던 것은 아니었으나, 공자가 살던 시대에 이미 형성되기 시작했다. 즉 그가 살던 시대에는 '예악이 무너지고禮壞樂崩' 있었다. 무엇을 가리켜 '예악이 무너진다'고 하는가? 주로 귀족 전통이 크게 붕괴되는 것을 가리킨다. 공자가 그런 시대를 살고 있었다는 점을 우리는 잊어서는 안 된다.

공자의 사상은 그리 복잡하지 않다. 그는 자신이 살던 시대에 대해 매우 불만족스러워했으며, 당시의 귀족들이 너무 엉망이라고 여겼다. 덕이 있고 학문을 닦았으며 법도를 알고 오래된 예절을 갖추었던 예전의 귀족들 같지 않다고 말이다. 예전의 귀족을 그는 군자라 불렀다. 귀족사회는 혈통을 가장 중시하나, 공자가 살던 시대에는 모든 것이 엉망진창이었다. 당시의 귀족들은 단지 신분과 지위만 있었을 뿐, 덕이나 학문이 없어 공자는 이를 꼴불견이라 생각했다. 마치 스탕달의 소설 『적과 흑』에서 당시의 귀족을 쥘리앵이 얕잡아본 것처럼 말이다. 그가 보기에 자신은 귀족들보다 라틴어로 된 글을 더 잘 외웠다.

나는 마크 트웨인이 쓴 『왕자와 거지』라는 이야기를 무척 좋아한다. 사람과 사람은 그 지위에서 현격히 차이가 나면 소통하기 어렵다. 마치 새나 짐승처럼 더불어 이야기하기 어렵다. 그런데 자리를 바꾸어 생각해보면 달라진다. 왕자와 거지는 서로 그 역할을 바꿈으로써 각자 많은 것들을 배우게 되었다. 이 이야기에 담긴 의미는 매우 깊다.

루쉰은 말했다. "먹고살 만한 형편에서 곤궁한 형편으로 추락해본 이가 있는가? 나는 그 길 위에서 아마도 세상 사람의 진면목을 볼 수 있을 것이라고 생각한다."(『눌함吶喊』 자서自序)[1] 이는 자신과 자신의 위치를 바꾼 것, 전후의 위치를 바꾼 것이다. 그의 말에도 깊이 체득한 것이 있다.

공자의 조상은 송나라의 대귀족이었으며, 부친은 노나라에서 읍재邑宰(후대의 현령에 해당됨)를 지낸, 본디 약간의 지위를 지닌 이였다. 그러나 공자는 서출이었으며, 아버지 역시 일찍 돌아가셔서, 가난하고 천했다. 이렇게 그의 앞뒤는 강렬한 대비를 이룬다. 그는 귀족을 부러워했다. 눈앞에 보이는 귀족이 아닌 앞서 살았던 귀족들을 말이다. 그는 쥘리앵과 달랐다. 쥘리앵은 질투 속에 증오심을 깊이 감추고 그 자리를 대신 차지할 생각만 했다. 그런데 그는 그렇지 않았다.

공자의 학생 가운데 많은 이들은 다 불행한 아이들이었지만, 꼭 대대로 가난한 집안 출신이었던 것만은 아니고, 그와 유사하게 몇 대 위로 올라가면 명가의 자제인 경우도 있었다. 이들이 첫인사를 할 때 드리는 예물로 말린 고기 한 묶음을 바치면 공자는 이들을 가르쳤다. 그 자신은 이를 일러 "가르치는 일에 차별을 두지 않는다"[2]고 했다. 그러나 사실 그들은 모두 사회에서 유리된 이들과 아웃사이더들이었다. 자하는 "사해 안에 있는 이들이 모두 형제다"[3]라고 했다. 이런 분류되지 않는 한 부류는 그 자체로 한 부류를 이룬다. 그들은 동일한 하나의 목표를 이루기 위해 함께 모였다.

공자는 문을 열고 무리를 모아 가르칠 때 어떤 사람이든 다 가르쳤다. 심지어 죄를 지었던 사람들(예컨대 칠조계나 공야장 같은 이들)조차 마치 널리 사람을 사랑하는 것처럼 다 가르쳤다. 하지만 우리는 공자가 출신을 중시하지 않고, 노동인민을 인정했다고 여겨서는 안 된다. 사실상 진정으로 공자를 이해한다면 그가 귀족들보다 더 귀족적임을 알 수 있을 것이다. 그는 불쌍한 아이들을 가르쳤지만 그들이 계속해서 불쌍한 아이들로 남아 있게 한 것이 아니라 군자가 되라고 했다. 그것도 (대부분이 위선자인) 당시의 군자가 아닌, (그의 마음속에 그려진 참된 군자인) 고대의 군자가 되어 모범이 되라고, 당시의 귀족들에게 보여주라고 했다.

이렇게 그의 모든 사상은 군자를 중심으로 한다. 그의 이상국은 군자의 나라였다. 군자의 나라 안에 사는 군자는 덕이 있고 학문을 갖추었을 뿐만 아니라 부귀와 공명도 지니고 있다. 이것이 그의 이상이었다.

공자는 복고파이다

공자는 좋은 사람은 대부분 고대에 살았고, 도덕과 역사는 역주행한다고 생각했다. 선진시대의 제자백가들은 거의 모두 그렇게 생각했다. 그들은 거의 다 복고파였다. 복고파가 아닌 것이 오히려 이상할 정도였다. 전국시대에 가장 급진적이고 가장 실용적이었으며, 가장 새롭고 기발한 것을 내세웠던 법가조차도 옛것을 가지고 그럴듯하게 말하고 죽은 사람을 빌려 산 사람을 으르지 않을 수 없었다. 당시 사람들은 옛일을 많이 아는 사람일수록 학문이 깊다고 믿었다. 그들은 옛것을 귀히 여기고 지금 것을 천하게 여겼다. 새롭고 기발한 것을 내세울지라도 옛것에서 근거를 끌어와야 했다. 이것이 당시의 분위기였다.

『논어』에 나오는 다음 두 문장은 공자의 특징을 잘 설명해준다.

공자께서 말씀하셨다. "서술하지 창작하지 않으며, 옛것을 믿고 좋아하는 점을 가만히 우리 노팽에 비겨 본다." 子曰, '述而不作, 信而好古, 竊比於我老彭.' (「술이」 7.1)

공자께서 말씀하셨다. "나는 태어나면서부터 아는 사람이 아니다. 옛것을 좋아하여 재빨리 그것을 구하는 사람일 뿐이다." 子曰, '我非生而知之者, 好古敏以求之者也.' (「술이」 7.20)

그는 자신이 옛것을 믿고 옛것을 좋아하는 사람이고 구설만을 전할 뿐, 신설은 만들어내지 않는다고 말한다. 또 그는 자신이 태어나면서부터 아는 사람이 아니라 부지런히 노력하는 사람이며, 자신의 지식은 전부 고대를 공부하면서 얻은 것이라고 말한다.

공자가 말하는 '옛날古'이란 이렇다. 당·우 이전의 용성容成이나 황제黃帝 따위를 그는 이야기하지 않았다. 그가 말하는 '옛날'이란 멀리로는 당·우에 그치고 가까이로는 삼대에 제한된다. 동주 이후는 근·현대이다. 그의 역사적인 시야는 이 세 단계로 구성되어 있다.

공자의 역사적인 지식은 어디에서 왔는가? 자공은 공자가 일정한 스승 없이 배웠으며 "문왕과 무왕의 도가 아직 땅에 떨어지지 않고 사람에게 남아 있다"고 했다. 여기서 말하는 사람이란 어떤 사람인가? 잘 모르겠다. 그는 무슨 책들을 보았을까? 그것 역시 전체를 다 알 수는 없다. 우리는 단지 그가 여섯 종의 고서, 즉 6경을 매우 높이 받들었다는 점만을 안다. 이 점을 볼 때 그의 역사적 지식은 주로 세 권의 고서, 즉 고대의 것은 『시경』과 『서경』, 특히 『서경』에서 왔으며, 근·현대의 것은 주로 『춘추』에서 왔을 것이라는 점을 알 수 있다. 『춘추』에 나오는 12공公 가운데 그는 주로 춘추 말기에 해당되는 양공·소공·정공·애공의 시대를 살았다. 이 시기의 역사에 대해 그는 가장 깊은 체험을 했다. 복고의 출발점은 바로 여기에 있다.

공자의 복고사상은 복고를 위한 복고가 아니다. 마치 유럽의 '문예부흥'처럼 이른바 복고란 사실은 강렬한 현실적 목표를 가지고 있었다. 그는 고대를 빌려 현실을 비판하고 이상을 고대에 의탁했는데, 그 목적은 사회를 바꾸고 이 세상과 사람의 마음을 구제하자는 데 있었다.

옛사람들이 현실을 비판했다고 해서 그들이 결코 미래를 믿은 것은 아니었다. 그들은 과거, 특히 그들에게서 가장 가까운 어떤 태평성대

밖에 믿을 줄 몰랐다. 마치 아주 추운 겨울에 여름을 그리워하고 아주 더운 여름에 겨울을 그리워하는 것처럼 말이다.

그가 이상으로 삼았던 군자의 나라는 주로 태평성대를 이룬 서주였으며, 그가 비판을 했던 소인의 나라는 주로 동주 말엽의 나라들이었다. 이것이 가장 주요한 대비를 이루고 있었다. 이렇게 그는 몸은 동주에 있었을망정 마음만은 서주에 있었다.

오래될수록 좋은 것은 아니다

『논어』를 읽을 때 우리는 공자가 옛것을 회복하려 했으나 오래될수록 좋은 것은 아니라 여겼음에 유의해야 한다. 당·우에 대해 사람들은 이견이 없었다. 다들 좋다고 했다. 그 역시 좋다고 했지만 기본적으로 그것을 공경하되 멀리했으며 '다락'에 넣어놓고 사용하지 않았다.

『논어』에서는 우 이후의 하·상·주 삼대에 대해, 그것도 주로 예, 즉 제도의 연혁에 대해 이야기한다. 이것이야말로 중심 주제이다.

공자의 마음에 그려진 삼대는 앞뒤로 서로 이어지는 왕조였다. 이 세 왕조는 모두 계급사회로 불평등으로 가득 차 있었으므로 혼란이 일어날 수밖에 없었다. 이 혼란에 대처하는 데에는 부드러운 것과 강경한 것이라는 두 가지 수단이 있었다. 한 손에는 형벌을, 다른 한 손에는 예를 들었다. 예는 군자와의 관계를 유지하는 법도였고, 형벌은 소인들의 난에 대처하는 수단이었다. 공자는 예가 형벌보다 중요하다고 여겼다.(「위정」 2.3)

공자는 "군자는 조화를 추구하되 동일함을 추구하지 않으며, 소인은 동일함을 추구하되 조화를 추구하지 않는다"[5]고 했다. 여기서 '화和'는 조화이고, '동同'은 (어떤 것이든 똑같다는) 평등이다. 유약은 "예의 작용은 조화로움을 귀중하게 여긴다"[6]고 했다. 예는 신분으로 자리매김되어, 군신과 상하, 선생님과 학생이 다 아버지-아들의 관계와 같아지는 것을 말한다. 사람마다 본분을 지켜야 하고, 장유와 존비를 인정하며, 불평등을 요구한다. 물론 공자도 대동사회를 높이 평가한다. 하지만 그는 그것을 엄청난 유토피아라고, 허무맹랑한, 3대에 갖다놓으면 소인의 도가 된다고 생각했다. 묵자는 동일함同을 숭상하여 계급사회에서 공산주의를 말하는데, 공자의 기준에 따라 이해하면 이는 곧 소인의 도이다.

소인의 도는 소인의 기준으로 사회를 정돈하는 것을 말한다. 내가 궁핍하면 너도 궁핍해야 하고 내가 어지러우면 너도 어지러워야 한다. 이에 대해 공자는 그래서야 되겠느냐고 한다. 그의 기준은 예였다. 그는 군자들이 예의 바르고 안정되어 있고 단결하며 화목함으로 가득차 있다면, 소인이 다시 어찌할 수 있겠느냐고, 자연히 편안히 살면서 생업에 종사하게 될 것이라고 한다.

공자는 삼대 제도의 핵심은 예라고 했다.

자장이 물었다. "열 세대 뒤를 알 수 있습니까?" 공자께서 말씀하셨다. "은나라는 하나라의 예를 이어받았으므로 그 덜어내고 보탠 것을 알 수 있고, 주나라는 은나라의 예를 이어받았으므로 그 덜어내고 보탠 것을 알 수 있다. 혹여 주나라를 계승하는 나라가 있다면 비록 백 세대 뒤라도 알 수 있을 것이다."子張問, '十世可知也?' 子曰, '殷因於夏禮, 所損益可知也. 周因於殷禮, 所損益可知也. 其或繼周者, 雖百世可知也.'(「위정」2.23)

공자께서 말씀하셨다. "하나라의 예를 내가 말할 수 있지만 기杞나라가 증명해줄 수 없고, 은나라의 예에 대해 내가 말할 수 있지만 송나라가 증명해줄 수 없는 것은 역사적 문헌이 부족하기 때문이다. 만약 충분하다면 내가 증명할 수 있을 것이다."子曰, '夏禮吾能言之, 杞不足徵也. 殷禮吾能言之, 宋不足徵也. 文獻不足故也, 足則吾能徵之矣.'(「팔일」3.9)

그는 삼대가 서로 계승하여 연속성이 있는 점은 주로 예제를 덜어내고 보탠 데 있다고 믿었다. 그리하여 우리가 이렇게 여기서 약간 보태고 저기서 약간 덜어낸 손익관계를 파악할 수만 있다면 장기적인 예측을 할 수 있다고, (어느 오래된 영화 제목처럼) "3년을 일찌감치 아는 것"이 아니라, 3천 년도 일찌감치 알 수 있다고 생각했다. 이러한 생각은 매우 매혹적이지만 실제로 하고자 한다면 그것이 어찌 말처럼 그렇게 쉽겠는가? 후대 사람들은 언제나 사료의 부족함에 고통스러워한다. 기나라는 하나라의 후예이고 송나라는 은나라의 후예로 모두 초기의 것들이 보존되어 있다. 송나라를 통해 은나라를 미루어 보고 기나라를 통해 하나라를 미루어 보는 것은 (현대 인류학의 방법과 유사한) 좋은 방법이지만, 이러한 방법도 믿을 것은 못 된다. 자료가 부족한 경우는 사실 너무도 많다.

삼대의 문명에서 공자는 각각 취한 바가 있다.

안연이 나라를 다스리는 것에 대해 물었다. 공자께서 말씀하셨다. "하나라의 역법을 시행하고, 은나라의 큰 수레를 타며, 주나라의 면관을 쓰고, 음악은 소韶와 무武를 연주하고…" 顔淵問爲邦. 子曰, '行夏之時, 乘殷之輅, 服周之冕, 樂則韶舞…'(「위령공」15.11)

안연은 어떻게 나라를 다스려야 하는지를 물었는데 공자의 대답은 약간 이상했다. 부국강병이 아닌 일상생활, 개인이 즐길 수 있는 일상생활에 대해 이야기했기 때문이다.[7] 그는 역법은 하나라 것이 좋고, 수레는 은나라 것이 좋으며, 모자는 주나라 것이 좋고, 음악은 고전적인 것이 좋다고 했으니, 이는 각기 다른 시대의 좋은 것들을 빚어 하나로 합치는 것이 좋다고 한 것이다. 위의 말에서 표면적으로는 일상생활을 논하고 있으나, 실제로는 예악제도에 대해 논하고 있다. '소'는 순의 음악이고, '무'는 주의 음악이다. 그가 가장 좋아한 음악은 '소'로 '소'는 '무'보다 더욱 고전적이었다.

이것이 온통 고전적일 것을 요구하는 그의 복고사상이다. 하지만 그가 제일 높이 평가한 것은 주나라였다. 그는 오래될수록 좋다고 한 것은 아니었다.

공자께서 말씀하셨다. "주나라는 하나라와 은나라, 두 왕조를 거울삼아 문화가 찬란하게 빛났다! 나는 주나라를 따를 것이다." 子曰, '周監於二代, 郁郁乎文哉! 吾從周.'(「팔일」3.14)

그가 보기에 하나라와 상나라는 지나치게 소박하여 주나라만큼 문명화의 정도가 높지 못했다. 하나라와 상나라는 질박함質이 꾸밈文을 넘어섰고, 주나라 사람은 꾸밈이 질박함을 넘어섰다. 문文과 질質 중에 어느 것이 더 중요하느냐 하는 것은 선진시대 제자백가들이 논쟁을 하던 커다란 문제였다.

옛사람들에게 발전은 필연적으로 부패를 가져오고 도덕적인 타락을 가져온다는 관점이 일찌감치 생겨났다. 하지만 정반대로 발전을 해야만 도덕을 구할 수 있고 발전의 폐단은 발전에 의해서 해결되어야만 한다고 생각한 사람들도 있었다. 이러한 논쟁은 영원한 토론거리로, 현대인들조차도 이러한 문제로 곤혹스러워하고 있다.

공자의 시대에는 옛것을 귀히 여기고 지금 것을 천하게 여기는 것이 주류였다. 옛사람들은 고대가 현대보다 좋다고 했다. 무엇이 좋다는 것인가? 좋은 점은 현대보다 소박한 데 있다고 한다. 『묵자』에서 공자를 비판하고 『노자』에서 공자를 비판할 때 모두 이렇게 말했다. 옛것을 회복하자는 그들의 목표는 공자보다 더 먼 데까지로 거슬러 올라간다. 공자 역시 고대를 숭상하기는 했지만 고대에 대해서는 자못 유보적이었다. 3대는 모두가 좋다고 한다. 그 역시 좋다고 한다. 하지만 그의 설명 방법은 주나라는 앞선 좋은 것들을 이미 흡수했으므로 하나라나 상나라보다도 좋다는 것이었다.

어느 날 극자성棘子成이 군자는 '바탕質'만 있으면 충분하지 '꾸밈文'은 추구할 필요가 없다고 말한다. 이에 자공은 동의하지 않으면서 아쉽다고, 그렇게 군자에 대해 말하면 입을 놀리는 순간 "네 마리 말이 끄는 수레도 따라가지 못할駟不及舌" 정도로 빨리 퍼져나가 돌이킬 수 없게 된다고 말한다. 그러고는 사실 "꾸밈은 바탕과 마찬가지로 중요하고 바탕은 꾸밈과 마찬가지로 중요하다文猶質也, 質猶文也"고 말한다. 예컨대 호랑이나 표범에게도 가죽이 있고, 개나 양에게도 가죽이 있는데, 만약 털 색깔과 무늬가 다르지 않다면 그것들 사이에 무슨 차이가 있겠느냐는 것이다.(「안연」 12.8) 여기서 그는 털가죽의 예를 들어 '문'과 '질'이 다 같이 필요하다고, 어느 것 하나도 부족해서는 안 된다고 주장하고 있다.

공자는 '문'과 '질'이 다 중요하다고 말하지만, 두 가지를 다 말할 때에도 여전히 주된 것과 부차적인 것의 구분은 있다.

질박함이 꾸밈을 넘어서면 거칠어지고, 꾸밈이 질박함을 넘어서면 화려해진다. 꾸밈과 질박함이 잘 조화를 이룬 후에야 군자이다.質勝文則野, 文勝質則史. 文質彬彬, 然後君子.(「옹야」 6.18)

소박함은 좋은 것이지만, 소박함이 문명을 필요로 하지 않는 지경에 이르면 그것은 '거칠어진다野.' '거친 것'은 야만이다. 주나라의 특징은 꾸밈이 질박함을 넘어섰다는 데 있는데, 이러한 특징을 '화려하다史'고 부른다. '화려함'은 문화가 있는 것이다. 공자가 주나라를 좋아한 이유는 그것의 문명화된 정도가 높아, 문화적 수준이 높고 군자의 냄새가 진하게 났으며, 예악의 발달 정도가 하나라와 상나라를 넘어섰기 때문이다.

주공을 본보기로 삼다

『논어』에서 찬미하는 주나라 사람은 주로 다음의 세 사람이다.
첫째는 주 문왕이다.

공자께서 광 땅에서 포위되셨다. 공자께서 말씀하셨다. "문왕께서 이미 돌아가셨다고 문文이 여기에 있지 않겠느냐? 하늘이 이 문을 없애려고 하신다면 뒤에 죽을 사람인 내가 이 문을 어쩔 수 없을 것이지만, 하늘이 이 문을 아직 없애려고 하지 않으실진대 광 땅 사람들이 나를 어쩌겠느냐?"子畏於匡, 曰, '文王旣沒, 文不在茲乎? 天之將喪斯文也, 後死者不得與於斯文也. 天之未喪斯文也, 匡人其如予何?'(「자한」9.5)

사마천은 문왕이 매우 너그럽고 어질며, 겸허하고 온화하며 예로 사양하고, 늙은 사람을 잘 봉양한 것으로 이름이 났다고 말했다.(『사기』「주본기」) 그의 시호는 '문'이었으니, 문이란 '문명'이라는 뜻이고, '미덕'이라는 뜻이기도 하다. 공자는 이 문왕의 문을 전하는 것을 자신의 소임으로 여기고 하늘의 명령으로 삼았다.

문왕은 천명을 받아 주나라를 소유했는데, 그 곁에는 어진 신하들이 많이 있었다. 예컨대 공자가 언급한 "주나라에 있는 여덟 사람周有八士", 즉 백달伯達, 백괄伯适, 중돌仲突, 중홀仲忽, 숙야叔夜, 숙하叔夏, 계수季隨, 계와季騧(「미자」18.11)가 바로 이런 사람들이다.

둘째는 주 무왕이다.

순임금께는 유능한 신하 다섯 사람이 있어 천하가 다스려졌다. 무왕이 말씀하셨다. "나는 세상을 다스리는 신하 열 사람이 있다." 공자께서 말씀하셨다. "인재를 얻기가 어렵다고 하는데 그렇지 않은가? 그런데 요·순 이래로 이렇게 많았다. 그 중에는 부인이 있으니, 아홉 사람일 뿐이다. 천하의 삼분의 이를 소유하고도 은나라에 복종하고 섬겼으니 주나라의 덕은 지극한 덕이라고 할 수 있을 것이다." 舜有臣五人而天下治. 武王曰, '予有亂臣十人.' 孔子曰, '才難, 不其然乎? 唐虞之際, 於斯爲盛. 有婦人焉, 九人而已. 三分天下有其二, 以服事殷. 周之德, 其可謂至德也已矣.' (「태백」 8.20)

무왕은 강인하고 용맹스럽기로 유명했다. 그래서 그의 시호는 '무'였다. '무'는 이러한 미덕을 나타낸다. 그의 곁에는 10명의 모신들이 있어 그는 그들에게 기대어 무력을 사용해 상 왕조를 무너뜨렸다. 상 왕조의 세력 범위는 세 부분을 포함한다. 서쪽은 주나라가 있던 곳이고, 가운데는 옛 하나라 땅이었으며, 동쪽은 상 땅이었다. 문왕과 무왕은 상나라를 도모할 때 먼저 서쪽 땅에 있던 각국을 통일하고 그다음에 하나라의 옛 땅을 집어삼켰으며, 마지막엔 상으로 진격했다. 그는 매우 총명하여, 이미 상나라 영토의 3분의 2를 얻었으면서도 여전히 상나라에 대해 신하로 자청했다. 공자는 이 점에 탄복하고 있다. 하지만 공자는 무왕의 폭력혁명에는 관심이 없었다. 그가 더욱 중시한 것은 문왕의 '문'이었다.

셋째는 주공이다.

공자께서 말씀하셨다. "주공만큼 훌륭한 재주를 가지고 있다고 하더라도 교만하고 인색하다면 그 나머지는 볼 것도 없다."子曰, '如有周公之才之美, 使驕且吝, 其餘不足觀也已.'(「태백」 8.11)

주공이 노공에게 말했다. "군자는 친척을 버리지 않고 대신들이 써주지 않는 것을 원망하지 않게 하며, 옛 친구가 큰 잘못이 없으면 버리지 않고, 한 사람이 모두 갖추기를 요구하지 않는다."周公謂魯公曰, '君子不施(弛)其親, 不使大臣怨乎不以. 故舊無大故, 則不棄也. 無求備於一人.'(「미자」 18.10)

공자께서 말씀하셨다. "내가 심히 노쇠해졌구나! 오래되었구나, 내가 꿈에 다시 주공을 뵙지 못한 지 오래되었구나."子曰, '甚矣吾衰也! 久矣吾不復夢見周公!'(「술이」 7.5)

노나라는 주공의 후예로 주례는 모두 노나라에 남아 있었다. 그래서 공자는 주공을 가장 숭배했다. 『논어』에는 주공이 노공 백금伯禽을 봉하면서 명한 말이 있는데, 바로 위의 두 번째 인용문이다.

공자는 서주를 부흥시키고자 했는데, 문·무의 도와 주공의 도 가운데 후자를 더욱 중요하게 생각했다. 그는 모든 꿈속에서 종종 주공을 만날 정도로 주공에게 의탁해 있었다. 그러다 마지막으로 꿈에서 보이지 않게 된 것은 죽음에 임박하여 아무런 희망도 없어졌음을 뜻한다.

동주를 구하기 위함이다

동주 역사의 특징은 혼란이다. 『춘추』의 경과 전에서 말하는 것은 무엇인가? 바로 혼란이다. 나는 줄곧 아래 두 문장이 『춘추』를 읽어내는 열쇠가 된다고 생각해왔다.

애초에 자의子儀는 주 환왕桓王의 총애를 받았고, 환왕은 그를 주공에게 맡겼다. 신백辛伯이 간언하여 말했다. "첩의 지위가 왕후와 같고, 서자의 지위가 적자와 같으며, 두 명의 경이 동등한 권력을 갖고, 대도시의 규모가 도성과 같은 것은 혼란이 일어나는 근본입니다." 그러나 주공이 그 말을 듣지 않아 화가 미치게 되었다.初, 子儀有寵於桓王, 桓王屬諸周公. 辛伯諫曰, '並后, 匹嫡, 兩政, 耦國, 亂之本也.' 周公弗從, 故及.(『좌전』 환공 18년)

태자가 장차 전투를 하려 하는데 호돌狐突이 간언하여 말했다. "안 됩니다. 예전에 신백이 주 환공에게 권고하며 이렇게 말했습니다. '총애하는 첩의 지위가 왕후와 같고, 총애하는 신하와 경이 동등한 권력을 갖고 서자와 적자의 지위가 같으며 대도시의 규모가 도성과 같은 것은 혼란이 일어나는 근본입니다'라고 말입니다. 그런데 주공이 그 말을 듣지 않아 환란이 이르게 되었습니다…."大子將戰, 狐突諫曰, '不可, 昔辛伯諗周桓公云, '內寵並后, 外寵二政, 嬖子配嫡, 大都耦國, 亂之本也.' 周公弗從, 故及於難….'(『좌전』 민공 2년)

이 두 문장은 동일한 이야기에 대한 두 가지 기록이다. 난의 근본이 권력의 이원화에 있다는 신백의 말은 매우 타당하다. 임금에게 부인이 둘이 있어 하나는 나이가 많고 자색이 쇠해진 본부인이고 다른 하나는 젊고 얼굴이 예쁜 첩이라면, 본부인의 아이가 원래는 합법적인 계승자라 하더라도 늙은이가 일단 첩을 사랑하게 되면 종종 장자를 폐하고 어린 아들을 세우곤 한다. 또 이 두 아이의 배후에는 아버지 쪽 정치세력도 있고 어머니 쪽 정치세력도 있어, 두 무리의 친척이 아이를 빼앗기 위해 잔혹한 싸움을 벌인다. 이때 특히 집정대신의 지위가 더욱 중요해진다. 만약 집정대신들도 두 파로 갈리게 되면 상황은 더욱 복잡해진다. 그밖에 총애를 받는 아이의 봉읍이 규정을 넘어서 제2의 수도가 된다면 이 또한 화근이 된다.

서주는 종법사회로 나라는 집안에 놓여 있었다. 그래서 춘추시대의 난은 국난이었지만 국난은 집안의 난에서 시작되었다. 천자와 왕의 신하들이 먼저 어지러워지고, 제후, 경대부, 가신들이 뒤따라 어지러워졌다. 어지러움은 위에서 시작되어 아래로 내려갔으며, 안에서 시작되어 밖으로 확대되었다. 공자는 바로 이 점을 보았기에 집안으로 나라를 다스리고, 덕으로 나라를 다스리라고 했던 것이다.

춘추시대의 12제후국 가운데 공자는 벼슬자리를 찾기 위한 여행 중 주나라에 가보고, 제나라에 가보았으며, 위나라·진陳나라에서 벼슬을 하고, 조曹나라·송나라·정나라·채蔡나라를 지나갔으며, 초나라의 국경지역을 방문했다. 하지만 그의 족적은 오늘날의 산둥, 허난 두 성을 넘지 못했다. 진秦·진晉·연燕·오吳·월越 같은 나라를 그는 가본 적이 없었다. 당시의 대국으로 그는 제나라밖에 가보지 못했다.

공자는 노나라 사람이었고, 제나라는 노나라의 주된 이웃 나라였으며, 위나라는 그가 열국을 주유할 때 가장 오랫동안 머물던 나라였다.

그가 가장 주목했던 나라는 주로 노나라·제나라·위나라였다.

공자께서 말씀하셨다. "제나라가 한 번 변하면 노나라에 이르고, 노나라가 한 번 변하면 도에 이를 것이다."子曰, '齊一變, 至於魯. 魯一變, 至於道.'(「옹야」6.24)

공자께서 말씀하셨다. "노나라와 위나라의 정치는 형제지간이다."子曰, '魯衛之政兄弟也.'(「자로」13.7)

제나라는 동쪽 제1의 대국이었다. 제 환공은 존왕양이를 외친 첫 번째 패자로 동주를 구원해줌으로써 그의 머릿속에 깊은 인상을 남겼다. 이에 그의 첫 번째 희망은 제나라에 가 노나라의 도로 제나라를 바꾸는 것이었다. 그는 제나라가 바뀌면 동주에 희망이 생긴다고 보았다. 이에 35세에 그는 제나라로 가 일자리를 구했으나 제 경공에게 거절을 당한다.

노나라는 그의 두 번째 희망이었다. 51세에서 54세까지 그는 노나라에서 중도재中都宰·소사공少司空·대사구大司寇의 벼슬을 맡았다. 그는 본디 크게 실력을 발휘하여 한바탕 일을 벌이고자 했지만, 배척을 받고 나라를 떠나게 된다.

위나라는 그의 세 번째 희망이었다. 공자의 열국 주유는 주되게는 위나라로 간 것이었다. 그는 위나라에서 7년 동안 관리로 지냈으나 역시 아무 소득이 없었다.

공자가 제나라, 노나라, 위나라를 바꾸려고 한 목적은 주 천자를 도와 더 이상 수습하기 어려운 동주를 수습하고, 이미 근본적으로 일어설 수 없는 주 천자를 다시 일으키려는 데 있었다.

공산불요가 비 땅을 근거지로 반란을 일으키고 공자를 부르자 공자께서 가고자 하셨다. 자로가 기뻐하지 않으며 말했다. "가실 곳이 없으면 그만이지, 하필 공산 씨에게 가려고 하십니까?" 공자께서 말씀하셨다. "나를 부르는 자라면 어찌 공연히 불렀겠느냐? 만약 나를 쓰는 사람이 있다면 나는 그곳을 동쪽의 주나라로 만들 것이다." 公山弗擾以費畔(叛), 召, 子欲往. 子路不說(悅), 曰, '末(蔑)之也已, 何必公山氏之之也?' 子曰, '夫召我者, 而豈徒哉? 如有用我者, 吾其爲東周乎!'(「양화」17.5)

그러나 그의 모든 노력에도 불구하고 결정권은 통치자에게 있었다. 그가 통치자들에게 지난날의 잘못을 뉘우쳐 철저히 고치고 자신을 따라 배우라고 권고한 것은 호랑이의 가죽을 벗기는 것과 같은 무모한 짓이었다. 과연 그의 노력은 전부 수포로 돌아가고 말았다. 이렇게 그는 헛수고를 했으며, 이렇게 그는 어쩔 도리가 없었다.

주공을 향한 꿈은 유토피아다

유럽의 고전적 전설 가운데 이른바 '황금시대'라는 것이 있다. 역사 속에서 황금시대를 추구하는 것은 복고사상의 공통된 특징이다. 그들의 이상국은 유토피아라고 불렸다. 유토피아는 초기에는 모두 옛것에 기대는 것이었다가 나중에 이르러서야 해상으로 전환되어 '해객담영주海客[1]瀛洲', '영주瀛洲' 같은 선경이 되었다. 전자가 역사적으로 허무맹랑한 것이라면, 후자는 지리적으로 허무맹랑한 것, 따라서 둘 다 허무맹랑한 것이라 하겠다.

공자는 이상주의자였다. 그에게는 꿈이 있었는데, 그것은 주공을 향한 꿈이었다. 그는 사람들을 데리고 서주로 달려가려 했다. 이렇게 물러남을 나아감으로 여기는 복고사상 역시 일종의 유토피아 사상이다.

주공을 향한 공자의 꿈은 노나라로 주나라를 계승하는 데 있었다. 그러나 그가 생각지 못했던 것은 '동쪽 방으로 들어가려고 했는데 서쪽 곁채로 들어가게 되는' 식으로 역사는 늘 사람을 놀려댄다는 점이었다. 서주의 계승자는 노나라가 아니라 진나라였다.

사마천은 주의 태사 담太史儋이 주周나라와 진秦나라는 본래 하나로 합쳐져 있었는데, 후에 동·서로 500년 동안 분리되어 있다가 그 후 다시 하나로 합쳐지고, 다시 17년이 지나면 패왕이 출현한다는 유명한 예언을 했다고 말했다.[8] 이 예언은 사건을 거꾸로 추적해 들어간 것으로, 예언의 결과는 출발점, 즉 진나라의 왕 정政이 동주를 공격해 멸망시키고 시황제가 되는 시점이다.

진나라 사람들의 조상은 동이東夷 가운데 영嬴 씨 성을 가진 부족의 일파로 소호少昊를 조상으로 받들었다. 이 사람들은 일찍이 상나라 때에 동쪽에서 서쪽으로 이주하여 산서山西, 섬서陝西, 감숙甘肅에 정착했다. 그럼 이들의 고향은 어디였을까? 바로 곡부曲阜였다.

곡부는 어떤 곳인가? 소호가 살던 옛터다. 서주 초기에 주공은 동쪽을 쳐 노나라를 세웠다. 노나라는 바로 소호의 옛터에 세워진 것이다. 그럼 주나라 사람들은 어디에서 왔는가? 오늘날의 산시陝西에서 왔다. 이렇게 그들은 한 무리는 서쪽으로 가고 한 무리는 동쪽으로 와 서로 위치를 바꾼 것이다.

서주 중기에 비자非子는 진秦에 도읍을 정하고 주의 효왕孝王을 위해 말을 기르고자 주의 곁에서 살았다. 이것이 그들 사이의 결합이다. 분열은 서주 말기에 일어난다. 견융犬戎이 서주를 멸망시키자, 주나라 사람들은 땅을 버리고 동쪽으로 도망갔는데, 이때 진 양왕襄王이 평왕平王을 낙양洛陽까지 호송한다. 이때 평왕은 진나라 사람들에게 만약 그들이 융적을 쫓아내 잃어버린 땅을 수복시켜준다면 그 땅은 그들의 것이 되게 해주겠노라고 맹세한다. 후에 진나라 사람들은 주나라 사람들의 발자국을 따라 다시 한번 동쪽 정벌에 나서 서주의 잃어버린 땅을 수복했을 뿐만 아니라 동주마저도 점령해버린다. 가없이 드넓은 망망대해에 이를 때까지, 동쪽으로, 동쪽으로, 다시 동쪽으로 나아간다. 그들이야말로 서주가 유언으로 남긴 계승자였던 것이다.

진시황이 사해 안을 뒤섞어 하나로 만든 사건은 거대한 역사적인 회귀였다. 500년이 지난 후 그가 태산에 오르고 해상을 순유巡遊하고 또 돌에 새겨 자신의 위대한 공적을 선포했을 때 그는 그곳이 자신의 조상들이 대대로 살던 곳이었다는 점은 일찌감치 잊어버렸을 것이다. 그렇게 주공을 향한 꿈은 줄곧 유토피아였다. 왕망王莽과 왕안석王安石, 이 두 왕 씨 성을 가진 유생들도 다시 한번 옛 꿈을 꾸어보려 했으나 그들 역시 처참하게 실패하고 말았다. 유토피아는 영원히 인간을 매료시키면서도 실현될 수 없는 것이다. 지식인들은 이런 것에 가장 잘 심취한다.

10장

천명과 인성

앞서 다룬 문제가 입장과 관련된 문제라면 여기서 다룰 문제는 사상과 관련된 문제이다. 공자의 사상 가운데 이 문제가 가장 기본적이며, 다른 여러 가지 생각들은 모두 이것과 관련이 있다.

하늘과 인간의 관계, 궁극적인 문제

『논어』를 읽는 일과 관련해 나는 한 가지 사실을 일깨워드리고 싶다. 그것은 여러분께서 공자를 모든 사상의 발명가로 생각하여, 어떤 개념이든 전부 그 이전에는 아무도 사용한 적이 없는, 그 어르신이 발명해낸 것이라고 생각하지는 말아달라는 것이다. 또한 공자가 사용한 개념을 그 한 사람만이 사용했을 뿐, 다른 사상가들은 사용하지 않았다고 생각하지도 말아달라는 것이다. 예를 들어 혹자는 공자가 효라는 개념을 만들어냈다고 하는데, 이는 헛소리가 아닌가? 서주시대의 금문을 한번 읽어보시라. 이것은 일찌감치 너덜너덜해질 정도로 썼던 글자다. 따라서 우리는 그를 '전무후무한' 자라고 말해서는 안 된다. 그렇게 하면 그건 그 어르신을 철저히 고립시키는 일이 된다.

우리는 공자가 복고적 색깔이 매우 농후한 사람임을 잊어서는 안 된다. 그는 이야기를 할 때면 오래된 이치를 뒤적이는 것을 좋아하는, "서술하되 창작하지 않는述而不作"(「술이」 7.1) 특징을 지니고 있었다. 그의 많은 개념들은 옛사람이 일찌감치 사용했던 것이고, 심지어 그가 남긴 명언과 좋은 글귀들도 학자들의 조사에 따르면 많은 것이 그 이전에 일찌감치 누군가 이야기했던 것들이라고 한다.

예컨대 안연이 인에 대해 묻자 공자는 "자신을 이겨 예를 회복하는 것이 인이다"[1]라고 했다. 그런데 『좌전』 소공 12년 조에 "중니는 '옛날에도 자기를 이겨 예를 회복하는 것을 인이라고 한 기록이 있다'고 말했다"[2]고 되어 있는 것을 볼 때 고서에서 일찍이 이야기했던 것임을 알 수 있다. 여기서 '지志'란 역사의 성패를 논하던 고서를 가리킨다. 또 있다. 제 경공이 정치에 대해 묻자 공자는 "임금은 임금답고, 신하는 신하다우며, 부모는 부모답고, 자식은 자식다워야 합니다"라고 답하는데, 이 말도 『국어』 「진어사晉語四」에 "임금은 임금답고 신하는 신하다워야 한다는 것은 명확한 훈계이다"[3]라고 되어 있는, 고대의 명언이다.

선진시대 제자백가들의 논의에는 두 가지 대전제가 있었는데, 그 하나는 하늘, 다른 하나는 사람에 관한 것이었다. 하늘과 사람의 관계는 종교적 문제이자 철학적 문제로 모든 사상가들이 이에 관심을 갖고 있었다.

지금 사람들은 공자의 사상을 천인합일 사상이라고 말하지만, 이는 잘못된 것이다. 전국시대에서 진·한 시대에 이르기까지 옛사람들이 가장 즐겨 말했던 것은 '하늘과 사람의 합일'이 아니라 '하늘과 사람의 구분天人之分', '하늘과 사람의 관계天人之際'였다. '하늘과 사람의 구분'이나 '하늘과 사람의 관계'는 모두 '구분'에 대해 논하는 것이다. 즉 하늘과 사람이 어떤 차이가 있는지를 먼저 구분한 다음 다시 양자가 어떤 관계에 있는지를 논하는 것이다. 동중서는 "하늘과 사람의 관계는 합하여 하나가 된다"[4]고 했는데, 물론 여기서 그는 합일에 대해 말하고 있지만, 그가 말하는 합일이란 구분을, 즉 하늘과 인간이 나누어져 있다는 것을, 다르다는 것을 전제로 하고 있다. 그는 명칭을 빌려야만 양자를 소통시키고 다시 합일시킬 수 있다고 생각했다. 이것이 천인감응론인데, 천인감응이란 종교적 담론이다.

하늘과 사람의 합일을 옛사람들은 그다지 강조하지 않았다. 이것을 강조하기 시작한 것은 장재張載를 비롯한 송나라 이후의 일이다. 이 천인합일론에는 원래 깊은 의미가 없었다. 있었다고 해도 그것은 스님의 냄새, 도사의 냄새를 풍기는, 종교적 담론에 가까운 것이었다. 그런데 최근 20년 동안 '대사'들이 허풍을 치면서 아주 기묘하게도 녹색-평화사상, 환경보호 사상이 되어버렸다. 마치 전 세계에서 유일무이하게 우리 중국인만이 자연과 조화롭게 공존하고, 사람과도 조화롭게 공존한다는 것처럼 말이다.[5] 이렇게 그것은 눈 하나 깜짝하지 않고 하는 거짓말이 되어버렸다.

그러니 천인합일이 중국의 특색이라는 점을 누가 감히 의심하겠는가? 최근 20년간 이러한 견해가 발 없는 말이 되어 급속히 퍼져 나갔다. 모든 이들이 중국은 천인합일, 서양은 천인분열이라고 했다. 이러한 견해에 어떤 근거가 있는가? 온통 자신을 속이고 남을 속이는 무지한 망상이다.[6]

천인합일은 종교적 담론이다. 초기의 무속을 보면 천지가 나누어지지 않고 사람과 신이 뒤섞여 있는데, 이것이 곧 천인합일이다. 이러한 천인합일은 혼돈 상태이다. 그러다가 국가가 출현하게 되면 정치와 종교, 승려와 속인 사이에는 반드시 분업이 생기고, 이런 혼돈 상태는 곧 타파된다. 『국어』 「초어하楚語下」에는 "땅의 백성과 하늘의 신이 통하는 것을 끊었다絶地天通"고 하는 오래된 전설이 나오는데, 바로 이 이치를 논하고 있다. "땅의 백성과 하늘의 신이 통하는 것을 끊었다"는 말은 천지의 왕래를 단절시키고 전문적인 성직자로 하여금 소통을 책임지게 했다는 말이다. 이는 물론 '구분分'이다. 서양식으로 표현하자면 "하느님의 것은 하느님께, 케사르의 것은 케사르에게"가 될 것이다.

중국의 전통과 서양의 전통은 사실 다 '구분'을 말하고 있으나, 정치와 종교, 승려와 속인의 관계가 다르며 구조도 완전히 상반된다. 저들의 전통은 정치와 종교의 합일이다. 즉 종교는 통일되었고 국가는 다원화되었다. 반대로 우리의 전통은 정치와 종교의 분리이다. 즉 국가는 통일되었고 종교는 다원화되었다. 만일 기어코 천인합일을 논해야 한다면, 그 역시 저들의 것이지 우리의 것은 아니다. 우리의 전통은 정치를 부각시키는 것이고, 저들의 전통은 종교를 부각시키는 것이다. 저들의 상태가 훨씬 더 원시적이다.

'하늘과 인간의 구분'이란 무엇인가? 이는 사실 매우 간단하다. 가령 중국 고대의 병법가를 예로 들어 설명할 수 있다. 전장에서는 순식간에 수많은 변화가 일어나는데, 따라서 그것은 운과의 관계가 가장 깊다고 하겠다.

첫째, 고대의 병법가들은 다 미신에 빠져 있었으며, 대장은 곁에 술사術士나 방사方士를 두었다. 술사는 "허위를 꾸미는 일을 주관하고 귀신에게 기대어 대중을 미혹케 하고", 방사는 "갖가지 약을 주관하고 외상을 치료하여 만병을 낳게 한다"고 했다.[7] 이 전문가들은 모두 대장의 심복들로 그의 통제를 받고 그에게 소임을 다해야 하지, 사병들과 제멋대로 이야기를 하면 안 되었다. 제멋대로 이야기를 하면 목이 잘릴 수도 있었다. 기밀은 장군의 수중에 있었으며, 천기는 누설할 수 없었다. 그들은 천기를 믿으면서도 두려워했다.

둘째, 고대의 병법가들은 자고로 병음양兵陰陽에 대해 논했다. 그들은 위로는 천문을 알고 아래로는 지리를 알았는데, 이들이 근거로 삼은 것은 별자리를 점쳐 예측하기, 구름을 보고 운세 점치기, 바람을 느끼거나 새를 보고 점치기 같은 것들로, 미신적인 요소가 매우 많고 금기도 매우 많았다. 이에 대해 장군 노릇을 하는 자는 믿지 않은 것은 아니었지만 전부 믿지도 않았다. 똑똑한 장군들은 이것들에 대해 제한을 가했다. 예를 들어 『손자』「용간用間」에서는 "선지자는 귀신에게서 취하지 않고 비슷한 일에서 유추하지 않으며, 도수를 가지고 검증하지 않고 반드시 사람에게서 취하여 적의 상황을 아는 자다"[8]라고 했고, 『위료자尉繚子』「천관天官」에서는 "천문이나 시일이 사람의 일보다 못하다"[9]라고 하는 등 사람을 강조하고 있다.

고대에 똑똑한 사람들의 태도는 이렇게 실제를 강조한 장군과 유사하여, 하늘과 사람의 구분을 강조하고 사람을 강조했다. 순자는 "그러므로 하늘과 사람의 구분에 밝으면 지인이라고 할 만하다"[10]고 말했다. 사마천도 『사기』에서 "하늘과 사람의 관계를 탐구하고 옛날과 지금의 변화에 통한다"[11]고 했는데, 그는 '하늘과 사람의 관계'를 "하늘과 사람 사이의 경계天人分際"(「유림열전」)라고도 했다. '제際'란 '구분分'이라는 뜻이다. 위의 두 가지를 분명히 구분하지 못하는 이들은 완전히 어리석은 사람들이다.

과거에 사람들은 공자가 이런 유의 궁극적인 문제에 대해 그다지 관심이 없었던 것 같다는 인상을 갖고 있었다. 예컨대 『논어』에는 이런 말이 있다.

자공이 말했다. "선생님의 고문헌에 관한 견해는 들을 수 있었지만 선생님께서 본성과 천도에 대해 말씀하신 것은 듣지 못했다." 子貢曰, '夫子之文章, 可得而聞也. 夫子之言性與天道, 不可得而聞也.'(「공야장」 5.13)

공자가 천도나 성명에 대해 그렇게 많이 이야기하지 않았다는 말은 맞다. 자공은 자신이 선생님이 그것에 대해 말씀하시는 것을 듣지 못했다고 했다. 하지만 이야기하지 않는다고 해서 꼭 관심이 없는 것은 아니다. 공자가 천인관계를 어떻게 보았는지 우리는 논의해볼 수 있다.

천명과 귀신에 대한 공자의 관점

천명은 천과 관련이 있다. 옛사람들이 말한 천은 하늘도 포함하고 땅도 포함하는, 인간 밖의 세상을 가리켰다. 옛사람들은 하늘에는 하늘의 신이 있고 땅에는 땅의 신이 있다고 말했는데, 이것들은 신이다. 그러다 사람이 죽으면 혼백이 흩어져 천지로 되돌아가는데, 이것은 귀鬼이다. 그밖에 물질이 오래되면 정령으로 변한다는 관념, 산귀신이나 나무귀신 같은 관념도 있다. 또 "하늘이 때를 어기면 재해가 생기고 땅이 물의 본성을 어기면 괴이한 일이 생긴다"[12]고 생각하는 등 여러 초자연적인 현상을 옛사람들은 '요괴妖怪' 혹은 '재이災異'라 불렀다. 옛사람들의 관념에 따르자면 이런 것들도 모두 광의의 천 개념 안에 들어갈 수 있다. 사람 외의 모든 것이 천이다.

과거에 사람들은 공자가 천은 이야기하지 않고 사람만 이야기했다는 인상을 갖고 있었는데, 이러한 인상이 완전히 맞는 것은 아니다.

공자는 당연히 천을 굉장히 중요하게 생각했다. 하지만 그가 중시한 것은 천도가 아니고 천명이었다. 그의 생각은 아주 단순했다. 무인들이 싸울 때 운에 기대는 것처럼 문인들도 벼슬을 할 때 운에 기댄다는 것이다. 재주는 있지만 때를 못 만나는 경우도 있듯이, 재주가 있는지 없는지도 중요하지만 때를 만났는지 못 만났는지가 더 중요하다는 것이다. 중국의 독서인들 중에는 재주를 가지고도 때를 못 만난 이들이 많았는데, 공자도 바로 그런 유의 사람이었다. 그가 관심을 가졌던 것은 이처럼 천도 자체가 아니라 인간사에 대한 천도의 지배였다. 속담에 일을 꾸미는 것은 사람에게 달려 있고 일을 이루는 것은 하늘에 달려 있다는 말이 있다. 이러한 천명관은 고대에는 상식에 속하는 것으로 거기에 깊고 오묘한 뜻이란 조금도 없다.[13]

공자 역시 사람이어서 흥분될 때면 보통 사람과 다름없이 걸핏하면 천명을 부르짖었다.

염백우가 병에 걸리자 공자께서 그에게 문병을 가 남쪽 창을 통해 그의 손을 잡고 말씀하셨다. "가망이 없구나. 운명인가보다. 이런 사람이 이런 병에 걸리다니, 이런 사람이 이런 병에 걸리다니!"伯牛有疾, 子問之, 自牖執其手, 曰, '亡之, 命矣夫! 斯人也而有斯疾也! 斯人也而有斯疾也!'(「옹야」 6.10)

공자께서 남자를 만나보시자 자로가 기뻐하지 않았다. 공자께서 맹세하여 말씀하셨다. "내가 부정한 짓을 했다면 하늘이 나를 버릴 것이다. 하늘이 나를 버릴 것이다."子見南子, 子路不說(悅). 夫子矢之曰, '予所否者, 天厭之! 天厭之!'(「옹야」 6.28)

안연이 죽자 공자께서 말씀하셨다. "아! 하늘이 나를 버리셨구나, 하늘이 나를 버리셨구나."顔淵死. 子曰, '噫! 天喪予! 天喪予!'(「선진」 11.9)[14]

옛사람이 말한 천명은 하늘이 내린 명이었으며, 공자에게 그것은 책임감과 사명감을 뜻했다.

『논어』에는 다음과 같은 말이 있다.

의儀 땅의 변경을 지키는 관리가 뵙기를 청하며 말했다. "군자가 이곳에 이르면 내가 만나보지 않은 적이 없었습니다." 공자를 수행하는 제자가 뵙도록 해주자 그가 나와서 말했다. "여러분은 어찌 고향을 등지고 떠나온 것을 근심하십니까? 천하에 도가 없어진 지 오래되었습니다. 하늘이 장차 선생님을 목탁으로 삼으실 것입니다." 儀封人請見, 曰, '君子之至於斯也, 吾未嘗不得見也.' 從者見之. 出曰, '二三子何患於喪乎? 天下之無道也久矣, 天將以夫子爲木鐸.'(「팔일」 3.24)

'의 땅의 변경을 지키는 사람'이란 위나라 국경을 지키는 관원을 말한다.[15] 그는 공자의 학생들에게 그들이 고향을 등지고 떠나온 것을 근심할 필요가 없다고, 천하에 도가 없어진 지 이미 오래되었으니, 하늘은 장차 그대들의 선생님을 목탁으로 삼으시어 세상 사람들을 깨우치게 하는 데 쓰실 것이라고 했다. 이는 다른 사람이 말해준 것이지만, 그 자신도 자신의 어깨에 이러한 것이 짊어져 있다고 생각했다.

공자는 열국을 주유하다 위나라 광匡, 포蒲 등지에서 포위되고, 송나라를 지나가다 나무를 베어 위협하려는 사마환퇴와 맞닥뜨렸으며, 초나라에 가서는 진陳나라와 채蔡나라 사이에서 포위를 당했다. 세 차례 재난을 만났다가 세 차례 위험에서 벗어났는데, 그는 이를 다 하늘이 보우했기 때문이라 여겼다. 예를 들면 다음과 같다.

공자께서 말씀하셨다. "하늘이 나에게 덕을 주셨는데 환퇴가 나를 어찌 하겠느냐?" 子曰, '天生德於予, 桓魋其如予何?'(「술이」 7.23)

공자께서 광 땅에서 포위되셨다. 공자께서 말씀하셨다. "문왕께서 이미 돌아가셨으니 문文이 여기에 있지 않겠느냐? 하늘이 이 문을 없애려고 하신다면 뒤에 죽을 사람인 내가 이 문을 어쩔 수 없을 것이지만, 하늘이 이 문을 아직 없애려고 하지 않으실진대 광 땅 사람들이 나를 어쩌겠느냐?"子畏於匡, 曰, '文王旣沒, 文不在兹乎? 天之將喪斯文也, 後死者不得與於斯文也. 天之未喪斯文也, 匡人其如予何?'(「자한」9.5)

그는 하늘이 자신에게 주 문왕의 '문'을 부흥시키라고 명을 내리어, 천명이 자신에게 있는데 두려울 것이 무어냐고 말한다. 만약 하늘이 나를 보우한다면 명은 끊어지지 않을 것이니, 나쁜 사람이 나를 어찌 할 수 있겠느냐는 것이다. 그는 천명에 기대어 스스로를 격려했다.[16] 이 모든 것은 그에게 천이 매우 중요했음을 설명한다.

하늘과 사람 가운데 공자는 사람을 중시했다. 이는 그의 특징이다. 하지만 그가 천을 말하지 않은 것은 아니다. 천을 말하지 않는 것은 당시의 상식을 뛰어넘는 것이었다. 옛사람들은 모두 천을 두려워했다. 그 누가 감히 중요하게 생각하지 않겠는가? 중요하게 생각하지 않는 것이 도리어 대단히 괴상한 일이었다.

옛사람들이 천을 논하는 방법에는 두 가지가 있었다. 하나는 천 자체가 어떻고 어떻다고 논하는 것이고, 다른 하나는 천이 인간에게 어떤 영향력을 가졌는지를 논하는 것이었다. 이 중 전자는 천도로, 고대의 「천관서天官書」「천문지天文志」 그리고 각종 천론 등은 다 천도에 대해 논한 것이다. 이러한 것들은 천문학과 우주론에 속하며 모두 궁극적인 커다란 문제를 논하고 있다. 옛사람들은 '기우杞人憂天'에 대해 이야기한 바 있다. 기나라의 어떤 사람이 하늘이 무너질까, 땅이 꺼질까, 별이 머리를 부술까 두려워하며 크게 걱정했다는 이야기이다.(『열자』

「천서天瑞」) 하지만 이러한 문제가 생겨날지 그렇지 않을지에 대해서 공자는 관심을 갖지 않았다. 그가 관심을 가졌던 것은 천 자체가 아니라 천이 화복을 내리는 것, 인간에게 어떤 영향이 있느냐, 지금 당장 어떤 영향이 있느냐에 관한 것이었다. 이런 인간과 관련된 우려는 천명의 범주에 속한다.

천의 문제에 대한 공자의 태도는 『노자』와 달랐다. 『노자』야말로 사람을 근본으로 삼아 이야기하지 않는다. 거기에서 강조하는 것은 "사람은 하늘을 본받고 하늘은 도를 본받으며 도는 스스로 그러함을 본받는다"[17]는 것이다. 그는 천도 자체에 대해 공자보다 더 관심을 가지고 꼬치꼬치 캐묻기를 좋아했다.

천명이란 고대에는 정치권력의 합법성을 보장하는 것이었다. 천자는 하늘이 명을 내려 천하에 군림하는 통치자였다. 옛사람들은 어떤 왕조이든 하늘이 보우해야만 존재할 수 있고 그렇지 못하면 멸망할 것이라고 여겼다. 이렇게 천의 뜻에 의해 기획된 것을 천명이라 불렀다. 그리고 이른바 '혁명'이란 폭력을 써서 천명을 바꾸는 것, 하늘을 대신해 도를 행하는 것이었다. 예컨대 탕왕과 무왕의 혁명이 그랬다. 하나의 왕조가 다른 왕조로 교체될 때 다들 천에 기대어 말했다. 서주의 금문 같은 것을 보면 종종 이러한 설명이 있다.

이러한 생각은 줄곧 중국의 역사를 관통해왔으며, 초기에는 이런 생각이 더욱 신성시되었다. 루쉰은 이렇게 말했다. "공자나 묵자나 현실 상황에 불만을 갖고 개혁을 하고자 했다. 하지만 그 첫걸음은 군주의 마음을 움직이는 데 있었고, 그 군주를 굴복시키는 데 쓰이던 녀석은 늘 '천'이었다."[18]

공자는 천을 무척 경외했다. 『시경』과 『서경』을 숙독했으니, 당연히 자신이 말하는 성인이 대대로 천에 기대어 먹고살아왔다는 점을 잘 알고 있었다.

공자께서 말씀하셨다. "위대하시다! 요의 임금 되심이. 높고 크다! 오직 하늘이 크거늘 요임금께서 그것을 본받으셨으니 넓디넓어 백성들이 그것을 형용하지 못하는구나. 높고 크도다! 공을 이룸이여. 빛난다! 그 예악제도여." 子曰, '大哉堯之爲君也! 巍巍乎! 唯天爲大, 唯堯則之. 蕩蕩乎! 民無能名焉. 巍巍乎其有成功也, 煥乎其有文章!' (「태백」 8.19)

요임금께서 말씀하셨다. "아! 너 순아. 하늘의 운수가 너의 몸에 있으니 진실로 그 중용을 잡아라. 사해가 곤궁해지면 하늘에서 내리는 복록이 영원히 끊어질 것이다." 순임금 역시 이 말을 가지고 우임금에게 명하셨다. 堯曰, '咨! 爾舜! 天之曆數在爾躬, 允執其中. 四海困窮, 天祿永終.' 舜亦以命禹. (「요왈」 20.1)

공자는 천도에 대해 논하기를 좋아하지 않았으나 명의 경우는 인仁 만큼 중요하고, 심지어 그것보다 더욱 중요하다고 생각했다.

공자께서는 이익에 대해서는 드물게 말씀하시고 명과 인은 긍정하셨다. 子罕言利, 與命與仁. (「자한」 9.1)

그는 군자에게는 두려워하지 않을 수 없는 것이 세 가지 있다고 했는데, 그 첫 항목이 바로 천명이다. 명을 모르면 군자라 할 수 없다고

도 했다.

공자께서 말씀하셨다. "군자는 두려워하는 것이 세 가지 있다. 천명을 두려워하고, 대인을 두려워하며, 성인의 말씀을 두려워한다. 소인은 천명을 알지 못하기 때문에 두려워하지 않고 대인을 업신여기며 성인의 말씀을 모욕한다."孔子曰, '君子有三畏: 畏天命, 畏大人, 畏聖人之言. 小人不知天命而不畏也, 狎大人, 侮聖人之言.'(「계씨」 16.8)

공자께서 말씀하셨다. "천명을 알지 못하면 군자가 될 수 없고, 예를 알지 못하면 설 수 없으며, 말을 알지 못하면 사람을 알 수 없다."子曰, '不知命, 無以爲君子也. 不知禮, 無以立也. 不知言, 無以知人也.'(「요왈」 20.3)

그가 말하는 명은 두 종류로 나뉜다. 하나는 생과 사, 요절과 장수로서의 명이고, 다른 하나는 곤궁함과 영달, 화와 복으로서의 명이다. 생과 사, 요절과 장수는 생명의 '명'이고, 곤궁함과 영달, 화와 복은 운명의 '명'이다. 그는 이 두 종류의 명은 인위적인 노력을 다하고 꾀를 짜내도 결국은 통제할 수 없는 것이라고 여겼다.
『논어』에는 다음과 같은 말이 있다.

자하가 말했다. "저는 이런 말씀을 들었습니다. '죽고 사는 일은 운명에 달려 있고, 부유함과 귀함은 하늘에 달려 있다. 군자가 조심하여 실수가 없고, 남들과 함께 있을 때 공손하고 예가 있으면, 사해 안에 있는 이들이 모두 형제다'라고 말입니다. 그러니 군자가 어찌 형제 없는 것을 걱정하겠습니까?"子夏曰, '商聞之矣: 死生有命, 富貴在天. 君子敬而無失, 與人恭而有禮, 四海之內, 皆兄弟也. 君子何患乎無兄弟也?'(「안연」 12.5)

이 말은 '자하가 들은 것', 즉 선생님에게서 들은 것으로 뒤의 말은 공자의 말에서 기원한 것이다.[19]

천명은 천의 뜻, 천의 운행이다. 천의 뜻, 천의 운행을 바꿀 수 있는지 없는지는 줄곧 논쟁거리였다. 그리고 공자의 생각은 바꿀 수 없다는 것, 오로지 명을 인정하고 명에 복종할 수 있을 뿐이라는 것이었다.

천명을 거스를 수 없다는 것은 귀족혈통론이다. 이런 의미에서 명의 문제를 놓고 공자와 묵자가 보인 태도는 대립적이다. 묵자는 미신적인 것들을 대단히 많이 이야기하지만 『묵자』 「비명非命」에서는 공자의 명을 특별히 비판하면서, 부귀는 하늘이 정해놓은 것이 아니고, 바꿀 수 없는 것이 아니라고 한다. 이것은 대중이 지닌 믿음의 특징이다. 백성들은 모두 천명을 믿었지만 모반을 할 때에는 이 명을 인정하지 않았다. 이 명을 인정하고서 어떻게 모반을 할 수 있겠는가? 그들은 기필코 자신이 '하늘을 대신해 도를 행한다'고 말해야만 했다.

운명을 바꿀 수 없다는 것은 공자의 생각이었다. 그렇다면 알 수도 없는 것일까? 공자는 알 수 있다고 말한다. 그렇다면 그것을 알 수 있는 방법은 무엇인가? 점이다. 『논어』를 보건대 우리는 기도와 점 가운데 그가 점을 더 좋아했음을 알 수 있다. 그것도 상나라 사람들의 점이 아닌 주나라 사람들의 점을 말이다.[20]

예를 들어 그는 『주역』을 배우고 나서야 자신이 벼슬길에 나설 때가 되었음을 알았다.[21]

공자께서 말씀하셨다. "나는 열다섯에 배움에 뜻을 두었고, 서른에 섰으며, 마흔에는 미혹되지 않았고, 쉰에는 천명을 알았으며, 예순에는 귀로 들은 대로 들어 넘겼고, 일흔에는 마음이 하고자 하는 대로 해도 법도를 넘지 않았다." 子曰, '吾十有五而志于學, 三十而立, 四十而不惑, 五十而知天命, 六十而耳順, 七十而從心所欲 不踰矩.'(「위정」 2.4)

공자께서 말씀하셨다. "만약 내가 몇 년 더 살아 쉰에 주역을 배울 수 있다면 큰 잘못을 저지르지 않을 수 있을 것이다." 子曰, '加我數年, 五十以學易, 可以無大過矣.'(「술이」 7.17)

천에 대한 공자의 태도는 매우 단순하여 경외로 가득 차 있었다. 귀신에 대해서도 그는 경외는 했으나 공자에게 귀신은 공경하되 멀리하는 것이었다. 즉 공경하기는 하되 덮어놓고 달라붙는 것이 아닌 거리감이 있는 것이었다.

번지樊遲가 지혜에 대해서 묻자 공자께서 말씀하셨다. "백성이 의를 향해 나아갈 수 있도록 힘쓰고 귀신을 공경하되 멀리하면 지혜롭다고 할 것이다." 樊遲問知(智). 子曰, '務民之義, 敬鬼神而遠之, 可謂知(智)矣.'(「옹야」 6.22)

그는 어리석은 보통 사람들과는 달리 귀신을 공경하되 멀리하는 것을 비교적 이지적인 태도라고 보았다. 어리석은 보통 사람들은 지나치게 미신적이어서 '괴이한 것, 폭력을 쓰는 것, 이치에 어긋나는 것, 귀신怪力亂神'에 대해서, 즉 여러 가지 비일상적이고 초경험적인 것, 마력과 신기함으로 가득 찬 것에 대해서 말하기를 좋아한다. 반면 그는 현실세계를 더욱 중시하였으며, 사람을 귀신보다 더 중요하게 생각했다.

공자께서는 괴이한 것, 폭력을 쓰는 것, 이치에 어긋나는 것, 귀신에 대해서는 말씀하시지 않았다.子不語怪力亂神.(「술이」7.21)

계로가 귀신 섬기는 것에 대해 여쭈었다. 공자께서 말씀하셨다. "사람도 섬기지 못했는데 어찌 귀신을 섬길 수 있겠느냐?" 또 "죽음에 대해 여쭙겠습니다" 하고 물었다. 공자께서 말씀하셨다. "삶에 대해서도 알지 못했는데 어떻게 죽음에 대해 알겠느냐?"季路問事鬼神. 子曰, '未能事人, 焉能事鬼?' '敢問死.' 曰, '未知生 焉知死?'(「선진」11.12)

이것이 귀신에 대한 그의 태도이다.

인성에 대한 공자의 관점

공자는 사람을 중요하게 생각했으나 도가처럼 사람의 몸에 대해 관심을 두어 성명性命을 기르고 신명에 통할 것을 강조한 것은 아니었다. 사람에 대한 그의 관심은 주로 인성에 관한 것이었다.

인성이란 무엇인가? 이에 대해 공자는 이야기하지 않았지만 이 주제는 커다란 주제, 선진사상에서 다루는 가장 크나큰 문제이다. 서양에서 말하는 자연인, 천부인권, 인간본성의 소외 등도 다 이 주제와 관련이 있다.

곽점 초나라 죽간 「성자명출性自命出」에서는 "성은 명에서 나오고 명은 천에서 내려온다性自命出, 命自天降"고 말했다. 인성은 천명에서 온 것으로, 그것은 위에서 논한 주제와 관련이 있다. 그런데 천이 부여한 인성이 사람마다 같냐는 문제에 이르면 논쟁이 크게 벌어지게 된다.

공자가 인성에 대해 논한 것으로는 아래 한마디 말밖에 없다.

> 공자께서 말씀하셨다. "본성은 서로 비슷하지만 익히는 것에 따라 서로 멀어진다." 子曰, '性相近也, 習相遠也.' (「양화」 17.2)

이 말에서 우리는 다음 두 가지 사항에 유의할 필요가 있다. 첫째, 그는 "본성이 서로 비슷하다"고 했지 '본성이 서로 같다'고 하지는 않았다. 사람과 사람은 애초부터 다르다는 것이다. 둘째, 그는 "익히는 것에 따라 서로 멀어진다"고 했는데, '익히는 것'은 '본성'과는 다른 후천적으로 획득된 것이다. 사람과 사람 사이의 차이가 커지는 것은 주로 후천적 요인에 의해 조성된다. 앞서는 격차가 크지 않았는데 나중에 커지고 갈수록 커지는 것이다.

'인성'의 '성性'이라는 글자는 '생生'이라는 글자에 기원을 두고 있다. 갓 태어난 아이는 곱고 보드라운 살결에, 희고 포동포동한 모습에 어느 것 하나 사람들의 귀여움을 사고 사람들의 사랑스러운 마음을 불러일으키지 않는 것이 없다. 설사 걸이나 주라 하더라도, 히틀러라 하더라도 갓 태어났을 때는 이렇게 비슷한 모습인 듯하다. 그러다 크면 달라진다. 그것도 크게 달라진다. 이것이 일반 사람들이 가지는 이미지다. 그렇지만 사람은 갓 태어났을 때 좋았다가 나중에도 계속 좋은 경우와 불행히도 나빠지는 경우, 혹은 태어나자마자 나빴다가 나중에도 계속 나쁜 경우와 다행히도 좋아지는 경우, 이렇게 네 가지 가능성이 있다.

선악은 도덕적인 개념이고, 도덕이란 당연히 후천적으로 획득되는 것이다.[22] 어린아이가 선한지 선하지 않은지는 전적으로 어른들이 하는 평가로, 이는 거꾸로 어른의 기준을 가지고 평가를 하는 것이다. 공자는 사람과 사람이 본래는 비슷하며, 단지 후천적인 나쁜 습관으로 인해 달라지는 것이라고 여겼다. 이것이 그가 교화를 중시하는 근거이다. 그는 인성이 도대체 선한지 선하지 않은지에 대해서는 말하지 않았으나, 후대 사람들은 지나치게 떠들어댔다. 선생님이 말하지 않았으니 학생들이 떠들어야 했던 것이다. 그리하여 가능한 만큼의 설이 생겨나 존재하게 되었다.

어떤 이는 성이란 백지처럼 선도 없고 악도 없으며, 전적으로 그 위에 어떻게 그리는가에 달려 있다고 말했다. 예컨대 고자가 그렇게 보았다.(『맹자』「고자상告子上」) 그는 환경으로서의 '형세勢'와 후천적인 도덕규범으로서의 '인의仁義'가 성性에 가하는 제약을 무척 강조했다.

한편 맹자는 고자를 비판하면서 사람이 태어날 때 지니는 본성은 선하다고 말했다.(「고자상」) 『삼자경三字經』의 첫머리에 나오는 "사람이 시초에 지닌 성은 본래 선하다人之初, 性本善"는 말은 맹자의 말에 근거를 둔 것이다. 그는 인성은 '양지良知'와 '양능良能'을 지닌 본래 선한 것이라고 보았으며(『맹자』「진심상」), 나쁜 짓을 배우는 것은 나중 일이니, 아이를 교육시켜 불선한 일을 행하지 않게 하고 자신이 지닌 선을 유지하게 해야 한다고 보았다. 도덕과 예의는 다 인성에서 자연스럽게 생겨나 발해지는 것, 성을 따라 행해지는 것이지, 외부에서 강제된 것, 본성을 억압하고 왜곡하는 것이 아니라는 것이다. 이렇게 그가 더욱 강조한 것은 심성, 성정으로서의 '성'이지 '습習'은 아니었다.

맹자의 성선설은 표면적으로는 추상적으로 인성을 논한 것이지만, 사실 거기에는 역사적인 판단이 은연중에 내포되어 있다. 공자가 살아 있을 때 이 세상은 엉망진창이었고, 예악은 붕괴되었으며, 사람들은 나빴으나, 당시까지만 해도 그렇게 나쁘지는 않았다. 공자의 역사적 기억은 서주시대 초기만 해도 사람들이 그렇게 나쁘지 않고 사실은 괜찮았다는 점을, 사람은 나중에 나빠진 것이고, 원래는 비교적 괜찮았다는 점을 우리에게 알려준다. 그리고 선생님의 생각으로부터 추론하여 맹자는 어린아이 또한 그렇다고, 본래는 괜찮으며 나쁜 짓을 배우는 것은 나중의 일이라고 생각할 수 있었다.

한편 순자는 그를 비판하여 옳지 않다고, "사람의 본성은 악하며 그 선한 것은 인위적인 것이다"[23]라고 말했다. 그는 사람이란 태어나면서부터 나빠, 목숨을 아까워하고 죽음을 두려워하며, 놀고먹기를 좋아하고 일은 게을리 하며, 용맹을 좋아하여 다투는 등 온통 결함투성이기 때문에, 어려서부터 반드시 법도를 꺼내들고, 예의禮義로 훈련시키고 속박하여, 그러한 결함들을 없애야 한다고, 그렇게 하지 않으면 사회에는 질서가 없게 될 것이라고 보았다. 이것이 성악설이다.

이러한 순자의 성악설은 고자의 견해에 가깝다. 그는 '예의禮義', '법도法度', '스승이 전하는 학문師法', '인문학文學'을 더욱 강조했다. 법가의 '정을 버리고 법에 맡기며釋情任法', '지혜를 버리고 책략에 맡기며釋智任

術', '사람을 버리고 형세에 맡기라釋人任勢'는 설은 이러한 이론에 기원을 두고 있는데, 이 모두는 맹자의 본성에 내맡긴다는 설과 맞서는 것이라 하겠다. 그의 이론에도 은연중에 역사적인 판단이 내포되어 있다. 순자는 인성에 대해 논할 때 "오늘날의 인성今之人性"(「성악」)을 특별히 강조한다. '오늘날의 인성'이라는 말에서 '오늘날'이란 전국시대 말기이다. 당시 사람들은 무척 나빠, 더 이상 나쁠 수 없을 정도로까지 나빠져 있었다. 당신이 이러한 시대를 살았다면 당신 역시 사람이란 원래부터 이렇게 나빴고, 아예 좋았던 적이 없기 때문에 잘 수습하지 않으면 문제를 해결할 수 없을 것이라고 느꼈을지도 모른다. 이에 그는 도덕이란 다 후천적인 선, 즉 이른바 "인위적인 선僞善"(「성악」)이라고 보았던 것이다.

이러한 설명들은 모두 선생님의 견해에 대한 (제자들의) 보완이라 할 것이다.

인성에 대한 공자의 견해와 연관된 것은 사람에게 차등이 존재한다고 하는 견해이다. 공자가 인성은 서로 비슷할 뿐 결코 같지는 않다고 생각한 이상, 그는 당연히 인간을 여러 등급으로 나누려 했을 것이다. 다음 두 장에서는 이러한 문제에 대해 논하려 한다.

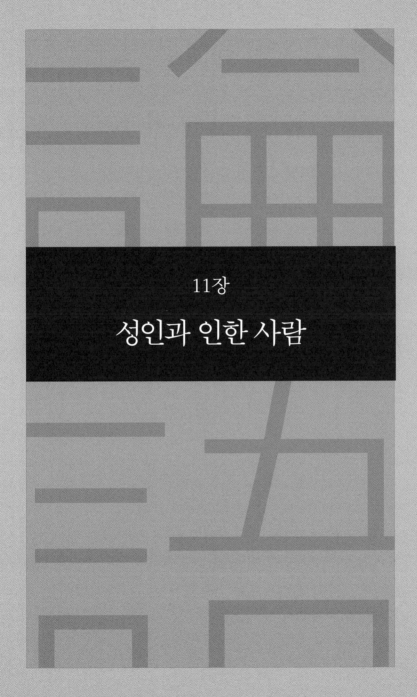

11장

성인과 인한 사람

『논어』를 읽을 때 많은 이들은 인仁이 공자의 최고 가치이고, 인한 사람이 으뜸인 줄 아는데, 이는 그렇지 않다. 공자가 사람을 품평할 때 최고 등급으로 삼은 것은 '인'이 아니라 '성聖'이었다. 성인이야말로 가장 위대하다고, 하늘 아래 신을 제외하고는 바로 그가 가장 위대하다고 생각했다. 인한 사람의 경우, 군자보다는 한 등급 높지만, 성인과는 비교할 수 없는, 성인에 비해 한 등급 낮은 자라고 생각했다.

이 둘은 보통 사람은 될 수 없고, 살아 있는 사람도 될 수 없다. 위대한 사람들은 모두 고대에 생활했다. 공자는 그렇게 생각했다.

여러분은 『논어』에서 성인과 인한 사람은 모두 죽은 사람이라는 점을, 살아 있던 사람은 한 명도 없다는 점을 절대로 잊어서는 안 된다.

성인이란 무엇인가 - 「요왈」 1장과 「태백」 마지막 네 장

공자 시대에 이른바 성인은 모두 동주 이전의 죽은 사람들이었다. 사람들이 공인한 이로는 요·순·우와 탕·문·무가 있었다. 그중 앞의 세 사람은 '선양을 한 성인'이고 뒤의 세 사람은 '혁명을 한 성인'이다. 공자가 말한 성인은 주로 '선양을 한 성인', 특히 앞의 두 사람이었다.

공자는 "군자가 두려워하는 것이 세 가지 있다. 천명을 두려워하고, 대인을 두려워하며, 성인의 말씀을 두려워한다"[1]고 말했다. 여기서 천명이란 앞서 말했듯이 하느님의 의지를 가리킨다. 당신을 초하루까지만 살게 하고 보름까지 살지 못하게 한다면 두려워하지 않을 수 없을 것이다. 대인이란 오늘날 지도자라 부르는 장관을 가리킨다. 당신의 모든 것을 그가 관여하므로 두려워하지 않을 수 없다. 결국 그렇게 되면 그것 또한 큰일이다. 이른바 성인의 말씀이란 고대의 가장 위대한 사람이 남긴 교훈이다. 성인은 이미 죽었지만 그가 남긴 말은 여전히 권위를 갖고 있으니, 당신은 따르지 않을 수 없다.

『논어』를 읽을 때 우리는 거기서 말하는 요·순·우가 주로 『상서』에 근거를 두고 있다는 점에 유의해야 한다. 예컨대 『논어』의 마지막 편 제1장은 요·순·우에 근거를 둔 공자의 정치 강령이다. 그것의 앞의 세 단락은 아마도 고본 『상서』를 베꼈을 것이다.

요임금께서 말씀하셨다. "아! 너 순아. 하늘의 운수가 너의 몸에 있으니 진실로 그 중용을 잡아라. 사해가 곤궁해지면 하늘에서 내리는 복록이 영원히 끊어질 것이다." 순임금 역시 이 말을 가지고 우임금에게 명하셨다.堯曰,

'咨! 爾舜! 天之曆數在爾躬, 允執其中. 四海困窮, 天祿永終.' 舜亦以命禹.(「요왈」20.1)

"저 소자 이履는 감히 검은 소를 희생으로 써서, 감히 위대하신 상제님께 아룁니다. 죄가 있는 사람을 제가 감히 용서하지 못하고, 죄를 범한 상제의 신하를 제가 감히 은폐하지 못하오니, 선택은 상제의 마음에 달려 있습니다. 저 자신에게 죄가 있으면 만방에 미치지 않게 해주시고 만방의 백성에게 죄가 있다면 그 죄는 저 자신에게 있는 것입니다."曰, '予小子履, 敢用玄牡 敢昭告于皇皇后帝: 有罪不敢赦. 帝臣不蔽, 簡在帝心. 朕躬有罪, 無以萬方. 萬方有罪, 罪在朕躬.'(「요왈」20.1)

주나라에서 크게 제후를 분봉하는 일이 있었는데, 선한 사람들이 이에 부유해졌다. 비록 지극히 가까운 친척이 있지만 어진 사람만 못하고, 백성들에게 잘못이 있으면 그것은 나 한 사람에게 있는 것이다.周有大賚, 善人是富. 雖有周親, 不如仁人. 百姓有過, 在予一人.(「요왈」20.1)

『논어』에서 말하는 당·우·하는 주로 요·순·우에 관한 것이다. 전하는 바에 따르면 요·순·우는 각기 당·우·하에 속하는 서로 다른 족속이지만, 그들은 선양으로 관계가 맺어져 있으며, 그것도 약 100년 사이에 일어난 일로, 시간상으로도 서로 이어져 있다고 한다. 요가 순에게 선양을 하고 순이 우에게 선양을 할 때 같은 말을 했다는 점이 위의 첫 단락에 나온다. 한편 이어지는 두 단락 중 두 번째 단락은 탕이 자책한 말이고, 세 번째 단락은 주어가 없는데, 이는 아마도 무왕 혹은 주공이 자책한 말일 것이다. 이것들은 모두 성인의 말씀이다.

여러분은 요·순·우가 세 왕조가 아닌 세 사람이었다는 점을, 왕위를 주고받은 3대의 지도자에 불과했다는 사실에 유의해야 한다.

우 이후로는 이른바 하왕조이다. 하·상·주 또한 다른 족속이었지만, 왕위는 세습되어 여러 대로 전해졌으며, 그러한 세습을 끊는 일은 혁명에 의해 일어났다. 공자가 비록 하왕조에 대해 논하기는 했으나, 우가 순을 이어받은 것은 여전히 선양으로, 왕조사에 속하는 일이 아니었다. 왕조는 그 이후의 일이었다.

공자는 요·순·우가 가장 위대하다고 생각하여, 요·순·우를 극진히 찬미했다.

> 공자께서 말씀하셨다. "높고 크구나! 순임금과 우임금은 천하를 소유하시고도 그것에 관여하지 않으셨다." 子曰, '巍巍乎, 舜禹之有天下也而不與焉!'(「태백」 8.18)

> 공자께서 말씀하셨다. "위대하시다! 요의 임금 되심이. 높고 크다! 오직 하늘이 크거늘 요임금께서 그것을 본받으셨으니 넓디넓어 백성들이 그것을 형용하지 못하는구나. 높고 크도다! 공을 이룸이여. 빛난다! 그 예악제도여." 子曰, '大哉堯之爲君也! 巍巍乎! 唯天爲大, 唯堯則之, 蕩蕩乎, 民無能名焉. 巍巍乎其有成功也, 煥乎其有文章!'(「태백」 8.19)

'외외巍巍'라는 말은 산이 높음을 나타내고, '탕탕蕩蕩'이라는 말은 물이 드넓음을 나타내며, '환호煥乎'라는 말은 빛남을 나타낸다. 모두 공덕을 찬양하는 말이다.

공자는 요를 칭찬할 때 주로 그가 '하늘을 본받았다則天'(무측천武則天이라는 이름의 측천이 바로 그런 의미이다)는 점에 주목했다. 즉 그는 "오직 하늘이 크거늘 요임금께서 그것을 본받으셨다"고 했으며, 또 "하늘의 운수가 너의 몸에 있으니 진실로 그 중용을 잡아라"라고도 했다. 이 말들은 『상서』「요전堯典」과 일치한다. 「요전」에서는 요의 세 가지일에 대해 이야기하고 있다. 첫째는 희羲 씨와 화和 씨 성을 가진 네 명의 천관에게 명하여 천문을 관측한 후 사람들에게 절기를 알려주게 한 일이고, 둘째는 곤鯀에게 치수를 명한 일이며, 셋째는 순에게 양위를 한 일이다. 첫 번째 일에 대해서 「요전」에서는 "이에 희 씨와 화 씨에게 명하시어, 경건히 하늘을 따르고 일월성신의 운행을 헤아리며 경건히 천시를 백성들에게 알리게 했다"[2]고 했는데, 이는 곧 위의 문장의 각주라 하겠다. 그리하여 예전에 천문에 대해 논할 때면 언제나 「요전」을 언급하곤 했다.

공자가 순을 칭찬한 점은 주로 그가 무위로 다스렸다는 점에서였다. 무위로 다스리라는 것은 노자뿐만 아니라 공자도 논한 바 있다.

> 공자께서 말씀하셨다. "무위로 다스린 사람은 아마도 순임금일 것이다. 그분이 무엇을 하셨는가? 자신을 공손하게 하여 남쪽을 향해 바로 서셨을 뿐이다."子曰, '無爲而治者, 其舜也與(歟)? 夫何爲哉? 恭己正南面而已矣.'(「위령공」 15.5)

무위로 다스림은 무엇에 의해 가능해지는가? 능력 있는 대신들에 의해 가능해진다. 이는 『상서』「순전舜典」의 서사를 모티프로 하고 있는데, 이에 대해 공자는 이렇게 말했다.

순임금께는 유능한 신하 다섯 사람이 있어 천하가 다스려졌다.舜有臣五人而
天下治.(「태백」8.20)

이 다섯 대신은 누구였을까? 공안국은 주석에서 이들을 우禹·기棄·
설契·고요皐陶·익益이라고 했다. 한편 고본 「순전」에서는 순에게 사악
四嶽·12목牧 외에 우(사공司空)·기(후직后稷)·설(사도司徒)·고요(사士)·수
垂(공工)·익(우虞)·백이(질종秩宗)·기夔(전악典樂)·용龍(납언納言)의 9관官,
이렇게 22명의 신하가 있었다고 했다.(『사기』「오제본기五帝本紀」에서 인
용.)[3] 후반부의 9명 가운데 바로 위의 5명이 있다.

공자가 말한 우, 문·무, 그리고 후세의 총명한 군주와 어진 신하들
가운데 이를 모범으로 삼지 않은 이가 없다. 후에 도가에서도 황제黃帝
의 군신을 논하면서 '황제를 보좌한 일곱 신하七輔', '황제를 도운 여섯
신하六相' 같은 말이 생겨났다. 황제가 무위로 천하를 다스릴 때에도
능력 있는 일군의 대신들이 있었으니, 대신이 능력을 갖춰야 천자는
비로소 무위를 행할 수 있는 것이다.

공자가 우를 칭찬한 점은 주로 그가 근면하고 검소했으며, 특히 치
수에 공이 있었다는 점이었다.

공자께서 말씀하셨다. "우임금에 대해서 나는 흠잡을 것이 없다. 먹는 음
식은 보잘것없으면서도 귀신에게는 효를 다하셨고, 의복은 형편없으면서
도 제복은 화려한 것을 입으셨으며, 궁실은 나지막하게 지으셨으면서도
치수 사업에는 힘을 다하셨다. 우임금에 대해서 나는 흠잡을 것이 없다."
子曰, '禹, 吾無間然矣. 菲飮食而致孝乎鬼神, 惡衣服而致美乎黻冕, 卑宮室而盡力乎溝洫. 禹, 吾

無間然矣.'(「태백」8.21)

위의 대목을 읽을 때 우리는 『상서』「우공禹貢」편도 같이 보아야 한다. 「우공」의 중심 내용은 우임금의 치수에 관한 이야기이다. 그리하여 과거에 지리에 대해 논할 때면 언제나 「우공」을 언급하곤 했다.

요·순·우 가운데 우는 분기점이다. 우 이전에는 선양을 했지만, 우 이후에는 계啓가 익益을 대신해 세습을 하기 시작했으며, 탕·무가 천하를 얻은 것은 혁명을 통해서였지 선양을 통해서가 아니었기 때문이다. 따라서 앞의 세 분이 본래적인 의미의 성인이라 하겠다.

공자가 마음속에 그린 성인은 그 기준이 매우 높았다. 당·우의 태평성대, 그리고 우가 천하를 다스리던 시대는 그가 꿈속에서도 감히 상상할 수 없었던 엄청난 유토피아였다. 이것이 바로 성인이다.

인한 사람이란 무엇인가? 「미자」편을 보라[4]

인한 사람은 사람을 사람으로 여기고, 자신을 미루어 타인에게 미치게 하는 인격이 매우 고매한 사람으로, 자신을 잘되게 할 뿐만 아니라 타인도 잘되도록 도울 수 있는 사람이다. 이런 사람은 성인과 어떤 차이가 있을까? 주되게는 왕위에 올랐느냐의 여부에 달려 있다. 왕위에 올라야만 성인이지 그렇지 못한다면 인격적으로 아무리 고매하다 한들 인한 사람이라고밖에 말할 수 없다.

공자가 말한 인한 사람의 기준은 무엇인가? 이것 역시 그 자신의 말을 살펴보아야 한다. 『논어』에서 그의 비준을 받은 인한 사람 역시 6

명이다.

첫째는 상나라 때의 미자·기자·비간이다. 공자는 "은나라에 어진 사람이 세 명 있었다"[5]라고 말했다. 미자는 도망갔고, 기자는 미친 척 했으며, 비간은 간언을 하다 죽었다. 방식은 달랐지만 협력하지 않았다는 공통점이 있다.

둘째는 서주의 백이와 숙제이다. 이들 역시 협력을 하지 않은 자들이었으며, 더군다나 죽음으로 뜻을 밝힌 부류이기도 했다. 공자는 이들이 "인을 구하여 인을 얻었는데, 무엇 때문에 원망했겠느냐?"[6]라고 하며 이들에 대해 매우 탄복했다. 사마천 또한 70열전을 쓰면서 이들의 전傳을 첫 번째 편으로 삼았을 정도로 이 둘은 도덕의 모범이었다 하겠다.

셋째는 동주의 관중이다. 그는 앞의 다섯 사람과는 달랐다. 협력하지 않은 자에 속하지도 않을뿐더러 주인을 배신하고 적에게 투항하였으며, 교만하고 사치스러웠으며 예도 몰랐다. 그런데 공자가 그 역시 인한 사람으로 치자, 그의 학생은 이해하지 못했으며, 우리들 역시 이상하다고 생각하게 된다. 그런데 사실 공자는 여기서 임시변통을 하고 있다. 그는 관중이 제 환공을 보좌하여 왕도를 높이고 오랑캐를 물리치는 데 큰 공을 세움으로써 중원의 여러 한족 국가를 살렸다고, 그가 없었다면 우리는 모두 망국의 노예가 되었을 것이라고 말했다. 공자는 여기서 은인隱人을 '인한 사람'으로 삼은 것이다.(「헌문」 14.16-17)

『논어』를 읽을 때 우리는 인격이 가장 고매하다 하여 공자가 가장 높이 평가한 이들이 주로 「미자」 편에 나오는 인물들이라는 점을 알아야 한다. 이들은 '일민逸民' 혹은 '은사隱士'라 칭해진 이들로 정사에서는 '은일전隱逸傳'이라는 것에서 이런 부류의 사람들을 특별히 수록해왔다. 「미자」 편은 최초의 '은일전'이라 하겠다.

고대에 이른바 '일민'은 태반이 옛 왕조를 그리워하며 현실에 불만을 품고 피해 있거나 숨어 있던 이들로, 이치대로라면 이름이 날 수 없었지만 일부 사람들은 이 점으로 인해 이름이 났으며, 후대 사람들은 이들을 '명사名士'라 불렀다. 이들은 당국과 협력하기를 거부한 인물들이었다.[7]

협력하지 않았다니, 그렇다면 어떻게 했을까? 주로 세 가지 길이 있었다.(「미자」 18.8)

첫째는 "자신의 뜻을 굽히지 않고 자신의 몸을 욕되게 하지 않는", 원칙을 가장 중시하는 길이다. 공자는 주나라의 곡식을 먹지 않고 수양산 밑에서 굶어 죽은 백이와 숙제가 이러한 유형에 속하는, 얼음처럼 맑고 옥처럼 깨끗한 이라고 말했다. 실은 강하게 간언을 하다 죽은 비간 또한 이 유형에 속한다고 하겠다.

둘째는 "뜻을 굽히고 몸을 욕되게 하는降志辱身", 즉 환경이 좋지 않아도 그대로 머물고 억울한 일이 생겨도 그냥 당하지만, 진흙 속에서도 오염되지 않는, 원칙을 여전히 잃지 않는 길이다. 공자는 유하혜와 소련이 이런 유형에 속한다고 했다. 유하혜는 수모를 참아가며 중임을 다하는 인물이었다. 그는 관계官界에서 뜻을 이루지 못해 세 번이나 파직을 당했다. 하지만 그는 자신의 국가를 떠날 생각은 없다고 말했다.(「미자」 18.2) 사실 미친 척한 기자箕子도 이러한 유형에 속한다. 후세에 "큰 은자는 조정에 숨고" "큰 은자는 저자에 숨는다"는 말이 있다. 통치자가 사는 곳에서 살되 도를 곧게 하는 것만을 중요하게 생각하면 위험하므로 일부러 미친 척을 할 수밖에 없다는 뜻이다.

셋째는 "은거하면서 말을 마음대로 하지만 몸은 청렴함에 부합되고 벼슬을 버리는 것은 권도에 부합되는"[8] 길이다. 즉 아예 산림에 은거하여 몸소 농사를 짓고, 피하고 숨어서 아무 말도 하지 않고 입조심을 하는 길이다. '몸은 청렴함에 부합된다身中淸'는 말은 세속에 물들지 않고 고고함을 유지한다는 뜻이고, '벼슬을 버리는 것은 권도에 부합된다廢中權'는 말은 책략을 써 교묘하고 안전하게 사라짐을, 몸을 온전하게 하여 물러남을 뜻한다. 공자는 우중虞仲과 이일夷逸이 이런 유형에 속한다고 말했는데, 사실 도망간 미자微子 역시 이런 유형에 속한다고 하겠다.

공자 역시 다른 정견을 갖고 있던 자였을진대, 이 세 가지 길 가운데 그는 어떤 길을 택했을까? 이에 대해 그는 자신은 아무것도 택하지 않는다고, "나는 이들과 달라서, 꼭 그래야 한다는 것도 없고 꼭 그래서는 안 된다는 것도 없다"[9]고 말했다.

첫째, 산림에 은거하면서 말하지 않는 것을 그는 할 수 없었다. 그는 정치에 미련을 버리지 못했다. 정치는 도시에서 이루어지기에 그는 농촌에 가서 고향 친구들과 농사를 지으며 정착하려 하지 않았다. 그는 농사짓는 일을 매우 싫어했다.

둘째, 그는 미친 척하면서 도시 안에 살며 정치를 피할 수도 없었다.

셋째, 그는 통치자의 강함에 강함으로 응하며 죽기 살기로 부딪혀 헛되이 목숨을 버리지도 못했다.

그가 택한 것은 통치자에게 집요하게 매달리는 것이었다. 원칙도 버릴 수 없고, 운명도 저버릴 수 없으며, 기회는 더욱 놓칠 수 없다는, 이 세 가지를 모두 버릴 수 없다는 것이었다. 그는 굳은 결의로 반복해서 통치자들을 대하며 끈덕지게 권고를 했다. 이 사람이 말을 듣지 않으면 다시 다음 사람을 찾아나서는 일을 꿈에서 주공을 볼 수 없을 때까지 했다.

「미자」 편에서 공자가 언급한 은자들 중 일부는 고대의 명사들이고, 일부는 열국을 주유하던 중 길에서 우연히 마주친 괴짜들이었다. 예컨대 초나라 광인 접여가 그랬고, 장저와 걸닉이 그랬으며, 김매는 도구를 멘 노인이 그랬다. 이들은 그가 만났던 네 명의 괴짜이다.(「미자」 18.5-7)

초나라 광인 접여는 공자를 풍자하는 노래를 불렀는데, 그 가사는 이렇다. "봉황아, 봉황아! 어찌 덕이 쇠약해졌느냐? 지나간 것에 대해서는 간언할 수 없지만 앞으로 올 것에 대해서는 아직 늦지 않았으니, 그만두어라, 그만두어라! 오늘날 정치에 종사하는 자들은 위험하다."[10] 공자가 그와 이야기를 하고 싶어하자, 그는 고개를 돌리고 가버린다. '그만두어라, 그만두어라'는 말은 '됐다, 됐다, 당신은 일찌감치 쉬는 게 좋겠다'는 뜻이고, '오늘날 정치에 종사하는 자들은 위험하다'는 말은 벼슬하는 자들이 다 썩어 문드러졌는데, 무엇 하러 그런 자들과 쓸데없이 말을 하느냐는 뜻이다. 미생묘微生畝라는 사람 또한 공자에게 "그대는 어찌하여 그렇게 분주한가? 바로 말재주를 부리기 위한 것이 아닌가?"[11] 하고 묻자 공자는 "말재주 부리려는 것이 아니라 완고한 이들을 미워해서입니다"[12]라고 말한다. 자신이 말이 많은 것이 아니라 단지 저들이 너무 완고하다는 것이다.

장저長沮와 걸닉桀溺 또한 공자를 조소하며 온 세상이 도도히 흐르는

데 그 누가 그것을 바꿀 수 있겠느냐고, '사람을 피하는 선비辟(避)人之士'를 따라다니느니 차라리 '세상을 피하는 선비辟(避)世之士'를 따라다니라고 한다. 그러자 공자는 어쨌든 자신은 조수와 함께 무리를 지어 살수는 없다고, 자신이 사람과 함께하지 않으면 그 누구와 함께하겠느냐며, 만약 좋은 세상이라면 자신이 그것을 바꿀 필요도 없었을 것이라고 한다.

김매는 도구를 멘 노인荷蓧丈人 또한 공자를 업신여겨 자로에게 "손발을 부지런히 놀리지 않고, 오곡도 분별하지 못하는데 누가 자네의 선생인가?"[13]라고 말한다. 몸소 밭을 갈려 하지 않고 농사를 짓는 일에 대해 허세를 부리는 공자를 업신여긴 것이다.

위 사람들의 말은 모두 괴상야릇하고, 공자를 본체만체하는 등 무례했지만, 공자는 이들에게 예를 갖췄다. 그들이 공자를 비판한 말들은 매우 듣기 거북하여 공자는 그 말들을 듣고 기분이 그리 좋지 않았을 테지만, 그 해에 공자는 딱 60세, 즉 그가 말하는 '귀로 다 들어 넘기는' 해가 되었기에, 다 들어 넘길 수 있었다.

공자와 그들의 차이는 무엇이었을까? 석문에서 새벽에 문을 열어주는 사람이 제대로 말했다. 공자는 "안 된다는 것을 알면서도 하려고 하는 사람"[14]이라고 말이다. 반면 위의 사람들은 공자와는 완전히 상반되었다. 그들은 '안 된다는 것을 알고 하지 않는' 이들이었다.

상술한 은자들은 비록 죽은 사람들이 아니고 '인한 사람'이라는 말에도 어울리지 않지만, 고대에 '인한 사람'이란 모두 협력하지 않는 자들이었으므로, '인한 사람'과 크게는 같은 유형에 속한다 하겠다. 도도히 흐르는 이 세상에서 오직 이들만이 스스로의 도덕적 절개를 지켰다. 그들 앞에서 공자는 그들에 대해 탄복하고 자신에 대해 부끄러움을 느꼈다. 왜냐하면 그는 이 사람들이 비록 세상에는 도움이 되지 않지만 도덕을 논하자면 이들이 가장 고매함을, 심지어 자신보다 더 고매함을 알았기 때문이다.

성인은 죽은 사람이므로 공자는 자칭 성인이라 함이 불가했다

성인은 공자가 만들어낸 말이 아니다. 옛사람들은 모두 성인에 대해 말했다.

성인은 성자라고도 부르는데, 여기서 '성'이란 총명함을, 그것도 일반적인 총명함이 아닌 그 누구도 비할 수 없이 대단히 총명함을 가리킨다. 하지만 단지 총명하다고 해서 성인이 될 수 있을까? 그럴 수 있는 것도 아니다. 그에게는 유아독존의 위치에 앉는 권세 또한 있어야 한다. 따라서 옛사람들이 말하는 성인은 사실은 권력이 없으면 될 수가 없는 성왕聖王이었다. 이는 내가 만들어낸 것이 아니다. 선진시대의 고서에서 다 그렇게 이야기하고 있다.

총명한 통치자라야 비로소 성인이라 부른다. 이를 현대어로 번역한다면 '영명한 지도자'가 될 것이다. 과거에 대신들은 황제에게 아첨을 할 때 '황상께서는 성명하십니다皇上聖明'라고 즐겨 말하곤 했다. 하지만 공자는 복고파로, 그가 말하는 성인은 일반적인 군주가 아니었다. 살아 있는 통치자는 성인이 될 자격이 없었다.

옛사람들은 죽은 사람들을 두려워했는데, 죽은 사람 중 최고의 우

두머리가 바로 성인이었다. 성인에 대해 이야기하기만 하면 누구나 숙연히 경의를 표했다. 『논어』 『묵자』 『노자』 모두 경의를 표했다. 『노자』의 경우 성인에 대한 언급은 공자보다도 많아 81장 가운데 3분의 1은 모두 성인을 가지고 이야기를 했다. 이들은 모두 성인을 숭배했다.

공자는 사람을 볼 때 기본적으로 거꾸로 보았다. 모래시계의 모래가 첨탑을 이루었을 때 성인이란 그 뾰족한 끝에 있는 몇 사람이라 하겠다. 좋은 사람은 죽은 사람 중에 많고, 나쁜 사람은 오늘날 많다. 좋은 사람의 태반은 고대에 살았던 사람이고, 성인은 이 좋은 사람들 중에서도 대단히 좋은 사람으로, 이들은 역사의 최고봉 위에 단정히 앉아 오늘날의 세계를 통치하고 있다.

이러한 성인은 후세의 성인과는 다르다. 후세의 성인이란 첫째는 거짓이고 둘째는 썩었다.

속담에 좋은 사람은 늘 다수라는 말이 있는데, 사람들은 모두 이 말을 믿는다. 오직 장자만이 이에 맞서 기어코 나쁜 사람이 많다고 말했다. 그는 심지어 "성인은 죽지 않고 큰 도적은 그치지 않는다"[15]라고까지 했다.

장자의 위의 말은 자못 괴상하여 과거에는 이해하지 못하다가 이제야 이해하게 되었다. 일찍이 공자가 살던 시절에는 예악이 무너져 극히 드물 정도로 좋은 사람이 많지 않았으며, 더군다나 뒤로 갈수록 점점 더 적어졌다. 성인이 희소해지고 공급이 부족해지면 두 가지 반응이 생겨난다. 한 가지는 수요를 자극하여 사람들의 구미를 당기게 하는 것이다. 성인이 없을수록 사람들이 더욱 성인을 기대하게 하는 것으로, 자공 같은 이가 그랬다. 다른 한 가지는 공급이 영이 되면 수요도 영이 되게 하는 것이다. 난세에는 성인에 대해 이야기를 하면 할수록 거짓이 되므로, 사람들로 하여금 (성인이) 있는 것보다 차라리 없는 것이 더 낫겠다고, 아예 죽었다고 치는 것이 낫겠다고 느끼게 하는 것이다. 장자의 위의 말은 후자에 해당되는데, 그의 말에서 우리는 그가 살던 그 시절이 공자가 살았던 시절에 비해 몇 배나 더 나빠졌는지 어렵지 않게 짐작할 수 있다.

우리는 성인이 극히 희소하다는 점을 알아야 한다. 옛사람들은 그런 사람이 수백 년에 한 명 나온다고 말했다.

성인은 복고적 냄새와 종교적 냄새를 풍기는 개념이다.

성인이란 어떤 사람인가? 어느 누구도 살아 있는 사람이 아닌, 죽은 사람이다. 그래서 공자는 자신이 성인을 만나지 못했다고 말했다.

공자께서 말씀하셨다. "내가 성인을 만날 수 없으니 군자라도 만났으면 좋겠다." 공자께서 말씀하셨다. "내가 선한 사람을 만날 수 없으니, 변치 않는 사람이라도 만났으면 좋겠다. 없으면서 있는 척하고, 텅 비어 있으면서 가득 찬 척하고, 적으면서 많은 척하면 변치 않기가 어려울 것이다." 子曰, '聖人, 吾不得而見之矣. 得見君子者, 斯可矣.' 子曰, '善人, 吾不得而見之矣. 得見有恒者, 斯可矣. 亡而爲有, 虛而爲盈, 約而爲泰, 難乎有恒矣.' (「술이」 7.26)

성인이 다 죽은 사람이라는 점은 무척 중요하다. 보이는 것보다는 보이지 않는다는 것에 심리학적인 오묘함이 있다. 보이지 않으니 얼마나 좋은가. 이로 인해 당신은 힘써 생각하게 되고, 생각에 부족함이 있기에 더욱더 생각하게 된다.

'선한 사람善人'이라는 말은 『논어』에 다섯 번 나오는데, 그 함의가 명확하지는 않지만, 위의 말을 보건대 '군자君子'나 '변치 않는 자有恒者'보다는 분명히 훨씬 높아 보인다. 아마도 '인한 사람'에 해당될 것이다. '인한 사람' 역시 죽은 사람이다.

위에서 논했듯이 성인이 되려면 반드시 두 가지 조건을 갖추어야 한다. 첫째는 총명해야 한다는 것, 그것도 천부적으로 총명해야 한다는 것이고, 둘째는 백성을 편안하게 하고 대중을 구제할 수 있는 권세를 가져야 한다는 것이다. 이 두 가지 조건을 갖추지 못하면 성인이 될 수 없다.

천부적으로 총명해야 한다는 것, 대단히 총명해야 한다는 것은 귀족-혈통론적인 개념인데, 공자는 그 점을 믿었고, 옛사람들 모두 그 점을 믿었다. 그런데 공자는 자신이 천부적으로 총명하다고 말한 적이 없고, 도리어 자신은 그런 사람이 아니라고 재차 선언했다.(「술이」 7.20) 그는 자신이 첫 번째 조건을 갖추지 못했다고 말했다. 그리고 두 번째 조건 역시 공자는 갖추지 못했다. 그는 일생에서 총 14년 동안 관직에 있었다. 노나라에서 4년, (두 번을 합쳐) 위나라에서 7년, 진陳나라에서 3년 벼슬을 했을 뿐이며, 그는 군주도 아니었다.

성인은 요·순이며, 요·순은 죽은 사람이다. 공자는 결코 자신을 요·순에 비하지 않았다. 그러니 우리가 그를 성인이라 칭하는 것은 그를 욕하는 것과 같다. 그라면 그렇게 말하지 않았을 것이다.

'인자仁者' 또한 아무한테나 붙이겠는가

공자가 주창한 '인'은 매우 높은 도덕적 요구로, 그것은 성인보다는 낮고 군자보다는 높다.

하루는 자공이 공자에게 만일 어떤 사람이 "백성들에게 널리 베풀어 대중을 구제할 수 있다면博施於民而能濟衆" 인한 사람이라 할 수 있느냐고 묻자, 공자는 그것이 어찌 인에만 그치겠느냐고, 바로 성인이라고 말한다. 요·순이 살았던 때조차도 그것은 실현하기 어려웠다고 한다. 그는 인한 사람이란 자신만을 제대로 관리하는 사람이 아니라, 자신을 미루어 타인에게까지 미칠 수 있는 사랑을 타인에게 베풀어 "자기가 서고자 하면 남을 세워주고, 자기가 통달하고자 하면 남을 통달하게 해주는"16 사람이라고 한다. 그렇지만 인한 사람의 수중에는 권한이 없어, 이리저리 미루어보았댔자 범위도 비교적 좁고 돕는 사람도 비교적 적어 성인과는 비할 수 없다. 성인이 사랑을 베푸는 것은 백성에게 널리 베푸는 것이며, 그가 돕는 사람은 소수의 몇몇 사람이 아닌, '대중衆'이라는 많은 사람들이다. 여기서 말하는 '인人'과 '민民'은 크게 다르다. 공자가 말하는 '인人'이란 군자로, 상류사회의 사람만을 가리킨다. 반면 '민'은 백성, 즉 하층사회에 사는 보통 민중을 가리킨다. 따라서 전국 인민의 구세주라야 성인이라 할 수 있으며, 군자 중의 모범적인 사람은 '인한 사람'이라고 할 수밖에 없다.

또 하루는 자로가 공자에게 물었다. 원래는 군자에 관해 물었는데, 이에 대해 공자는 "경건하게 자신을 닦는 것修己以敬", 즉 자신의 인격을 잘 갖추어 타인을 대할 때 예의 바르고 공손하게 대하는 것이라고 답하였다. 그러자 자로는 그것보다 더 높은 요구는 없느냐고 묻는다. 이에 대해 공자는 "자신을 닦아서 사람을 편안하게 해주는 것修己以安人"이라고, 즉 자신의 인격을 잘 갖출 뿐만 아니라 상류사회의 군자들도 편안하게 해줄 수 있는 것이라고 말한다. 이렇게 군자보다 더 높은 사람은 각 측면을 보건대 인한 사람임에 분명하다. 그러자 자로는 다시 그것보다 더욱 높은 요구는 무엇이냐고 추궁한다. 이에 대해 공자는 "자신을 닦아서 백성을 편안하게 해주는 것修己以安百姓"이라고 한다. 그가 "자신을 닦아서 백성을 편안하게 해주는 것은 요임금과 순임금조차 행하기 어렵다고 여기셨다"[17]라고 한 점을 보건대 이는 성인임에 틀림없다. 이로부터 자로가 질문한 세 종류의 사람 중 하나가 다른 하나보다 높다는 점이 충분히 설명된다. 성인이 가장 높고 인한 사람은 그 다음이며 군자가 가장 낮다. '경건하게 자신을 닦는 것', '자신을 닦아 사람을 편안하게 해주는 것', '자신을 닦아 백성을 편안하게 해주는 것'은 이처럼 다르다.

공자가 말한 인한 사람이란 매우 높은 칭호로 그는 결코 쉽게 누군가를, 특히 정치를 하는 사람들을 인한 사람이라 인정하는 데에 인색했다.

예컨대 초나라의 영윤 자문子文과 제나라의 진문자陳文子가 모두 명성이 자자하자 자장이 공자에게 이렇게 물었다. "영윤인 자문은 세 번 영윤의 벼슬을 지냈지만 기뻐하는 기색이 없었고, 세 번 파면되었는데도 성내는 기색이 없었으며, 전임 영윤의 정무를 반드시 신임 영윤에게 알려주었습니다"[18]라고 하면서 인하다고 하기에 충분하냐고 묻는다. 그러자 공자는 그것은 충忠이라고 할 수 있을 뿐 인이라고 하기에는 부족하다고 말한다. 다시 자장이 공자에게 이렇게 묻는다. "최자가 제 나라 임금을 시해하자 진문자는 40필의 말과 10대의 수레를 가지고 있었으나 그것들을 버리고 그 나라를 떠났습니다. 다른 나라에 이르러 말하기를 '우리나라의 대부 최자와 똑같구나' 하고 떠났습니다. 다른 나라에 이르러서도 또 말하기를 '우리나라의 대부 최자와 똑같구나'라고 말하고 떠나버렸습니다"[19]라고 하면서 인이라 하기에 충분하냐고 묻는다. 그러자 공자는 그것은 청렴하다淸고 말할 수 있을 뿐 인이라고 하기에는 부족하다고 말한다. 이렇게 이들은 모두 인이라고 하기에는 부족했다.

그 외에 또 있다. 공자 문하의 제자 중 중유와 염구에게는 정사를 돌보는 재주가 있었고, 공서적은 의례를 잘 아는 등 모두 공자의 마음에 든 문하생들이었다. 그런데 맹 씨 가문의 맹무백孟武伯이 공자에게 이 세 사람을 인하다고 하기에 충분하냐고 묻자 공자는 이렇게 말한다. "자로는 천 대의 전차를 지닌 나라에서 군사 행정 관리를 하게 할 수는 있지만 자로가 어진지는 모르겠습니다." "염구는 천 가구가 사는 읍과 백 대의 전차를 지닌 대부의 집에서 가신이 되게 할 수는 있지만 염구가 어진지는 모르겠습니다." "공서적은 예복에 띠를 매고 조정에 서서 내빈과 이야기하게 할 수는 있지만 공서적이 어진 사람인지는 모르겠습니다."[20] 이들도 인한 사람이라고 하기에는 부족했던 것이다.

공자는 정치란 피와 더러운 것이 묻기 마련으로 깨끗한 손으로는 그것을 할 수 없다는 점을 잘 알고 있었다. 그리하여 당대에 견줄 만한 사람이 없을 정도로 걸출한 재주와 세상을 구제한 공이 있어 억지로 인하다고 부를 수 있었던 관중을 제외한 정계에서 놀았던 다른 이들은 설사 그들이 인격을 갖추었다 하더라도 인하다고 하기에는 부족하다고 했다. 자로나 자공같이 능력 있는 이들도 매우 부족하다고 했을 뿐 아니라, 제후들의 문을 분주히 두드리던 자신 또한 인하다 하기에는 몸 둘 바를 모를 정도로 자못 부끄럽다고 했다.

우리는 공자의 훌륭한 학생들, 그가 가장 좋아했던 학생들 중 태반이 벼슬을 하지 않았다는 사실에 유의해야 한다. 4과 가운데 으뜸인 덕행과에 속했던 안연·민손閔損·염경冉耕·염옹은 고지식하고 과묵했다. 그들 중 도덕적 수준이 매우 높은 관원이었던 염옹을 제외하면 거의 다 벼슬을 하지 않았으며, 민자건처럼 벼슬을 피해 도망간 이들도 있었다. 안회 역시 벼슬을 하지 않았다. 집 안에 틀어박혀 책을 읽고, 거친 음식을 먹었으며, 냉수를 마시고 누추한 거리에서 가난하게 살면서도 그 즐거움을 바꾸지 않았으니, 참으로 그는 은자와 비슷했다 하겠다.

공자는 "천하에 도가 있으면 드러내고, 천하에 도가 없으면 은거하라"[21]고 했다. 그는 '은거隱'를 높이 평가했다. 다만 행동이 상반되었을 따름이다. 그가 살던 시대는 그의 기준에 입각해 헤아려보면 명백히 '도가 없는' 시대였는데, 왜 그는 자신을 드러내려 했을까?

그에 대한 답은 정치가는 누구나 실현 가능성을 중시한다는 데 있다. '은거'란 하는 일이 없음을 의미한다. 반면 그는 정치에 미련을 버리지 못했다. 이용할 수 있는 모든 기회를 놓칠 수 없었다. 마치 반짝이는 거울처럼 그는 마음속으로 참으로 인격을 갖춘 사람은 난세에 벼슬하는 일을 치욕으로 여기는 사람이라는 점을 분명히 알고 있었지만 말이다.

이렇게 우리는 그의 내적인 갈등을 이해해야만 비로소 왜 그가 "성인과 어진 사람이라는 칭호를 내가 어찌 감당하겠는가?"[22]라고 했는지를 알 수 있다. 성인과 인한 사람을 공자 자신도 감당할 수 없다고 했거늘, 그 누가 감당할 수 있을까?

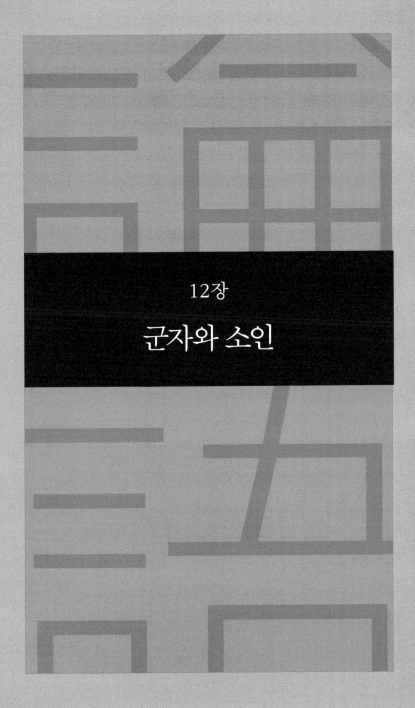

12장

군자와 소인

공자의 인물 품평을 보면 좋은 사람의 경우는 죽은 사람이 많고 나쁜 사람의 경우는 살아 있는 사람이 많으며, 성인이 최고이고, 인한 사람은 그다음이다. 성인과 인한 사람은 좋은 사람이 다수를 차지하던 시대를 살았다. 당시에는 걸이나 주 같은 나쁜 사람도 있었으나, 『논어』에는 한마디도 나오지 않듯이 공자는 이들에 대해 관심을 갖지 않았다. 그는 좋은 사람에 대해 더 많은 관심을 쏟았다. 『논어』에는 주紂가 언급되어 있기는 하지만, 그것은 자공의 입을 통해서이다. 공자는 성인과 인한 사람을 최고 등급의 인품을 갖춘 이로 올려놓음으로써 난세를 살아가는 사람들이 비교하게 하고, 추모의 대상, 따라 배우는 대상이 되게 했다. 이러한 유형의 인물들은 앞서 이야기했으므로 여기서는 다시 토론하지 않겠다.

공자가 말한 좋은 사람 중에 성인이나 인한 사람보다 낮은 것으로 이른바 군자라는 것도 있다. 이것은 그에게, 그리고 그의 학생에게 가장 현실적인 목표였다. 성인과 인한 사람 아래에 있는 사람은 군자와 소인으로 나뉠 수 있다. 군자와 소인은 유가에서 제일 즐겨 논하는 것으로, 공자 자신만 군자와 소인을 엄격히 구분했던 것은 아니었다. 그의 학생, 그리고 그의 학생의 학생 중에 군자와 소인의 구분을 강조하지 않은 이는 없었다.

공자가 군자라 평한 이들은 누구일까

『논어』에 공자가 이름을 드러내놓고 군자라고 말한 이들로는 세 사람밖에 없다.

첫 번째 인물은 위나라의 거백옥蘧伯玉이다. 기원전 544년에 오吳나라의 계찰季札이 위나라를 방문했을 때 위나라의 6군자인 거원蘧瑗·사구史狗·사추史鰌·공자형公子荊·공숙발公叔發·공자조公子朝를 크게 칭송하면서 "위나라에는 군자가 많다"고 한 적이 있다. 공자도 위나라를 군자국이라고 여겨 열국을 주유하던 기간 동안 주로 가 있었던 나라는 위나라였다. 그는 "군자다. 거백옥은. 나라에 도가 있으면 벼슬을 하고, 나라에 도가 없으면 거두어 감출 수 있구나!"라고 말했다. 사마천은 '공자가 스승으로 여겨 섬긴 사람'이 모두 여섯이라 했는데, 그 안에는 거백옥도 있다.(「중니제자열전」) 위나라에 있을 때 공자는 거백옥의 집에 머문 적도 있다.(「공자세가」)

두 번째 인물은 그의 학생 복자천宓子賤이다. 그는 "이 사람은 군자로다. 노나라에 군자가 없었다면, 이 사람이 어디에서 이러한 덕을 취했겠는가?"1라고 했다.

세 번째 인물은 그의 학생 남궁괄南宮适이다. 남궁괄이 공자에게 "예
는 활을 잘 쏘았고, 오는 배를 육지로 끌었지만 모두 제 명대로 죽지
못했습니다. 우와 직은 몸소 농사를 지었는데도 천하를 소유하였습니
다"2라고 묻자 공자는 대답하지 않고 있다가 그가 간 후에 "군자다, 이
사람은. 덕을 숭상한다, 이 사람은"3이라고 말했다.

위의 세 사람은 모두 공자와 동시대의 인물들로, 한 사람은 외국의
정치가이고, 나머지 두 사람은 그의 학생이었다. 이들은 모두 대단한
인격을 갖춘 사람들이었다. 군자는 어떤 사람인가? 대체로 이런 사람
들이다. 하지만 우리는 공자가 마음속에 그린 군자가 겨우 이 세 사람
뿐이고 다른 사람들은 군자가 아니라고 생각해서는 안 된다. 사실상
군자는 희귀하지 않고 매우 많았다. 일류의 인격을 갖추기만 하면 누
구나 군자가 될 수 있었다.

군자는 귀족이고 소인은 천민이다

군자란 무엇이고 소인이란 무엇인가? 이는 토론해볼 만한 커다란 주
제이다.

군자와 소인이라는 말은 공자가 만들어낸 것이 아니다. 공자 이전에
도 사람들은 이 두 단어를 사용하고 있었다. 선진시대의 고서에서는
이 두 단어가 매우 보편적으로 쓰이고 있다. 13경의 경우 거의 모든 책
에서 이 두 단어가 나오고, 자서子書에서도 보편적으로 사용되고 있다.

또 동주의 금문에도 이 단어가 나온다. 순자는 "군자는 소인의 반대이다"[4]라고 했다. 이 두 말은 서로 반대되는 개념인 것이다.

군자와 소인에 대해 옛사람들은 줄곧 이야기해왔다. 가까이로는 청나라 때까지도 사람들은 그에 대해 논했다. 후대의 용법은 주로 인격의 높고 낮음에 초점을 맞춘 것이었다. 예컨대 『유림외사儒林外史』에서 오경재吳敬梓는 당시의 지식인들을 풍자하면서 이들의 행실이 너무 나쁘다고 하며, 거문고·바둑·글·그림에 각기 능한 시정市井의 보통 사람 네 명을 군자라고 여겼다. 또 고서와 『경화연鏡花緣』의 해외 기담奇談에도 군자국 이야기가 나온다.[5]

인격이 높으면 군자이고 인격이 낮으면 소인이라는 개념은 나중에 생겨난 것, 공자로부터 시작된 개념이다. 공자 이전에는 이와는 달랐거나 적어도 완전히 이런 뜻은 아니었다.

군자와 소인을 뿌리라는 측면에서, 기원이라는 측면에서 말하자면 그것은 우선은 출신의 차이를 가리킨다. 그것은 혈통의 고귀함과 비천함을 가르는 개념이다. 그것은 일종의 계급적 개념이다.

계급사회에 대해서는 당연히 계급 분석을 해야만 한다. 무엇이 계급이고 무엇이 계층인지, 어떻게 정의를 내리고 어떻게 갈라야 하는지에 대해서는 물론 논의를 할 수 있으나, 아무런 구별 없이 모두 똑같다고 한다면 이는 틀린 말임에 분명하다.

문명이 생겨나면서부터 빈부귀천이 생겨나게 되었다. 빈부귀천이 생겨나면서 계급, 계층, 그리고 각종 신분이 생겨나게 되었다. 사람들은 여러 등급으로 나뉘어졌다. 예컨대 귀족과 천민은 모든 문명세계에 존재해온 두 종류의 인간, 최초의 두 종류의 인간이었다. 이 두 종류의 인간은 심지어 고대에만 해당된다고는 할 수 없으며, 사실상 오랜 기간 존속되고 많은 변형이 이루어져, 문명이 크게 발달한 오늘날까지도 완전히 소멸되지 않고 있다. 예컨대 카스트제도 같은 것이 아직도 인도에 존재하고 있고, 유럽에서도 여러 귀족이 여전히 존재하고 있으며, 미국에서 노예제도가 폐지된 이후에도 노예는 지구상에서 소멸되지 않고 전 세계적으로 오늘날에도 여전히 2천만 명 이상의 노예가 있다.

군자라는 말은 본래 귀족사회의 구성원이라는 함의를 띠고 있었다. 심지어 여성까지도 포함해서 말이다.[6] 귀족사회는 혈연관계로 구성된다. 그 사회의 구성원들은 성이 같기만 하다면(성이 다른 귀족은 별도로 논해야 함) 모두 군주의 후예로서, 이미 작고한 군주의 아이들이거나 당대의 군주의 아이들이었다. 그리하여 '군자君子'라 불렀다. 귀족사회는 위로는 천자와 공후公侯가 있고, 아래로는 경대부와 사士가 있었는데, 군자는 이러한 부류의 사람들을 통칭하는 말이었다. 특히 사士라는 계층은 '군자'라는 말로 지칭될 수 있는 기본적인 무리였다.

한편 소인의 본래적인 함의는 군자와는 상반된 것으로서, 그것은 귀족사회 밖에 있는 무리들, 특히 이른바 서인庶人을 가리켰다.[7] 『논어』에서 그것과 비슷한 말로는 민民, 중衆, 백성百姓 등이 있는데, 대부분 군주 혹은 기타 위정자들과 상대되며, 비교적 중립적인 의미로 쓰여 폄하하는 뜻은 별로 없다. 반면 소인은 『논어』에서 폄하하는 의미가 있어, 종종 사람들로 하여금 생활이 궁핍하고 신분이 비천하며 무지몽매하고 도덕이 결핍되어 있는 것과 같은 여러 가지 부정적인 개념을 연상케 한다.

『논어』에서 군자라는 말과 근접하는 개념으로 사士가 있다.[8] 사는 고대사회의 주된 교육 대상이자, 공자의 주된 교육 대상이기도 했다. 선진시대의 자서子書, 예컨대 『묵자』나 『순자』 같은 책에서는 종종 이 두 단어를 합쳐 사군자士君子라 부르기도 했다.

고대에 군자와 관련된 또 다른 단어로는 '대인'이 있다. 대인은 소인과 상대되며, 그 함의는 상반된다. 예컨대 맹자는 늘 이 두 단어를 대비시켜가며 이야기를 했다. 소인은 '힘을 쓰는 자勞力者'이고 대인은 '머리를 쓰는 자勞心者'인데, "머리를 쓰는 사람은 타인을 다스리고 힘을 쓰는 사람은 타인에 의해 다스려진다"[9]고 한 것이 그것이다. 또 공자가 말한 '세 가지 두려워하는 것三畏' 가운데 "대인을 두려워한다"[10]는 것이 있는데, 여기서의 대인도 군자와 그 의미가 가까운 단어이다.[11]

앞서 말했듯이 『논어』의 '인人'과 '민民'은 대구를 이루는 구별되는 것으로, 전자는 군자이고 후자는 소인이다.

공자가 다시 버린 군자에 대한 정의:
신분으로서의 군자와 도덕군자

공자가 살던 시대에는 예악이 무너지고 귀족 전통이 크게 붕괴되어 군자의 개념에 큰 변화가 생겨났다. 귀족사회의 혈통론은 여전히 존재했지만 그 경계선이 이미 타파되어 자못 흐릿해졌다.

서주시대에는 귀족은 귀족, 천민은 천민으로 구별이 아주 분명했다. 공자는 당시의 지식이 가장 풍부하고 도덕적인 사람들이 귀족이었다고 생각했다. 반대로 천민은 무지몽매하고 도덕이 결핍되어 있는 이들을 의미했다.

그런데 공자의 시대는 달라서 귀족이 전면적으로 쇠락해가고 있었다.

첫째 부류는 고위급 통치자들이다. 이들은 진정한 귀족이었으나 가장 옛날 같지 않은 귀족들이기도 했다. 이들은 갈수록 편안하게 즐기기만 하고 진취적인 것은 생각하지 않아, 인격 수양의 측면에서나 문화적 소양의 측면에서나 더 이상 사회의 모범이 되지 못했다. 이들은 게을러져 많은 일들을 아랫사람이 하도록 미루었으며, 이로 인해 실권을 잃고 권력과 이익은 아랫사람들에 의해 조각조각 분할되었다. 마치 큰 권력을 가진 남자를 아내 혹은 아내 수하의 계집종이 겉으로만 떠받들고 아주 편안하게 보살피는 것 같지만 실은 치밀하게 통제를 하는 것처럼 말이다. 이런 상황에 해당되는 예를 멀리서 찾을 필요도 없다. 중국의 마지막 황제들, 예컨대 명대 말기의 만력_{萬曆}황제가 바로 그랬다.

둘째 부류는 귀족사회의 기층이다. 씨족이 분화되고 인구가 증가함에 따라 혈연관계가 흐릿해지고, 계승 계보상의 많은 방계들, 즉 이른바 서자나 '경대부의 적장자 이외의 아들들餘子'은 점차 계승권을 상실한다. 벼슬자리가 없어지고 토지가 없어지며, 실제적인 지위와 수입이 없어져 점차 사회의 기층에 가까워진다. 조상에 기대어 먹고사는 일이 점점 힘들어진다. 가문이 쇠하고 생활이 곤궁해지는 와중에 이들은 갈수록 원초적인 의미의 귀족에서 멀어지지만, 그렇다고 해서 일반 백성들 속으로 들어가지도 않는다. 이들은 계속해서 '가보를 받쳐 들고端譜' 으스대며 더럽게 잘난 척해댄다. 동주시대의 금문에서 우리는 많은 이들이 자신은 누구의 아들이고 누구의 손자라고, 다시 말해 대단한 인물의 먼 친척이라고 하면서 스스로 자신의 가문을 알리기를 좋아했음을 읽어낼 수 있다. 가계를 논하는 가보도 이로 인해 발달하기 시작했다. '가보를 받쳐 들었다'고 할 때의 '가보'란 바로 이런 것을 가리킨다. 이러한 상황의 예도 멀리서 찾을 필요가 없다. 만주족 청나라의 '귀족 자제八旗子弟'들이 바로 그랬다.

바로 이런 배경 속에서 공자는 군자를 두 종류로 나누었다.

하나는 사회의 고위층에 있는 귀족들, 본래적 의미의 귀족들이다. 이들은 대단히 부유하고 귀했으며, 신분이 있고 지위가 있었다. 이들 중 일부는 약간의 인격과 학문을 갖추고 있었을지도 모르나, 많은 이들의 경우 반드시 그런 것들을 갖추고 있었던 것은 아니다. 이들은 진정한 귀족의 진정한 후예였으나, 종종 크게 타락하여 그들의 조상들에 비해 아무리 봐도 귀족 같지 않았다. 이것이 신분으로서의 군자이다.

다른 하나는 몰락한 귀족의 자제이거나 이들과 친척 혹은 친구인 하층 유민遊民들로 이들은 일본의 낭인과 유사했다. 이 가운데 많은 이들은 갈수록 별 볼일이 없어지고 이름이 알려지지 않아 사회적으로 등한시되고 망각된 존재들이었을 것이다. 하지만 사회 밑바닥에서 벗어나 신흥세력이 된 일군의 사람들도 많이 있었다. 이들은 당시의 귀족들보다 지적인 면에서 훨씬 뛰어났을 뿐 아니라, 귀족들이 절대 알지 못하는 밑바닥 세계의 경험도 갖고 있었다. 이들은 상류사회를 질투하면서도 선망하여, 한마음으로 그들을 대신하고 싶어했을 것이다. 『적과 흑』의 쥘리앵 같은 이도 있었겠지만, 인정이 많고 정의감이 강하며 과거를 그리워하여 한마음으로 쇠락해진 사회풍조에서 사람들을 구해내려는 일부 사람들도 있었다. 예컨대 공자가 바로 그랬다. 그는 고대를 기준으로 삼아 새로운 군자의 상을 다시 빚어내려고 했다. 이러한 군자는 종종 출신이 비천했지만 인격과 학문을 갖추고 있어 귀족보다 오히려 더 귀족적이었다. 이들은 본래적 의미의 군자가 아닌 도덕군자였다.

공자가 말한 첫 번째 종류의 군자는 야인野人이나 비부鄙夫와 상대된다. 야인은 촌에 살면서 농사를 지어 먹고사는 사람으로, 오늘날의 말로 하자면 '촌놈'에 해당된다. '야野'는 '국國'에 상대되는 말로, '국'이란 수도 및 도성 밖 교외를 말하는 데 비해, '야'란 교외의 농촌을 말한다. 한편 '비부' 역시 '촌놈'이라는 뜻이지만, '야인'보다도 더 촌스럽고, 우매한 이를 말한다. '야인'이 수도 근처에 사는 촌놈이라면, '비부'는 변방의 현이나 읍에 사는 촌놈으로, 둘 다 신분이 매우 낮은 사람들이다. 공자가 '야인'을 언급한 것은 한 번뿐이고(「선진」 11.1), '비부'를 언급한 것도 두 번뿐이다.(「자한」 9.8, 「양화」 17.15)

첫 번째 종류의 군자에 대해 공자는 얼마 언급하지 않았다. 대략 두 차례였다. 한 번은 자공을 비판할 때였다.(「자한」 9.6) 태재(아마도 노나라의 태재였을 것임)가 자공에게 당신의 선생님은 성인이냐고, 어찌 그리 할 줄 아는 것이 많으냐고 묻는다. 그러자 자공이 자신의 선생님은 "하늘이 성인으로 만들고자 하신天縱之將聖" 분이기에 할 줄 아는 것이 당연히 많다고 말한다. 그러나 자공은 공자가 체면을 봐주지 않고 그 태재가 어떻게 자기를 알겠느냐고 말할 줄은 몰랐을 것이다. 공자는 자신이 젊었을 때 신분이 낮아 여러 가지 "비천한 일을 할 수 있었다故多能鄙事"고 했다. 그리고 군자가 그렇게 "많은 능력이 있겠느냐? 없다君

子多乎哉? 不多也"고 잘라 말한다. 이렇게 '비천한 일'을 할 줄 모르는 군자가 바로 첫 번째 의미의 군자이다.

또 다른 한 번은 공자가 자신의 학생에 대해 논할 때였다.(「선진」11.1) 그는 젊은 시절에 자신에게 예악을 배운 학생들은 야인이 많았는데, 나중에 자신에게 예악을 배운 학생에는 군자가 많다고 말했다.[12] 이렇게 야인과 상대되는 군자 또한 첫 번째 종류의 군자이다.

『논어』에 언급된 '군자'라는 말의 절대다수는 두 번째 의미의 군자이다. 공자 자신이나 공자의 학생들은 주로 이런 종류의 군자를 목표로 삼았다.

공자의 개념은 귀족-혈통론과 관련이 있기도 하고 구별되기도 한다. 군자를 논함에 있어 그에게는 두 가지 기준이 있었다. 신분으로서의 군자를 논할 때는 혈통을 살펴보았으며, 도덕군자를 논할 때는 겉으로 드러나는 모습을 살펴보았다.

이처럼 공자가 군자를 논의할 때 '드러나는 모습'에 중점을 두었지만 굳이 출신성분을 논한 까닭은, 귀족사회가 붕괴되고 있으나 아직 완전히 붕괴되지는 않았기 때문이다. 그는 귀족세력이 엄존하는 사회에서 출신성분을 논하지 않으면 안 된다는 점을 분명히 알고 있었다. 게다가 그 자신이 바로 몰락귀족이었기 때문에 정서적으로도 그럴 수는 없었다.

이렇게 공자가 드러나는 모습을 중시한 까닭은 귀족사회가 붕괴되고 있으며 보나마나 붕괴될 것이라는 데 있었다. 정세가 불안한 사회에서 그는 차라리 자신의 희망을 일군의 불쌍한 아이들에게 걸고자 했던 것이다.

군자와 소인의 구분

공자의 학파는 유가라 불린다. 그리고 공자는 좋은 사람이 될 것을 주장했다. 하지만 유가라고 해서 모두 좋은 사람이었던 것은 아니다. 하루는 그가 자하에게 "너는 군자다운 유자가 될 일이지, 소인다운 유자는 되지 마라"[13]고 했다. 유가 또한 군자와 소인으로 나뉜다는 점을 알 수 있는 대목이다.

군자는 어떤 특징을 지니고 있는가? (공자 자신의 말에 한정하여) 몇 가지 예를 들어보겠다.

(1) 공자께서 말씀하셨다. "…남이 알아주지 않아도 화내지 않는다면 또한 군자가 아니겠는가?" 子曰, '…人不知而不慍, 不亦君子乎?' (「학이」 1.1)

(2) 공자께서 말씀하셨다. "군자가 먹을 때 배부름을 추구하지 않고, 집에서 지낼 때 편안한 것을 추구하지 않으며, 일은 민첩하게 하고, 말은 신중하게 하며, 도가 있는 사람에게 나아가 자신을 바로잡는다면 배우기를 좋아한다고 말할 수 있다." 子曰, '君子食無求飽, 居無求安, 敏於事而愼於言, 就有道而正焉, 可謂好學也已.' (「학이」 1.14)

(3) 공자께서 말씀하셨다. "군자는 그릇처럼 한 가지 용도만 있는 것이 아니다." 子曰, '君子不器.' (「위정」 2.12)

(4) 자공이 군자에 대해서 묻자 공자께서 말씀하셨다. "군자는 먼저 할 말을 실천한 후에 그 말이 뒤따른다." 子貢問君子. 子曰, '先行其言, 而後從之.' (「위정」 2.13)

(5) 공자께서 말씀하셨다. "군자는 말은 어눌하게 하고 행동은 민첩하게

하려 한다." 子曰, '君子欲訥於言而敏於行.' (「이인」 4.24)

(6) 공자께서 말씀하셨다. "질박함이 꾸밈을 넘어서면 거칠어지고, 꾸밈이 질박함을 넘어서면 겉만 화려해진다. 꾸밈과 질박함이 조화를 잘 이루어야 군자다." 子曰, '質勝文則野, 文勝質則史. 文質彬彬, 然後君子.' (「옹야」 6.18)

(7) 공자께서 말씀하셨다. "…군자가 부모를 후하게 대하면 백성들이 인의 기풍을 일으키고, 옛 친구를 버리지 않으면 백성들이 각박해지지 않는다." 子曰, '…君子篤於親, 則民興於仁. 故舊不遺, 則民不偸.' (「태백」 8.2)

(8) 사마우가 군자에 대해서 물었다. 공자께서 말씀하셨다. "군자는 근심하지 않고 두려워하지 않는다." 사마우가 말했다. "근심하지 않고 두려워하지 않으면 군자라고 할 수 있습니까?" 공자께서 말씀하셨다. "마음속으로 반성하여 부끄러울 것이 없으면 무엇을 근심하고 무엇을 두려워하겠는가?" 司馬牛問君子. 子曰, '君子不憂不懼.' 曰, '不憂不懼, 斯謂之君子矣乎?' 子曰, '內省不疚, 夫何憂何懼?' (「안연」 12.4)

(9) 극자성이 말했다. "군자가 바탕만 있으면 됐지, 문은 해서 무엇 합니까?" 자공이 말했다. "아쉽습니다. 군자에 대한 그대의 생각이 말입니다. 혀는 한번 놀리면 네 마리의 말이 끄는 수레도 따라가지 못하는 법입니다. 문은 바탕과 마찬가지로 중요하고 바탕은 문채와 마찬가지로 중요합니다. 털을 뽑아버린 호랑이나 표범 가죽은 털을 뽑아버린 개나 양 가죽과 같습니다." 棘子成曰, '君子質而已矣, 何以文爲?' 子貢曰, '惜乎, 夫子之說君子也, 駟不及舌. 文猶質也, 質猶文也. 虎豹之鞟猶犬羊之鞟.' (「안연」 12.8)

(10) 공자께서 말씀하셨다. "군자의 도가 세 가지인데, 나는 잘하는 것이 하나도 없다. 어진 사람은 근심하지 않고, 지혜로운 사람은 미혹되지 않으며, 용감한 사람은 두려워하지 않는다." 자공이 말했다. "선생님께서는 자

기 자신에 대해 말씀하신 것이다."子曰, '君子道者三, 我無能焉: 仁者不憂, 知(智)者不惑, 勇者不懼.' 子貢曰, '夫子自道也.' (「헌문」14.28)

(11) 공자께서 말씀하셨다. "군자는 의로 바탕을 삼아, 예로 그것을 행하고, 겸손함으로 그것을 표출하며, 믿음으로 그것을 완성한다. 그래야 군자다."子曰, '君子義以爲質, 禮以行之, 孫(遜)以出之, 信以成之. 君子哉!' (「위령공」15.18)

(12) 공자께서 말씀하셨다. "군자는 장중하기는 하지만 다투지는 않고, 잘 어울리기는 하지만 편당을 짓지는 않는다."子曰, '君子矜而不爭, 群而不黨.' (「위령공」15.22)

(13) 공자께서 말씀하셨다. "군자는 말을 가지고 사람을 기용하지 않고 사람으로 인해 그 사람이 한 말을 없애지 않는다."子曰, '君子不以言擧人, 不以人廢言.' (「위령공」15.23)

(14) 공자께서 말씀하셨다. "군자는 바른 도를 지키되 작은 신의에 구애되지 않는다."子曰, '君子貞而不諒.' (「위령공」15.37)

(15) 자공이 말했다. "군자도 미워하는 것이 있습니까?" 공자께서 말씀하셨다. "미워하는 것이 있다. 남의 나쁜 점을 말하는 사람을 미워하고, 아랫자리에 있으면서 윗사람을 헐뜯는 사람을 미워하며, 용감하지만 예가 없는 사람을 미워하고, 과감하지만 꽉 막힌 사람을 미워한다." 공자께서 말씀하셨다. "단목사야, 너도 미워하는 것이 있느냐?" 자공이 말했다. "남의 것을 절취하는 것을 지혜로운 일로 여기는 사람을 미워하고, 공손하지 않은 것을 용감한 것으로 여기는 사람을 미워하며, 남의 비밀을 들추어 공격하는 것을 정직한 일로 여기는 사람을 미워합니다."子貢曰, '君子亦有惡乎?' 子曰, '有惡. 惡稱人之惡者, 惡居下(流)而訕上者, 惡勇而無禮者, 惡果敢而窒者.' 曰, '賜也亦有惡乎?' '惡徼以爲知(智)者, 惡不孫(遜)以爲勇者, 惡訐以爲直者.' (「양화」17.24)

위의 15단락은 모두 군자에 대해 논한 것이다. 소인은 이와 상반된다. 『논어』에서 군자와 소인은 자주 대비되어 논해진다. 예컨대 다음과 같은 말들이 그렇다.

(1) 공자께서 말씀하셨다. "군자는 단결하되 당파를 만들지 않으며, 소인은 당파를 만들되 단결하지 않는다." 子曰, '君子周而不比, 小人比而不周.' (「위정」 2.14)

(2) 공자께서 말씀하셨다. "군자는 의로 이해하고 소인은 이익으로 이해한다." 子曰, '君子喩於義, 小人喩於利.' (「이인」 4.16)

(3) 공자께서 말씀하셨다. "군자는 덕을 생각하고 소인은 살 곳을 생각하며, 군자는 형벌을 생각하고 소인은 혜택을 생각한다." 子曰, '君子懷德, 小人懷土. 君子懷刑, 小人懷惠.' (「이인」 4.11)

(4) 공자께서 말씀하셨다. "군자는 넓고 평탄하며, 소인은 항상 근심한다." 子曰, '君子坦蕩蕩, 小人長戚戚.' (「술이」 7.37)

(5) 공자께서 말씀하셨다. "군자는 남의 좋은 점은 이루어주고 남의 나쁜 점은 이루어주지 않는다. 소인은 이와 반대이다." 子曰, '君子成人之美, 不成人之惡. 小人反是.' (「안연」 12.16)

(6) 공자께서 말씀하셨다. "군자는 조화를 추구하되 동일함을 추구하지 않으며, 소인은 동일함을 추구하되 조화를 추구하지 않는다." 子曰, '君子和而不同, 小人同而不和.' (「자로」 13.23)

(7) 공자께서 말씀하셨다. "군자는 섬기기는 쉬워도 설득하기는 어렵다. 도로써 설득하지 않으면 기뻐하지 않으며, 사람을 부릴 때에는 기량에 따라 부린다. 소인은 섬기기는 어려워도 설득하기는 쉽다. 도로써 설득하지

않더라도 기뻐하며, 사람을 부릴 때에는 완벽하게 갖출 것을 요구한다."子曰, '君子易事而難說也. 說之不以道, 不說(悅)也. 及其使人也, 器之. 小人難事而易說也. 說之雖不以道, 說(悅)也. 及其使人也, 求備焉.'(「자로」13.25)

(8) 공자께서 말씀하셨다. "군자로서 인하지 않은 사람은 있지만, 소인으로서 인한 사람은 없다."子曰, '君子而不仁者有矣夫, 未有小人而仁者也.'(「헌문」14.6)

(9) 공자께서 말씀하셨다. "군자는 위에 있는 인의에 통달하고 소인은 아래에 있는 이익에 통달한다."子曰, '君子上達, 小人下達.'(「헌문」14.23)

(10) 진나라에 계실 때 식량이 떨어져 따르던 사람들이 병이 나 일어나지 못했다. 자로가 성이 나 공자를 뵙고 말했다. "군자도 곤궁할 때가 있습니까?" 공자께서 말씀하셨다. "군자도 물론 곤궁할 때가 있는데, 소인은 곤궁하면 제멋대로 행동한다."在陳絶糧, 從者病, 莫能興. 子路慍見曰, '君子亦有窮乎?' 子曰, '君子固窮, 小人窮斯濫矣.'(「위령공」15.2)

(11) 공자께서 말씀하셨다. "군자는 자신에게서 구하고, 소인은 남에게서 구한다."子曰, '君子求諸己, 小人求諸人.'(「위령공」15.21)

(12) 공자께서 말씀하셨다. "군자는 작은 일로는 알 수 없지만 큰일을 맡길 수 있고, 소인은 큰일을 맡길 수 없고 작은 일로도 알 수 있다."子曰, '君子不可小知而可大受也, 小人不可大受而可小知也.'(「위령공」15.34)

(13) 공자께서 말씀하셨다. "군자는 두려워하는 것이 세 가지 있다. 천명을 두려워하고, 대인을 두려워하며, 성인의 말씀을 두려워한다. 소인은 천명을 알지 못하기 때문에 두려워하지 않고 대인을 업신여기며 성인의 말씀을 모욕한다."孔子曰, '君子有三畏: 畏天命, 畏大人, 畏聖人之言. 小人不知天命而不畏也, 狎大人, 侮聖人之言.'(「계씨」16.8)

(14) 자로가 말했다. "군자는 용감한 것을 숭상합니까?" 공자께서 말씀하

셨다. "군자는 의를 최상으로 여긴다. 군자에게 용감함만 있고 의로움이 없으면 난을 일으킬 것이요, 소인에게 용감함만 있고 의로움이 없으면 도둑질을 하게 될 것이다." 子路曰, '君子尙勇乎?' 子曰, '君子義以爲上. 君子有勇而無義爲亂, 小人有勇而無義爲盜.'(「양화」17.23)

결론: 공자의 인물 품평 기준

공자의 인물 품평 기준은 하나는 도덕, 다른 하나는 지적 능력, 이렇게 둘로 나뉜다. 도덕에 따라 나누면 사람은 주로 위에서 말한 성인, 인한 사람, 군자, 소인, 이렇게 넷으로 나뉜다. 한편 지적 능력에 따라 나누면 사람은 '가장 지혜로운 사람上智', '중간 정도의 지혜를 가진 사람中人', 그리고 '가장 어리석은 사람下愚'으로 나뉜다.[14] 『한서』「고금인표古今人表」에서는 사람을 9등급으로 나누었는데, 이는 위의 두 가지 기준을 종합한 것이라 하겠다.

공자가 군자와 소인을 대비시킬 때 삼은 기준은 주로 도덕이었다. 그가 말한 군자는 인의·효제·충신 같은 도덕을 중시하는 사람이었다. 이들과 소인의 가장 큰 차이점은 다음과 같다.

(1) 군자는 천명을 두려워하고, 관리를 두려워하며, 성인의 말씀을 두려워하는 데 비해 소인은 이와 상반된다.

(2) 군자는 독서인이다. 독서를 하는 것은 벼슬을 하기 위함이다. 벼슬을 하지 못하면 굶을 수밖에 없는데, 굶을 때에도 품격을 유지해야 한다. 소인은

땅을 파먹고 살고 힘에 의존해 밥을 먹고 살며, 배고파 다급해지면 앙앙대며 마구 소리 지른다.

(3) 군자는 부지런히 배우고 묻기를 좋아하며, 먹을 때 배부름을 추구하지 않고, 집에서 지낼 때 편안함을 추구하지 않으며, 물질적인 삶에 그다지 신경을 쓰지 않고 부귀영달에 그다지 마음을 두지 않으며 안빈낙도를 한다. 소인은 가난하면 불안해하고 어떤 도에도 즐거워하지 않는다.

(4) 군자는 생업을 돌보지 않고 농사를 지어 밥을 먹지 않는다. 이들은 향토에 그다지 미련이 없다. 이익을 보고 의로운 것을 잊거나 작은 선심에 매수되지 않는다. 소인은 이들과 상반되어 이익을 보면 의로운 것을 잊는다.

(5) 군자는 '화和(조화)'만을 말할 뿐 '동同(평등)'은 말하지 않는데, 소인은 이와는 상반된다.

(6) 군자는 의를 최고로 여기며 일시적인 분노를 표하지 않으며 소인처럼 윗사람에 대항해 난을 일으키지 않는다.

(7) 군자는 사람됨이 바르고 사람들과 잘 어울리지만, 결코 소인처럼 패거리를 만들어 나쁜 짓을 하거나 사리사욕을 추구하며 쑥덕거리지 않는다.

(8) 군자는 남과 함께 선을 행하고 남의 좋은 점을 이루어주며 남에 대한 나쁜 말을 하지 않고 남의 기반을 무너뜨리지 않는다. 소인은 이와 상반된다.

(9) 군자는 말하기를 좋아하지 않아 종종 말주변이 없고 과묵하나, 일은 민첩하고 부지런히 하며, 오직 말해놓고 실천하지 못할까 걱정한다. 소인은 종종 말이 많고 입조심을 하지 않는다.

(10) 군자는 꾸밈과 질박함이 조화를 잘 이루어 소박하면서도 우아하다. 소인처럼 거칠거나 야만적이지 않다.

(11) 군자의 마음가짐은 비교적 평온하여 늘 근심하지 않고 미혹되지 않으

며 두려워하지 않는 상태를 유지한다. 소인처럼 심리적으로 불안하지 않다.

(12) 군자는 큰 신용을 지키는 데 비해, 소인은 작은 신용을 지킨다.

(13) 군자는 자기에게서 구하는 데 비해, 소인은 남에게서 구한다.

(14) 군자는 말을 가지고 사람을 기용하지는 않으며, 사람이 나쁘다고 해서 그가 한 말까지 없애지는 않는다.

군자와 소인 중에서 군자는 비교적 복잡한 데 비해 소인은 비교적 간단하다. 그가 말한 군자는 신분으로서의 군자와 도덕군자로 나뉜다. 전자는 진짜 귀족이지만 종종 군자답지 못하며, 많은 경우 거짓 군자들이다. 반면 후자는 신분은 낮지만 많은 경우 진짜 군자이다.

이렇게 군자에는 진짜 군자와 거짓 군자가 있는 반면, 소인은 모두 진짜 소인들이다. 소인은 위장할 필요가 없는, 온통 진짜 소인들뿐이다.

공자가 정의를 내린 군자와 소인에는 계급적 편견이 담겨 있다. 마찬가지로 여성에 대한 그의 관점에도 성적 차별 관념이 담겨 있다. 공자는 "여자와 소인은 다루기가 어렵다. 가까이하면 불손해지고 멀리하면 원망한다"15라고 하여 수많은 여성들에게 그다지 예의를 차리지 않고 있다. 여성은 인류 최초의 노예로 줄곧 남성들로부터 업신여김을 당해왔다. 물론 여성 중에도 여성 귀족이 있어 많은 남성들보다 훨씬 대단했지만, 전체로서의 여성은 언제나 다른 이들보다, 전체 남성들보다 한 등급 낮았다. 이는 고대사회의 공통된 인식이었다. 공자가 여성들을 한군데에 모아 그 전체를 소인과 동류라고 한 것, 이것은 『논어』에 명명백백히 쓰여 있는 말이다.

그런데 학자들은 공자의 말씀이 공자의 이미지를 손상시킨다고 생각하여 온갖 방법을 동원하여 이 걸림돌을 제거하려 하나, 사실 그럴 필요가 없다. 이 말의 뜻은 매우 분명하니, 빙빙 돌려 말할 필요가 없다. 곡해는 헛수고가 될 뿐이며, 강변은 무익할 따름이다.

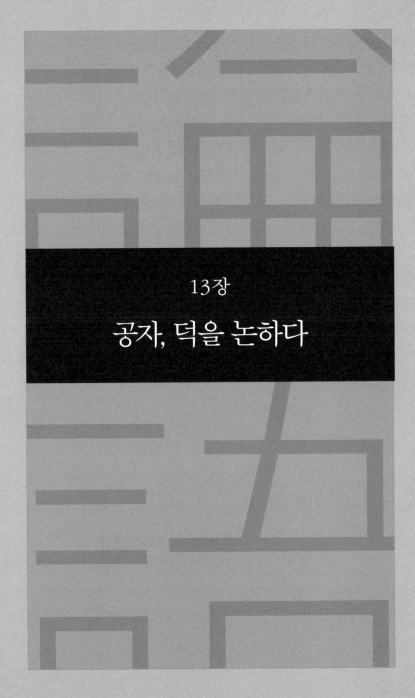

13장

공자, 덕을 논하다

공자의 후학 중에 불일치가 가장 크게 나타나는 것은 맹자와 순자 사이에서이다.[1] 맹자는 성정과 도덕을 위주로 하고 순자는 예법과 제도를 위주로 하여 각기 스승의 학설의 한 측면을 대표하고 있다. 맹자는 '성性'에 치중하여 성선설을 주장하고 덕을 중시한다. 반면 순자는 '습習'에 치중하여 성악설을 주장하고 예를 중시한다. 이들은 사람에 대해 완전히 다른 두 가지 견해를 가지고 있었다.

이제 공자가 덕을 어떻게 보았는지에 대해 살펴보기로 하자. 여기서 나는 그것을 10대 도덕으로 귀납해보았다.[2]

인仁

인이란 무엇인가? 인에 대한 제자들의 물음에 공자가 한 대답은 제각각이다. 각기 겨냥하는 바가 있고 대부분은 정의를 내린 것이 아니다.

예컨대 그는 "감언이설과 꾸미는 얼굴에는 어진 덕이 별로 없다"[3]고 했으며, "강하고 굳세며 질박하고 어눌하면 인에 가깝다"[4]고도 했다. 그는 감언이설을 늘어놓는 사람을 싫어한 반면 과묵한 사람을 좋아했다. 사마우가 인에 대해 묻자 공자는 그의 수다스러움을 탓하며 "어진 사람은 그 말이 어눌하다"[5]라고 함으로써 그에게 할 말이 있어도 참게 했다.

공자는 인에 대해 논할 때면 자주 이것저것 두서없이 말하곤 했다. 겉으로는 인에 대해 말한 듯하지만 사실은 다른 범주에 대해 논하고 있다. 예를 들면 다음과 같다.

(1) 안연이 인에 대해 묻자, 그는 "자기를 이겨 예를 회복하는 것이 인克己復禮爲仁"(「안연」 12.1)이라고 했다. 예에 대해 논하며 개인과 예의 관계에 대해 강조하고 있다.

(2) 중궁이 인에 대해 묻자, 그는 "자기가 원하지 않는 것을 남에게 베풀지 말라己所不欲 勿施於人"(「안연」 12.2)고 했다. 서恕에 대해 논하며 개인과 타인의 관계에 대해 강조하고 있다.

(3) 번지가 인에 대해 묻자, 그는 "집에서 지낼 때에는 공손해야 하고, 일을 할 때는 경건해야 하며, 다른 사람을 대할 때는 충심으로 해야 한다居處恭 執事敬 與人忠"(「자로」 13.19)라고 말하여 인을 세 가지 덕으로 분해시키고 있다.

(4) 자장이 인에 대해 묻자, 그는 "공손함, 너그러움, 미더움, 부지런함, 은혜로움恭寬信敏惠"(「양화」 17.6)이라고 하여 인을 다섯 가지 덕으로 분해시

키고 있다.

그밖에 공자는 인을 논하면서 자주 지智와 용勇을 인의 작용으로 여겨 함께 말하곤 한다. 예를 들면 다음과 같다.

(1) "지혜로운 사람은 물을 좋아하고 인한 사람은 산을 좋아한다知(智)者樂水, 仁者樂山."(「옹야」 6.23)

(2) "지혜로운 사람은 미혹되지 않고, 어진 사람은 근심하지 않으며, 용감한 사람은 두려워하지 않는다知(智)者不惑, 仁者不憂, 勇者不懼."(「자한」 9.29)

(3) "어진 사람에게는 반드시 용기가 있지만 용기가 있다고 해서 반드시 어진 것은 아니다仁者必有勇, 勇者不必有仁."(「헌문」 14.4)

(4) "지혜가 미쳤다 하더라도 인으로 그것을 지켜낼 수 없다면 비록 얻었다 하더라도 반드시 잃게 된다. 지혜가 미치고 인으로 그것을 지킬 수 있었다 하더라도 엄숙함으로 대하지 않으면 백성들이 공경하지 않게 된다. 지혜가 미치고 인으로 그것을 지킬 수 있으며, 엄숙함으로 대했다 하더라도 예로써 백성들을 동원하지 않으면 완전하지 못하게 된다知(智)及之, 仁不能守之, 雖得之, 必失之. 知(智)及之, 仁能守之, 不莊以涖之, 則民不敬. 知(智)及之, 仁能守之, 莊以涖之, 動之不以禮, 未善也."(「위령공」 15.33)

이것들은 모두 인에 대한 답이 아니다.
공자가 제시한 표준 답안은 아래의 두 문장이다.

(1) 번지가 인에 대해 묻자 공자는 "다른 사람을 사랑하는 것愛人"(「안연」

12.22)이라고 대답했다.

(2) 앞서 인한 사람에 대해 이야기할 때 이미 언급했듯이 공자는 인한 사람을 "자신을 닦아서 남을 편안하게 해주는修己以安人"(「헌문」 14.42) 사람, "자기가 서고자 하면 남을 세워주고, 자기가 통달하고자 하면 남을 통달하게 해주는己欲立而立人, 己欲達而達人"(「옹야」 6.30) 사람이라고 설명했다.

여기서 인仁 자는 사람 인人자와 관련이 있다. 첫째, 그것은 '그 사람을 사람답게 한다人其人'는 개념이다. 가장 통속적으로 설명하자면, 그것은 사람을 사람답게 대한다는 것이다. 우선은 '자신을 닦고修己', 즉 자신을 사람답게 대하고 그다음으로는 '남을 편안하게 해주는安人' 것, 즉 다른 사람을 사람답게 대하는 것이다. 둘째, 인人이라는 개념의 범위는 비교적 좁아, 그것은 민民과 등치되지 않는다. 인人은 상류사회의 인사인 데 반해 민民은 대중이다. 이 점은 앞에서 논했으므로 여기서는 재론하지 않겠다.

의義

의義라는 글자를 옛사람들은 '마땅하다宜'는 뜻, 즉 마땅히 어찌해야 한다는 뜻으로 풀었거니와, 그것은 도덕적 자율로 사람들에게 일정한 구속력을 지닌다.

의는 예禮와는 다르다. 예는 외적 규정인 데 비해 의는 내적 구속이다. 예는 의에 비해 훨씬 더 강제성을 띤다.

공자의 군자와 소인에 대한 논의에는 의義와 이利에 관한 변별이 있다. 군자는 의를 기준으로 삼아 의롭지 않은 것은 취하지 않고, 의롭지 않게 얻은 자리에는 머물지 않는 데 반해 소인은 이와는 달리 오직 이로움만을 탐하여 모든 것이 이로운가에 따라 바뀐다. 예를 들면 이렇다.

(1) "군자는 천하의 일에 대해 반드시 그렇게 해야 한다는 것도 없고, 반드시 그래서는 안 된다는 것도 없이, 의를 따를 뿐이다君子之於天下也, 無適也, 無莫也, 義之與比."(「이인」 4.10)

(2) "군자는 의를 바탕으로 삼는다君子以義爲質."(「위령공」 15.18)

(3) "군자는 의로 이해하고 소인은 이익으로 이해한다君子喩於義, 小人喩於利." (「이인」 4.16)

(4) "의롭지 않은 부귀는 나에게는 뜬구름 같은 것이다不義而富且貴, 於我如浮雲."(「술이」 7.16)

(5) "이익을 보면 의를 생각한다見利思義."(「헌문」 14.12) "이득을 얻을 것을 보면 의로운지 생각한다見得思義."(「계씨」 16.10)

의에 대한 공자의 논의에는 세 가지 주목할 만한 것이 있다.

첫째, 의는 용勇과 깊은 관련이 있다는 점이다. 예를 들면 다음과 같다.

(1) 공자는 "의를 보고 행하지 않는 것은 용기가 없는 것이다見義不爲, 無勇也"(「위정」 2.24)라고 했다. 용기는 의에서 나오는 것이다.

(2) 자로가 "군자는 용감한 것을 숭상합니까?" 하고 묻자, 공자는

"군자는 의를 최상으로 여긴다. 군자에게 용감함만 있고 의로움이 없으면 난을 일으킬 것이요, 소인에게 용감함만 있고 의로움이 없으면 도둑질을 하게 될 것이다君子尙勇乎.' '君子義以爲上. 君子有勇而無義爲亂, 小人有勇而無義爲盜."(「양화」 17.23)라고 했다. 용기는 의의 제약을 받아야 한다는 것이다.

둘째, 군주가 신하를 부리는 것도 의이고, 관리가 백성을 부리는 것도 의라는 것이다. 예를 들면 이렇다.

(1) 자로는 김매는 기구를 멘 노인을 비판하며 '임금과 신하의 의君臣之義'를 없애서는 안 되며, 벼슬을 하는 것은 의를 행하는 것이고 숨어서 벼슬을 하지 않는 것은 의가 아니라고 말한다.(「미자」 18.7)

(2) 공자는 '군자의 도'에 네 가지가 있는데, 그 중 하나가 '백성을 부리는 것이 의로운使民也義' 것이라고 했다.(「공야장」 5.16)

셋째, 공자는 잘못을 고쳐 의로 향하는 것을 '사의徙義' 혹은 '지의之義'라고 불렀다.

(1) "백성이 의를 향해 나아갈 수 있도록 힘쓰고 귀신을 공경하되 멀리하면 지혜롭다고 할 것이다務民之義, 敬鬼神而遠之, 可謂知(智)矣."(「옹야」 6.22)

(2) "덕이 닦이지 않고 학문이 논해지지 않으며 옳은 것을 듣고도 그곳으로 나아가지 못하며 선하지 않음을 고치지 못하는 것이 나의 근심이다德之不脩, 學之不講, 聞義不能徙, 不善不能改, 是吾憂也."(「술이」 7.3)

(3) "충심과 미더움을 위주로 하고 의를 향해 나아간다主忠信, 徙義."(「안연」 12.10)

효孝(제悌와 효제孝悌 포함)

효孝라는 글자는 고考, 노老와 뿌리가 같으며, 노인을 봉양한다는 개념과 관련이 있다. 자식으로서 부모를 섬기는 것은 인륜의 근본이다. 그리고 공자가 보기에 그것은 치도治道의 근본이기도 했다. 그것은 사회적 관계의 기초이기도 하고 군신관계의 기초이기도 하다. 그는 효에 대해 논할 때 늘 아버지에 대해 말하고 그다음으로는 부모에 대해 말했다. 어머니만을 말한 적은 한 차례도 없다.

공자의 효에 대한 논의에서 주목할 만한 것으로는 다음의 다섯 가지가 있다.

첫째, 효의 기본적인 의미는 효도를 하고 공경을 하여 매사에 부모님을 따르고 부모님을 공경하는 것이다. 살아 계실 때나 돌아가셨을 때나 늘 효도하고 공경하는 것이다. 부모님이 계실 때에는 절대로 그 뜻을 거스르지 않고 돌아가신 후에도 삼년상을 치르며 아버지의 도를 바꾸지 않는 것을 공자는 '어기는 일이 없다無違'고 했다. 예를 들면 이렇다.

(1) 맹의자孟懿子가 효에 대해 묻자 공자는 그것을 '어기는 일이 없는' 것이라고 정의를 내렸다. 즉 "살아 계실 때 예로 섬기며, 돌아가신 후 장례를 치를 때에도 예로 하고, 제사지낼 때에도 예로 하는生, 事之以禮, 死, 葬之以禮, 祭之以禮"(「위정」 2.5) 것이라고 했다.

(2) 공자는 부모님께 권할 때에는 반드시 완곡하게 하고 그 말을 듣지 않으시면 부모님 뜻대로 할 수밖에 없다고 했다.(「이인」 4.18)

(3) 공자는 부친께서 살아 계실 때에는 아들이 어찌 생각하는지를

살펴보고 부친께서 돌아가신 후에는 아들이 어떻게 행하는지를 살펴보아야 한다고 했다. 여기서 가장 중요하고도 중요한 검증 수단은 부친께서 막 떠나셨을 때, 상을 치르는 동안 그가 어떠냐는 것이다. 상을 치르며 "3년 동안 아버지의 도를 고치지 않아야三年無改於父之道" 비로소 효라 할 수 있지(「학이」 1.11, 「이인」 4.20), 그것을 뜯어고치면 안 된다는 것이다.

둘째, 효란 정성스럽게 부모님을 봉양하는 것이다. 부모님께서 연로하시면 누군가 봉양을 해야 하는데, 단지 기르기만 할 뿐 공경하지 않는다면, 그것은 가축을 기르는 것과 다를 바 없다고 말했다. 예를 들면 이렇다.

(1) 자유가 효에 대해 묻자 공자는 "오늘날 효라고 하면 부모를 봉양하는 것이라고 말하는데, 개나 말도 모두 기르는 일이 있다. 공경하지 않는다면 어떻게 구별이 되겠는가?今之孝者, 是謂能養. 至於犬馬, 皆能有養. 不敬, 何以別乎?"(「위정」 2.7)라고 했다.

(2) 자하가 효에 대해 묻자 공자는 얼굴빛에 공경하는 마음이 있는가 하는 것이야말로 어려운 것이라고 말했다. 단지 어른을 위해 수고를 하고 먹고 마실 것이 있으면 먼저 노인에게 드시게 하는 것만 가지고는 효라고 할 수 없다고 했다.(「위정」 2.8)

셋째, 아들 된 자는 부모님의 연세에 유의해야 한다. 부모님께서 하루가 다르게 연로해지는 일은 기쁘기도 하지만 마음이 쓰이기도 한다.(「이인」 4.21) 또 편찮으실 때에는 더욱 근심스럽다.(「위정」 2.6) 부모님께서 건재하시다면 절대로 집 밖으로 멀리 나가서는 안 된다.(「이인」 4.19) 이러한 것들은 모두 효심이 드러난 것이다.

넷째, 효란 연속되는 것으로, 부모님께서 돌아가신 후에 치르는 상은 매우 중요하다. 삼년상에 대한 공자의 논의는 다음과 같다.

(1) 자장이 『상서』에서 "고종이 여막에 있을 때 삼 년 동안 말을 하지 않았다高宗諒陰, 三年不言"고 했는데 그것이 무슨 뜻이냐고 묻자, 공자는 어찌 고종만 그랬겠냐고, 옛날 사람들이 모두 그랬다고 말했다. 또 옛 군주가 승하하고 새로운 군주가 즉위하면 3년 동안 정사를 돌보지 않고 일체의 정사는 재상에게 맡겨진다고도 했다.(「헌문」 14.40)

(2) 공자가 삼년상을 이야기하자, 재아는 그것이 너무 길다고 여겨, "군자가 3년 동안 예를 행하지 않으면 예는 틀림없이 무너지고, 3년 동안 음악을 익히지 않으면 음악은 틀림없이 무너질 것이니君子三年不爲禮, 禮必壞. 三年不爲樂, 樂必崩"(「양화」 17.21) 1년이면 충분하다고 말했다. 그러자 공자는 화를 내며 재아는 양심이 너무 없다고 말했다. 어린아이가 태어나면 3년은 지나야 비로소 부모의 품에서 벗어나는데 재아는 어찌 은혜에 보답할 줄 모르냐고 하면서 "삼년상은 천하에 통용되는 상인데夫三年之喪, 天下之通喪也" 설마 재아만이 특별히 부모님으로부터 그런 사랑을 받지 않았느냐고 말했다.

(3) 증자는 공자로부터 맹장자孟莊子는 아버지께서 돌아가신 후에도 "아버지의 가신과 아버지의 정책을 바꾸지 않았을不改父之臣與父之政" 정도로 효성은 매우 갸륵했다는 말을 들었다.(「자장」 19.18)

다섯째, 효도는 자애와 양방향적인 관계에 있다. 부모가 자식을 사랑하는 것을 자애慈라고 하고, 자식이 부모를 사랑하는 것을 효도孝라고 한다. '효도와 자애'에 관한 것은 「위정」 2.20에 나온다.

그밖에 효와 관련된 것으로 제悌도 있는데, 그것도 내친 김에 이야기해보자.

고대의 종법제도는 장자에 의해 계승되는 제도로, 큰형을 공경하는 일은 곧 아버지를 계승하는 사람을 공경하는 일이었다. 효가 아들이 아버지를 섬기는 것이라면, 제悌는 동생이 형을 섬기는 것으로 양자는 밀접히 연관되어 있고 자주 함께 거론되었다. 예를 들면 이렇다.

(1) 유자有子는 "사람됨이 부모님께 효도하고 형을 공경하면서도 윗사람 거스르기를 좋아하는 사람은 드물다…부모님께 효도하고 형을 공경하는 것이 바로 사람답게 되는 근본일 것이다其爲人也孝弟(悌), 而好犯上者, 鮮矣…孝弟(悌)也者, 其爲仁(人)之本與(歟)"(「학이」 1.2)라고 말했다.

(2) 공자는 "학생들은 들어가서는 효도하고, 나가서는 공경한다弟子入則孝, 出則弟(悌)"(「학이」 1.6)라고 말했다.

(3) 자공이 어떠해야 선비라고 부를 수 있느냐고 묻자, 공자는 세 마디로 대답했는데, 두 번째 부분에서 "종친들이 효성스럽다고 칭찬하고, 마을 사람들이 공손하다고 칭찬하는 사람宗族稱孝焉, 鄕黨稱弟焉"(「자로」 13.20)이라고 했다.

우友(붕朋, 붕우朋友)

벗友이란 동료, 동업자, 동학을 가리킨다. 벗의 도는 아우의 도의 확대로, 둘은 곧잘 함께 거론된다. 예컨대 혹자가 공자에게 왜 정치에 나서지 않느냐고 묻자, 공자는 『상서』에 "효로다. 부모님께 효도하며, 형제간에 우애롭게 지내어 정치에 영향을 준다孝乎惟孝, 友于兄弟, 施於有政"

(「위정」2.21)라고 되어 있다며, 이 또한 정치가 아니겠느냐고 말한다. 『시경』「소아小雅·유월六月」에는 "장중은 효성스럽고 우애롭다張仲孝友"라고 되어 있고, 『이아』「석훈釋訓」에서는 이 구절을 해석하여 "부모님께 잘하는 것이 효이고 형제에게 잘하는 것이 우애다善父母爲孝, 善兄弟爲友"라고 했다. '효우孝友'도 '효제孝悌'로 이야기할 수 있는 것이다.

공자는 현자를 숭상하여 "어진 친구를 많이 사귀기를 좋아하라樂多賢友"(「계씨」16.5)고 했다. 그가 남긴 명언은 다음과 같다.

(1) "자기보다 못한 사람과 사귀지 않는다無友不如己者"(「학이」1.8)고 하거나 혹은 "자기보다 못한 사람과 사귀지 말라毋友不如己者"(「자한」9.25)고 했다.

(2) "어진 사람을 보면 같아질 것을 생각하고, 어질지 못한 사람을 보면 안으로 자신을 반성하라見賢思齊焉, 見不賢而內自省也."(「이인」4.17)

(3) "세 사람이 길을 가면 반드시 거기에는 나의 스승이 있다. 그 중의 좋은 점을 골라 따르고 좋지 않은 점을 골라 자신의 허물을 고친다三人行, 必有我師焉: 擇其善者而從之, 其不善者而改之."(「술이」7.22)

벗의 도에 대한 공자의 논의에는 두 가지 다른 설이 있다. 하나는 자하에게서 전해진 "사귈 만한 사람과는 함께하고, 사귈 만하지 않은 사람은 거부하라可者與之, 其不可者拒之"(「자장」19.3)고 한 것이다. 아무하고나 막 상대하지 말고 기준을 조금 높이라는 것이다. 다른 하나는 자장에게서 전해진 "군자는 어진 사람을 존경하고 대중을 포용하며, 좋은 사람을 칭찬하고 능력이 없는 사람을 불쌍히 여긴다君子尊賢而容衆, 嘉善而矜不能"(「자장」19.3)고 한 것이다. 자신보다 못한 사람에게 관대하고 마음을 조금 크게 가지라는 것이다. 이 두 가지 설은 모순되어 보이나 사실은 각기 겨냥한 바가 있는 것으로 전자가 엄격함을 위주로 했다면 후자는 관대함을 위주로 하고 있다.

우友에 대한 또 다른 설명은 붕朋으로(「학이」 1.1) 둘은 자주 함께 논해지며 붕우朋友라고도 한다.(「학이」 1.4, 1.7, 「이인」 4.26, 「공야장」 5.26, 「향당」 10.20, 10.21)

고서에서는 '붕우'와 '형제'가 곧잘 함께 거론된다.(「자로」 13.28) 예 컨대 사마우는 형제가 있었으나 모두 품행이 좋지 않아, 그가 "남들은 모두 형제가 있는데 저만 없습니다人皆有兄弟, 我獨亡"라고 하자, 자하는 그를 위로하며 "사해 안에 있는 이들이 모두 형제다四海之內, 皆兄弟也"라 고 말한다.(「안연」 12.5) 바로 붕우로 형제를 대체한 것이다.

충忠

충이란 간단히 말하자면 마음을 다하는 것이다. 충은 충심衷心과 관 련이 있으며, 옛사람들의 해석으로 '중심이 충中心爲忠'이라는 설이 있 다. 한편 공자는 타인을 위해 일을 도모할 때 반드시 온 마음을 다하 고 진심으로 해야 함을 강조했다.

충은 타인을 섬기는 도이고 타인을 위해 일을 도모해주는 도이다. 공자는 "다른 사람을 대할 때는 충심으로 해야 한다與人忠"(「자로」 13.19)고 말했다.

여기서 다른 사람人이란 우선은 나라의 임금이다. 예컨대 공자는 "임 금은 신하를 예로 부리고, 신하는 임금을 충심으로 섬겨야 합니다君

使臣以禮, 臣事君以忠"(「팔일」3.19)라고 말했다. 그다음은 관리이다. 예컨대 공자는 초나라 영윤 자문의 경우, 세 번 영윤 직을 맡았다가 세 번 파면되었거니와, 물러날 때마다 신임 영윤에게 업무를 인수인계했는데, 이 또한 충이라고 했다.(「공야장」5.19) 마지막으로 그것은 일반인을 두루 가리킨다. 예컨대 증자가 말한 '세 가지 반성거리' 가운데 세 번째는 "다른 사람을 위해 일을 도모해줄 때 충심을 다하지는 않았는가?爲人謀而不忠乎?" 하는 것이었다.

충은 여러 가지 개념과 관련이 있다.

첫째는 효이다. 효는 충의 기초로 공자는 "효도하고 자애로우면 백성들이 충성할 것孝慈則忠"이라고 했다.

둘째는 신信이다. 이에 관해서는 다음 절을 참조하라. 공자는 충과 신을 곧잘 함께 거론했는데, 그 빈도가 매우 높았다. 충은 마음을 위주로 하고, 신은 말을 위주로 한다.

셋째는 서恕이다. 충은 마음을 다하는 것이고 서는 이 마음으로 저 마음을 헤아리는 것으로, 양자는 서로 통한다. 공자는 "나의 도는 하나로 꿰뚫어져 있다吾道一以貫之"고 했다. 여기서 말하는 도란 무엇인가? 증자는 "선생님의 도는 충과 서일 뿐입니다夫子之道, 忠恕而已矣"(「이인」4.15)라고 말했다.

넷째는 경敬이다. 충은 타인을 섬기는 것이고 경은 일을 경건하게 하는 것이니, 이것 역시 분리될 수 없다. 예를 들면 다음과 같다.

(1) 계강자가 어떻게 해야 "백성들을 공경하게 하고 충성스럽게 하며 권면하게 할使民敬忠以勸" 수 있냐고 묻자, 공자는 "엄숙하게 대하면 백성들이 공경하고, 효도하고 자애로우면 백성들이 충성하며, 선한 사

람을 등용하여 능력 없는 사람을 가르치면 백성들이 권면할 것입니다臨之以莊則敬, 孝慈則忠, 擧善而敎不能則勸"(「위정」 2.20)라고 말했다.

(2) 번지가 인에 대해 묻자 공자는 "집에서 지낼 때에는 공손해야 하고, 일을 할 때는 경건해야 하며, 다른 사람을 대할 때는 충심으로 해야 한다. 이것은 설사 이적의 땅에 간다 할지라도 버려서는 안 된다居處恭, 執事敬, 與人忠. 雖之夷狄 不可棄也"(「자로」 13.19)라고 말했다.

(3) 공자는 "군자에게는 생각하는 것이 아홉 가지가 있다君子有九思"고 했는데, 그 중에 "말은 충심을 다할 것을 생각하고, 일은 경건히 할 것을 생각한다言思忠, 事思敬"(「계씨」 16.10)라는 말이 있다.

신信(충신忠信 포함)

신이란 간단히 말하자면 말에 책임을 지는 것이다. 신은 말과 관련이 있으며, 옛사람들의 '사람이 말함에 속이지 않는다人言不欺'라는 해석이 있다.

공자는 신信을 중시하였다. 말해놓고 하지 못할까 두려워하여 차라리 조금만 말하라고, 말하지 말라고 했다. 먼저 하고 나서 말하라고, 다 하고 나서 말하라고 했다. 그는 이렇게 말했다.

(1) "사람으로서 신용이 없으면 사람 노릇을 할 수 있을지 모르게 될 것이다人而無信, 不知其可也."(「위정」 2.22)

(2) "옛날 사람들이 말을 쉽게 내뱉지 않았던 것은 실천이 못 미치는 것을 부끄러워했기 때문이다古者言之不出, 恥躬之不逮也."(「이인」 4.22)

(3) "자신을 구속하면서 실수하는 사람은 드물다以約失之者鮮矣."(「이인」 4.23)

(4) "군자는 말은 어눌하게 하고 행동은 민첩하게 하려 한다君子欲訥於言而敏於行."(「이인」 4.24)

(5) "처음에 나는 사람들에 대해서 그 사람의 말을 듣고 그 사람의 행실을 믿었다. 이제 나는 사람들에 대해 그 사람의 말을 듣고 그 사람의 행실을 관찰하게 되었다始吾於人也, 聽其言而信其行. 今吾於人也, 聽其言而觀其行."(「공야장」 5.10)

공자가 말하는 신에서 주목할 만한 것으로는 세 가지가 있다.

첫째, 정치를 할 때 신용이 없을 수 없다. 예컨대 자공이 정치에 대해 묻자 공자는 식량을 충분히 마련하고 무기를 충분히 마련하며 백성들을 믿게 해야 한다고 답한다. 또 그는 이 세 가지 중에서 한 가지를 버린다면 우선은 무기를, 그다음으로는 식량을 버리겠지만, 오직 신용만은 버려서는 안 된다고 말했다. 그 이유는 전사나 아사는 그저 죽는 것일 뿐이기 때문이다. "예로부터 사람들이란 모두 죽게 마련인데 백성들이 믿지 않으면 나라가 존립할 수 없기自古皆有死, 民無信不立"(「안연」 12.7) 때문이다. 통치자가 백성을 다스릴 때에는 반드시 먼저 백성에게 신용을 얻어야 하고, 신하된 자가 임금에게 간언을 할 때에도 먼저 군주에게 신용을 얻어야 한다.(「학이」 1.5, 「자로」 13.4, 「양화」 17.6, 「미자」 19.10, 「요왈」 20.1)

둘째, 벗을 사귈 때에도 신용이 없을 수 없다. 예컨대 증자나 자하는 모두 "벗과 사귈與朋友交" 때 반드시 "말에 신용이 있어야 함言而有信"을 강조했고(「학이」 1.4, 1.7), 자로 또한 "벗들이 서로 신임하게 한다朋友信

之"(「공야장」 5.26)고 말했다.

셋째, 신용에는 큰 신용이 있고 작은 신용이 있다. 큰 신용은 군자가 말하는 신용으로 "언약이 의에 가깝다信近於義"(「학이」 1.13)는 전제하에서 말에 대해 책임을 지는 것이다. 의에 합치되지 않는데 "말에 반드시 신용이 있고, 행동을 반드시 과감하게 하는言必信, 行必果"(「자로」 13.20) 것은 작은 신용, 소인이 말하는 신용에 불과하다.

『논어』에서 충과 신은 함께 거론될 뿐만 아니라(「술이」 7.25), 자주 하나로 합쳐져 논해지곤 한다.(「학이」 1.8, 「공야장」 5.28, 「자한」 9.25, 「안연」 12.10, 「위령공」 15.6) 전국시대에는 '충신忠信'이라는 인장이 크게 유행했었다.

관寬

'관'이란 관용하는 것, 너그럽게 용서하는 것, 다른 이를 받아들이고 용서하는 것이다. 예를 들면 다음과 같다.

(1) 공자는 "백이와 숙제는 지난날의 나빴던 일을 생각하지 않았기에 원망하는 일이 드물었다伯夷叔齊不念舊惡, 怨是用希"(「공야장」 5.23)고 말했다.

(2) 공자는 "자기 자신은 심하게 책망하고, 남은 가볍게 책망한다면 원망하는 일이 멀어질 것이다躬自厚而薄責於人, 則遠怨矣"(「위령공」 15.15)라고 말했다.

(3) 공자는 "너그러우면 많은 사람들을 얻는다寬則得衆"(「양화」 17.6,

「요왈」 20.1에도 이 문장이 있음)고 했다.

(4) 자장은 선생님으로부터 이런 말을 들었다고 했다. "군자는 어진 사람을 존경하고 대중을 포용하며, 좋은 사람을 칭찬하고 능력이 없는 사람을 불쌍히 여긴다. 내가 크게 어질다면 다른 사람에 대해서 용납하지 못할 것이 무엇이고, 내가 어질지 못하다면 다른 사람들이 나를 거부할 수 있을 뿐이지, 어떻게 내가 남을 거부할 수 있겠느냐?君子尊賢而容衆, 嘉善而矜不能. 我之大賢與(歟), 於人何所不容? 我之不賢與(歟), 人將拒我, 如之何其拒人也?(「자장」 19.3)

이러한 품성은 윗사람에게 결여되어서는 안 되는 것이다. 공자는 "윗자리에 있으면서 너그럽지 못하고, 예를 행하면서 엄숙하지 못하며, 상례에 임해서 슬퍼하지 않는다면 내가 어떻게 그것을 볼 수 있겠는가?居上不寬, 爲禮不敬, 臨喪不哀, 吾何以觀之哉?"(「팔일」 3.26)라고 말했다.

서恕

증자는 "선생님의 도는 충과 서일 뿐입니다夫子之道, 忠恕而已矣"(「이인」 4.15)라고 말했는데, 이로부터 공자의 사상에서 서가 매우 중요함을 알 수 있다.

'서'란 무엇인가? 이에 대해 공자는 "자기가 원하지 않는 것을 남에게 베풀지 말라己所不欲, 勿施於人"(「위령공」 15.24)는 정의를 내렸다. 내가 나의 생각을 다른 사람에게 강요해서는 안 된다는 뜻이다. 마찬가지로 다른 사람 또한 자신의 생각을 나에게 강요해서는 안 된다. 이런

'서'는 행하기가 무척 어렵다. 그래서 자공이 "저는 남이 저에게 강요하는 것을 원하지 않고 저 역시 남에게 강요하지 않을 것입니다我不欲人之加諸我也, 吾亦欲無加諸人"라고 하자, 공자는 "사야, 네가 미칠 수 있는 바가 아니다賜也, 非爾所及也"(「공야장」 5.12)라고 말했다.

'서'란 이 마음으로 저 마음을 바꾸어 헤아리는 것이다. 속담에도 "반 근을 여덟 냥으로 바꾸고, 마음을 마음으로 바꾼다半斤換八兩, 人心換人心"는 말이 있다. 옛사람들의 글자를 풀어헤친 해석으로 "마음과 같은 것이 서다如心爲恕"라는 해석도 있다. 이것이 '서'의 본래 의미이다.

'서'는 '인仁'과 관련이 있다. 이 둘은 뗄 수 없는 밀접한 관계에 있다. 다음의 예는 이 점을 증명한다. 중궁이 인에 대해 묻자 공자는 "자기가 원하지 않는 것을 남에게 베풀지 말라己所不欲, 勿施於人"(「안연」 12.2)고 했다. 하지만 엄격히 말하자면 이는 '서'이지 '인'은 아니다.(「위령공」 15.24와 비교해보라.)

우리는 옛사람들이 말한 '서'가 현대어의 '너그러이 용서한다寬恕'는 뜻이 아님에 유의해야 한다. 오늘날 '너그러이 용서한다'는 말이 강조하는 것은 너그러움이다. '용서한다'는 의미도 '관寬'에서 확장된 것으로 '서'와는 무관하다. 우리는 사람을 사람으로 대하는 것이 인仁이고 이 마음으로 저 마음을 바꾸어 헤아리는 것이 '서'라는, '인'과 '서'가 대등함의 원칙을 포함하고 있음에 유의해야 한다.

혹자가 "덕으로 원한을 갚으면以德報怨" 어떠냐고 묻자 공자는 옳지 않다고 한다. 그는 그러면 덕은 무엇으로 갚아야 하느냐고 말한다. 공자가 보기에 올바른 방법은 "등치되는 것으로 원한을 갚고 덕으로 덕을 갚는以直(値)報怨, 以德報德"(「헌문」 14.34) 것이었다. '덕德'이라는 글자는 '직直'에서 소리를 얻은 것으로, 공자는 말장난을 하여 고의적으로 '덕으로 원한을 갚는다以德報怨'는 말을 '등치되는 것으로 원한을 갚는 다以直(值)報怨'는 말로 읽고 있다. 그의 뜻은 '원한과 대등한 것으로 원한을 갚아야 한다'는 것으로, 사실상 이는 원한을 원한으로 갚는 것이다. 공자는 '덕으로 원한을 갚으라'고 말하지 않았다. 『노자』에 와서야 비로소 이러한 견해가 생겨난다. 『노자』의 특징은 부드러운 것, 약한 것, 아래에 있는 것을 귀히 여겼다는 데 있다. 즉 무슨 일이든 뒤로 물러나며 아래로 미끄러져 내려간다는 데 있다. 그것은 대등함을 말하지 않았기 때문에 당연히 이렇게 이야기할 수 있었다.

공恭

'공'은 예禮와 관련이 있다. 그것은 '예모禮貌'의 '모貌'에 해당된다. 예를 들면 다음과 같다.

(1) 유자有子는 "공손함이 예에 가까우면 치욕을 멀리할 수 있다恭近於禮, 遠恥辱也"(「학이」1.13)고 했다.

(2) 공자는 "감언이설을 하고, 얼굴빛을 꾸미며, 공손함이 지나친 것을 좌구명은 부끄러워했는데 나 또한 이를 부끄럽게 생각한다巧言令色足恭, 左丘明恥之, 丘亦恥之"(「공야장」5.25)라고 했다.

(3) 공자의 외모는 "온화하면서도 엄숙하시고, 위엄이 있으면서도 사납지 않으셨으며, 공손하면서도 편안하셨다溫而厲, 威而不猛, 恭而安."(「술이」7.38)

(4) 공자는 "공손하지만 예로 절제하지 않으면 수고스럽다恭而無禮則勞"(「태백」 8.2)고 했다.

(5) 공자는 순임금이 "자신을 공손하게 하여 남쪽을 향해 바로 섰을 뿐이다恭己正南面而已矣"(「위령공」 15.5)라고 했다.

'공'과 '경'은 후세에 자주 하나로 합쳐져 논해졌거니와, 그것들은 『논어』에서도 자주 동시에 출현하나 그 의미에는 차이가 있다. 예를 들면 다음과 같다.

(1) 공자는 자산에 대해 "자신의 행동은 공손하고, 윗사람을 섬기는 것은 경건했다其行己也恭, 其事上也敬"(「공야장」 5.16)라고 말했다.

(2) 자하는 "군자는 조심하여 실수가 없고, 남들과 함께 있을 때 공손하고 예의가 있다君子敬而無失, 與人恭而有禮"(「안연」 12.5)라고 말했다.

(3) 공자는 "집에서 지낼 때에는 공손해야 하고, 일을 할 때는 경건해야 한다居處恭, 執事敬"(「자로」 13.19)고 했다.

(4) 공자는 "군자에게는 생각하는 것이 아홉 가지가 있다.…모습은 공손할 것을 생각하며…일은 경건히 할 것을 생각한다君子有九思…貌思恭…事思敬"(「계씨」 16.10)라고 했다.

공과 경의 주요한 차이는 '공'이 자기 자신, 즉 자신의 외모 및 몸가짐과 관련된 것이라면, '경'은 타인을 섬기는 것, 타인을 위해 일을 해주는 것과 관련된 것이라는 데 있다.

경敬

'경'에는 여러 가지 용법이 있다.

첫째, 그것은 천지를 공경하고 귀신을 공경하는 것이다. 예를 들면 다음과 같다.

⑴ 번지가 지혜에 대해서 묻자 공자는 "백성이 의를 향해 나아갈 수 있도록 힘쓰고 귀신을 공경하되 멀리하라務民之義, 敬鬼神而遠之"(「옹야」 6.22)고 말했다.

⑵ 자하는 자신이 선생님으로부터 "죽고 사는 일은 운명에 달려 있고, 부유함과 귀함은 하늘에 달려 있으므로死生 有命, 富貴在天", 군자는 "공경하여 잃지 않는敬而無失" 태도를 지녀야 한다는 말씀을 들었다고 했다.(「안연」 12.5)

둘째, 그것은 나라의 임금을 공경하고 상급자를 공경하는 것이다. 예를 들면 다음과 같다.

⑴ 공자는 "엄숙하게 대하면 백성들이 공경한다臨之以莊則敬"(「위정」 2.20)고 말했다.

⑵ 공자는 "윗사람을 섬기는 것은 공경스러웠다其事上也敬"(「공야장」 5.16)라고 말했다.

⑶ 공자는 "윗사람이 예를 좋아하면 백성 중에 공경하지 않는 이가 없다上好禮, 則民莫敢不敬"(「자로」 13.4)라고 했다.

⑷ 공자는 "지혜가 미치고 인으로 지킬 수 있었다 하더라도 엄숙함으로 대하지 않으면 백성들이 공경하지 않게 된다知(智)及之, 仁能守之, 不莊以涖之, 則民不敬"(「위령공」 15.33)라고 했다.

위의 네 문장에서는 모두 윗사람을 섬길 때 공경해야 한다고, 즉 아랫사람은 윗사람을 공경하고 윗사람은 아랫사람에 대해 엄숙하라고 말하고 있다.

셋째, 그것은 부모를 공경하는 것이다. 예를 들면 다음과 같다.

(1) 자유子游가 효에 대해 묻자 공자는 부모를 봉양하는 것과 개나 말을 기르는 것은 다르다고 하면서 "공경하지 않는다면 어떻게 구별이 되겠는가?不敬, 何以別乎?"(「위정」 2.7)라고 했다.

(2) 공자는 부모님께 권고할 때는 완곡하게 하되 부모님이 듣지 않으시더라도 "여전히 공경하고 거스르지 않아야 한다又敬不違"라고 말했다.(「이인」 4.18)

넷째, 그것은 일반인을 공경하는 것이다. 예를 들면 다음과 같다.

(1) 공자는 "안평중은 남과 잘 사귀어, 오래도록 존경을 받았다晏平仲善與人交, 久而敬之"(「공야장」 5.17)라고 했다.

다섯째, 그것은 타인을 위해 일을 도모하고 타인을 대신해 일을 해주는 것이다. 예를 들면 다음과 같다.

(1) 공자는 "일을 경건하게 하고 신뢰를 주라敬事而信"고 했다.(「학이」 1.5)

(2) 공자는 "일을 할 때는 경건해야 한다執事敬"라고 했다.(「자로」 13.19)

(3) 공자는 "군주를 섬길 때에는 일은 경건하게 하고 녹봉은 나중 일로 여긴다事君, 敬其事而後其食"(「위령공」 15.38)라고 했다.

(4) 공자는 "일은 경건히 할 것을 생각하라事思敬"고 했다.(「계씨」 16.10)

전국시대에는 '경사敬事'라는 인장이 유행했었는데, 그 뜻은 오늘날의 '자신의 일에 최선을 다한다敬業'는 말에 자못 가깝다.

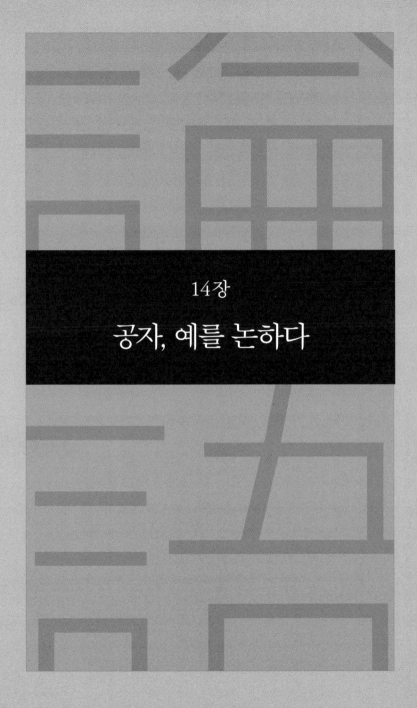

14장

공자, 예를 논하다

공자는 덕을 중시했는데, 이 덕이란 자기 자신이 지니고 있는 것이지만, 타인과 교유할 때 그것은 예와도 분리될 수 없다. 예는 타인을 구속하는 것이기도 하지만, 자기 자신을 구속하는 것이기도 하다. 인품이 아무리 높다 하더라도 덕은 예로 수렴되어야 한다. 이에 그는 예를 매우 중시했다. 따라서 공자의 예에 대한 논의도 정리되어야 할 것이다.

'예악이 붕괴되었다'는 것은 무슨 뜻인가

공자는 삼대가 서로 계승하는 가운데 예의제도에 덜어내고 보탠 것이 있다고 말했다.(「위정」 2.23) "주나라는 하나라와 은나라, 두 왕조를 거울삼아 문화가 찬란하게 빛났다! 나는 주나라를 따를 것이다."[1] 그가 주나라에서 따른 것 중 첫째는 '문무文武'의 도이고(「자장」

19.22), 둘째는 주공의 예였다.(『예기』「명당위明堂位」)

'문무'의 도란 문왕과 무왕의 도이다. 문왕은 인자하다고 칭송되었고 무왕은 용맹스러움으로 유명했다. 왕의 칭호가 꼭 그 인물됨과 맞아떨어졌던 것이다. 이들은 모두 '혁명을 한 성인'에 속한다. 반면 공자의 시대는 주나라 초기와는 500여 년의 거리가 있고 주나라 사람들은 이미 혁명에 이별을 고한 상태였다. 들에서의 피비린내 나는 싸움은 그가 주되게 배울 대상이 아니었다.[2] 그리하여 문왕과 무왕의 도 가운데 그는 문왕의 도를 더 좋아했다. 심지어 그는 문왕의 문文을 전하는 것을 자신의 소임으로 여기고 있다고 말하기도 했다.(「자한」 9.5) 문왕은 우虞와 예芮의 분쟁을 해결했는데, 거기서 이야기하는 것은 양보이고, 노인을 잘 봉양했는데 거기서 이야기하는 것은 효로, 그것들은 모두 도덕에 속하는 것이다. 도덕은 예약의 기초이다. 그리고 공자가 말하는 인도 바로 '문文'에 속한다.

주공 또한 마찬가지이다. 주공이 동쪽을 정벌하고 무경武庚과 삼감三監(관숙管叔, 채숙蔡叔, 곽숙霍叔)의 난을 평정한 것이 무武라면 예약을 제정한 것은 문文이다. 예약은 문이고 정벌은 무로, 그것들은 각기 쓰임이 있다. 그런데 그 중 공자가 더욱 높이 평가한 것은 역시 그의 문이었다.

고대사회에서 예약은 매우 중요했다. 공자는 천하에 도가 있는지의 여부는 예약이나 정벌이 누구에 의해 통제되는가에 달려 있다고 했다.

천하에 도가 있으면 예약과 정벌이 천자에게서 나오고, 천하에 도가 없으면 예약과 정벌이 제후에게서 나온다. 제후에게서 나오면 10세대 만에 나라를 잃지 않는 사람이 드물 것이고, 대부에게서 나오면 5세대 만에 나라를 잃지 않는 사람이 드물 것이며, 가신이 나라의 권력을 잡으면 3세대 만에 나라를 잃지 않는 사람이 드물 것이다. 천하에 도가 있으면 정권이 대부에게 있지 않고, 천하에 도가 있으면 서민들이 정치를 논의하지 않는다.天下有道, 則禮樂征伐自天子出, 天下無道, 則禮樂征伐自諸侯出. 自諸侯出, 蓋十世希不失矣. 自大夫出, 五世希不失矣. 陪臣執國命, 三世希不失矣. 天下有道, 則政不在大夫, 天下有道, 則庶人不議.(「계씨」 16.2)

공자의 시대에 예악과 정벌은 제후에게서 나왔고, 노나라 제후는 삼환에 의해 통제되었으며, 삼환은 양화에 의해 통제되었다. 이에 비추어 헤아려보면 당연히 도가 없는 시대에 해당된다 하겠는데, 후대 사람들은 이를 '예악이 붕괴되었다禮壞樂崩'는 네 글자로 개괄했다. '예악이 붕괴되었다'는 말은 재아의 다음과 같은 말에 전거를 두고 있다.

재아가 물었다. "삼년상이라 하는데, 1년만 해도 충분히 깁니다. 군자가 3년 동안 예를 행하지 않으면 예는 틀림없이 무너지고, 3년 동안 음악을 익히지 않으면 음악은 틀림없이 무너질 것입니다."宰我問, '三年之喪, 期已久矣. 君子三年不爲禮, 禮必壞, 三年不爲樂, 樂必崩.'(「양화」 17.21)

무엇을 일러 '예악이 붕괴되었다'고 하는가? 바로 귀족사회를 지탱하던 법도가 전부 무너졌음을 말한다.

당시의 귀족들은 매우 무례했다. 예컨대 노나라 제후가 체禘 제사를 지내는 것을 공자는 보기 싫어했고(「팔일」 3.10), 삼환이 '옹雍'을 부르며 제물을 치우자 공자는 이를 비꼬았다.(「팔일」 3.2) 그밖에 계 씨가 팔일무를 추게 한 점(「팔일」 3.1), 태산에 제사를 지낸 점(「팔일」 3.6), 전유顓臾를 친 점(「계씨」 16.1), 주공보다 부유한 점(「선진」 11.17) 등을 그는 봐줄 수가 없었다. 다른 나라의 군주, 예컨대 제 경공이나 위 영공 같은 이도 꼴 같지 않았으며, 심지어 그가 가장 찬탄해 마지않았던 관중조차 예를 모른다고 여겼다.(「팔일」 3.22)

무례함을 비판하는 공자의 말은 주로 「팔일」 편과 「계씨」 편에 나온다.

무엇을 일러 '극기복례'라고 하는가

'문혁' 시기, 공자 비판에서 '극기복례'는 비판의 중심점에 있었다. 당시에는 이를 자본주의를 부활시키는 것이라고 했다.

공자는 인을 귀히 여겼다. 그는 예를 논하였으나 그것은 도덕을 기초로 한 것이다. "사람으로서 인하지 않다면 예 같은 것이 무슨 의미가 있고, 사람으로서 인하지 않다면 음악 같은 것이 무슨 의미가 있겠는가?"[3] 그렇지만 거꾸로 말해도 그것은 마찬가지이다. 예는 없고 인만 있어도 안 되는 것이다. 도덕을 중시한다면 극기를 하여 스스로 자신을 잘 통제해야 한다. 그런데 도덕을 통제하는 것은 무엇인가? 바로 예이다. 도덕이란 일단 세상 속으로 들어와 사람과 사람의 관계 속에 가져다놓으면 거기에는 반드시 법도가 있을 수밖에 없다. 법도가 없고 질서가 없으면 도덕 또한 귀착되는 바가 없게 된다. 그런 이유로 그는

'극기복례'를 논해야 했다.

안연이 인에 대해서 물었다. 공자께서 말씀하셨다. "자신을 이겨내 예를 회복하는 것이 인이다. 하루라도 자신을 이겨내 예를 회복하면 천하가 인으로 돌아갈 것이다. 인을 행하는 것은 자기로부터 말미암는 것이지 남으로부터 말미암는 것이겠느냐?" 안연이 말했다. "그 조목을 여쭙겠습니다." 공자께서 말씀하셨다. "예가 아니면 보지 말고, 예가 아니면 듣지 말며, 예가 아니면 말하지 말고, 예가 아니면 움직이지 말라." 안연이 말했다. "제가 비록 명민하지는 못하지만 이 말씀을 따르겠습니다." 顏淵問仁. 子曰, '克己復禮爲仁. 一日克己復禮, 天下歸仁焉. 爲仁由己, 而由人乎哉?' 顏淵曰, '請問其目.' 子曰, '非禮勿視, 非禮勿聽, 非禮勿言, 非禮勿動.' 顏淵曰, '回雖不敏, 請事斯語矣.'(「안연」 12.1)

공자께서 말씀하셨다. "지혜가 미쳤다 하더라도 인으로 지켜낼 수 없다면 비록 얻었다 하더라도 반드시 잃게 된다. 지혜가 미치고 인으로 그것을 지킬 수 있었다 하더라도 엄숙함으로 대하지 않으면 백성들이 공경하지 않게 된다. 지혜가 미치고 인으로 그것을 지킬 수 있으며, 엄숙함으로 대했다 하더라도 예로 백성들을 동원하지 않으면 완전하지 못하게 된다." 子曰, '知(智)及之, 仁不能守之, 雖得之, 必失之. 知(智)及之, 仁能守之, 不莊以涖之, 則民不敬. 知(智)及之, 仁能守之, 莊以涖之, 動之不以禮, 未善也.'(「위령공」 15.33)

예와 덕은 매우 밀접한 관계를 맺고 있으며, 특별히 그것은 인간관계에 반영되어 있다. 예를 들어 집에서 부모님을 어떻게 대해야 하느냐 하는, 부모님께 효도하는 효의 문제는 예와 분리될 수 없다.

하루는 맹의자孟懿子가 효에 대해 묻자 공자는 '어기는 일이 없는 것'이라고 대답한다. 그 후 번지가 모는 수레를 타고 오는 길에 공자는 그에게 이 대화에 대해 이야기한다. 그가 공자에게 무엇을 일러 '어기는 일이 없다'고 하느냐고 묻자, 공자는 "살아 계실 때 예로 섬기며, 돌아가신 후 장례를 치를 때에도 예로 하고, 제사지낼 때에도 예로 하는 것"⁴이라고 말한다. 세 구절에 '예'라는 글자가 세 번 나온다.

또 하루는 방금 언급했던 것처럼 재여가 삼년상에 대해 묻는다. 재여는 3년은 너무 길고 1년만 해도 족하다고, 삼년상을 치른다면 예악이 붕괴될 것이라고 말한다. 이에 공자는 화가 나 그가 양심이 없다고, 부모님께서 길러주신 은혜에 보답할 줄 모른다고 욕을 한다. 그는 이런 예가 없으면 효는 실현될 수 없다고 본 것이다.(「양화」17.21)

그밖에 조정에서 임금에게 충성하고 상급자를 공경하며 동료에게 양보해야 하는 상황도 마찬가지이다. 만일 예가 없다면 도덕 또한 실현될 길이 없다. 예컨대 공자는 "임금을 섬길事君" 때에는 "예를 다해야盡禮" 한다고 했고(「팔일」3.18), "임금은 신하를 예로써 부리고, 신하는 임금을 충심으로 섬겨야 합니다"⁵라고 하여 군신관계가 예를 벗어날 수 없음을 밝혔다.

공자는 "윗사람이 예를 좋아하면 백성을 부리기가 쉬워진다"⁶고 하고 "윗사람이 예를 좋아하면 백성들이 감히 공경하지 않을 수 없다"⁷고 했다. "예를 행하면서 엄숙하지 않으면"⁸ 안 된다고도 하고, "예와 겸양으로 나라를 다스린다면 무슨 어려움이 있겠는가? 예와 겸양으로 나라를 다스리지 못한다면 예 같은 것은 어찌하겠는가?"⁹라고도 했다.

이렇게 예와 덕은 서로 겉과 속을 이룬다.

예를 알지 못하면 설 수 없다

군자는 귀족사회에서 산다. 귀족의 테두리 안에서 뒤섞여 살려면 그 테두리 안에 있는 사람들과 왕래하며 응대하는 법을 배워야 한다. 예를 들어 입을 열어 이야기를 하는 경우, 즉석에서 시를 외워야 한다. 상대편의 화제를 잇고 당시의 분위기에 맞추어 툭하면 두어 마디 읊조려야 한다. 또한 사교 자리에서의 거동에도 많은 법도가 있다. 어떻게 서 있고 어떻게 앉아 있어야 하는지, 어떻게 걸어야 하는지, 일거수일투족이 모두 예에 부합되어야 한다.

공자는 "예를 알지 못하면 설 수 없다"[10]는 말을 남겼는데, 이와 관련해 한 가지 이야기가 전해진다. 하루는 진항陳亢(아마 자공의 학생이었을 것임)이 공리孔鯉(공자의 아들)에게 공리의 아버지가 자신들은 들을 수 없었던 것을 이야기해준 것이 있느냐고 묻는다. 이에 대해 공리는 그런 것은 없었으되, 하루는 뜰을 지나가다 시를 배웠느냐고 묻기에 배운 적이 없다고 했다 한다. 그러자 공자는 "시를 배우지 않으면 말을 할 수가 없다不學詩, 無以言"고 하여 자신은 서둘러 시를 배웠다고 했다. 또 하루는 뜰을 지나가고 있는데 공자가 자신에게 예를 배운 적이 있느냐고 물어 배운 적이 없다고 했다. 그러자 공자는 "예를 배우지 않으면 설 수 없다"[11]고 하여 공리는 서둘러 예를 배웠다. 이 이야기는 「성적도」에 '과정시례過庭詩禮'라는 제목의 그림으로 그려져 있다.

누구든 자신의 인격을 잘 닦고자 한다면 증자처럼 '하루에 세 번 자신을 성찰함'(「학이」1.4)으로써 스스로를 잘 관리하는 것 외에 약간의 법도도 있어야 한다. 특히 외부세계와의 소통은 빼놓을 수 없는 부분인데, 이러한 유의 법도가 바로 예이다.

공자가 말한 네 가지의 '예가 아니면 하지 말라는 것', 즉 "예가 아니면 보지 말고, 예가 아니면 듣지 말며, 예가 아니면 말하지 말고, 예가 아니면 움직이지 말라"[12]는 것은 상하이박물관 초나라 죽간의 「군자위례君子爲禮」에도 언급되어 있는데, 거기에서 안연은 자신은 그런 것들을 할 수 없다고 하고 있다. 선생님이 이야기를 하시자 그는 앉아 있지 못하고, 이 말을 듣고는 집 안에 틀어박혀 혹시라도 집 밖으로 나가면 잘못을 할까 하여 감히 나오려 하지 않았다고 한다. 보통 사람들, 특히 규율이 느슨한 사람들은 결코 견디기 어려운 일이다. 오직 선생님 자신만이 70세까지 살아 최고의 경지에 이르렀다. 그는 자신이 이미 "마음이 하고자 하는 대로 해도" "법도를 넘지 않았다"(「위정」2.4)고 장담하기에 이른다.

예는 큰 예와 작은 예로 나뉜다

사람과 사람의 관계에는 여러 종류가 있다. 그리고 작은 영역에서 큰 영역에 이르기까지 거기에는 각기 법도가 있다. 체면을 중시하는 사람이라면 집에 머물 때 어떠해야 하는지, 관에서의 거동은 어떠해야 하는지, 의식주와 혼례, 상례, 그리고 영접과 배웅은 어떻게 해야 하는지 등에 대해 각기 신경을 쓰는 것이 있다. 이는 일종의 예로 『의례』에서는 이러한 예에 대해 논하고 있다. 이것은 작은 예이다.

또 다른 종류의 예도 있다. 예를 들어 관제나 군제 등의 국가제도에 해당되는 것 또한 고대에는 예였다. 『주례』에서는 바로 이런 예에 대해 논하고 있다. 원래는 『군례사마법軍禮司馬法』이라 불린 『사마법司馬法』 또한 이러한 예에 대해 논하고 있다. 예와 법은 인연이 있는 것으로, 양자는 모두 법도이다. 물론 많은 예들은 최초에는 독립된 것으로 협의의 법(형법, 형률)과는 아무런 관계가 없었다. 하지만 후에 단속하면 할수록 느슨해짐으로써 예로는 다 담아낼 수 없자 합쳐져 법 안으로 들어와 법 규정 아래의 제도로 변한다. 이른바 "예에서 나온 것은 법으로 들어간다出於禮者入於法"는 것은 바로 이런 뜻이다.

공자가 논하는 전자의 예는 주로 「향당」편에 보인다.

고대 유가의 문헌 가운데 많은 것들은 대개 예에 대해 설명하고 있는데, 이러한 설명이 곧 이른바 '곡례지설曲禮之說'이다.

예에 대해 「향당」편에서는 먹고 마시며 입는 것, 말하고 움직이는 것, 조정에 오를 때 어떠해야 하는지, 손님을 접대할 때 어때야 하는지, 수레에 앉아 있을 때 유의해야 할 점이 무엇인지, 길에서 사람을 만나면 어떻게 고개를 숙여 뜻을 나타내어야 하는지 등등이 번거롭지 않은 듯이 상세히 언급되어 있는데, 이러한 오래된 예들은 대부분 진부한 것들로 역사연구 외에는 아무 쓰임새가 없다. 그리하여 읽기도 어렵고 읽더라도 잘 기억에 남지 않는다. 그래도 그 중에 가장 인상적인 부분이 있다면 그것은 밥을 먹는 것에 대해 논하는 대목이다.

예를 들어 이 부분에는 "밥은 정미한 것을 싫어하지 않으셨으며, 회는 얇게 썬 것을 싫어하지 않으셨다"[13]라고 되어 있다. 쌀은 여러 번 찧어야 하고 회는 아주 얇게 떠야 한다는 것이다. 고기 먹는 일에 옛사람들은 굉장히 신경을 썼다. '인구에 회자한다膾炙人口'는 말에서 '회膾'는 날고기를, '자炙'는 불고기를 가리킨다. 그리고 날고기란 주로 생선회를 가리킨다.

혹자는 공자는 검소하라고 주장했는데 어찌 먹고 마시는 일에 이렇게 신경을 쓰느냐고, 자기 모순적이지 않느냐고 말할 수도 있겠다. 하지만 나는 그것이 모순되지 않는다고 생각한다. 첫째, 그는 군자로서 벼슬을 했으니, 사교를 해야 하는 자리에서는 그런 것들에 신경을 쓰지 않을 수 없었을 것이다. 둘째, 공자가 말하는 예는 그의 신분에 부합된다. 신분에 부합되기만 하면, 기준을 넘어서 즐기는 것에 해당하지만 않으면 되었다.

국가제도로서의 예는 천자나 공경公卿이 논해야 제격이다. 이 때문에 『논어』에서 공자는 그런 것들에 대해 그다지 논하지 않았다. 공자는 자신이 누구인지 알았으며, 자신이 그런 것을 논하는 것이 적절하지 않음을 알았다. 『논어』에서 논하는 예는 주로 사군자의 예, 한나라 때 사람들이 말하던 '집안사람들의 예家人之禮'였다. 국가의 대전大典 같은 것은 커다란 정신적인 원칙만을 말할 수 있었을 뿐, 의례나 세부 내용에 대해서 논할 수는 없었다.

예학의 세 가지 기본적 원칙

(1) 예, 조화를 귀히 여김

문명사회는 언제나 불평등하고, 사람들을 여러 등급으로 나눈다. 사람들 사이에는 혈통, 출신의 차이가 있고, 직업과 분업의 차이가 있으며, 빈부귀천이 있다. 아주 많고 많은 차이가 있다. 차이가 있으면 알력이 생기게 되고, 알력이 극심해지면 무슨 일이든 하게 된다. 어찌 하면 되겠는가? 공자는 '화和'라는 글자로 말한다.

> 군자는 조화를 추구하되 동일함을 추구하지 않으며, 소인은 동일함을 추구하되 조화를 추구하지 않는다. 君子和而不同, 小人同而不和.(「자로」 13.23)

'화和'란 조화, 즉 상류사회에서 "군자가 조화를 귀히 여긴다君子和爲貴"고 할 때의 그 '화'이다. '동同'은 평등, 즉 「예운」 편에서 '대동大同'이라고 할 때의 그 '동', 묵자가 '같음을 숭상한다尚同'고 할 때의 그 '동', 하층사회에서 부르짖는 평등으로서의 '동'이다. '동'이란 남녀가 같고, 군관과 사병이 같다는 등의 사회적 평등이다. 반면 '화'란 '조화'로, 다르기는 하지만 여전히 한군데에 섞어놓을 수 있다는 것이다. 고양이와 쥐를 한군데에 섞어놓을 수 있다는 것이다. 군자의 나라는 온통 화기애애한데, 이는 주되게는 군자들 사이의 화기애애함이다. 백성들의 경우는 그저 먹을 것이 있고 말썽만 피우지 않으면 된다고 생각한다. 이는 결코 '동'이 아니다. 군자는 '동'을 말하지 않는다. 소인만이 그것을 말한다. 예컨대 묵자의 '같음을 숭상함'은 공자의 시각에 따르면 소인의 도이다.

유자有子는 다음과 같은 굉장히 유명한 말을 남겼는데, 이는 공자 사상을 발전시킨 것이라 하겠다.

> 예의 작용은 조화로움을 귀히 여긴다. 선왕의 도는 이를 좋다고 여겨, 크고 작은 일들을 할 때마다 이를 따랐다. 하지만 행하지 못할 때가 있으니, 조화의 귀함만을 알아서 조화롭게만 하고 예로써 절제하지 않는다면, 이 역시 행할 수 없을 것이다. 禮之用, 和爲貴. 先王之道, 斯爲美. 小大由之. 有所不行: 知和而和, 不以禮節之, 亦不可行也.(「학이」 1.12)

공자가 말하는 예에서 중요하게 생각하는 것은 '구별別'이다. 조화는 구별의 기초 위에서 추구되는 것이다. 인仁 또한 그 사랑에는 차등이 존재한다. 그것은 평등이나 박애가 아니다.

(2) 예, 간소함을 귀히 여김

유가는 예를 높이는데, 예란 필연적으로 번잡스러워진다. 한비자는 "번잡한 예를 따지는 군자들은 충직하고 신용 있는 것을 싫어하지 않지만, 전투를 할 때에는 속임수와 거짓을 쓰는 것을 꺼리지 않는다"[14]고 하여, 바로 '번繁'이라는 글자를 '예' 앞에 덧붙이고 있다. 사마천 역시 "유자들은 육예六藝를 준거로 삼았다. 육예의 경전은 수천만 권을 헤아리지만 누세에 걸쳐 그 학문에 정통하지 못하고, 평생을 다해도 그 예를 구명하지 못하므로, 그리하여 '넓지만 요약됨이 부족하고 수고스럽지만 공은 적다'고 한다"[15]고 했다. 옛사람들에게는 이러한 이미지가 있었다.

하지만 정작 공자는 번잡한 예에 반대했다. 그가 즐겨 하곤 했던 한마디 말은 "글을 널리 배우고 예로 요약하라博學於文, 約之以禮"는 것 이었다.

이 말은 오늘날 홍콩 중문대학의 교훈이기도 한데, 『논어』에서 공자는 이 말을 세 차례나 했다. 이 말은 각각 「옹야」 6.27, 「자한」 9.11, 「안연」 12.15에 보인다.

그는 독서는 '넓게' 해야 하지만 예를 익히는 것은 '요약되어야' 한다고 보았다. 예에 관한 문제에서 그는 '넓지만 요약됨이 부족한 것'에 반대했던 것이다. 이로부터 번잡한 예란 후대의 유자들이 행한 것임을 알 수 있다.

(3) 예, 검소함을 귀히 여김

관혼상제나 조빙례朝聘禮 연회 등을 행할 때에는 기물과 예물이 있어야 한다. 종과 북, 옥과 비단, 희생물 등 갖가지 항목에 돈을 써야 한다. 한 뭉텅이씩 돈이 나가다보면 예는 물질화되고 소외되어 기물과 예물로 변질되어버린다. 그런데 공자는 그렇게 되면 옳지 않다고 생각했다.

공자께서 말씀하셨다. "예라고 하고 예라고 하지만 그것이 옥이나 비단 같은 것을 말하는 것이겠는가? 음악이라 하고 음악이라 하지만 그것이 종이나 북 같은 것을 말하는 것이겠는가?"子曰, '禮云禮云, 玉帛云乎哉? 樂云樂云, 鐘鼓云乎哉?'(「양화」 17.11)

자공이 매달 초하루에 제후의 조상께 바치는 희생양을 없애려고 했다. 공자께서 말씀하셨다. "사야, 너는 그 양을 아까워하느냐? 나는 그 예를 아낀다." 子貢欲去告朔之餼羊. 子曰, '賜也, 爾愛其羊, 我愛其禮.' (「팔일」 3.17)

어르신께서는 예란 종이나 북이 아니고 옥이나 비단도 아니며 희생물도 아니라고 여겼다. 공자는 가난한 집안 출신이었다. 그는 체면을 중시했지만, 그것이 잘사는 티를 내거나 겉치레에 신경을 쓰기 위한 것은 아니었다. 일을 할 때 그는 검소할지언정 사치스럽지는 않았다.

임방이 예의 본질을 묻자, 공자께서 말씀하셨다. "좋은 질문입니다. 예는 사치스러운 것보다는 검소한 것이 낫고, 상례는 의례를 완벽하게 행하는 것보다는 슬퍼하는 것이 낫습니다." 林放問禮之本. 子曰, '大哉問! 禮, 與其奢也, 寧儉. 喪, 與其易也, 寧戚.' (「팔일」 3.4)

공자께서 말씀하셨다. "대마로 만든 모자가 예에 맞지만 오늘날은 명주로 만들어 검소하다. 나는 여러 사람들을 따르겠다. 당하에서 절하는 것이 예에 맞거니와 오늘날은 당상에서 절을 하는데, 이는 교만하다. 비록 여러 사람들과 어긋난다 하더라도 나는 당하에서 절하는 예법을 따르겠다." 子曰, '麻冕, 禮也, 今也純, 儉, 吾從衆. 拜下, 禮也, 今拜乎上, 泰也. 雖違衆, 吾從下.' (「자한」 9.3)

묵자도 소비를 자제하고 장례를 간소하게 할 것을 주장하며 검소함을 추구했는데, 특히 삼년상만큼은 너무 사치스럽다고 보았다. 『노자』에서도 사치스러움을 반대하고 있다.

멸망한 나라를 일으켜주고 끊어진 대를 이어주며, 유민을 등용함

공자는 주공의 예에 대해 논하지는 않았지만 그가 세우려고 했던 제도는 주공의 예에 근거를 두고 있었다.

예악이 붕괴된다고 할 때 붕괴되는 것은 예이다. 중국의 내단수련을 하는 이들은 대나무가 쪼개지면 대나무로 보충해주고, 사람이 망가지면 사람으로 보충해주라고 말한다. 예가 망가졌을 때에도 예로 보충해주어야 한다. 이러한 예는 법도이고 제도이다. 공자는 도덕을 근본으로, 제도를 보조적인 것으로 여겼다. 그는 제도를 중요하게 생각했다.

공자는 덕도 중시하고 예도 중시했다. 이 중 어느 것이 더 중요한가? 도덕이 제도를 결정짓는가, 아니면 제도가 도덕을 결정짓는가? 이는 맹자와 순자의 주된 의견차이다.

국가와 정복 사이에는 끊어지지 않는 인연이 있다. 한 나라가 다른 나라를 정복하고 사람이 사람을 정복하는 가장 간단하고 효과적인 방법은 '삼광정책三光政策'을 쓰는 것이다. 남자가 보이면 죽이고, 여자가 보이면 강간을 하며, 빼앗을 수 있는 것은 빼앗고, 불태울 수 있는 것은 불태우는 것인데 이것은 어리석은 방법이다. 어리석은 방법은 살인에 의해 위엄을 세우는 것이다. 자고로 이러한 방법은 매우 보편적으로 사용되었다. 예컨대 고대의 아시리아제국, 중세의 몽골제국이 그랬고, 지리상의 발견 이후 서양 식민주의자들 역시 그랬다. 이러한 나라들은 다 '토끼 꼬리'처럼 짧게 그쳤다. 특히 큰 제국들이 그랬다.

중국의 정치적 전통은 이와 같지 않다. 주나라가 서쪽 땅에서 일어날 때까지만 해도 그것은 손바닥만 한 나라에 불과했는데, 작은 주나라로 큰 상나라를 이기기 위해 그들이 취한 것은 다른 방법이었다. 그 방법이란 바로 멸망한 나라를 일으켜주고, 끊어진 대를 이어주며, 유민을 등용하는 것이었다. '문혁' 때에 이 말은 집중적으로 비판을 받았는데, 사실은 아주 억울한 일이라 하겠다.

상나라는 세력권이 커서 주나라 사람들은 그곳을 접수할 때 그들 조상의 무덤을 파헤치거나 그들의 사직을 없애버린 것이 아니라 머리를 숙이고 신하를 칭하는 전제 하에서 그들의 나라를 회복시켜주고 원래 있던 계승자를 돌아오게 하였다. 왕자나 왕손이 하늘 끝 바다 끝에서 양을 치고 있다고 하더라도 찾아가 데리고 와 조상의 제사를 잇게 했다. 유민逸民에 대해서는 앞서 이야기한 바 있다. 옛 관리, 사회지도자, 학문을 갖춘 사람, 기개는 있으나 벼슬하러 나오려 하지 않고 민간에 흩어져 있는 이들 등도 세심하게 탐문하여 벼슬길로 나오게 했다. 이것이 바로 귀화정책이었다. 서주의 금문에는 "먼 지역 사람들은 회유하고 가까운 지역 사람들과는 친하게 지낸다柔遠能邇"는 글이 있는데(『상서』에도 있다), 바로 이런 정치적 고견을 이야기한 것이라 하겠다.

'먼 지역 사람들을 회유하고 가까운 지역 사람들과는 친하게 지낸다'는 생각은 매우 훌륭하지만 이는 공자가 생각해낸 말이 아니다. 공자는 주나라를 으뜸으로 여겼기에 우리는 그가 정치가들이 생각해낸 말, 문·무·주공이 생각해낸 말을 조술했을 것이라고 믿을 충분한 이유가 있다. 나는 「요왈」 20.1에 나오는 이 아홉 글자 역시 아마도 고본古本 『상서』에서 유래되었을 것이라고 추측한다. 설사 원문 그대로는 아니더라도 선대 사람들의 입에서 나왔을 것이다. 요컨대 이것들은 정치가의 유산으로, 서생들은 이런 유의 일을 생각해낼 수 없다.

예와 형정刑政

고대에 예와 형정은 전혀 다른 것이었다. 예란 귀족 내부의 갈등을 해결하는 데 쓰인 상류사회의 기율이었다. 이와는 달리 형정은 행정적인 수단이자 법적 수단으로, 그것으로 대처하고자 한 것은 사회적인 불안정 요소, 예를 들어 상해죄나 재산침해 같은 범죄이다. 그것은 주되게는 백성들을 겨냥한 것이었다.

공자는 덕으로 나라를 다스릴 것을, 예로 나라를 다스릴 것을 주장했으며, 형법에만 기대는 것, 행정적인 수단과 법적인 수단만 가지고 나라를 다스리는 것에 반대했다. 그는 후자를 가지고 비록 범죄를 막을 수는 있으나 내면으로부터 문제를 해결할 수는 없다고 여겼다. 백성들이 법의 빈틈을 파고들어 조금도 부끄러움을 모르게 될 수 있다는 것이었다.

법령으로 인도하고 형벌로 정돈하면 백성들이 형벌을 면하고서는 부끄러워하지 않을 것이다. 덕으로 인도하고 예로 정돈하면 부끄러워하는 마음이 있게 되고, 또 바르게 될 것이다. 道(導)之以政, 齊之以刑, 民免而無恥. 道(導)之以德, 齊之以禮, 有恥且格.(「위정」 2.3)

공자가 위나라에서 두 번째로 취직을 했을 때 위 출공出公 밑에서 일을 하게 된다. 취임을 하기 전에 자로가 "위나라 군주가 선생님이 정치를 하시기를 기다리고 있는데 선생님께서는 무엇부터 먼저 하시겠습니까?" 하고 묻자, 공자는 "반드시 이름을 바로잡겠다"고 말한다. 이에 자로가 그 생각이 틀렸다고 했다가 공자로부터 크게 욕을 먹는다. 공자는 이렇게 말한다.

천하다, 중유야. 군자는 자신이 모르는 것에 대해서는 보류를 한다. 이름이 바르지 못하면 말이 순조롭지 못하고, 말이 순조롭지 못하면 일이 이루어지지 못한다. 일이 이루어지지 못하면 예악이 흥기하지 못하고, 예악이 흥기하지 못하면 형벌을 가하는 것이 적절하지 못하고, 형벌을 가하는 것이 적절하지 못하면 백성들은 손발을 둘 데가 없어진다. 그러므로 군자는 이름을 붙이면 반드시 말할 수 있고, 말을 하면 반드시 행할 수 있다. 군자는 자신이 한 말에 대해 구차함이 없을 뿐이다. 野哉由也! 君子於其所不知, 蓋闕如也. 名不正, 則言不順. 言不順, 則事不成. 事不成, 則禮樂不興. 禮樂不興, 則刑罰不中. 刑罰不中, 則民無所措手足. 故君子名之必可言也, 言之必可行也. 君子於其言, 無所苟而已矣.(「자로」13.3)

공자는 정치를 할 때 최고로 중요한 것은 이름을 바로잡는 것, 즉 임금이 임금답게 되고 신하가 신하답게 되며 아버지가 아버지답게 되고 자식이 자식답게 되는 것이라 주장한다. 누가 어떤 신분을 갖고 서로 간의 권리와 의무가 무엇인지 반드시 분명히 해야 한다는 것이다. 이름이 나누어지는 것 다음으로 중요한 것은 예악이고, 그다음은 형벌이다. 예악이 형벌 위에 놓여 있다. 속담에 '먼저 예를 지키고 나중에 군대를 동원한다先禮後兵'는 말이 있는데, 그는 '먼저 예로 대하고 나중에 형벌을 가할 것先禮後刑'을 말하고 있다. 형벌이 필요 없다고 하는 것은 아니지만, 그것은 예의 아래에 놓여 있다.

주공으로 돌아가는가, 진시황으로 나아가는가

천하에 도가 없을 때에는 두 가지 선택이 가능한 듯하다. 이미 기울어진 대세를 만회하여 사랑스러운 주공의 시대로 되돌아가거나 이 엉망인 세상을 따라 하루하루 망가져가는 것이 그것이다. 하나는 좋고 하나는 나쁜, 좋고 나쁨이 분명한 듯하다.

공자는 주공의 꿈에 기대어 사람들에게 주공이 살던 곳으로 함께 돌아가자고 호소했는데, 그의 말은 매우 일리가 있어 보인다. 하지만 공자 사후의 현실을 보면 중국의 정치가 옛날로 복귀하거나 후퇴하여 주공의 시대로 돌아가지 않았을뿐더러 오히려 한걸음에 내달려 진시황에 이르렀음을 알 수 있다.

맹자는 "사람들이 늘 하는 말이 있으니, 모두들 '천하의 국가'라고 말한다. 천하의 근본은 나라에 있고, 나라의 근본은 집안에 있으며, 집안의 근본은 자기 자신에게 있다"[16]고 했다. 『예기』「대학」에서도 수신·제가·치국·평천하를 논하는데, 이 네 가지는 작은 것에서 큰 것으로 마디마다 연결되어 있다. 많은 사람들은 작은 것이 없으면 큰 것이 어찌 있을 수 있겠느냐고, 개인의 인격을 잘 닦아야만 나라에 희망이 있다고 생각한다. 이러한 '도덕 구세론'은 추론도 엄밀하고 상식에도 부합되는 듯하며, 난세를 살아가는 사람들에게 마음의 위안을 줄 수 있는 듯하나, 정치가를 엄청나게 오도할 수도 있다.

맹자가 한 또 다른 한마디 말, 즉 "먼저 큰 것을 세우면 작은 것은 빼앗지 못한다"[17]는 것은 옳은 말이라 하겠다. 큰 이치가 작은 이치를 통제하며 불변하는 이치가 변하는 이치를 통제한다.

중국의 유가 가운데 전국시대 말기의 순자는 맹자에 대해 매우 불만족스러워했다. 선진시대 최후의 거유였던 순자는 당시 세상의 발전 추세에 대해 맹자보다 더 잘 알고 있었다. 맹자가 분명히 보지 못했던 시대의 추세가 그에게는 불을 보듯 뻔해 보였다. 그는 이미 심성을 근본으로 삼는 현실에 부합되지 않는 논의와 도덕을 통한 구세라는 유치한 생각을 철저히 버렸다. 그의 생각은 분명했다. 예법 외에는 희망이 없다는 것이었다.

순자는 예를 지극히 추숭했다. 그는 이렇게 말했다.

예는 규범의 요지이고 규범의 강령이다. 그러므로 배움은 예에 이르러 그친다. 禮者, 法之大分, 類之綱紀也. 故學至乎禮而止矣. (「권학勸學」)

그러므로 사람이 예의에 전념한다면 예의와 성정 둘 다 얻을 수 있을 것이나, 성정에 전념한다면 예의와 성정 둘 모두를 잃게 될 것이다. 故人一之於禮義, 則兩得之矣. 一之於情性, 則兩喪之矣. (「예론禮論」)

고대에 성왕은 사람의 본성이 악하다고 여기고 치우쳐 있고 위험하며 바르지 않다고 여겼으며, 어지러우나 다스려지지 않기에 예의를 세우고 제도를 만듦으로써 사람들의 성정을 인위적으로 다스려 바르게 하고 사람들의 성정을 길들이고 감화시켜 이끌었다. 이는 사람들을 모두 다스려지는 데서 출발하게 하고 도에 합치되게 하는 것이었다. 古者聖王以人之性惡, 以爲偏險而不正, 悖亂而不治, 是以爲之起禮義, 制法度, 以矯飾人之情性而正之, 以撓化人之情性而導之也, 使皆出於治, 合於道者也.(「성악」)

맹자와는 상반되게 그는 제도 구세론을 펼쳤다.

한비자와 이사는 모두 순자의 학생이었다.[18] 이사는 진나라의 재상이 되어 진시황을 보좌함으로써 중국의 대일통을 이루었으며, 마침내 중국을 이끌고 처음으로 공자가 비난한 난세에서 벗어났다. 하늘 끝에서 땅 끝까지 그의 필적을 새겼으며 새로운 세기가 이르렀음을 선포했다.

이는 선진유가의 종언을 의미한다. 그렇기는 하지만 진나라의 정치도 쓰러진다. 이들의 실책은 제도를 지나치게 믿은 데 있다. 제도 역시 만능은 아니며, 따라서 이 오래된 논의 주제는 앞으로도 계속 논쟁거리가 될 것이다.

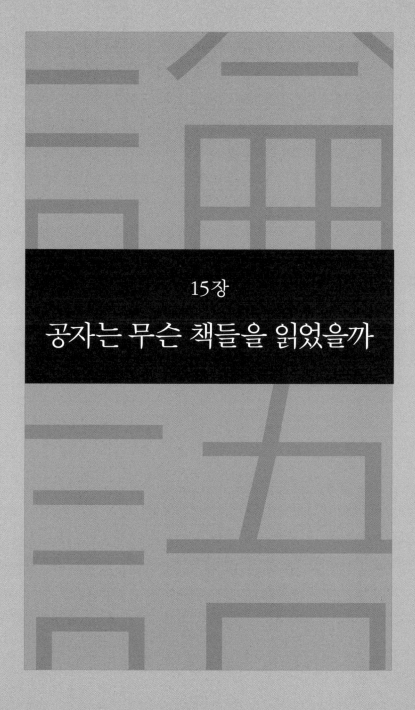

15장

공자는 무슨 책들을 읽었을까

공자는 독서인으로서 비교적 지혜롭고 이성적이었다. 공자의 사상, 그의 학문사상과 교육사상을 연구하다보면 우리는 그의 학문적 배경이 알고 싶어진다. 그가 누구로부터 배웠으며, 무슨 책을 읽고 무엇을 가지고 학생들을 가르쳤는지, 어떤 책을 통해 그의 사상을 이해할 수 있는지 알고 싶어진다.

공자의 선생님은 누구인가

선진시대에 귀족에 대한 교육으로는 국학과 향학이 있었는데, 이 둘은 모두 관학에 해당된다. 한편 공자가 만든 교육기관은 사학이다. 사람들은 그가 사학교육의 창시자라고 말하고, 후대에도 그를 '지성선사至聖先師'라고 칭하여 그를 교사라는 업종의 시조로 간주한다.

그런데 공자 자신은 누구에게서 배웠을까? 그의 선생님은 누구였을까? 사람들은 이러한 질문을 할 수 있겠다.

『논어』에도 바로 이러한 질문을 한 이가 있다.

위나라 공손조가 자공에게 물었다. "중니는 어디에서 배웠습니까?" 자공이 말했다. "문왕과 무왕의 도가 아직 땅에 떨어지지 않고 사람에게 남아 있습니다. 어진 사람은 그 큰 것을 기억하고 어질지 못한 사람은 그 작은 것을 기억하여 문왕과 무왕의 도가 없는 곳이 없는데, 선생님께서 어디서인들 배우지 않으셨을 것이며, 또 무슨 정해진 스승이 계셨겠습니까?" 衛公孫朝問於子貢曰, '仲尼焉學?' 子貢曰, '文武之道, 未墜於地, 在人. 賢者識其大者, 不賢者識其小者, 莫不有文武之道焉, 夫子焉不學, 而亦何常師之有?' (「자장」 19.22)

위나라 공손조가 자공에게 공자는 누구에게서 배웠느냐고 묻자 자공은 공자는 '문왕과 무왕의 도'를 전하기 위해 많은 사람에게서 배웠으며, 그에게는 정해진 선생님이 없었다고 대답한다. 여기서 그가 말하는 '선생님'은 글을 익히고 구문을 끊어 읽으며 구구단을 외우는 법을 가르쳐주는 시골 훈장이 아니라 정신적으로 사상적으로 그를 계발해주고 그에게 영향을 준 모든 사람으로 반드시 정식 선생님을 가리키는 것은 아닐 것이다.

사마천도 이 문제에 대한 대답을 시도했다. 그는 이렇게 말했다.

공자께서 스승으로 섬겼던 이들로 주나라에는 노자, 위나라에는 거백옥, 제나라에는 안평중, 초나라에는 노래자, 정나라에는 자산, 노나라에는 맹공탁이 있었다. 여러 차례 장문중, 유하혜, 동제백화, 개산자연을 칭찬하셨으나, 공자는 이들 모두의 후대 사람으로 한 시대를 살지는 않았다.孔子之所嚴事: 於周則老子, 於衛蘧伯玉, 於齊晏平仲, 於楚老萊子, 於鄭子産, 於魯孟公綽, 數稱臧文仲, 柳下惠, 銅鞮伯華, 介山子然, 孔子皆後之, 不並世.(「중니제자열전」)

이 열 사람 중에서 거백옥, 안평중(안영), 자산, 맹공탁, 장문중, 유하혜는 『논어』에 나오는 인물로, 『논어』만 보건대 이들 모두가 공자가 숭배했던 인물은 아니었다. 예컨대 장문중은 비판의 대상이었고, 그가 높이 평가한 이는 거백옥, 안평중, 자산, 맹공탁, 그리고 유하혜뿐이었다. 한편 노자, 노래자, 동제백화, 개산자연은 『논어』에는 나오지 않고 다른 책에서 나오는 인물들이다. 한나라 때 사람들은 모두 공자가 일찍이 노자를 스승으로 섬겼다고 했다. 이렇게 볼 때 사마천의 말은 단지 추측에 불과할 뿐, 진실이 어땠는지 우리는 알 수 없다.

공자가 전한 책들

공자는 '술이부작述而不作'한 사람이다. 즉 그는 전하기만 했을 뿐 만들어내지는 않았다.

옛사람들은 그가 육예六藝의 학을 전한 사람이라고 했다. 여기서 말하는 육예란 곧 시·서·예·악·역·춘추로,[1] 그것들은 여섯 종류의 책이자 여섯 가지 학문이었다. 이들 학문은 모두 인문학으로 고대 사람들은 이를 '문학文學'이라 불렀다.

육예는 전국시대에 이미 '경經'이라는 명칭으로 불리기도 했다. 즉 『장자』「천운」 편에서는 이 여섯 종류의 책을 '육경六經'이라 부르고 있다. 이 '육경'은 여섯 종류의 책이지 여섯 권의 책은 아니다. 그래서 나는 이것들에 서명書名 기호를 넣지 않았다. 서명 기호를 넣으면 여섯 권의 책이 되기 때문이다.

공자는 육예를 전했지만 육예는 공자가 만들어낸 것이 아니다. 공자 이전에도 이와 유사한 설명은 일찍부터 존재했다. 예를 들어 『국어』「초어상楚語上」 편을 보면 '신숙시의 구예申叔時九藝'라는 것이 보인다. 춘추·세世·시·예·악·영令·어語·고지故志·훈전訓典이 그것이다. 이 중 '세'란 족보를, '영'이란 법령이나 월령을, '어'란 고사류의 역사서를, '고지'란 역사적 교훈을 논하는 책을, '훈전'이란 『상서』의 전모典謨나 훈고訓詁류의 고서를 각각 가리키는데, 마지막 두 가지는 '서書'에 해당된다 하겠다. 이 구예 안에는 육예 가운데 역을 뺀 나머지가 다 포함되어 있다. 또 우리가 『좌전』에 인용된 책들만 봐도 시·서·역이 당시에 유행하던 서적이었고, 다른 고서들도 당시에 존재했음을 알 수 있다.

공자가 살던 시대의 책들 중 일부는 공자 이전에 존재한 고서들로, 예컨대 시·서·역은 당시에 이미 고전이었다. 그밖에 시기가 약간 늦은 일부 책들, 예컨대 편년체로 쓰인 각국의 역사기록, 그리고 역사 이야기와 역사적 자취에 대해 논하는 '어語'류의 고서들은 시기를 길게 늘려 그 당시에까지 이르기도 했다. 한편 예악의 경우는 책의 형태로 전해진 것이 아니라 손수 가르침으로써, 즉 말로 전하고 몸으로 가르침으로써 전해진 것인데, 여기서는 실천이 더욱 중요했다. 반드시 책이 있었던 것은 아니며, 있었다 하더라도 잡다한, 즉 약간의 설명과 해석이 붙은 사용 수첩이나 설명서에 해당되었을 뿐 무슨 경전이라 할 수도 없었을 것이다.

공자가 읽은 책은 틀림없이 자못 많았을 것이며, 그 중 일부는 더 이상 볼 수 없는 것들일 것이다. 하지만 그가 전한 책들, 학생들을 대상으로 수업을 할 때 사용한 기본 교재는 대체로 위의 범위를 벗어나지 않는다. 그는 육예류의 고서에 대해 선택과 배제를 했을 텐데, 이로부터 가려낸 일부는 유향이 엮은 『신국어新國語』나 소명태자昭明太子가 엮은 『문선文選』과 마찬가지로 일부는 선집이었을 것이다. 예를 들어 시·서는 당시 세상에 남아 있던 것만 해도 그 양이 매우 방대했는데, 그가 전한 『시경』『서경』은 그 가운데의 일부분으로 틀림없이 선집이었을 것이다. 그렇지만 그렇게 걸러냈다 하더라도 엮이지 않은 것들도 적잖이 전해졌다. 공자 당시, 심지어 그 이후의 고서에 나오는 인용문에는 유실된 시·서가 적잖이 보이며, 그 자신도 그러한 것들을 인용한 바 있다. 그밖의 고서로 공자는 역을 전했는데, 그가 전한 것은 『주역』이다. 『주역』은 그 자체로 체계를 갖추고 있어 선집이었을 가능성은 그리 크지 않다. 그렇지만 공자는 당시에 있던 세 가지 역 가운데 하나라의 『연산連山』도 은나라의 『귀장歸藏』도 아닌 『주역』만을 택했으니, 이 역시 일종의 선택이었다. 또 춘추 중에서도 공자는 『노춘추魯春秋』, 즉 편년체로 된 노나라의 역사 혹은 주요 사건 기록만을 전했다. 이 역사서 또한 노나라의 역사기록을 이용했으며, 이어서 쓴 것도 있었다. 거기에 나오는 12공 중 은공隱公·환공桓公·장공莊公·민공閔公·희공僖公·문공文公·선공宣公·성공成公은 모두 공자 이전의 인물로 옛 역사서를 이용해야 했을 것임에 틀림없으나, 양공·소공·정공·애공은 그가 몸소 겪고 본 인물들로 이어서 썼을 가능성은 있으나, 그것 역시 관방의 자료를 이용해야 했을 것이다.

이들 교재는 모두 정리한 것이지 만들어낸 것이 아니다. 따라서 우리는 공자가 정리한 고서에 책 부호를 덧붙일 수는 있으나, 함부로 저자라 하여 공자가 이들 책을 썼다고 해서는 안 될 것이다.

『논어』에 나오는 책들

공자는 시·서를 극찬했는데, 이는 당시의 유행이었다. 『좌전』이나 『국어』를 읽다보면 당시 상류층 군자들이 입을 열어 말을 할 때마다 시·서를, 특히 시를 인용해야 했음을 알 수 있다. 공자는 벼슬을 하면서 시를 모르거나 외국에 사신으로 가면서 시로 답할 줄 모른다면 아무리 많은 시를 외웠다 할지라도 안 배운 것이나 마찬가지라고 했다.(「자로」 13.5) 또 위에서 "시를 배우지 않으면 말을 할 수 없다"[2]고 했는데 이는 그가 자신의 아들에게 한 말이다.

공자는 시를 아주 좋아하여 학생들에게 이렇게 말하기도 했다.

너희들은 어찌하여 시를 배우지 않는가? 시는 감흥을 일으킬 수 있고 풍속을 관찰할 수 있게 하며, 관계를 잘 맺을 수 있고, 잘못을 꼬집을 수 있게 한다. 가까이로는 아버지를 섬기고 멀리로는 임금을 섬기게 하며, 조수와 초목의 이름을 많이 알 수 있게 한다.小子何莫學夫詩? 詩, 可以興, 可以觀, 可以群, 可以怨. 邇之事父, 遠之事君, 多識於鳥獸草木之名.(「양화」 17.9)

그는 시를 감정을 토로하고 뜻을 표현하며 소감을 말하고 품평하고 논의하며 인간관계를 조정할 수 있는, 크게는 국가로부터 작게는 집안에 이르기까지 어떤 것도 이것에서 벗어날 수 없는 도구로 여겼으며, 심지어 박물학적 기능까지 있는 것으로 여겼다.

공자가 말하는 시는 "『시경』 300수詩三百"라고 할 때의 그 『시경』(「위정」 2.2, 「자로」 13.5)으로 그것은 현대 판본과 모습이 이미 비교적 유사하다. 상하이박물관 초나라 죽간의 「공자시론孔子詩論」이 바로 이 점을 증명한다.

공자는 시를 읊을 때 아언雅言을 썼으며, 의례에서 발언을 할 때에도 아언을 썼다.(「술이」 7.18) 발언을 하거나 거기에 시구를 끼워 넣거나 완전히 한 가지 언어로 했다는 것이다. 아언이란 당시의 표준말이었다. 나는 아마도 그것이 당시의 '산동말'이 아니라 '산서山西말' 혹은 '하남河南말'일 것이라고 추측한다.

이러한 시는 모두 노랫말로 원래는 음악 반주를 하면 그 박자에 맞추어 노래를 할 때 쓰이던 것이었다. 즐겁게 노래를 부르다보면 감정을 억누르지 못하고 어떨 때는 손과 발을 놀려 춤을 추며 노래를 부르기까지 했다. 흡사 아프리카의 원주민들처럼 말이다. 이렇게 여기서 읊조리던 시는 단지 부산물이었을 뿐이다.

『논어』에서 『시경』이 인용된 것은 모두 9차례이다.

자공이 말했다. "『시경』에 '자르고 가는 것 같고, 쪼고 다듬는 것 같다'라고 했는데 이를 두고 하는 말이겠지요." 공자께서 말씀하셨다. "사야, 비로소 너와 더불어 시를 논할 수 있게 되었구나. 지나간 일을 알려주니 다가올 일을 아니 말이다."子貢曰, '『詩』云, '如切如磋. 如琢如磨.' 其斯之謂與(歟)?' 子曰, '賜也, 始可與言『詩』已矣, 告諸往而知來者.' (「학이」 1.15) 〔"자르고 가는 것 같고, 쪼고 다듬는 것 같다"는 말은 「위풍衛風·기오淇奧」 편에 나온다.〕

공자께서 말씀하셨다. "『시경』 삼백 편을 한마디로 요약하면 '끝이 없기를 바라는 것'이라고 하겠다."子曰, '『詩』三百, 一言以蔽之, 曰, '思無邪.'' (「위정」 2.2) 〔"끝이 없기를 바란다"는 말은 「노송魯頌·동駉」 편에 나온다.〕

맹손·숙손·계손 세 집안이 「옹」을 부르며 제물을 치웠다. 공자께서 말씀하셨다. "'제사를 돕는 이, 제후들이고 천자는 엄숙하게 제사를 지낸다'라는 가사를 어찌 세 대부의 집에서 취하는가?"三家者以「雍」徹. 子曰, "相維辟公, 天子穆穆.' 奚取於三家之堂?' (「팔일」 3.2) 〔"제사를 돕는 이, 제후들이고 천자는 엄숙하게 제사를 지낸다"는 말은 「주송周頌·옹雍」 편에 나온다.〕

자하가 물었다. "'예쁘게 웃을 때 드러나는 보조개여, 아름다운 눈의 흑백이 선명함이여. 흰 것으로 채색을 한다'고 하였는데, 무슨 뜻입니까?" 공자께서 말씀하셨다. "그림 그리는 일은 흰 바탕이 마련된 뒤에 한다는 뜻이다." 자하가 말했다. "그러면 예는 인의 뒤에 오는 것입니까?" 공자께서 말씀하셨다. "나를 일깨우는 자는 자하로다. 비로소 너와 더불어 시를 이야기할 수 있겠구나."子夏問曰, "巧笑倩兮, 美目盼兮, 素以爲絢兮' 何謂也?' 子曰, '繪事後素.' 曰, '禮後乎?' 子曰, '起予者商也, 始可與言『詩』已矣.' (「팔일」 3.8) 〔"예쁘게 웃을 때 드러나는 보조개여, 아름다운 눈의 흑백이 선명함이여. 흰 것으로 채색을 한다"는 말은 「위풍衛風·석인碩人」 편에 나온다.〕

공자께서 말씀하셨다. "『시경』의 「관저」 편은 즐거우면서도 음탕하지 않고, 슬프면서도 상심하게 하지 않는다." 子曰, '「關雎」, 樂而不淫, 哀而不傷.' (「팔일」 3.20) 〔「관저」는 「주남周南」의 첫 편이다.〕

증자가 병이 위중했을 때 문하의 제자들을 불러 말했다. "내 발을 움직이고 내 손을 움직여보아라. 『시경』에서는 '전전긍긍하여 깊은 연못에 맞닥뜨린 듯이 하고, 엷은 얼음을 밟는 것처럼 한다'고 했으니 이제야 나는 벗어났다는 것을 알겠구나. 제자들아." 曾子有疾, 召門弟子曰, '啓予足! 啓予手! 『詩』云, '戰戰兢兢, 如臨深淵, 如履薄冰, 而今而後, 吾知免夫! 小子!' (「태백」 8.3) 〔"전전긍긍하여 깊은 연못에 맞닥뜨린 듯이 하고, 엷은 얼음을 밟는 것처럼 한다"는 말은 「소아小雅·소민小旻」 편에 나온다.〕

공자께서 말씀하셨다. "악사인 지가 연주를 시작할 때부터 「관저」의 마지막 부분을 연주할 때까지 웅장한 소리가 귀에 가득했다." 子曰, '師摯之始, 「關雎」之亂, 洋洋乎盈耳哉!' (「태백」 8.15)

공자께서 말씀하셨다. "내가 위나라에서 노나라로 돌아온 뒤에 음악이 바르게 되고 「아」와 「송」이 각각 제자리를 찾게 되었다." 子曰, '吾自衛反(返)魯, 然後樂正, 「雅」「頌」各得其所.' (「자한」 9.15)

"산앵두나무의 꽃이 바람에 흔들리네. 어찌 그대를 생각하지 않겠느냐마는 집이 멀구나." 공자께서 말씀하셨다. "생각하지 않은 것이다. 생각했다면 어찌 먼 데가 있겠는가?" '唐棣之華, 偏其反而. 豈不爾思? 室是遠而.' 子曰, '未之思也,

夫何遠之有.'(「자한」 9.31) 〔"산앵두나무의 꽃이 바람에 흔들리네. 어찌 그대를 생각하지 않겠느냐마는 집이 멀구나"라는 말은 유실된 시를 인용한 것이다.〕

공자께서 백어에게 말씀하셨다. "너는 『시경』의 「주남」과 「소남」을 공부했느냐? 사람으로서 「주남」 「소남」을 공부하지 않으면 담장을 마주보고 서 있는 것과 같다." 子謂伯魚曰, '女(汝)爲「周南」「召南」矣乎? 人而不爲「周南」「召南」, 其猶正牆面而立也與(歟).'(「양화」 17.10)

『논어』에서 『상서』가 인용된 것은 모두 두 차례이다.

어떤 사람이 공자에게 말했다. "선생께서는 어찌하여 직접 정치를 하지 않으십니까?" 공자께서 말씀하셨다. "『서경』에서는 '효로다. 부모님께 효도하며, 형제간에 우애롭게 지내어 정치에 영향을 준다'고 했으니, 이것 역시 정치를 하는 것입니다. 어찌 벼슬해서 정치를 하는 것만 정치하는 것이라고 하겠습니까?" 或謂孔子曰, '子奚不爲政?' 子曰, '『書』云, '孝乎惟孝, 友于兄弟, 施於有政.' 是亦爲政, 奚其爲爲政?'(「위정」 2.21) 〔"효로다. 부모님께 효도하며, 형제간에 우애롭게 지내어 정치에 영향을 준다"는 말은 「군진君陳」 편에 나온다.〕

자장이 말했다. "『서경』에서는 '고종이 여막에 있을 때 삼 년 동안 말을 하지 않았다'고 했는데, 무슨 뜻입니까?" 공자께서 말씀하셨다. "어찌 고종만 그랬겠느냐? 옛날 사람들이 다 그랬다. 군주가 승하하면 백관들은 각기 책임을 졌으며, 삼 년 동안 재상의 명령을 따랐다." 子張曰, '「書」云, '高宗諒陰, 三年不言.' 何謂也?' 子曰, '何必高宗, 古之人皆然. 君薨, 百官總己以聽於冢宰三年.'(「헌문」

14.40) 〔"고종이 여막에 있을 때 삼 년 동안 말을 하지 않았다"는 말은 「무일無逸」편에 나온다.〕

『논어』에 「역」은 단 한 차례 인용되어 있다.

공자께서 말씀하셨다. "남쪽 사람들 말에 '사람으로서 변치 않는 마음이 없으면 무의가 될 수 없다'는 말이 있는데 좋은 말이다. 『주역』에서는 '그 덕을 일정하게 유지하지 않으면 간혹 수치스러운 일을 당하게 된다'고 했다." 공자께서 말씀하셨다. "변치 않는 마음이 없는 사람은 점을 치지 않을 따름이다." 子曰, '南人有言曰, '人而無恒, 不可以作巫醫.' 善夫! 不恒其德, 或承之羞.' 子曰, '不占而已矣.'(「자로」 13.22) 〔"그 덕을 일정하게 유지하지 않으면 간혹 수치스러운 일을 당하게 된다"는 말은 『주역』 「항恒」 괘에 나온다.〕

공자는 "만약 내가 몇 년 더 살아 50에 주역을 배울 수 있다면 큰 잘못을 저지르지 않을 수 있을 것이다"[3]라고 했으며, 실제로 그는 『주역』을 공부했다.

『논어』에는 『춘추』가 언급되어 있지 않으며, 예, 악에 관한 책도 언급되어 있지 않다.

공자가 논하는 예란 앞서 말했듯이 주로 선비의 예였다. 그들의 의식주, 말이나 행동거지가 포함된 여러 세부 규정에 관한 것을 논했는데, 이 논의들은 공자 자신의 말로, 다른 책에서 인용한 것인지 혹은 다른 책을 참고한 것인지는 알 수 없다.

'악樂'에 대해서는 더더욱 언급된 책이 없다. 공자는 악을 통한 가르침을 중시하여, 사람의 성정을 바꾸는 데 '악'만 한 것은 없다고 생각했다.

공자가 살던 시대에는 제나라와 노나라의 음악이 매우 발달했다. 35세가 되었을 때 그는 제나라에서 '소韶' 음악을 듣고는 "석 달 동안이나 고기 맛을 몰랐다"고 한다. 그러고는 크게 감탄을 하면서 "음악이 이러한 경지에 이를 줄은 생각지도 못했다不圖爲樂之至於斯也"고 말했다. 하지만 그의 음악에 관한 지식은 아마도 대부분 노나라의 악사들에게서 얻은 것들일 것이다. 그는 노나라의 사양자師襄子(추측건대 '경쇠를 두드리던 양擊磬襄'일 것이다)로부터 현금을 타는 법을 배우고, 경쇠를 두드리는 법도 배웠는데(「헌문」 14.39), 경쇠를 두드리는 것이야말로 사양자의 특기였다. 그는 노나라의 많은 악사들과 왕래가 있었는데, 고대의 악사들은 (예컨대 아래 인용문에 나오는 사면師冕처럼) 종종 장님이었지만 그는 이들을 매우 존중했다.

공자께서 노나라의 태사에게 음악에 대해 말씀하셨다. "음악은 알 수 있는 것입니다. 시작할 때는 소리를 합하여 내고, 계속할 때는 조화를 이루고, 뚜렷해지며, 여음이 끊어지지 않음으로써 완성되는 것입니다."子語魯大師樂, 曰, '樂其可知也: 始作, 翕如也. 從之, 純如也, 皦如也, 繹如也, 以成.'(「팔일」 3.23)

공자께서 말씀하셨다. "악사인 지가 연주를 시작할 때부터 「관저」의 마지막 부분을 연주할 때까지 웅장한 소리가 귀에 가득했다."子曰, '師摯之始, 「關雎」之亂, 洋洋乎盈耳哉!'(「태백」 8.15)

악사 면이 뵈러 와 계단에 이르자 공자께서는 "계단입니다"라고 하시고, 자리에 이르자 "자리에 이르렀습니다"라고 하셨으며, 모두 앉자 공자께서 "아무개는 여기에 있고, 아무개는 여기에 있습니다" 하고 알려주셨다. 악사 면이 나가자 자장이 물었다. "이것이 악사와 이야기하는 방법입니까?" 공자께서 말씀하셨다. "그렇다. 이것이 본래 악사를 도와주는 방법이다."

師冕見, 及階, 子曰, '階也.' 及席, 子曰, '席也.' 皆坐, 子告之曰, '某在斯, 某在斯.' 師冕出, 子張問曰, '與師言之道與(歟)?' 子曰, '然, 固相師之道也.'(「위령공」 15.42)

태사 지는 제나라로 갔다. 두 번째 식사의 음악을 맡은 간은 초나라로 갔고, 세 번째 식사의 음악을 맡은 요는 채나라로 갔으며, 네 번째 식사의 음악을 맡은 결은 진나라로 갔다. 북을 치던 방숙은 황하 변으로 갔고, 소고를 흔들던 무는 한수 변으로 갔으며, 태사를 보좌하는 소사 양과 경쇠를 두드리던 양은 바닷가로 갔다. 大師摯適齊, 亞飯干適楚, 三飯繚適蔡, 四飯缺適秦, 鼓方叔入於河, 播鼗武入於漢, 少師陽擊磬襄入於海.(「미자」 18.9)

고대에 '사師'가 본래는 귀족 자제들에게 군사에 대해 가르치던 군관이었던 점을 생각할 때 우리는 음악과 군사가 밀접한 관계를 맺고 있음을 알 수 있다. 그러나 공자는 문악文樂이 무악無樂보다 낫다고 생각했다. 여기서 '악사'의 '사'는 본래적인 의미에서 말하는 '사'이다. 공자는 배움에 정해진 스승이 없어 그의 선생님이 누구인지는 조금 불분명해 보인다. 다만 살펴볼 수 있는 유일한 것이 있다면, 그것은 바로 이 음악을 가르친 악사들일 것이다. 예컨대 사양자는 그의 선생님이었다.

공자가 음악을 공부하면서 가장 높이 평가했던 것은 두 곡의 고전

음악이다. 하나는 순이 지었다는 '소'악이고, 다른 한 곡은 주나라 무왕이 지었다는 '무武'악이다.⁴ 그는 '소'악이 '무'악보다 더 좋다고 생각했다. 무왕은 무력으로 천하를 취했으니, 그리 좋다고만은 할 수 없고, 순처럼 선양에 의해 천하를 얻어야 '지극히 선하고盡善' '지극히 아름답다盡美'고 할 수 있다고 생각했다.(「팔일」 3.25)

그렇지만 공자 당시의 아악은 주로 시와 관련된 음악이었다. 시 교육과 음악 교육이 분리되지 않았던 것이다. 만년에 위나라에서 노나라로 돌아온 뒤 한가하게 지내며 하는 일이 없었을 때, 공자는 음악 정리에 힘을 쏟은 바 있다. 그는 "내가 위나라에서 노나라로 돌아온 뒤에 음악이 바르게 되고 「아」와 「송」이 각각 제자리를 찾게 되었다"⁵고 했는데, 여기서 말하는 '악'이란 바로 『시경』으로 배합을 이룬 음악이다.

공자는 고전음악을 좋아한 반면 유행음악은 싫어했다. 그가 가장 좋아한 음악은 '소', 그다음은 '무'였으며, 그다음은 시로 배합을 이룬 아악이었다. 그가 가장 싫어한 음악은 정나라의 음악이었다. 그는 "정나라의 음악이 아악을 어지럽히는 것鄭聲之亂雅樂也"이 가장 싫다고 말했다.(「양화」 17.18)

공자가 학생들을 가르칠 때, 시는 기초 과목이었다. 시는 예와 관계가 있고, 악과는 더욱 큰 관계가 있었다.

교육 순서와 관련해서 그는 "시에서 시작하고 예에서 서며, 음악에서 완성된다"⁶고 했다. 시에 대한 학습이 예로 실현되고 악으로 실현되어야 한다는 말이고, 악이 가장 마지막 관문이라는 말이다.

『논어』에는 음악에 대한 논의를 담고 있는 말도 적지 않다.

첫째, 그는 악기, 특히 현금 타기를 좋아했다. 스스로 탔을 뿐만 아니라(「양화」 17.20), 학생들도 그것을 탔다. 예를 들어 자로가 현금을 탔는데, 소리가 좋지 않아 선생님으로부터 욕을 먹었던 것(「선진」 11.15), 네 제자에게 각자의 포부를 말하게 하자 증석이 현금을 놓고 일어났던 것(11.26), 자유子游가 무성의 읍재로 있을 때 현악기를 타며 노래를 부르는 소리가 귀에서 떠나지 않았던 것(「양화」 17.4) 등이 모두 그 예이다. 또 기분이 좋지 않을 때 그는 경쇠를 두드리기도 했다.(「헌문」 14.39)

둘째, 그는 상례를 치르는 동안 노래를 부르지 않은 것(「술이」 7.10)을 제외하면 자주 노래를 불렀다.(「술이」 7.32) 또 하루는 유비孺悲가 공자를 뵈려고 하자 공자는 고의로 그를 만나주지 않았는데, 만나주지 않았을 뿐만 아니라 "명을 전달하는 사람이 문을 나가자將命者出戶", "현금을 타면서 노래를 불러 그로 하여금 듣게 하셨다."[7] 이것은 악기를 타면서 노래를 부른 예이다.

이렇게 공자에게 음악 교육과 시 교육은 언제나 서로 겉과 속을 이루고 있다. 이 점을 이해한다면 왜 악기가 언제나 공자의 손을 떠나지 않고 현금과 노랫소리가 집에 가득했는지 알 수 있을 것이다.

공자의 학문 방법

공자의 인물 품평에서 덕이 한 측면이라면 지쫩는 다른 한 측면을 이룬다. 지는 덕과는 달리 그것에는 당연히 천부적으로 높고 낮음이 있다. 예컨대 가장 총명한 침팬지조차도 두 살 난 아이에 해당되는 것처럼 사람의 지능은 원숭이보다 높은 유전적 우위를 점하고 있으며, 이는 하느님의 은혜이다. 그런데 하느님의 이 은혜가 다 똑같은 것일까? 다르다. 공자는 이것이 다르다고 여겼다.

그는 사람을 세 종류로 나눴다. '상지上智', 즉 특별히 똑똑한 사람이 한쪽 끝을 이루고, '하우下愚', 즉 특별히 어리석은 사람이 다른 한쪽 끝을 이룬다.(「양화」17.3) '중인中人'은 이 둘 사이에 끼어 있다.(「옹야」 6.21) 가장 지혜로운 이는 천부적으로 총명한 이인데(「계씨」16.9) 그는 자신이 그런 사람은 아니라고 했다.(「술이」7.20) 또 가장 어리석은 이 또한 자신은 아니라고 했다. 그의 스스로에 대한 평가는 그리 높지 않았다. 그는 "나는 남들과 같다"[8]고, 다시 말해 자신은 보통 사람이라고 말했다.[9]

공자는 배울 것을 주창한 사람이었다. 고문자에서 가르칠 교教 자와 배울 학學 자는 같은 근원을 가진 글자로서, 이 두 글자는 모두 깨달을 각覺 자와 관련되어 있으며 거기에는 지혜를 기른다는 뜻이 포함되어 있다. 공자는 지知와 지智를 강조했는데, 이는 중인을 겨냥한 것이다. 중인이란 어떤 사람인가? 주로 부귀한 이들과 빈천한 이들 사이에서 따로 떨어져 있는 사람들이다. 이들은 부유하고 귀한 사람들도 아니고 배불리 먹지 못하는 사람들도 아니었다.

그와 그의 학생들은 주로 이런 사람들이었으며 당시 가장 책읽기를 좋아했던 이들도 바로 그들이었다.

배움에 관한 공자의 논의에서 주목할 만한 것으로는 다음의 몇 가지가 있다.

(1) 그는 "세 사람이 길을 가면 반드시 거기에는 나의 스승이 있다.

그 중의 좋은 점을 골라 따르고 좋지 않은 점을 골라 자신의 허물을 고친다三人行, 必有我師焉. 擇其善者而從之, 其不善者而改之"(「술이」7.22)고 할 정도로 매우 겸손했다.

(2) 그는 "열 가구가 사는 작은 마을에도 반드시 나처럼 충심과 신용이 있는 사람이 있겠지만, 나처럼 배우기를 좋아하는 사람은 없을 것이다十室之邑, 必有忠信如丘者焉, 不如丘之好學也"(「공야장」5.28)라고 하여 자신은 배우기를 좋아한다고 말했다.

(3) 그는 "옛 학자들은 자신을 위해 학문을 했는데, 오늘날의 학자들은 남을 위해서 학문을 한다古之學者爲己, 今之學者爲人"(「헌문」14.24)고 하여 옛사람을 더욱 높이 평가하고 공부는 자신을 위한 것이라고 말했다.

(4) 그는 "아는 사람보다는 좋아하는 사람이 낫고, 좋아하는 사람보다는 즐기는 사람이 낫다知之者不如好之者, 好之者不如樂之者"(「옹야」6.20)고 하여 학문은 즐기기 위한 것이라고 했다.

(5) 그는 "군자는 그릇처럼 한 가지 용도만 있는 것이 아니君子不器"라고 하고, "글을 널리 배우고 예를 가지고 요약하라博學於文, 約之以禮"[10]고 했다. 전문적인 것과 널리 통하는 것 가운데 그는 널리 통하는 것을 더 중시했다. 여기서 '박博'이란 구애를 받지 않고 널리 통한다는 뜻이다. 예를 들어 달항達巷 고을 사람들이 공자를 비판하며 "위대하구나, 공자는. 널리 배웠지만 명성을 얻은 것이 없다大哉孔子, 博學而無所成名"라고 하자, 공자는 문하 제자들에게 "내가 무엇을 해야 할까? 수레 모는 일을 해야 할까, 아니면 활 쏘는 일을 해야 할까? 나는 수레 모는 일을 할 것이다吾何執? 執御乎, 執射乎? 吾執御矣"(「자한」9.2)라고 말한다. 활을 쏘는

것과 수레를 모는 것 중에서 활쏘기는 한 점에 조준하는 것이고, 수레를 모는 것은 사수를 싣고 달리는 것이다. 여기서 그는 차라리 수레를 모는 사람이 되겠다고 했는데, 이는 교묘한 비유라 하겠다.[11]

(6) 그는 많이 듣되 의심스러운 것은 남겨두라고 주장했다. 예를 들어 공자는 자로를 혼내며 "군자는 자신이 모르는 것에 대해서는 보류를 한다君子於其所不知, 蓋闕如也"(「자로」 13.3)고 했으며, "아는 것을 안다고 하고 모르는 것을 모른다고 하는 것, 이것이 아는 것이다知之爲知之, 不知爲不知, 是知也"(「위정」 2.17)라고도 했다.

(7) 그는 복습을 매우 강조하여 "옛것을 익혀 새로운 것을 알면 선생님이 될 수 있다溫故而知新, 可以爲師矣"(「위정」 2.11)고 했다.[12]

(8) 그는 "배우기만 하고 생각하지 않으면 갈피를 잡지 못하고, 생각하기만 하고 배우지 않으면 위태로워진다學而不思則罔, 思而不學則殆"(「위정」 2.15)는 명언을 남겼다. 또 그는 "나는 일찍이 하루 종일 먹지도 않고 밤새도록 잠도 자지 않고 생각했지만 유익함이 없었다. 배우는 것만 못했다吾嘗終日不食, 終夜不寢, 以思, 無益, 不如學也"(「위령공」 15.31)라고 말하기도 했다.[13]

(9) 그는 "다음의 네 가지를 근절했다. 억측하지 않고, 반드시 그렇다고 하지 않았으며, 고집하지 않고, 자기만이 옳다고 하지 않았다." 억측하고 독단적이며 고집스럽고 주관적인 것은 학문을 하는 데 네 가지 금기라고 했다.

(10) 기억과 연상 가운데 그는 연상, 즉 지식을 하나로 꿰뚫는 것을 더 강조했다. 예컨대 공자는 자공에게 자신이 "많이 배워서 그것을 기억하는 사람多學而識之者"이라고 생각하느냐고 한 뒤, 그렇지 않다고, 자

신은 "하나로 모든 것을 꿰뚫었다一以貫之"라고 말했다.[14]('위령공」15.3)

공자의 교육 방법

공자는 "배우되 만족하지 않고, 남을 가르치되 싫증내지 않는"[15] 사람이었다. 학생에 대한 그의 가르침에는 네 가지 큰 특징이 있다.

(1) 가르치는 일에 차별을 두지 않은 것이다. "가르치는 일에 차별을 두지 않는다有敎無類"는 말은 공자가 한 말이다.(「위령공」15.39) 또 공자는 "말린 고기 한 묶음 이상을 가지고 와서 예를 행한 사람에게 나는 가르쳐주지 않은 적이 없었다自行束脩以上, 吾未嘗無誨焉"(「술이」7.7)라고도 했다. 그는 학생들을 받아들일 때 출신을 묻지 않고, 말린 고기 한 묶음을 내고 선생님을 모시는 예를 행하기만 하면 누구든지 학생으로 삼았다.

(2) 조금도 숨김이 없었다. 그는 학생들에게 매우 솔직했다. 그는 "너희들은 내가 무엇인가 숨기고 있다고 생각하느냐? 나는 숨기는 것이 없다. 나는 무엇인가 할 때 너희들과 함께 하지 않는 것이 없다. 이것이 바로 나다二三子以我爲隱乎? 吾無隱乎爾. 吾無行而不與二三子者, 是丘也"(「술이」7.24)라고 말했다.

(3) 학생들의 자질에 따라 가르침을 베풀었다. 이 말은 공자가 한 말이 아니고 송나라 때 사람이 『논어』를 보고 정리해낸 말이다. 공자는 학생들과 이야기를 할 때 종종 학생들의 흠을 겨냥해 같은 문제에 대해서도 다른 답을 했는데, 「자장」편이 가장 전형적인 예라 하겠다.

(4) 차근차근 사람을 잘 일깨워주었다. 그는 "깨닫지 못해 답답해하지 않으면 이끌어주지 않고, 표현을 못해 괴로워하지 않으면 일깨워주지 않으며, 한 귀퉁이의 예를 들어주었는데, 나머지 세 귀퉁이를 돌아보지 못하면 다시 가르쳐주지 않는다不憤不啓, 不悱不發. 舉一隅不以三隅反, 則不復也"(「술이」 7.8)라고 했다. 공자는 부지런히 배우고 묻기를 좋아하며 한 가지 일로부터 여러 가지 일을 유추해서 아는 학생, 예컨대 안회 같은 학생을 좋아했다. 안회는 "선생님께서는 차근차근 사람을 잘 이끌어주시며, 글로 나를 넓혀주시고 예로 나를 요약하게 해주시니, 그만두고 싶어도 그만둘 수가 없다夫子循循然善誘人, 博我以文, 約我以禮, 欲罷不能"(「자한」 9.11)고 할 정도로 훌륭한 학생이었다. 자공은 "안회는 하나를 들으면 열을 알고, 저는 하나를 듣고 둘을 압니다回也聞一以知十, 賜也聞一以知二"(「공야장」 5.9)라고 하여 그보다 못한 자신을 부끄러워했다.

공자를 연구할 때 무슨 책을 읽어야 할까

공자에 대해 연구할 때 읽어야 하는 책으로는 세 가지가 있다. 첫째는 공자가 전한 책, 즉 경서(6경 혹은 5경)이고, 둘째는 『논어』이며, 셋째는 대대大戴·소대小戴의 『예기禮記』 및 다른 고서에 있는 공자의 말씀이다. 이 가운데 경서가 중요한지 아니면 『논어』가 중요한지를 놓고 과거에 논쟁이 있었다.

혹자는 공자를 연구할 때 『논어』만 읽으면 되고 다른 책은 공자의 책이 아니라고 말한다. 하지만 어떤 이들은 공자를 연구할 때 『논어』

에 기대서는 안 된다고 말한다. 『논어』는 공자 문하의 사제지간에 이 것저것 이야기한 것으로 거기에는 아무런 사상도 없고, 공자의 사상 은 경서에 의해 전해졌다는 것이다. 또 어떤 이들은 공자의 말씀이 『논어』외의 다른 고서들, 예컨대 『좌전』 『국어』 『예기』 『대대례』에 도 보이므로, 공자를 연구하려면 공자가 하신 말씀을 전부 수집해야 한다고 한다. 예컨대 송나라 이후의 『공자집어孔子集語』는 바로 그런 책 이다.

한나라의 경학에서 오경은 경, 그것도 공자에 의해 산정된 경전으로 알려졌다. 반면 『논어』 『효경』 『이아爾雅』는 전에 해당되었으며, 대· 소대『예기』 역시 전에 해당되었다. 이 가운데 경은 시기가 이르고 전 은 시기가 늦은 것이다. 전통적인 견해에 따르면 전은 경서와 비교할 수 없는 것이라고 한다. 하지만 나는 그렇게 보지 않는다.

선진시대는 제자백가의 학이 발달한 때로 당시는 경학의 시대가 아 니었다. 제자백가의 학은 자서子書에 의거해야지, 경학으로 자학子學을 대체해서는 안 된다.

따라서 공자를 연구할 때에는 경과 전이 모두 중요하다. 하지만 사 상을 연구할 때에는 아무래도 전이 훨씬 더 직접적이다. 한마디로 말 하자면 『논어』가 여전히 중요하다.

16장

공자는 어떤 곳들을 가보았을까

공자는 독서를 한 사람이되, 그 독서는 벼슬을 하기 위함이었다. 일생의 많은 시간을 길에서 보낸 그는 처량하게 정처 없이 떠돌아다녔다. 그는 왜 길을 걸어다녔던 것일까? 그것은 벼슬을 하기 위한 여행, 즉 옛사람들이 말하던 '환유宦游'였다.

공자는 벼슬을 하기 위한 여행을 하면서 어떤 곳들을 가보았을까? 이는 『논어』를 읽는 데 중요한 문제이다. 나는 그가 가봤던 곳을 직접 다니면서 이 문제에 대해 약간의 느낌을 갖게 되었다.

독서를 통해 벼슬을 한다는 입장

'문혁' 시기에는 공자를 비판하면서 '독서를 통해 벼슬을 한다는 입장'이 집중적인 비판의 대상 가운데 하나가 된 바 있는데, 이것이 그에게 누명을 씌우는 일은 아니었다. 공자에게 독서는 독서를 위한 독서가 아니었다. 그에게 독서는 투입된 것이고 벼슬은 그로 인해 산출된 것으로, 그것에는 매우 강렬한 공리적 목적이 있었다.

중국에서 독서를 하는 이들에게 독서를 통해 벼슬을 하는 것은 오래된 전통이었다. 『유림외사』에 나오는 '유림'은 혹은 사대부라고도 일컬어지며, 영어로는 scholar-officials라고 칭해진다. 하나의 명칭에 두 개의 신분이 부여되어 있다. 학자이기는 하나 관료와 떼려야 뗄 수 없는 인연을 맺고 있던 이들은 현임 관리가 아니면 예비 관리였다. 비록 초기의 관리 및 녹봉 세습제도가 쇠락의 길을 걷고 있었지만, 후대의 관리 선발제도가 생겨나려면 적어도 200년하고도 수십 년은 더 기다려야 했으므로, 독서하는 사람들은 고객도 없이 무척 고생스럽고 위험스럽게 이곳저곳 돌아다녔지만, 공자는 앞에서 길을 찾아냄으로써 이들에게 탄탄대로를 열어준다. 이는 참으로 중국적인 특색이라 하겠다.

공자는 학생들을 가르칠 때 도덕을 중시하고 학문을 중시했다. 하지만 도덕이든 학문이든 그것은 벼슬을 하는 것으로 실현되어야 했다.

> 학생들은 집에 들어가서는 부모님께 효도하고, 밖에 나가서는 웃어른을 공경하며, 과묵하고 미더우며, 널리 백성을 사랑하고 사람을 가까이한다. 이렇게 하고도 남는 힘이 있으면 글을 배운다.弟子入則孝, 出則弟(悌), 謹而信, 汎愛衆而親仁(人). 行有餘力, 則以學文.(「학이」1.6)

> 벼슬하면서 여유가 있으면 학문을 하고, 학문을 하면서 여유가 있으면 벼슬을 한다.仕而優則學, 學而優則仕.(「자장」19.13)

그는 덕행이 훌륭해지고도 여력이 있으면 글을 배우라고, 학문이 훌륭해지고도 여력이 있으면 벼슬을 하라고 분명히 말하고 있다. 결국은 관리가 되어야 한다는 이야기이다.

"군자는 도를 도모하지 먹을 것을 도모하지 않고君子謀道, 不謀食" "군자는 도를 걱정하지 가난을 걱정하지 않는다君子憂道, 不憂貧"는 말이 전형적인 설명이다. 그는 농사는 지어봤댔자 배를 주릴 수밖에 없는 데 비해 독서야말로 나라의 녹을 먹을 수 있게 한다고 보았다. 장기적으로 봤을 때에는 나라의 녹을 먹는 것이 농사를 짓는 것에 비해 더 실속이 있음에 틀림없다는 것이다.(「위령공」 15.32)

공자의 처세 원칙

공자는 벼슬을 할 것을 주장했지만 벼슬을 하는 데에는 그 원칙이 있었다. 그는 벼슬을 하고자 하면 당시의 통치자에게 권하여 자신의 치국 방책을 받아들이게 함으로써 날로 쇠약해져가는 동주 세계를 구해내야 한다고 생각했다. 즉 그의 후계자들처럼 단지 상대의 비위를 맞추지만은 않았던 것이다.

벼슬을 언제 해야 하고 언제 하지 말아야 하는지를 알려면 세상의 도가 어떤지 봐야 한다. 공자에게는 자신만이 지닌 처세의 도가 있었다.

공자께서 안연에게 말씀하셨다. "쓰임을 받으면 나아가고, 버려지면 숨는 것은 오직 나와 너만이 그럴 수 있구나." 자로가 말했다. "선생님께서 삼군을 통솔하신다면 누구와 함께하시겠습니까?" 공자께서 말씀하셨다. "수레를 타지 않고 호랑이를 잡고 배를 안 타고 강을 건너다가 죽더라도 후회하지 않는 자와 나는 함께하지 않을 것이다. 반드시 일에 직면해 두려워하고 계획을 잘 세워 일을 이루는 자와 함께할 것이다." 子謂顏淵曰, '用之則行, 舍之則藏, 唯我與爾有是夫!' 子路曰, '子行三軍則誰與?' 子曰, '暴虎馮河, 死而無悔者, 吾不與也. 必也臨事而懼, 好謀而成者也.' (「술이」 7.11)

공자께서 말씀하셨다. "독실하게 믿고 배우기를 좋아하며, 죽기를 각오하고 도를 지켜라. 위태로운 나라에는 들어가지 않고, 어지러운 나라에는 살지 않으며, 천하에 도가 있으면 나타나고, 천하에 도가 없으면 은거하라. 나라에 도가 있을 때에는 가난하고 천한 것이 부끄러운 일이요, 나라에 도가 없을 때에는 부유하고 귀한 것이 부끄러운 일이다." 子曰, '篤信好學, 守死善道. 危邦不入, 亂邦不居, 天下有道則見, 無道則隱. 邦有道, 貧且賤焉, 恥也. 邦無道, 富且貴焉, 恥也.' (「태백」 8.13)

원헌이 부끄러움에 대해 물었다. 공자께서 말씀하셨다. "나라에 도가 있을 때에도 녹을 먹고 나라에 도가 없을 때에도 녹을 먹는 것이 부끄러운 일이다." 憲問恥. 子曰, '邦有道, 穀, 邦無道, 穀, 恥也.' (「헌문」 14.1)

공자께서 말씀하셨다. "나라에 도가 있을 때에는 말을 곧게 하고 행동을 곧게 하며, 나라에 도가 없을 때에는 행동은 곧게 하되 말은 조심스럽게 해야 한다." 子曰, '邦有道, 危言危行. 邦無道, 危行言孫(遜).' (「헌문」 14.3)

공자는 독서를 하는 사람이라면 얼굴을 내밀어야 할 때는 반드시 내밀고 내밀지 말아야 할 때는 반드시 움츠려야 한다고 생각했다. 위험한 나라는 절대로 가면 안 되고 혼란스러운 나라에서는 절대로 머물러서는 안 된다고 했다. 또 천하에 (혹은 나라에) 도가 있으면 반드시 벼슬을 해야 한다고도 했다. 만일 벼슬을 하지 않고 녹봉을 받지 않으면서 궁핍하고 힘들게 산다면 그것은 부끄러운 일이라는 것이다. 반대로 나라가 혼란스러우면 반드시 은거하고 숨고 피해 벼슬을 해서는 안 된다고 한다. 만약 나서서 벼슬을 한다면 설사 크게 부유하고 귀하다 할지라도 부끄러운 일이라는 것이다. 그는 또 나라에 도가 있으면 직언을 하고 행동을 곧게 해야 하지만 나라에 도가 없으면 말조심을 해야 한다고 경고하기도 한다. 무원칙적인 일을 해서도 안 되지만 원칙이 있는 말도 해서는 안 된다는 것이다.

도가 있다는 것이 무엇이고, 도가 없다는 것이 무엇인지에 대해 공자는 이렇게 정의를 내렸다. "천하에 도가 있으면 예악과 정벌이 천자에게서 나오고…천하에 도가 있으면 정권이 대부에게 있지 않으며…천하에 도가 있으면 서민들이 정치를 논의하지 않는다." 반면 "천하에 도가 없으면 예악과 정벌이 제후에게서 나온다."[1] 이 가운데 그가 살았던 세상은 물론 도가 없는 세상이었다. 이런 난세에 대해 공자가 보인 기본적인 태도는 협조하지도 저항하지도 않는다는 것이었다. 이에 대해 그는 사어史魚와 거백옥을 들어 비교한 바 있다. 사어라는 사람은 "나라에 도가 있을 때에도 화살처럼 곧고, 나라에 도가 없을 때에도 화살처럼 곧았다." 뾰족할 정도로 곧은 것이 마치 곧은 화살처럼 언제나 똑같은 모습이었다는 것이다. 공자는 이를 일러 '직直'이라고 했다.

곧은 태도는 도덕적으로 말한다면 비난할 것이 없지만 너무 책략을 쓸 줄 모르는 것이다. 한편 거백옥은 그와는 달랐다. 그는 "나라에 도가 있으면 벼슬을 하고, 나라에 도가 없으면 거두어 감출 줄 알았다." 여기서 '거두어 감추었다'는 것은 무슨 뜻일까? 바로 약간은 굽히고 약간은 숨었음을 뜻하는데, 공자는 이를 두고 그를 "군자다君子哉"라고 했다. 이렇게 그는 직선적인 구국론이 아닌 곡선적인 구국론을 펼쳤다.

공자는 왜 허난과 산둥을 벗어나지 못했을까

공자는 30세에 유명해졌는데, 그때 그가 이름을 날린 이유는 예에 정통했기 때문이다. 34세와 35세에 그는 두 차례 출국을 했다. 한 번은 낙양에 배움을 구하기 위해 갔고, 다른 한 번은 임치에 직장을 구하러 갔다. 그는 제나라에서 벼슬을 구했으나 얻지 못하고 노나라로 돌아올 수밖에 없었다. 그 후 둥지를 틀고 교육에 종사하여 사람을 기른 것이 15년이었다. 그러다 50세 이후에야 그는 벼슬길에 나서 4년간 벼슬을 하다가 다시 내쫓겼다. 55세에 그는 노나라를 떠나 밖에서 14년간 유랑을 하며 위·조·송·정, 그리고 진·채·초 등 7개국을 다닌다. 이 14년 동안 그는 전후 두 차례 위나라에서 총 7년간 벼슬을 하기도 하고, 한 차례는 진나라에서 총 3년간 벼슬을 하기도 한다. 마지막에는 노나라에 돌아와 5년을 보낸다.

그는 일생을 주로 노나라에서 지냈는데, 앞과 뒤를 모두 합치면 대략 57년이 된다. 나머지 시간은 외국에서 대략 15년을 보냈다. 그는 후반부 인생을 주로 길에서 보냈는데, 이는 벼슬길이 순조롭지 않았음을 보여준다.

공자는 일생 동안 적지 않은 곳을 다녔는데, 그가 살던 그 시대에 그는 견문이 넓고 박식한 사람이었다.

고대의 여행에 대해 말하자면 일부 제왕들도 꽤 잘 돌아다니기는 했지만, 그렇다 해도 진시황, 한무제와 공자 사이에는 다른 점이 있었다. 진시황이나 한무제가 천하를 주유한 것은 전국 각지를 다니며 시찰을 하고, 정무를 보거나 변방을 살피며, 명산대천에 제사를 지내기 위해서였다. 공자의 경우는 사마천과도 달랐다. 사마천은 황제 수행차 하는 여행이었다. 이렇게 그들의 여행은 공무의 성격을 띤 여행이었으며, 여행을 한 범위도 공자보다 넓었다.

반면 공자의 여행은 자비여행이었다. 그는 9개국밖에 다니지 못했으며, 그 범위는 지금의 산둥·허난 두 성을 벗어나지 못한다. 그는 이곳저곳을 다녔는데 왜 그랬을까? 주되게는 벼슬을 구하기 위해서였다.

그는 "부모가 계시면 멀리 가지 않고, 가더라도 반드시 가는 곳을 알려드려야 한다"[2]고 말했는데, 이는 효에 대해 논한 매우 유명한 구절이다. 하지만 우리는 그가 다음과 같은 말도 남겼다는 점을 잊지 말아야 한다. "선비로서 편안히 머물 것을 생각한다면 선비라 할 수 없다."[3] 선비라면 반드시 여행을 해야지, 집에만 있어서는 안 된다는 뜻이다.

공자가 올랐던 산

공자는 산도 좋아하고 물도 좋아하여 매번 자신의 감정을 산수에 기대어 표현하곤 했다. 그는 이렇게 말했다.

지혜로운 사람은 물을 좋아하고 인한 사람은 산을 좋아한다. 지혜로운 사람은 동적이고 인한 사람은 정적이다. 지혜로운 사람은 즐겁게 살고 인한 사람은 장수한다.知(智)者樂水, 仁者樂山. 知(智)者動, 仁者靜. 知(智)者樂, 仁者壽.(「옹야」 6.23)

산둥반도에는 명산이 많다. 동악東岳 태산은 오악 가운데 으뜸이고, 동진東鎭 기산沂山은 오진五鎭 가운데 으뜸으로 모두 역대 제왕들이 제사를 지내던 명산이다. 이와 관련해 맹자는 이렇게 말한 바 있다.

공자께서는 동산에 오르시어 노나라가 작다고 하시고, 태산에 오르시어 천하가 작다고 하셨다. 이런 이유로 바다를 본 자는 다른 물을 물이라고 하기 어렵고, 성인의 문하에서 노닌 자는 다른 말을 말이라고 하기 어렵다.孔子登東山而小魯, 登太山而小天下, 故觀於海者難爲水, 遊於聖人之門者難爲言.(『맹자』「진심상」)

공자가 올랐다는 태산太山은 물론 태산泰山이다. 태산은 산둥에서 가장 높은 산으로 해발 1524미터이다. 옛사람들은 "군자가 도를 닦는 방법은 비유컨대 멀리 가려고 함에 반드시 가까운 데서 시작하는 것과

같고, 높이 오르려고 함에 반드시 낮은 곳에서 시작하는 것과 같다"⁴
고 했다. 누가 산에 오르든지 산 아래에서부터 올라야 한다. 오늘날 태
산 기슭에는 '공자가 오르셨던 곳孔子登臨處'이라는 글자가 있고, 그 오
른쪽에는 '등고필자登高必自'라는 네 글자가 크게 쓰인 비석이 하나 세
워져 있는데, '자自' 아래에 숨겨진 글자는 바로 '비卑' 자이다. 또 태산
정상에는 망로대望魯臺·관오대觀吳臺 등이 있는데, 이곳이 곧 '공자가 천
하를 작다고 한 곳'이다 이것들은 모두 맹자의 말을 억지로 갖다 붙인
것이다.

공자가 올랐던 동산東山이 어느 산인지에 대해서는 줄곧 논쟁이 있
어왔다. 일설에는 그곳이 이산嶧山이라고 하며 일설에는 그곳이 멍산蒙
山이라고도 한다. 이산은 취푸 남쪽 쩌우성鄒城 시내에 있으며, 산 아래
에는 맹자의 고향인 주邾나라의 옛 성이 있다. 맹자와 동향인 사람들
은 물론 공자가 노나라를 작다고 했던 곳은 틀림없이 이산에 있는 '공
자가 노나라를 작다고 한 곳孔子小魯處'이라고 말한다. 하지만 일찍이 이
산은 노나라 남쪽에 있는데 어찌 동산이라 칭할 수 있냐며 방위가 맞
지 않는다고 의문을 제기한 학자들도 있었다. 이들은 공자가 오른 곳
은 이산이 아닌 멍산이었다고 말한다. 멍산은 멍인蒙陰과 핑이平邑 두
현의 접경지대에 있다. 또 이산은 545미터, 멍산은 1150미터로 멍산이
이산보다 배는 높으며, 그 위치 또한 바로 취푸 동쪽에 있는 산둥에서
두 번째로 높은 봉우리이다. 그 산에서 가장 높은 봉우리는 구이멍딩
龜蒙頂으로 거기에도 '공자가 노나라를 작다고 한 곳'이 있다. 무릇 높이
올라가야 비로소 멀리 관망할 수 있다. 그 어르신이 오른 산은 산동에

서 가장 높은 두 개의 산이었을 것이다.

왕국유王國維는 인생에서 최고의 경지는 '홀로 높은 누각에 오르는 것'이라고 했다.[5] 그 어르신은 '홀로 높은 산에 오르신獨上高山' 것이다.

공자가 보았던 시내

공자는 물을 좋아하고 강가에서 낚시하기를 좋아했다.

그는 이런 명언을 남겼다. "공자께서 시냇가에 계실 때 말씀하셨다. '흘러가는 것이 저 물과 같구나! 밤에도 낮에도 멈추지 않네.'"[6] 이것은 인생이 너무도 짧음을, 세월이 강물처럼 흐름을 한탄한 말이다. 그가 남긴 또 한마디 말은 "낚싯대로 물고기를 잡지, 그물로 잡지 않는다"[7]는 것이다. 그는 못이 마르도록 물고기를 잡아 이후에 먹을 물고기가 없을까 걱정하였다.[8] 이상의 두 마디 말은 매우 평범한 말이다.

그 어르신은 자신이 어느 강가에서 한탄을 했는지 어느 강가에서 낚시를 하며 노셨는지 설명한 적이 없으나, 니산尼山 공자 사당과 사수泗水 천림泉林에는 '공자께서 시내를 보셨던 곳孔子觀川處', '공자께서 낚시를 하셨던 곳孔子釣魚處'이라는 지점이 있고, 또 이곳저곳에 그런 곳이 있다.

공자가 보았던 강물은 주로 취푸 주변의 몇 군데, 즉 사수·수수洙水, 그리고 기수(대기하大沂河와 소기하小沂河)였을 것이라는 점은 앞서 논한 바 있다.

그는 낙양에 갔을 때 틀림없이 이수伊水·낙수洛水·전수瀍水·간수澗水

를 보았을 것이다. 제나라에 갔을 때는 틀림없이 치수淄水·민수澠水를 보았을 것이다. 또 위나라에 갔을 때는 틀림없이 황하를 보았을 것이다. 송나라와 위나라는 고대에 유명한 황하 범람 지역이었다. 황하의 옛길은 바로 이 일대였다.

사마천은 이렇게 말했다. "공자께서는 위나라에서 등용되지 못하시자 장차 서쪽으로 가 조간자를 만나려고 하셨다. 황하에 이르러 두명독竇鳴犢과 순화舜華가 죽었다는 소식을 들으시고는 강을 마주보고 이렇게 탄식하셨다. '아름답구나, 황하의 물이여, 도도하구나! 내가 이들을 구하지 못한 것은 운명이로다.'"[9] 하지만 학자들은 이런 설명을 크게 의심한다.[10] 공자가 진나라에 간 적이 없다는 주장은 긍정할 수 있지만 그렇다 해도 그가 황하를 보았다는 사실에는 아무 문제가 없다.

증자는 공자가 "수수와 사수 사이"에서 가르쳤다고 말했지만,[11] 『논어』에는 수수와 사수가 언급되어 있지 않다. 한편 기수는 「선진」 11.26에, 문수汶水는 「옹야」 6.9에, 황하는 「술이」 7.11, 「자한」 9.9, 「미자」 18.9에 나오는데, 이것들은 모두 북방에 있는 강이다.

초년의 벼슬을 얻기 위한 여행: 주나라에 가고 제나라에 가다

방금 언급했듯이 공자는 초년에 주나라의 수도 낙양과 제나라의 수도 임치에 간 적이 있다. 제는 산동반도에서 가장 큰 도시이며, 주는 천하의 중심이었다. 그는 마치 오늘날에도 취푸에서 지난濟南과 베이징北京으로 가는 것처럼 작은 곳에서 큰 곳으로 갔다.

그가 간 낙양은 동주의 수도였다. 그 동주에는 성이 두 군데 있었는데, 왕성은 지금의 뤄양洛陽 시내로 지면에 아직도 성벽 잔해가 남아 있다. 또 다른 성인 성주成周는 그곳 동북쪽에 있는데, 북쪽으로는 망산邙山과 접해 있고 한나라 때, 위진시대의 옛 성들에 눌려 있다. 옛사람들은 공자가 낙양에 간 것은 주요하게는 노자를 만나 그에게 예에 관한 가르침을 구하기 위해서였다고 했다. 노자는 당시 국가도서관 관장(혹은 문서보관소 책임자)이었다.

공자가 노나라에서 왔으니, 생각해보시라. 그는 틀림없이 동문을 통해 들어갔을 것이다. 그래서 청대 옹정雍正 5년(1727)에 어떤 이가 낙양 옛 성 동쪽 관문에 '공자께서 예악을 물으러 주나라에 왔을 때 이곳에 이르시다孔子入周問禮樂至此'라고 쓴 비석을 하나 세운다. 이곳이 곧 사람들이 상상하는 공자가 예에 대해 물었다는 곳이다.

그가 임치에 갔을 때는 제 경공 때로, 안영이 집권을 하고 있었다. 공자는 직장을 구하고자 했으나 제 경공에 의해 완곡히 거절을 당한다. 임치의 옛 성은 지금의 쯔보淄博시 린쯔臨淄구에 있고, 이 성의 서쪽에는 안영의 묘가 있는데, 이것은 후대 사람들이 쌓아올린 가짜 분묘이다. 한편 성 북쪽에 있는 '허야터우河崖頭 5호묘'가 오히려 진짜 춘추시대의 거대한 묘이다. 공자는 "제나라 경공은 말 4천 필을 소유하고 있었지만 죽던 날에 백성들이 칭송할 만한 점이 없었다"[12]고 했는데, 이 묘는 경공이 살았던 시대와 비슷하고 순장한 말도 꼭 600필에 달한다.

공자의 시대에 산동반도에는 제·노·거莒라는 세 대국이 있었는데, 이중에서 제나라가 가장 컸다. 공자는 일찍이 "제나라가 한 번 변하면 노나라에 이르고, 노나라가 한 번 변하면 도에 이를 것이다"[13]라는 환상을 품었지만, 제나라는 자주 노나라를 괴롭혔다. 군사를 일으켜 공격했을 뿐만 아니라 정계요인을 매수하여 나라를 전복시키려고 했다. 공자가 나라를 떠나 멀리 여행을 한 표면적인 이유는 삼환이 좋아하지 않았기 때문이라고 하지만, 심층적인 이유는 제나라가 농간을 부렸기 때문이다.

공자, 위나라에 머물다

공자가 노나라를 떠나 첫 번째로 머문 곳은 위나라였다. 위나라는 노나라에서 매우 가까웠다. 또 노나라와 위나라는 모두 성이 희姬 씨였다. 그래서 공자는 "노나라와 위나라의 정치는 형제지간이다"[14]라고 했다. 조상이 형제관계였다는 뜻이다. 또 "위나라에는 군자가 많다"고 하듯이 거기에는 능력 있는 정치가들(예컨대 거백옥 같은 이들)이 많이 있었는데, 이것 역시 공자를 매혹시킨 점이다. 그래서 공자가 여러 나라를 주유할 때 가장 오래 머문 곳은 위나라였으며, 노나라로 돌아온 후에도 위나라의 정치에서 손을 떼려고 하지 않았다.

위나라의 적국은 주되게는 황하 반대편에 있던 진晉나라였다. 진나라는 북방의 초강대국으로 진나라와 위나라의 관계는 제나라와 노나라의 관계와 같았다. 위나라에 갔을 때 공자 또한 서쪽으로 황하를 건너 진나라로 가 일을 도모할 것을 생각하지 않은 것은 아니었다. 예컨대 '필힐이 중모 땅을 근거지로 삼아 반란을 일으키려 하자佛肸以中牟畔

(叛)' 그는 진나라로 가고 싶다는 생각이 들기도 했지만(「양화」17.7), 결국은 가지 않았다.

위나라의 도성은 지금의 허난성 푸양濮陽현 동남쪽, 진디金堤강 남쪽에 있다. 진디강에는 황하의 수해를 막기 위한 큰 둑이 있다. 그런데 2003-2006년 한 고고학자가 고성高城 유적 부근에서 시험 발굴을 하다가 황사의 토사에 묻힌 위나라 옛 성을 발견한다. 이는 매우 거대한 도시였는데 안타깝게도 황하에 휩쓸려 파괴되고 지하 수십 미터 아래로 수장되었다. 이렇게 위나라 전체가 황하 범람 지역에 있다.

위나라의 척성戚城은 자로가 전사한 곳으로 위나라 도성의 서북쪽, 지금의 푸양 시내에 있다. 현재 유적 공원이 있다. 그곳 북쪽에는 명·청 시대에 세운 자로의 묘가 있다. 역도원酈道元은 일찍이 자로의 묘에 대해 언급하면서 그것이 푸양성 동쪽(『수경주』「하수오河水五」)에 있다고 한 바 있는데, '문혁' 기간 중 이 묘가 파헤쳐졌던바, 알고 보니 그것은 한나라 때의 묘였다.

공자는 위나라에서 그곳 변경에 있던 의儀라는 곳에 간 적이 있는데, 현지 관원儀封人이 그를 보고서는 학생들에게 "여러분은 어찌 고향을 등지고 떠나온 것을 근심하십니까? 천하에 도가 없어진 지 오래되었습니다. 하늘이 장차 선생님을 목탁으로 삼으실 것입니다"[15]라고 했다. 이 '의 땅의 관원이 만나기를 청했던 곳'은 지금의 허난성 란카오蘭考 이평儀封향이라고 한다. 현지에 비석이 있는데 바로 이 일을 기념하기 위한 것이다.

공자는 여러 나라를 주유하다가 큰 환란을 세 차례 당하였는데, 그중 첫 번째가 이른바 광匡-포蒲 땅에서 포위된 일이었다. "공자께서 광 땅에서 포위되셨다. 공자께서 말씀하셨다. '문왕께서 이미 돌아가셨다고 문文이 여기에 있지 않겠느냐? 하늘이 이 문을 없애려고 하신다면 뒤에 죽을 사람인 내가 이 문을 어쩔 수 없을 것이지만, 하늘이 이 문을 아직 없애려고 하지 않으실진대 광 땅 사람들이 나를 어쩌겠느냐?'"16 여기서 논한 것은 바로 이 사건이다. 광과 포 두 읍은 모두 지금의 허난성 창위엔長垣현에 있다. 포蒲는 위나라에서 진나라의 침입을 막기 위해 세운 군사 요지이다.

공자, 남쪽으로 내려가다

위 영공이 사망하자 태자 괴외蒯聵는 진나라의 지원을 받아 위나라로 돌아오려 하는데, 이로 인해 그의 아들 위 출공과 계승권 다툼을 벌인다. 이제 장차 대란이 일어날 터였다. 이에 공자는 화를 피해 남쪽으로 내려가 새로운 고객을 찾기 시작한다. 그는 그때의 여정에서 6개 국을 돌아다녔다.

(1) 조曹나라

공자는 위나라를 떠나 우선 조나라로 간다. 조나라는 지금의 산둥 딩타오定陶에 있었는데, 고대의 유명한 상업도시로 매우 번화했었다. 그런데 그가 조나라에서 어떤 경험을 했는지는 고서에 아무런 기록이 없다. 아마도 그저 경유했을 것이다.

(2) 송나라

송나라는 공자의 고향으로 이곳 역시 황하 범람 지역이다. 1990년대에 장광즈張光直 교수가 기획을 하여 중·미 연합 고고학 탐사대가 일찍이 이곳에서 탕임금이 살았던 상나라를 찾았던 적이 있는데, 상나라는 찾지 못했지만 동주의 송 도성을 발견한 바 있다. 그러나 이 옛 성역시 지하 수십 미터 아래로 수장되었다. 황하가 마찬가지로 그것을 파괴해버린 것이다.

송나라의 옛 성은 규모가 매우 컸다. 한·당 시대의 휴양睢陽 옛 성이나 송의 남경성南京城, 그리고 명의 귀덕부歸德府 등은 모두 그것의 작은 일부에 불과하다.

오늘날의 상치우商丘현 성은 명나라 때의 귀덕부로, 사면이 물로 둘러싸인 아주 아름다운 곳이다. 특히 남쪽의 호수가 아름답다.

그는 송나라에 이르러서도 그다지 유쾌하지 못했다. 공자가 거목 아래에서 수업을 하고 있을 때 송나라의 사마환퇴가 사람을 보내 거목을 쓰러뜨려 뙤약볕에 있게 하는 등 현장을 정리하게 한다. 이에 공자는 옷을 갈아입고 도망가다 하마터면 피살될 뻔한다. 그는 "하늘이 나에게 덕을 주셨는데 환퇴가 나를 어찌 하겠느냐?" 하고 스스로를 격려하는데, 이것이 그가 당한 두 번째 환란이다.

상치우商丘현 성의 동남쪽에는 문아대文雅臺라는 곳이 있는데, 이곳은 명·청 시대에 수축된 것으로 곧 공자가 환란을 당한 일을 기념하기 위한 곳이다.

(3) 정나라

정나라는 지금의 허난성 신정新政시에 있으며, 상치우 서쪽에 위치해 있다. 이 역시 공자가 경유했던 나라이다. 공자가 송나라를 떠나 서쪽으로 죽 가다가 먼저 도착한 곳이 정나라 동문이었다.

신정 시내에 있는 이 옛 성은 보존이 굉장히 잘되어 있다. 지면에서 솟아오른 성벽은 지금도 10여 미터에 달한다. 그것은 계속해서 죽 사용되던 옛 성으로, 정나라가 사용한 후에는 한韓나라가 사용하여, 정한고성鄭韓古城이라 부르기도 한다. 그 성은 내성과 외성으로 나뉘는데, 내성은 서쪽에, 외성은 동쪽에 있으며, 유수洧水는 내성을, 진수溱水는 외성을 감싸고 있다.

'집 잃은 개'에 관한 고사에서 '공자가 홀로 외성 동문에 서 있었던孔子獨立郭東門' 일은 바로 그곳에서 일어났다. 그곳 외성 동쪽 벽에는 커다란 구멍이 하나 나 있는데, 그것이 바로 외성 동문이다. 현재 문을 하나 세웠는데, '정풍원鄭風苑'이라는 공원에 둘러싸여 있다. 그 성문 앞에 서 있으면 여러분은 그 흥미로운 고사가 떠오르리라.

(4) 진陳나라

공자가 남쪽으로 내려간 주요 목적은 초나라로 가기 위함이었다. 당시에 초나라는 남방의 초강대국이었다. 장강長江-한수漢水 유역 및 팡청方城 안팎 외에도 초나라는 허난성 남부와 안후이安徽성 북부라는 거대한 땅을 통제하고 있었다.

초나라가 진陳나라를 멸망시킨 기원전 534년에 공자는 18세였고, 초나라가 채蔡나라를 멸망시킨 기원전 531년에 공자는 21세였다. 또 공자가 23세였던 기원전 529년에 초나라는 진나라와 채나라를 다시 봉했다. 이로써 진나라와 채나라는 나라를 되찾았지만 이들은 모두 초나라의 괴뢰정권으로, 여전히 초나라의 세력 범위 안에 있었다. 공자는 진나라에 머물 때 진 민공滑公을 섬기며 그곳에서 3년을 보냈다. 하지만 이는 과도기적인 것으로, 그의 진정한 목표는 사실 초나라로 가는 데 있었다.

진나라는 지금의 허난성 화이양淮陽현에 있다. 화이양은 북방 최대의 물을 끼고 있는 도시로서, 사방이 물로 둘러싸여 있고 성은 중앙에 위치해 있다. 동주시대에는 진나라의 도성 역시 계속해서 죽 사용되던 옛 성이었으므로 '진초고성陳楚古城'이라 불리기도 한다. 이 옛 성 역시 발굴된 바 있다.

기원전 489년에 공자는 진나라를 떠나면서 세 번째 환란을 만난다. 맹자는 "공자께서 진나라와 채나라 사이에서 포위를 당하신 까닭은 두 나라의 군신과 교류가 없었기 때문이다"[17]라고 했고, 사마천 또한 공자 일행이 배를 주리며 진나라와 채나라 사이에 있었다고 말했다.(「공자세가」) 하지만 『논어』에서는 "진나라에 계실 때 식량이 떨어졌다在陳絶糧"라고만 하면서 채나라는 언급하지 않았다. 이 선생님과 제자 몇몇은 일어날 수 없을 정도로 굶주렸으며 자로는 감정을 억누르지 못하다가 공자에게 꾸지람을 듣는다.(「위령공」 15.2)

오늘날 허난성 화이양현 현성縣城 서남쪽에는 '현가대弦歌臺'라는 곳이 있는데, 이곳은 이 사건을 기념하기 위해 청나라 때 수축되었다. 대의 이름은 '현가弦歌'인데, 그 뜻은 굶주리기야 했지만 이들 선생님과 제자들 몇몇은 여전히 끊임없이 악기를 타고 노래를 불렀다는 것이다.

(5) 채蔡나라

채나라의 도성은 서주 초기에 봉해졌을 때부터 춘추 초·중기에 이를 때까지 줄곧 상채上蔡에 있었다. 단지 초나라 세력이 북상함으로 인해 부단히 남쪽으로 옮겨져 오늘날의 허난성 상차이上蔡에 신채新蔡와 하채下蔡가 생겨나게 되었다. 이와 관련하여 공자가 갔던 채나라가 어디인지에 대해 과거에 논쟁이 벌어진 바 있다.

선대 사람들은 공자가 진나라와 채나라 사이에서 포위를 당했다고 할 때의 채나라가 신채 혹은 주래州來(안후이 셔우壽현)는 아닐 것이라고 했는데, 이 말은 맞다. 하지만 공자가 갔던 채나라가 도대체 어디인지에 대해서는 학자들의 견해가 일치하지 않는다.

과거에 가장 유행했던 것은 최술崔述의 설명이었다. 그는 공자가 지나간 채는 허난성의 최남단이며 지금의 신양信陽인 부함負函일 것이라고 했다. 그는 공자가 주래에도 섭현葉縣에도 간 적이 없고, 부함에서 섭공과 만났다고 했다.[18]

최술의 이 설명을 학자들은 대부분 믿어 의심치 않아 그것은 거의 정설이 되었다. 예컨대 치엔무는 『선진제자계년』에서 그 설명을 지지[19]했고, 쾅야밍匡亞明의 「공자주유열국시의도孔子周遊列國示意圖」에서도 그렇게 그렸다. 그러나 이는 추측일 뿐 거기에는 아무런 증거도 없다.

사실 『좌전』에는 진나라와 채나라가 자주 함께 거론될뿐더러, 진나라와 함께 거론되는 채나라는 분명히 진나라 인근에 있는 채 땅, 즉 상채 일대를 가리키지, 결코 신채나 주래를 가리키지는 않는다. 부함을 채라고 칭했다거나 섭공이 채에 머물렀다는 것은 더욱 근거가 없는 말이다.

공자가 진나라를 떠나 섭현으로 갔다면 기본적으로 서쪽으로 갔을 터인데, 상채는 바로 두 곳 사이에 있다. 사마천은 공자가 진나라를 떠난 일을 "진나라에서 채나라로 갔다自陳遷蔡"고 했고, 또 "채나라에서 섭으로 가自蔡如葉" 섭현에서 섭공을 만났다고 명확히 말했다.(「공자세가」) 지리적 위치나 걸어간 길을 보건대 가장 합리적인 설명은 여전히 상채를 경유해 섭현으로 갔다는 것이다.

(6) 초나라의 섭현

섭현은 초나라 북방을 지키기 위한 군사적 요충지였다. 오늘날의 예葉현에는 구현舊縣과 신현新縣이 있는데, 초나라의 섭현은 신현 남쪽에서 약간 서쪽으로 치우친 구현에 해당된다. 오늘날에도 초 섭현 옛 성의 무너진 담벼락을 볼 수 있다. 그밖에 섭현 옛 성 북쪽에는 섭공의 묘가 있는데, 이것은 추모의 성격을 지닌 유적이라 하겠다.

이렇게 공자가 섭공을 만난 곳은 섭현이었다는 설이 가장 유력한 문헌상의 근거를 지니고 있으므로 오늘날 다른 설들은 반드시 수정되어야 할 것이다.

17장
공자의 정치적 번뇌

공자의 일생에는 즐거움도 있었고 고민도 있었다. 그도 사람이었다. 사람에게는 누구나 감정과 욕망이 있게 마련이다. 즐거움만 있고 고민이 없다면 어찌 사람이라 할 수 있겠는가? 하물며 그는 난세를 만나 살고 있었다. 난세를 사는 사람이 고민 좀 하고 비분 좀 토로하는 것은 극히 정상이 아닌가? 그렇지 않다면 어찌 「이소離騷」나 「고분孤憤」 같은 것이 생겨났겠는가? 『논어』를 읽을 때 우리는 공자의 마지막 20년이 많은 사람들이 묘사하듯이 하루 종일 즐겁고 경쾌했던 것이 아니라, 번뇌로 가득 차 있었다는 점을 지적해야 할 것이다. 내면세계를 이해하지 못하면 그 사람을 이해하지 못하는 법이다.

50세 이전과 이후

젊었을 때 공자는 학문을 좋아하고 예를 잘 아는 것으로 유명했다. 그는 30세에 유명해졌는데, 유명해진 이유는 예를 잘 알았기 때문이었다. 국내뿐만 아니라 국외에서도 그는 유명해졌다.[1] 30세 이전에 그는 고서를 읽고, 옛 예를 익히며 적지 않은 것들을 배웠으니, 행복하고 즐거웠을 것임에 틀림없다. 30세 이후에도 주나라와 제나라에 잠시 외유를 했던 것을 제외하고는 줄곧 노나라에서 살면서 20년 동안 교육을 하고 학문을 했는데 그때도 괜찮았다. 독서란 스스로 즐기는 일이고, 교육이란 타인을 돕는 것을 즐거움으로 삼는 것이기 때문이다.

공자는 공부하는 것을 좋아했다. 그가 즐거웠을 때는 주로 자신이 할 수 있는 벼슬이 없고 집에서 한가하게 좋은 세월을 보냈을 때였다. 반대로 그의 고뇌는 주로 정치로 인해 생겨났다. 아리스토텔레스는 "인간은 정치적 동물"이라고 말한 바 있는데, 공자라는 사람은 정치에 대한 매력을 일반인들보다 훨씬 더 많이 느꼈다. 정치를 하지 않으면 절대 참지 못할 정도로 말이다.

공자의 처세 원칙은 "천하에 도가 있으면 드러내고, 천하에 도가 없으면 은거하는"[2] 것이었으나, 그는 그렇게 할 수 없었다.

그가 살았던 나라에서 제후인 노나라 군주는 주 천자에 대해 무례했고, 대부인 삼환은 노나라 군주에게 무례했으며, 삼환의 수하인 가신들은 삼환에 대해 무례했다. 주변의 다른 나라들도 상황은 마찬가지였다.

이런 정치는 썩은 정치로 분명히 무도함에 해당된다 하겠다. 그런데 그는 몸을 숨겼던가? 그렇지 않았다. 그는 여전히 참지 못하고 서둘러 그 안으로 섞여 들어갔다. 그렇게 섞여 들어갔으니 그 결과는 물론 불쾌함이었다. 그렇게 그의 모든 노력은 실패로 돌아갔다.

제나라로 벼슬하러 갔다 빈손으로 돌아오다

공자가 처음으로 벼슬을 구한 것은 제나라로 갔을 때였다. 제나라는 동방의 대국으로 노나라와 인접해 있으면서 노나라를 자주 괴롭혔다. 노나라는 소국이었으니 대국에 기댈 수밖에 없었다. 노나라는 제나라에 기대든지 아니면 진晉나라에 기대든지 했다. 공자가 살던 시대에 노나라는 이 두 커다란 국제적 세력 사이에 끼어 있었으며, 많은 동란은 이들 나라와 관련되어 있었다. 노나라의 정치가들은 귀찮은 일이 생기면 제나라로 가거나 진나라로 가거나 했다. 그 중 제나라는 노나라에서 가까워 노나라에 대한 영향이 진나라보다 컸다. 공자는 "제나라가 한 번 변하면 노나라에 이르고, 노나라가 한 번 변하면 도에 이를 것이다"라고 했다. 그가 보기에 노나라는 주周와 성이 같아 제나라보다 훨씬 정통성이 있으므로, 만일 주의 도로 노나라를 개조하고, 노나라의 도로 제나라를 개조할 수 있다면 주의 동방에 희망이 생길 것이라고, 동주에 희망이 생길 것이라고 여겼다. 그래서 그는 제나라를 매우 중요하게 생각했다.

공자가 제나라에 갔을 때 제 경공은 정치에 대해 물었는데, 이에 대해 그는 "임금은 임금답고, 신하는 신하다우며, 부모는 부모답고, 자식은 자식다워야 합니다"라고 대답했다. 그러자 경공은 "좋습니다! 진실로 만일 임금이 임금답지 못하고, 신하가 신하답지 못하며, 부모가 부모답지 못하고, 자식이 자식답지 않다면 비록 곡식이 있다고 한들 내가 어찌 그것을 먹을 수 있겠습니까?"[3]라고 말한다. 공자의 말은 사실 남의 아픈 곳을 들추어내는 것이었으며, 경공은 표면적으로 높이 평가했지만 실제로도 꼭 그랬던 것은 아니다. 왜냐하면 경공은 제 장공莊公의 이복동생으로, 그 자신이 바로 장공을 시해한 난신적자인 최저崔杼에 의해 옹립되었기 때문이다. 그는 신분으로 논하건 절차로써 논하건 간에 모두 비합법적인 계승자였다. 경공은 공자를 좋아하지 않으면서도 솔직히 말하지 않고 한 번은 적합한 자리가 없다는 변명을 하고 또 한 번은 자신이 너무 늙었다고 핑계를 댔다.(「미자」 18.3) 이에 공자는 김이 새 귀국할 수밖에 없었다.[4]

노나라에서 벼슬 하다 쫓겨나다

공자가 두 번째로 직장을 구한 것은 노나라에서였다. 이 시기에 공자의 벼슬 경력은 최고봉에 달한다.

51-54세에 그는 노나라에서 4년 동안 벼슬을 한다. 51세에는 중도中都의 읍재가 된다.(『예기』 「단궁상」에 이 일이 언급되어 있다.) 중도란 노나라의 읍으로 지금의 산둥성 원상汶上현 서남쪽에 해당된다. 이 관직은 그리 높은 것이 아닌, 그의 아버지가 그랬던 것처럼 단지 현읍의 장관에 해당된다. 하지만 52-54세에 그는 우선 사공이 되었다 나중에

다시 대사구로 승진하는데, 이는 비교적 높은 관직이었다. 사공은 공사를 관리하고, 사구는 사법을 관리했다. 당시 노나라의 경 가운데 계환자는 대사도였고, 숙손무숙은 대사마였으며, 맹의자는 대사공이었다. 따라서 그가 맡은 사공 직은 소사공으로 맹의자의 조수였으나 삼환 다음가는 지위였다.

그러면 공자가 하산한 배경은 무엇이었을까? 아래에서 이를 논하면서 몇 마디를 덧붙이고자 한다.

(1) 양화의 난과 후범의 난

공자가 벼슬길에 나선 것은 50세 이후이다. 50세 이전에는 아무도 그에게 벼슬을 하라고 하지 않았다. 노 소공도 계평자도 양화도 요청하지 않았으니, 그는 매우 조급해했다.

누가 공자에게 벼슬길로 나서라고 했던가? 바로 양화였음에 주목하시라. 『논어』에서는 이 일에 대해 이렇게 언급하고 있다.

양화가 공자를 만나려고 했으나 공자께서 만나주시지 않자 공자에게 돼지를 보내왔다. 그러자 공자께서는 그가 없을 때를 틈 타 가서 감사의 뜻을 전하고 오는 길에 우연히 마주쳤다. 양화가 공자에게 말했다. "이리 오시오. 내가 그대와 함께 이야기하겠소. 자신의 보배를 품고서 나라를 어지럽게 내버려두는 것을 어질다고 할 수 있겠소? 그렇다고 할 수 없소. 정치에 종사하기를 좋아하면서 여러 번 기회를 놓치는 것을 지혜롭다고 할 수 있겠소? 그렇다고 할 수 없소. 세월은 흘러가, 세월은 나를 기다려주지 않소이다." 공자께서 말씀하셨다. "알겠습니다. 저는 장차 벼슬을 할 것입니다."

陽貨欲見孔子, 孔子不見, 歸(饋)孔子豚. 孔子時(待)其亡也, 而往拜之. 遇諸塗(途). 謂孔子曰, '來! 予與爾言.' 曰, '懷其寶而迷其邦, 可謂仁乎?' 曰, '不可.' '好從事而亟失時, 可謂知(智)乎?' 曰, '不 可.' '日月逝矣, 歲不我與.' 孔子曰, '諾, 吾將仕矣.'(「양화」17.1)

양화(『좌전』에는 양호陽虎라고 되어 있음)는 삼환 중 계씨의 집사였다. 삼환은 노나라의 경卿으로 모두 곡부에 살았으며, 곡부 밖에 채읍采邑이 있었다. 계씨의 채읍은 비費(산둥성 페이費현 서북쪽), 숙씨의 채읍은 후郈(산둥성 동핑東平현 동남쪽), 맹씨의 채읍은 성成(산둥성 닝양寧陽현 동북쪽)이었다. 이 3대 채읍은 모두 벽을 높이 쌓았으며 군사를 숨겨두고 삼환 각자의 가신들에 의해 수비되고 있었다. 공산불요(『좌전』에는 공산불뉴公山弗狃라고 되어 있음)는 비의 읍재, 공약막公若藐은 후의 읍재, 공염양公斂陽(자는 처보處父)은 성의 읍재였는데, 이곳을 삼도三都라 불렀다.

위 단락은 아주 유명한데, 조사한 바에 의하면 이때는 공자의 나이가 47세 되던 해, 즉 기원전 505년이다. 노나라는 노 선공宣公 때부터 왕실이 낮아지고 정권은 삼환에게 있었다. 계씨의 세력이 가장 컸고, 그다음은 숙씨였으며, 그다음은 맹씨였다. 노나라의 정권은 전후로 계문자季文子·계무자季武子·계도자季悼子·계평자에 의해 좌지우지되고 있었다. 노 소공은 바로 삼환에 의해 쫓겨나 타향에서 객사한 인물이다. 이것이 바로 공자의 "예악과 정벌이 대부에게서 나온다"는 말의 뜻이다. 이 해는 노 정공이 즉위한 지 5년째 되는 해로, 6월 병신丙申 일에는 계평자가 죽고 계환자가 집권하기 시작했다. 그러다 9월 을해乙亥 일에 큰일이 생긴다. 양화가 계환자를 붙잡아 직문稷門 안에서 맹약을 하게 하여, 즉 그로 하여금 자신의 조건을 억지로 받아들이게 한 후에야 그를 놓아주는데, 이로써 대권은 양화의 수중에 떨어지게 된다.(『좌전』 정공 5년) 공자의 '가신이 나라의 권력을 잡는다陪臣執國命'는 말은 바로 이런 뜻이다. 양화가 공자더러 벼슬길에 나서라고 한 것은 이를 배경으로 한다. 일은 아마도 9월 을해 사건 뒤에 생겨났을 것이다.

그런데 왜 다른 사람도 아닌 양화가 공자더러 벼슬길로 나서라고 했을까? 그 이유로는 두 가지가 있다.

첫째, 그는 공자가 이미 아주 오랫동안 벼슬길로 나서고 싶어하며 그 날을 기다려왔다는 점을 알고 있었기 때문이다. 47세에도 벼슬을 하지 않으면 남은 기회는 많지 않게 된다. 당시의 벼슬 가운데 공경公卿 같은 높은 자리는 일반적으로 세습귀족이 차지하고 읍재나 가신 같은 것만 공자 같은 부류의 사람들이 나아갈 수 있는 출구였다. 출사를 막 시작했을 때 공자는 이런 종류의 관직에 있었으며, 그의 학생들이 후에 앞 다투어 출사를 했을 때에도 주로 있었던 것은 이런 종류의 관직이었다. 그러므로 당시 양화의 집권은 다시없는 기회였다. 양화가 그에게 벼슬길로 나서도록 요청한 것은 그를 가신의 대오로 끌어들이고자 했기 때문이다.

둘째, 당시 노나라에는 공실公室·삼환·삼환의 가신이라는 세 정치 세력이 있었는데, 노나라 군주의 근심은 삼환에 있고, 삼환의 근심은 가신에 있었으며, 아래로 내려갈수록 그들은 더욱 무례했다. 그런데 공자는 정치활동을 할 때 군주에 대한 존숭을 근본으로 했다. 공자는 노나라 군주를 대신해 분노를 하고, 당시의 급선무는 삼환을 쳐부수는 것이라고 명확히 했다. 그런데 당시에 삼환에 제약을 가할 수 있는 이가 누구였느냐 하면 그것은 양화밖에 없었다. 그리고 양화의 배후에는 제나라 세력이 있었다. 양화는 이 점이 공자에게 매력을 끌 것이라고 생각했다.

공자는 망설였다. 그는 마음속으로 그렇게 하고 싶어 안달했다. 그러나 삼환을 때려잡는 일은 쥐를 때려잡으려다 그릇을 깰지도 모르는 일이었다. 게다가 양화가 주인을 배신한 일은 군신 간의 명분에 부합되지 않는데 그를 지지하면 자신의 명성에도 누가 될 터였다. 이에 결국 그는 포기하고 만다.

당시 양화가 방문했을 때 공자는 일부러 만나지 않았고, 답방도 양화가 없을 때 했으며, 마지막으로 길에서 우연히 만났을 때도 두말없이 응하면서도 실제로는 움직이지 않았다. 그의 근심은 양화를 지지해도 성공할 가능성이 크지 않을뿐더러 몹시 체면이 깎이는 일이라는 데 있었다.(주인을 배반한 양화를 지지한다는 것은 조금 말이 안 되는 일이었다.) 하지만 그렇다고 드러내놓고 거절하는 것도 너무 위험했기에, 그는 다시 관망해보기로 한 것이다.

양화의 난은 정공 5년(기원전 505)에 시작되었다가 정공 9년(기원전 501)에 끝났는데, 이 반란의 배후에는 제나라 세력이 개입되어 있었다. 기원전 502년에 양화는 삼환의 자제 및 가신과 결탁하여 포포蒲圃에서 계환자를 암살함으로써 계오季寤로 계환자를, 숙손첩으로 숙손무숙을, 자신으로 맹의자를 대체하려다 맹씨에 의해 패배하고 만다.(『좌전』 정공 8년) 이에 양화는 퇴각해 양관陽關을 지키다 이듬해 제나라로 간다. 하지만 제나라에서 받아들이지 않음에 다시 진나라로 가 진나라의 조간자에게 몸을 의탁한다. 진나라의 조간자와 노나라의 계환자는 서로 닮은 정치적 인물이었다.

양화는 도망을 갔지만 양화를 따르던 무리들은 여전히 남아 있었다. 공산불요는 비 땅을 근거지로 그곳을 지키면서 삼환에게 커다란 위협을 가했는데, 그 또한 공자에게 흥미를 느꼈다. 이에 대해 『논어』에서는 이렇게 말한다.

공산불요가 비 땅을 근거지로 반란을 일으키고 공자를 부르자 공자께서 가려고 하셨다. 자로가 기뻐하지 않으며 말했다. "가실 곳이 없으면 그만이지, 하필 공산 씨에게 가려고 하십니까?" 공자께서 말씀하셨다. "나를 부르는 자라면 어찌 공연히 불렀겠느냐? 만약 나를 쓰는 사람이 있다면 나는 그곳을 동쪽의 주나라로 만들 것이다." 公山弗擾以費畔(叛), 召, 子欲往. 子路不說(悅), 日, '末(蔑)之也已, 何必公山氏之之也?' 子曰, '夫召我者, 而豈徒哉? 如有用我者, 吾其爲東周乎?' (「양화」 17.5)

이번에도 공자는 망설이다가 자로의 반대에 부딪힌다. 망설인 이유는 앞의 경우와 같다. 그는 틀림없이 삼환의 가신을 빌려 삼환을 쳐부수는 것에 대해 생각해보았을 것이다. 그래서 그는 공산불요가 자신을 부르는 것에는 그만의 목적이 있겠지만, 공자 자신의 목적은 필경 동주를 위한 것이라고 말한다.

이런 양화의 난은 단지 서막에 불과했다. 곧이어 후범의 난도 일어난다. 기원전 500년 여름에 후범은 후郈의 읍재 공약막을 죽이고 반란을 일으킨다. 후범은 숙씨의 가신이자 후읍의 마정馬正(후읍의 사마에 해당됨)이었다. 이 반란에도 제나라 세력이 개입되어 있었는데, 결국

숙손무숙과 맹의자에 의해 평정된다. 그리고 후범은 제나라로 도망을 간다.(『좌전』 정공 10년)

(2) 공자의 하산 막후에는 맹의자가 있었다

노나라에서 공자를 기용하게 된 것은 아마도 맹의자와 관련이 있을 것이고, 그 시기는 후범의 난이 끝난 직후였을 것이다. 맹의자는 양화의 난과 후범의 난을 평정한 주역이었다. 그는 공자에게서 예를 배울 정도로 그와는 관계가 남달랐다. 또 당시 가신들이 무리를 짓는 위협은 주로 계씨와 숙씨 두 집안에서 생겨났는데, 맹씨의 지위는 그들만 못하였으며, 따라서 그만큼 받는 위협도 적었다. 이에 나는 맹의자가 추천하고 계씨, 숙씨가 동의했으며, 노나라 군주도 찬동함으로써 공자가 벼슬길에 나서게 되었을 것이며, 그를 기용한 목적은 난국을 수습하기 위해서였을 것이라고 추정한다.

공자는 하산을 하여 처음에는 중도의 읍재가 되었다. 중도는 지금의 산둥성 원상汶上현 서남쪽에 있는 츠치우진次丘鎭에 있었으며, 당시에는 노나라의 공읍公邑이었다. 그러면 공자는 왜 처음에 이곳에 와서 벼슬을 했을까? 이와 관련해 우리는 『좌전』의 기록에 주목할 필요가 있다.

잘 알다시피 노 소공은 삼환에 의해 강제로 쫓겨나 최후에는 건후乾侯에서 죽었다. 그러다 소공의 시체를 노나라로 운반해온 후 그것을 어떻게 묻을 것인가를 놓고 논쟁이 벌어진다.(『좌전』 정공 2년)

처음에 계환자는 그를 '감공씨闞公氏', 즉 노나라의 공묘公墓에 묻으려고 하다가 노의 대부 영가아榮駕鵝의 제지를 받는다. 이에 계환자는 노 소공을 노 제후 묘지의 묘도墓道 남쪽에 묻는데, 이는 노나라 선왕들의 묘와는 분리된 것으로서 징벌의 의미를 띠고 있었다. 나중에 공자가 노 사구가 된 후에야 '여러 묘와 합쳐지게溝而合諸墓' 되었다. 즉 노나라 선왕들의 묘와 한군데로 합쳐지게 되었다.

여기서 주목할 만한 점은 '감闞'의 위치가 바로 원상현 난왕南旺진 일대로 중도와 매우 가까웠다는 것이다.(그곳의 서남쪽에 있었다.) 이에 나는 공자가 중도의 읍재가 된 것은 노 제후 묘지의 조성 및 관리에 대한 책임과 직접적으로 관련되어 있다고 생각한다. 알다시피 왕릉의 수축은 토목공사에 속하는 일로 고대에는 종종 이것을 죄수들이 했으며, 따라서 이런 이들은 사공과 사구에 의해 관리되었으며, 사공과 사구 간에는 긴밀한 관계가 유지되고 있었다.

공자가 사공 벼슬을 한 것에 대해 치엔무는 그것이 소사공이었을 것이라고 했는데, 이는 매우 일리가 있는 말이다.[5] 맹의자가 대사공이었으니 그가 맡은 사공은 자연히 소사공, 즉 맹의자의 조수였을 것이다. 그가 중도의 읍재에서 시작하여 소사공을 맡고 대사구를 맡은 것은 모두 맹씨의 추천이자 노 소공의 묘 조성과 관련이 있었을 것이다.

(3) 공자, 삼도를 무너뜨리다

기원전 498년 공자는 중유를 보내 계씨 가신이 되게 한 뒤, 삼도의 성벽을 무너뜨리고 군대를 몰수했다. 공자는 이렇게 함으로써 가신들에게 타격을 가하기도 하고 삼환을 약화시키는 일거양득의 효과를 볼 수 있다고 생각했다. 중유는 먼저 후를 무너뜨리는 데 성공하는데, 이는 그곳이 때마침 후범의 난이 평정된 곳으로 후를 무너뜨릴 충분한 이유가 있었기 때문이다. 하지만 이어서 비를 무너뜨리는 일은 그리 순조롭지 않아, 곧바로 공산불요와 숙손첩의 반란을 야기한다. 이들은 자로가 비를 무너뜨리느라 후방이 비어 있는 틈을 타 군대를 이끌고 노나라를 습격한다. 이에 노나라 군주는 삼환과 더불어 퇴각하여 계씨의 궁을 지키며 무자武子의 대에 숨어 지낸다. 반군은 무자의 대를 포위하지만 공자에 의해 격퇴되고 비를 무너뜨리는 일까지 당하게 된다. 오직 성成만은 맹씨가 협조하지 않아 포위는 했더라도 꺾지 못한다.(『좌전』 정공 12년)

이때의 반란에서도 제나라가 후원자 역할을 하는데, 일이 실패하자 공산불요와 숙손첩은 제나라로 도망을 간다.

공자가 삼도를 무너뜨림으로 인해 가신의 세력은 타격을 입었으나 진정으로 이득을 본 자는 노의 군주가 아닌 삼환이었다. 공자는 정치적 대안 세력으로 삼환, 특히 계씨가 거리끼는 인물이 된다. 『논어』에서는 이렇게 말한다.

> 제나라 사람이 여자 악사들을 보내왔는데 계환자가 그것을 받고 3일 동안 조정에 나오지 않자 공자께서 떠나셨다.齊人歸女樂, 季桓子受之, 三日不朝, 孔子行.(「미자」 18.4)

이것은 기원전 497년에 일어난 일이다. 이 일에 대해 사마천은 더 상세히 묘사했다. 그는 공자가 노나라를 떠난 것은 제나라의 압력에 시달려서라고 했다. 공자는 제나라와 노나라 간 정치적 거래의 희생양이었던 것이다.

열국을 주유했으나 소득이 없었다

기원전 497년에 공자는 염옹에게 계씨의 가신을, 고시高柴에게 비의 읍재를 맡겨 상술한 동란이 남긴 권력의 공백을 메웠으나, 자신은 정작 중유, 안회, 염구 등을 데리고 노나라를 떠나 여행을 하지 않을 수 없었다. 55세에서 68세까지 장장 14년간 그는 줄곧 밖에서 유랑을 했다.

노나라를 떠나 공자는 서쪽과 서남쪽 방향으로 길을 잡아 위·조曹·정·진陳·채, 이렇게 여섯 나라를 돌아다닌다.[6] 그런데 이들 국가는 모두 소국이었다. 이들 나라의 서쪽에 있는 진晉나라, 남쪽에 있는 초나라가 대국이었다. 그는 진나라에 가고자 하여 황하 변까지 갔으나 강을 건너지는 않았으며 초나라 변경지역까지 갔으나 깊이 들어가지는 못했다고 한다.(「공자세가」) 큰 나라에서 받아들이지 않았던 것이다. 그는 오직 두 나라, 즉 위나라와 진陳나라에서만 벼슬을 했는데, 그 중 기간이 제일 길었던 곳은 위나라였다.

앞서 공자가 위나라에 관심을 가진 이유는 많은데 그 중 가장 중요한 것은 "위나라에 군자가 많다"는 점, 즉 유능하고 노련한 대신들이 많이 있는 점이라고 했다. 하지만 다른 측면에서 보면 위나라에는 나쁜 사람들 역시 많았다.(예컨대 남자南子, 미자하彌子瑕 및 송조宋朝가 그랬다.) 위 영공은 매사에 남자의 말을 들었는데, 남자는 음란하여 송조와 사통해, 위 태자 괴외가 진晉나라로 도망가게 하는 결과를 초래했으며, 이것은 뒤에 위나라가 혼란스럽게 되는 화근이 되었다. 이런 위 영공에 대해 공자는 '무도無道하다'고 평가했다. 그가 위 영공을 떠나기 전, 위 영공은 그에게 병법에 대해 물으며 군사적 지시를 해줄 것을 청했는데, 이는 아마도 진나라에서 괴외를 다시 위나라로 돌려보내려는 것에 대비하기 위함이었던 듯하다. 이런 위 영공에 대해 공자는 매우 불만스러워하며 "제사지내는 일은 일찍이 들었지만 군대의 일에 대해서는 배운 적이 없습니다"라고 하고는 이튿날 위나라를 떠나버렸다. 위 영공은 기원전 493년 여름에 사망했는데, 공자는 그전에 위나라를 떠났다.[7]

위나라 정치의 배후에 진나라의 그늘이 드리워져 있었던 것은 마치 노나라의 배후에 제나라의 그늘이 드리워져 있었던 것과 같다. 위 영공이 죽은 뒤에 진나라의 조간자는 무력을 써서 괴외를 귀국시키지만, 위나라는 괴외의 아들을 출공으로 내세워 받아들이기를 거부함으로써 괴외는 들어오지 못한다. 이때 공자는 위나라의 전란을 피해 진陳 민공 아래에서 벼슬을 한다. 그리고 진陳나라에 있는 동안 한때 진晉나라로 갈 생각도 하는데, 이는 매우 중요한 에피소드이다.

기원전 490년에 조간자가 중모를 포위하자, 필힐은 중모를 근거지로 삼아 반란을 일으키고 공자를 부른다. 이에 공자는 마음이 흔들리기도 한다.

필힐이 부르자 공자께서 가려고 하셨다. 자로가 말했다. "옛날에 저는 선생님으로부터 몸소 불선을 행한 사람에게 군자는 가지 않는다고 들었습니다. 필힐이 중모 땅을 근거지로 반란을 일으켰는데 선생님께서 가려고 하시는 것은 무엇 때문입니까?" 공자께서 말씀하셨다. "그렇다. 그런 말을 한 적이 있다. 하지만 단단하다고 하지 않느냐? 갈아도 얇아지지 않으니 말이다. 희다고 하지 않느냐? 물들여도 검어지지 않으니 말이다. 내가 어찌

뒤웅박 같겠느냐? 어찌 매달려서 먹히지 않을 수 있겠느냐?"佛肸召, 子欲往. 子
路曰, '昔者由也聞諸夫子曰, '親於其身爲不善者, 君子不入也.' 佛肸以中牟畔(叛), 子之往也, 如之
何?' 子曰, '然, 有是言也. 不曰堅乎, 磨而不磷. 不曰白乎, 涅而不緇. 吾豈匏瓜也哉? 焉能繫而不食?'
(「양화」 17.7)

『논어』에 이 일과 양화의 부름, 공산불요의 부름이 같은 편에 배치
되어 있는 것은 결코 우연이 아니다. 이는 공자가 세 번째로 마음이 흔
들린 사례이다. 공자가 위나라를 떠난 것은 백이, 숙제를 따라 배운 것
이었다.(「술이」 7.15) 백이와 숙제는 "자신의 뜻을 굽히지 않고 자신의
몸을 욕되게 하지 않은" 사람이었으나, 그때의 마음 흔들림은 '뜻을 굽
히고 몸을 욕되게 하는' 일에 해당되는 것이었다. 이에 자로는 선생님
이 가는 것에 반대하면서 자신이 직접 선생님에게서 주인을 배반하는
그런 일에 군자는 참여해서는 안 된다는 가르침을 들었다고 말한다.
이에 대해 공자는 단단한 것이 갈아도 얇아지지 않고 흰 것이 물들어
도 검어지지 않는 것처럼 자신은 벽에 걸린 조롱박같이 볼 수만 있을
뿐 먹히지 못하는 신세는 될 수 없다고 대답한다. 이렇게 벼슬은 그에
게 커다란 유혹이었으나 만일 도처에 나쁜 놈만 있다면 어찌 벼슬을
할 수 있겠는가?

정치란 으레 기성 정치세력에 기대어 하나의 악이 또 다른 악을 낳
게 마련이다. 그리고 이는 도덕과는 완전히 무관한 일이다. 좋은 놈이
없으면 나쁜 놈 가운데서 좋은 놈을 골라 나쁜 놈에게 좋은 놈 역할
을 맡게 한다. 하지만 이렇게 되고 보면 도덕은 어디에도 존재하지 않
게 된다.

공자가 진 민공 아래에서 벼슬한 것에 대해 『논어』에는 아무런 기록이 없고, 다만 진 사패司敗라는 자만이 언급되어 있다.(「술이」 7.31) 위나라야말로 그가 주의를 기울인 나라였던 것이다.

공자가 위 출공 밑에서 벼슬을 한 것은 기원전 488년, 즉 위 출공이 즉위한 지 4년째 되던 해였다. 이때 자로가 선생님께 정치를 할 때 가장 우선되는 일이 무엇이냐고 묻자 공자는 "반드시 이름을 바로잡겠다"고 말한다. 당시 위나라는 괴외 부자가 권력을 다투던 위기 가운데 있었다. 이들 두 사람은 아버지가 아버지답지 못하고 아들이 아들답지 못했는데, 이들을 어찌 바로잡을 수 있겠는가? 자로는 선생님의 생각이 현실에 맞지 않다고 했다가 공자에게 호되게 욕을 먹는다. 공자의 정치적 강령은 여전히 제 경공에게 답했던 시절의 것이었는데, 그것은 제 경공에게 말했던 시절에도 통하지 않고, 위 출공 아래에 있던 그때도 통하지 않았다.

공자는 위나라에 머물 때 위나라의 정치에 너무 깊게 관여를 했다. 그의 학생 가운데 중유는 위나라 포읍蒲邑의 대부(포읍은 진나라와 초나라를 지키는 관문이었다)였고, 고시는 위나라의 사사士師였을 정도로 이들은 모두 위 출공의 신하였다. 공자가 노로 돌아오기 전에도, 또 노로 돌아온 후에도 그의 학생들은 모두 노나라와 위나라 사이를 누비고 다녔다. 그리고 공자 역시 노나라로 돌아온 뒤에도 위나라의 정치에 정을 못 떼고 계속해서 위 출공을 지지했다. 그리고 이것이 중유가 위나라를 위해 죽은 원인이 되었다.

기원전 480년 세밑에 괴외가 척戚에서 위로 들어오자, 고시는 도망갔으며, 중유는 난의 와중에 육신이 갈가리 찢겨 죽었다. 공리가 괴외를 위 장공으로 세우자 위 출공은 노나라로 도망갔다. 이렇게 두 군주가 폐위되고 즉위한 배후에는 괴외를 지지하는 진나라와 위 출공을 지지하는 노나라의 투쟁이 있었다. 중유의 죽음은 공자에게 깊은 자극을 주었고, 이듬해 4월에 그는 눈물을 머금고 이 세상을 떠났다.(『좌전』 애공 15, 16년) 이렇게 결말은 비극으로 끝났다.

'집 잃은 개'의 상징적인 의미

다년간 외지에서 지낼 때 공자는 마음이 썩 좋지 못했다. 예를 들어 위나라에서 공자가 홀로 방에 앉아 경쇠를 두드리고 있을 때 쟁쟁거리며 울리는 소리가 얼마나 답답했는지는 더 말할 것도 없었다. 이러한 번뇌를 아무도 이해해주지 않을 때 광주리를 메고 문을 두드리며 지나가던 사내에게 그 소리가 들렸다.

공자께서 위나라에서 경쇠를 치고 계셨는데, 삼태기를 메고 공 씨 집 문 앞을 지나가던 사람이 말했다. "마음이 들어 있구나, 경쇠 치는 소리에는!" 이윽고 말했다. "천하구나. 경쇠 치는 소리가! 자기를 알아주지 않으면 그만두면 될 일이다. 『시경』에서 물이 깊으면 옷을 그대로 입고 건너고, 물이 얕으면 옷을 걷고 건너라고 했다." 공자께서 말씀하셨다. "그 말이 참 과감하구나! 논박할 수가 없다."子擊磬於衛, 有荷蕢而過孔氏之門者, 曰, '有心哉, 擊磬乎!' 旣而曰, '鄙哉, 硜硜乎! 莫己知也, 斯已而已矣. 深則厲, 淺則揭.' 子曰, '果哉! 末(蔑)之難矣.'(「헌문」 14.39)

그는 이렇게 말했다. 누가 경쇠를 두드리고 있는가! 고민이 있는 게 틀림없다. 하지만 그대의 고민이라는 게 너무 속되구나! 다름 아닌 남들이 알아주지 않아서가 아닌가? 이렇게 공자의 번뇌라는 것은 아무도 상대해주지 않고 아무도 이해해주지 않는다는 데, "자신을 알아주지 않는다莫己知"는 데 있었다.

다닐 만한 곳은 다 다녀봤으므로, 남은 것은 바다를 건너 이적夷의 땅에서 사는 것뿐이었다.

공자께서 말씀하셨다. "도가 행해지지 않아 뗏목을 타고 바다에서 떠다닐 때 나를 따를 사람은 자로일 것이다." 자로가 그 말을 듣고 기뻐하였다. 그러자 공자께서 말씀하셨다. "자로는 나보다 훨씬 용기를 좋아하지만 구할 수 있는 목재가 없구나.子曰, '道不行, 乘桴浮于海. 從我者, 其由與(歟).' 子路聞之喜. 子曰, '由也好勇過我, 無所取材.'(「공야장」 5.7)

공자께서 구이에서 살고 싶어하셨다. 혹자가 말했다. "누추한데 어떻게 하시겠습니까?" 공자께서 말씀하셨다. "군자가 사는데 무슨 누추함이 있겠느냐?"子欲居九夷. 或曰, '陋, 如之何?' 子曰, '君子居之, 何陋之有?'(「자한」 9.14)

그가 말하는 바다란 그에게서 가장 가까운 황해이다. 고대에 황해에 있던 큰 항구 두 군데로는 지금의 산둥 지아오난胶南시와 지앙쑤江蘇 리엔윈강連雲港(리엔윈강에는 콩왕산孔望山이라는 곳이 있는데, 전하는 바에 따르면 공자는 그곳에서 바다를 바라보았다고 한다)시가 있다. '구이'는 회하淮河 하류, 즉 오늘날의 안후이安徽·지앙쑤에 있었다. 그는 어디로

가고 싶어했던 것일까? 오吳나라였을까, 아니면 월越나라였을까? 그도
아니면 더 먼 곳이었을까? 이는 발끈해서 한 말이다. 그는 그렇게 실망
하고 절망했다.

기분이 가장 나쁠 때는 말조차 하려 하지 않을 정도로 화가 나 있기
도 했다.

공자께서 말씀하셨다. "나는 말을 하지 않으려고 한다." 자공이 말했다.
"선생님께서 말씀을 하지 않으시면 저희들이 무엇을 전할 수 있겠습니
까?" 공자께서 말씀하셨다. "하늘이 무슨 말을 하더냐? 사계절이 운행되
고 만물이 자라나지만 하늘이 무슨 말을 하더냐?" 子曰, '予欲無言.' 子貢曰, '子如
不言, 則小子何述焉?' 子曰, '天何言哉? 四時行焉, 百物生焉, 天何言哉?' (「양화」 17.19)

때를 만나지 못한 공자는 무엇을 닮았을까? 옛사람들의 설명을 따
르자면 그는 '집 잃은 개'를 닮았다. 옛사람들은 여러 나라를 주유하
던 공자에 대해 논할 때면 이 고사를 언급하곤 했다. 이 고사는 공자
의 진짜 처지를 반영하고 있는 것이다.

이렇게 공자의 말은 자조로 가득 차 있었지만 그는 냉정함을 잃지
않았다. 무정한 운명 앞에서 그는 깨어 있었던 것이다.

제3부

『논어』

성전聖典으로서의 이미지 찢기

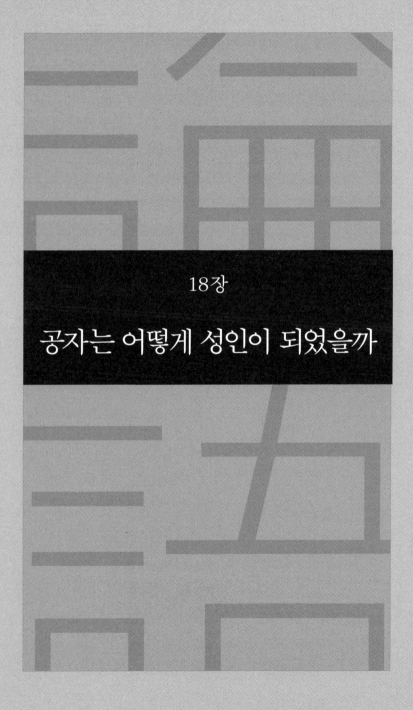

18장

공자는 어떻게 성인이 되었을까

공자는 성인이 아니다. 옛사람들이 말하던 본래적 의미의 성인이 아니다. 살아 계실 때 그 어르신은 성인이 아니라 사람이었을 뿐이다. 죽은 후에야 그는 성인으로 변했다. 하나씩 하나씩 레테르가 붙으면서 깜짝 놀랄 만큼 신성해졌다. 하지만 후대 사람들이 말하는 성인과 공자가 말하는 성인은 전혀 다르다.

역사적으로 두 종류의 공자가 있다. 하나는 『논어』에 있는, 피가 흐르고 살이 붙어 있는, 살아 있는 공자이고, 다른 하나는 공자 사당 안에 있는, 빚어지고 조각된, 향불을 피우고 머리를 조아리기 위한 공자이다. 전자는 진짜 공자이고 후자는 가짜 공자이다. 어느 공자가 더 사랑스러운가?

5·4운동 시기에 표면적으로는 공자를 비판했지만 사실은 공자를 구해냈다. 공자는 평안했고, 공자는 무탈했다. 많은 사람들은 공자를 비판하는 것이 어떻게 공자를 구해내는 것이 될 수 있는지 이해하지

못한다. 나는 그가 입고 있던 신성한 외투를 벗겨내어 그의 본래적 면모를 회복시키는 것이 공자를 구해내는 방법이라고 말한다. 가짜 공자는 제거하고 진짜 공자는 남겨두는 일에 무슨 나쁜 점이 있단 말인가? 그것은 그가 사람다운 존엄성을 회복하는 데 도움이 되는 일이고, 그에 대한 우리의 인문적 관심이다.

공자는 수없이 변했다. 2천 년 동안 그의 이미지는 부단히 변했다. 공자는 역사적 과정을 거치면서 보통 사람에서 성인으로 변모되었다. 『논어』를 읽는 많은 이들은 공자의 성인이라는 칭호가 어떻게 해서 생겨난 것인지 전혀 생각하지 않는다. 더군다나 그들은 이것이 철칙인 줄 안다.

아래에서 나는 이 변형의 기록에 관해 이야기하고자 한다. 솔직히 말해 이 부분은 내가 『논어』를 읽고 나서 거둔 주된 수확이었다.

성인이란 어떤 의미일까

'성인'이라는 말을 공자 시대에는 누구나 다 했다. 『묵자』 『노자』와 다른 제자백가의 책 등 모든 고서에서 이 개념을 쓰고 있다. 나는 이 고서의 설명을 귀납하여 성인의 본래적인 의미가 무엇이었는지 보여주려고 한다.

(1) 모르는 것이 없고 밝지 않은 것이 없는 총명한 사람[1]

주준성朱駿聲은 "춘추 이전의 이른바 성인이란 통달한 사람이었다"[2]

라고 말했다. 성인은 모르는 것이 없고 밝지 않은 것이 없는 총명한 사람이었다.

옛사람이 말한 '총명'의 '총聰'이란 '귀가 밝음'을, '명明'이란 눈이 밝음을 뜻했다. 고문자에서 '성聖'은 '청聽', '성聲' 두 글자와 그 근원이 같다. '성'은 '총명함'이지만 특히 '총', 즉 '귀가 밝음'을 가리킨다. 속담에 '눈으로 보는 것은 실질이고 귀로 듣는 것은 허상이다'[3]라는 말이 있다. 그렇지만 귀가 눈보다 얻는 소식도 더 많고, 이해하는 범위도 더 넓다. 그래서인지 옛사람들에게는 "들어서 아는 것을 성이라고 한다"[4]는 말이 있다. 이것이 성聖이라는 글자의 본래 의미이다.

성인이 되려면 반드시 총명해야 하며, '귀로 다 들어 넘기는 것耳順'이 중요하다.(공자는 60세가 되어서야 귀로 다 들어 넘길 수 있었다.) 그러다 나이를 좀 더 먹어 귀도 먹고 눈도 침침하여 사람도 잘 보이지 않고 말도 잘 들리지 않으면 자리를 물려준다. 상하이박물관 초나라 죽간의 「용성씨容成氏」에서는 요와 순의 선양에 대해 이야기하면서 그들이 늙자 "보는 것이 밝지 않고 듣는 것이 밝지 않게 되었다"[5]라고 했다. 본래는 총명한 사람이었다가 총명하지 않게 되어서야 비로소 자리를 다른 총명한 사람에게 물려준 것이다. 이것이 상고시대 선양의 본래 의미이다.

옛사람들은 성인이 천하를 다스릴 때 "천지를 참조하고 귀신과 비교한다"[6]고 말했다. 하지만 그들은 천지 사이에 있는 사람일 뿐, 귀신과는 다르다. 성인은 사람이지만, 일반 사람이 아닌 총명한 사람이다. 일반적으로 총명한 사람이 아닌 특별히 총명한 사람이다. 공자가 마음에 그린 성인은 이런 총명한 사람이었다. 우리는 고대 귀족제도 하에서는 귀족만이 총명한 사람이었음을 알아야 한다. 천부적인 총명함, 대단한 총명함은 귀족-혈통론적인 개념이며, 이는 전 세계적으로 봐도 그렇다.

성인은 사람 가운데의 최고 등급에 해당한다. 공자의 인물 품평에서도 이는 최고 등급이었다. 옛사람은 "만 인이면 걸웅이라 하고 만 배의 걸웅을 성인이라 한다"[7]고 했으니, 이는 모두 대단히 걸출한 인물을 가리켰다.

(2) 성왕으로서 권력과 지위가 필요

"천지는 만물을 기르고 성인은 현자와 만민을 기른다."[8] "천지가 교감하여 만물이 화생하고 성인이 사람의 마음과 교감하여 천하가 화평해진다."[9] 성인의 책임은 만민을 기르고 천하를 다스리는 데 있다. 이른바 성인이란 남쪽을 향해 앉아 정치적인 목소리를 듣는 사람이다. 들음聽이 곧 성聖이다.

성인은 본래 왕 노릇 하는 자였다. 아래 인용에서 보듯 고서에 절대로 이와 다른 말은 없었다.

성인은 남쪽을 향해 앉아 천하를 돌본다.聖人南面而聽天下.(『주역』 「설괘전說卦傳」, 『예기』 「대전大傳」)

그러므로 성인이 남쪽을 향해 서자 천하가 크게 다스려진다.是故聖人南面而立, 而天下大治.(『예기』 「예기禮器」)

성인은 천하를 다스리는 것을 일로 여기는 자다.聖人以治天下爲事者也.(『묵자』 「겸애상」, 이 구절은 세 번 나옴)

성인은 무심하여 백성의 마음을 마음으로 삼는다…성인은 천하에 있음에 자신을 수렴하고 천하를 다스림에 사람들의 마음을 소박하게 한다.聖人無心, 以百姓心爲心…聖人在天下, 歙歙. 爲天下, 渾其心.(『노자』49장)

귀하기로는 천자가 되고 부유하기로는 천하를 소유하며 이름은 성왕이라 불린다.夫貴爲天子, 富有天下, 名爲聖王.(『순자』「왕패王覇」)

(3) 각종 발명의 집대성자

『세본世本』「작作」에서는 상고시대의 발명을 제왕의 공으로 돌렸는데, 이들 제왕이 이른바 성인이다.

백공의 일은 다 성인이 만들어낸 것이다.百工之事, 皆聖人之作也.(『주례』「동관冬官」「고공기考工記」)

그러므로 옛 성왕은 기물을 만드는 법을 제정했다.是故古者聖王制爲節用之法.

옛 성왕은 먹고 마시는 법을 제정했다.古者聖王制爲飲食之法.

옛 성왕은 옷 만드는 법을 제정했다.古者聖(人)[王]制爲衣服之法.

옛 성왕은 맹수가 인민을 해치므로 이에 백성들로 하여금 무기를 가지고 길을 가게 했다.古者聖(人)[王]爲猛禽狡獸暴人害民, 於是教民以兵行.

옛 성왕은 큰 강과 넓은 계곡을 건널 수 없었으므로, 이에 백성들로 하여금 배를 만들어 갈 수 있게 했다.古者聖王爲大川廣谷之不可濟, 於是制爲舟楫, 足以將之.

옛 성왕은 장례를 검소하게 하는 법을 제정했다.古者聖王制爲節葬之法.

옛날에 사람이 갓 출현해 집이 없었을 때, 구릉에 동굴을 파 거기에 머물렀다.古者人之始生, 未有宮室之時, 因陵丘掘穴而處焉.(『묵자』「절용중節用中」)

(4) 요순처럼 상고의 제왕이며, 모두 죽은 지 오래된 사람들

옛사람들이 말한 성인은 우선은 당·우의 군주이고 그다음은 삼대의 왕으로, 모두 공자 이전의 사람들이었다. 『예기』「중용」에는 "공자께서는 멀리로는 요임금과 순임금을 높여 계승하시고, 가까이로는 문왕과 무왕의 법도를 본받아 빛내셨다"[10]고 했다. 요·순·우·탕·문·무·주공은 선진시대에 모두가 공인하는 6대 성인이었다. 요·순·우는 '선양을 한 성인'으로 지위가 가장 높았고, 탕·문·무는 '혁명을 한 성인'으로 약간 낮았다. 옛사람들은 혁명보다는 선양이 낫다고 생각했으며, 공자도 그렇게 생각했다. 그가 마음속에 그린 성인은 우선은 요와 순이었다.

자공이 말했다. "만약 백성들에게 널리 베풀어 대중을 구제할 수 있다면 어떻습니까? 어질다고 할 수 있겠습니까?" 공자께서 말씀하셨다. "어찌 어진 것에 그치겠는가? 틀림없이 성인일 것이다. 요임금과 순임금조차 그렇게 하기에 부족하다고 여기셨다. 어진 사람은 자기가 서고자 하면 남을 세워주고, 자기가 통달하고자 하면 남을 통달하게 해준다. 가까운 데서 예를 취할 수 있다면 그것이 인을 행하는 방법이라고 할 수 있을 것이다. 子貢曰, '如有博施於民而能濟衆, 何如? 可謂仁乎?' 子曰, '何事於仁, 必也聖乎! 堯舜其猶病諸! 夫仁者, 己欲立而立人, 己欲達而達人. 能近取譬, 可謂仁之方也已.'(「옹야」 6.30)

자로가 군자에 대해 물었다. 공자께서 말씀하셨다. "경건하게 자신을 닦아야 한다." 자로가 말했다. "그것뿐입니까?" 공자께서 말씀하셨다. "자신을 닦아서 남을 편안하게 해주어야 한다." 자로가 또 물었다. "그것뿐입니까?" 공자께서 대답하셨다. "자신을 닦아서 백성을 편안하게 해주어야 한다. 자신을 닦아서 백성을 편안하게 해주는 것은 요임금과 순임금조차 행하기 어렵다고 여기셨다." 子路問君子. 子曰, '脩己以敬.' 曰, '如斯而已乎?' 曰, '脩己以安人.' 曰, '如斯而已乎?' 曰, '脩己以安百姓. 脩己以安百姓, 堯舜其猶病諸.'(「헌문」14.42)

성인의 특징은 백성을 편안하게 해주고 대중을 구제하는 데 있다. 공자는 자신이 이러한 성인을 만나지 못했다고 했다.

공자께서 말씀하셨다. "내가 성인을 만날 수 없으니 군자라도 만났으면 좋겠다." 공자께서 말씀하셨다. "내가 선한 사람을 만날 수 없으니, 변치 않는 사람이라도 만났으면 좋겠다. 없으면서 있는 척하고, 텅 비어 있으면서 가득 찬 척하고, 적으면서 많은 척하면 변치 않기가 어려울 것이다." 子曰, '聖人, 吾不得而見之矣. 得見君子者, 斯可矣.' 子曰, '善人, 吾不得而見之矣. 得見有恒者, 斯可矣. 亡而爲有, 虛而爲盈, 約而爲泰, 難乎有恒矣.'(「술이」 7.26)

『예기』 「중용」에서도 공자의 말을 인용하여 순은 성인이라고 말하고 있다.

공자께서 말씀하셨다. "순임금은 크게 효성스러운 사람이었을 것이다. 덕으로 보면 성인이고, 존귀함으로 보면 천자이며, 부유함으로 보면 사해를 다 소유하였다." 子曰, '舜其大孝也與! 德爲聖人, 尊爲天子, 富有四海之內.'

공자를 성인으로 세우려다 쩨지당한 자공

공자는 "성인의 후예聖人之後"[11]라고 하지만 그는 자신을 성인이라 칭할 줄 몰랐다. 그는 요와 순을 높고 커 감히 오를 수 없는 성인이라 했기에, 결코 자신을 요·순에 비교할 줄 몰랐고, 자신을 요·순보다 더 위대하다고 할 줄도 몰랐다.

공자는 위에서 서술한 의미의 성인이 아닌데 그 이유는 매우 간단하다.

첫째, 그는 자신을 대단히 총명하다고 생각하지 않았다. 그는 사람을 지적 능력에 따라 네 등급으로 나누었다. 1등급은 '가장 지혜로운 사람上智'으로 이런 사람은 '태어나면서부터 아는生而知之' 사람이다. 2등급은 '중간 수준의 사람中人' 가운데 상위권에 있는, '배워서 아는學而知之' 보통 사람이다. 3등급은 '중간 수준의 사람' 가운데 하위권에 있는, '어려움에 부딪혀 배우는困而學之' 보통 사람이다. 4등급은 '가장 어리석은 사람下愚'으로 '어려움에 부딪혀서도 배우지 않는困而不學' 바보다. 성인은 그 중에서 1등급에 속하는 이다. 그리고 그의 자신에 대한 평가를 볼진대, 우리는 그가 1등급이 아니라 분명히 2등급에 속해 있음을 안다. 그는 종종 "나는 남들과 같다"[12]고, 자신 또한 보통 사람이라고 말했다.

둘째, 그에게는 요임금이나 순임금 같은 권력과 지위가 없어서 "백성에게 널리 베풀어 대중을 구제하거나" "자신을 닦아서 백성을 편안하게 해주는", 전 인민의 위대한 구세주가 될 수 없었다.

후세 사람들에게 성인을 숭배하는 마음이 있다고 한다면, 공자는 자신을 잘 아는 능력이 있었다. 그는 후세 사람들보다 훨씬 솔직했다.

공자 문하의 제자 가운데 공자를 성인으로 세우려 했던 최초의 인물은 자공이다. 「자한」에는 한 사건이 언급되어 있다.

태재가 자공에게 물었다. "공자는 성인이십니까? 어찌 그렇게 다재다능하십니까?" 자공이 말했다. "본래 하늘이 성인으로 만들고자 하시기에 또한 다재다능한 것입니다." 공자께서 이 말을 들으시고 말씀하셨다. "태재가 나를 아는가? 나는 어려서 빈천했기 때문에 자질구레한 일을 많이 할 수 있었다. 군자가 잘하는 것이 많은가? 많지 않다. 太宰問於子貢曰, '夫子聖者與(歟)? 何其多能也?' 子貢曰, '固天縱之將聖, 又多能也.' 子聞之, 曰, '太宰知我乎? 吾少也賤, 故多能鄙事, 君子多乎哉? 不多也.'(「자한」 9.6)

위의 인용문에 등장하는 '태재'가 누구인지는 알 수 없다. 아마도 노나라의 태재일 것이다. 그가 자공에게 설마 공자가 성인이겠느냐고, 그는 어째서 그렇게 능력이 다방면에 걸쳐 있느냐고 묻는다. 이에 자공은 자신의 선생님은 당연히 성인이라고, 하늘이 낳은 큰 성인이기에 능력이 다방면에 걸쳐 있다고 말한다. 그러자 공자는 그 말을 듣고 즉각 부인을 한다. 그는 태재가 나를 아느냐고(그가 어떻게 나의 경력을 알겠느냐고), 자신은 젊었을 때 지위가 낮았기에 여러 가지 천한 일을 했었다고 말한다. 그리고 능력이 다방면에 걸쳐 있기는 하지만 그게 성인과 무슨 관계가 있느냐고, 오늘날의 군자들을 보라고, 저 귀족 신분에 속한 사람들 가운데 다재다능한 사람이 있느냐고, 없다고 말한다. 이렇게 그는 자공의 아첨을 받아들이지 않았던 것이다.

난세는 본래 성인의 씨가 마른 성인이 없는 시대이다. 그렇지만 세상이 어지러울수록 사람들은 구세주를 기다리는 법이다. 이것은 법칙이다. 앞서 이야기한 '집 잃은 개'는 이러한 현상을 반영하고 있다. 주목할 만한 것은 이 고사가 바로 자공과 관련이 있다는 점이다. 이 고사에서도 공자는 자신이 성인이라는 점을 인정하지 않는다. 이렇게 그의 태도는 아주 명확했다.

자공·재아·유·약, 계속 성인으로 세우려 하다

『논어』를 읽다보면 많은 장절들이 공자 만년의 일을 기록하고 있음을 어렵지 않게 발견하게 된다. 공자의 만년에 자공은 공자의 주요한 조수가 되어 있었다. 그리하여 공자 사후의 7대 제자 가운데 자공의 지위가 가장 두드러지게 된다. 특히 「자장」편 마지막 여섯 장(19.20-25)에서 자공은 선생님을 방어하고 있다. 이러한 배경은 매우 중요하다.

공자 사후에 공자는 여러 가지 의혹에 휩싸이게 된다. 예를 들어 그의 학력이나 그를 둘러싼 유언비어와 비방이 생겨났다.(「자장」 19.22-25) 특히 '숙손무숙이 중니를 헐뜯은' 사건이 그랬다.(「자장」 19.23-24) 숙손무숙은 삼환 가운데 하나로 지위가 높았는데, 그는 노나라의 상류사회에 유언비어를 퍼뜨려 공자가 자공보다 어질지 못하다고 말했다. 이는 공자에게 참으로 이롭지 못한 일이었다. 이런 소문이 갈수록 흉흉해지자 자공의 학생이었던 자금子禽(그는 공자의 학생으로도 볼 수 있다)조차 달려와 선생님에게 너무 겸손해할 필요가 없다고, 공자의 어디가 선생님보다 낫냐고 한다. 자공은 선생님을 방어하기 위해 선생님께서는 하늘에 있는 해와 달처럼 오를 수 없을 정도로 높다고, 자신과 선생님은 비교할 수 없다고 말한다.(「자장」19.25)

선생님을 방어하고 공자 문하의 제자들을 단결시키기 위해 자공은 공자의 절대적 권위를 세우는 일을 잠시도 지체할 수 없었다. 그는 공자 밑에 놓여 있던 장애물을 걷어내야만 했다. 그리하여 그는 성인의 기준에 교묘한 수정을 가한다.

성인은 총명한 사람이고, 각종 발명을 집대성한 자이며, 다재다능한 자이다. 위에서 말했듯이 이것은 성인의 기본적인 특징이다. 그런데 자공은 마음속으로 이렇게 생각한다. '오늘날의 귀족들은 모두 명청한 데 비해 우리 선생님은 학문이 깊다. 어느 누구에 비하겠는가? 적어도 총명하다는 점 하나만큼은 어쨌든 충분하지 않은가? 어찌 성인이 아니겠는가?' 위에서 그는 태재와 이야기를 할 때 바로 공자의 다재다능함을 돌파구로 삼았다. 그의 생각은 이랬다. '다재다능하여 어떤 일이든 할 수 있는 것, 그것이 '성聖'이라는 글자의 본래적 함의가 아니겠는가? 선생님께서는 겸손하시어 성인으로 자처하지 않으시기에 우리들이 관여하지 않을 수 없다.'

맹자는 자공과 공자가 나눈 대화에 대해 이렇게 말했다. 자공이 공자에게 '선생님께서는 성인에 도달하셨느냐'고 묻자, 공자는 "나는 성인에 도달하지 못했다聖則吾不能"고, 자신이 할 수 있는 것은 "배움에 만족을 모르고 가르침에 싫증이 나지 않는學不厭, 而教不倦也" 것일 뿐이라고 했다. 그러자 자공은 '배움에 만족을 모르는' 것은 '지智'이고, '가르침에 싫증이 나지 않는' 것은 '인仁'이므로, 선생님은 이미 '인'과 '지'에 이르렀고, 따라서 당연히 '성인'에 도달한 것은 의심할 나위가 없다고 말한다.(『맹자』「공손추상」)

자공의 설명은 일종의 빈틈 파고들기였다. 『논어』를 읽다보면 우리는 공자가 말한 '성'이 '인'이나 '지'와는 다르다는 것을, 절대로 다르다는 것을 알게 된다.

'성'은 '인'보다 수준이 높은 것으로, 요임금이나 순임금같이 왕 노릇했던 자만을 성인이라 부를 수 있었다. 인한 사람은 인격이 고매한 사람이지만, 왕 노릇을 하는 자는 아니다. 공자가 말한 인한 사람, 예컨대 미자·비간·기자·백이·숙제·관중은 다 왕 노릇을 한 자가 아니었다. 그들은 성인이 아니었다.

성인은 총명한 사람이다. 물론 그렇다. 하지만 성인은 결코 일반적인 현인이 아니다. 공자는 "성인과 인한 사람이라는 칭호를 내가 어찌 감당하겠는가?若聖與仁, 則吾豈敢?" 나 역시 "배우되 만족하지 않고, 남을 가르치되 싫증내지 않을"[13] 따름이라고 했다. "배우되 만족하지 않고, 남을 가르치되 싫증내지 않는다"는 말은 "배움에 만족을 모르고 가르침에 싫증이 나지 않음"(「술이」 7.2)으로도 되어 있다. "배움에 만족을 모르고 가르침에 싫증이 나지 않는" 이는 배우는 것을 좋아하는 자이다. 공자의 개념에 따르면 단지 '배워서 아는 자' 혹은 '변치 않는 자有恒者'일 뿐이다. '배워서 아는 자'나 '변치 않는 자'는 중간 수준의 사람 가운데 상위권자로 성인이 되기에는 부족한 자다. 스스로에 대한 공자의 평가는 이러했다. 그런데 자공은 똑똑했다. 그는 '몸'을 재어 '옷'을 만들었다. 즉 그는 공자를 '재어' 성인을 만들어냈는데, 이는 선생님의 설명과는 심하게 차이가 나는 것이었다.

위에서 언급했듯이 공자는 자신은 성인과 선한 사람을 만나지 못했다고, 만난 사람은 오로지 '변치 않는 자'뿐이라고 분명히 말했다. 그런데 자공은 "배움에 만족을 모르고 가르침에 싫증이 나지 않기"만 하면 '성인'의 기준에 도달한 것이라고 한다. 이것이 그가 교묘하게 수정을 한 대목이다.

공자 문하의 제자 중에서 공자를 성인으로 세우려 했던 이로 자공만 있었던 것은 아니다. 같은 언어과에 속하는 재아 및 그들이 변호한 후배이자 생김새가 선생님과 닮았던 유약도 그러했다.

맹자는 재아, 자공, 유약에 대해 "재아·자공·유약의 지혜는 성인을 충분히 이해할 만했다. 설사 지혜가 낮았다 하더라도 자신들이 좋아하는 사람에게 아부하지는 않았을 것이다"[14]라고 말했다. 그들은 선생님의 가치에 대해 너무도 잘 알고 있었지, 절대 공자에게 아첨을 떨지는 않았다는 것이다.

재아는 이렇게 말했다. "내가 선생님을 관찰해보니, 요임금이나 순임금보다도 훨씬 낫다."

자공은 이렇게 말했다. "예를 보면 그 나라의 정치를 알 수 있고, 음악을 들으면 그 나라의 도덕을 알 수 있듯이, 백 세대 이후에 백 세대 동안의 군주를 평가해볼 때 공자의 도에서 벗어날 수 있는 이는 없을 것이다. 인류가 출현한 이래로 공자 같으신 분은 없었다."

유약은 이렇게 말했다. "어찌 오직 사람만이 그렇겠는가? 들짐승에 대해서 기린이, 날짐승에 대해서 봉황이, 언덕이나 개미둑에 대해서 태산이, 길에 고인 웅덩이에 대해서 강이나 바다가 모두 동류이고, 백성에 대해서 성인 역시 동류이다. 그렇지만 그 동류 가운데서 출중하고, 그 집단 가운데서 우뚝 솟았으니, 인류가 출현한 이래로 공자만큼 훌륭한 분은 없었다.宰我日, '以予觀於夫子, 賢於堯舜遠矣.' 子貢日, '見其禮而知其政, 聞其樂而知其德, 由百世之後, 等百世之王, 莫之能違也. 自生民以來, 未有夫子也.' 有若日, '豈惟民哉? 麒麟之於走獸, 鳳凰之於飛鳥, 太山之於丘垤, 河海之於行潦, 類也. 聖人之於民, 亦類也. 出於其類, 拔乎其萃, 自生民以來, 未有盛乎孔子也.'(『맹자』「공손추상」)

재아는 공자가 요·순보다 훨씬 대단하다고 했다. 마치 린비아오林彪가 마오쩌둥을 치켜세워 그가 마르크스·엥겔스·레닌·스탈린을 넘어섰다고 한 것처럼 말이다.[15] 자공과 유약 또한 인류가 출현한 이래로 자신의 선생님에 비할 수 있는 사람은 없다고 했다. 인류에게 선생님은 짐승 중에서 기린이, 새 중에서 봉황이 차지하는 위치와 같이 어느 누구도 비견될 수 없다는 것이다.[16] 이 말들을 공자는 꿈에도 생각지 못했을 것이다. 어찌 아첨하는 말이 아니란 말인가?[17]

재아·자공·유약 이후 성인 개념의 혼란

성인은 난세의 산물이며, 성인은 고난의 산물이다.

요임금과 순임금이 죽자 성인의 도가 쇠미해지고 폭군이 연이어 출현했다.堯舜旣沒, 聖人之道衰, 暴君代作.(『맹자』「등문공하」)

공자가 초나라에 갔을 때, 초나라의 광인 접여가 공자의 문 앞을 지나가며 노래를 불렀다. "봉황아, 봉황아! 어찌 덕이 쇠약해졌느냐? 앞으로 올 세상은 기대할 것이 없고, 지나간 세상은 되찾을 수 없구나. 천하에 도가 있으면 성인이 성취를 하고 천하에 도가 없으면 성인이 나온다.孔子適楚, 楚狂接興遊其門曰, '鳳兮鳳兮, 何如德之衰也! 來世不可待, 往世不可追也. 天下有道, 聖人成焉, 天下無道, 聖人生焉.(『장자』「인간세人間世」)

맹자는 요·순 사후를 성인은 없고 폭군만 있는 시대라고 했다. 하지만 성인이 없을수록 성인은 더욱 필요한 법, 없어도 있어야 하는 법이다. 그것이 진짜든 가짜든 상관없이 말이다. 이것이 성인을 만들어내는 보편적인 심리다.(이 책의 제사題詞를 참조할 것.)

공자 사후에 공자 문하의 제자들만이 공자를 성인이라 한 것은 아니다. 묵자의 학생들 역시 묵자를 성인이라 불렀다.

나는 『집 잃은 개喪家狗』에서 선생님은 학생으로 인해 유명해진다고 했다. 예나 지금이나 마찬가지로 학생들은 종종 선생님에게 아부를 한다. 성인을 숭배하고 도를 지키는 일부 사람들은 주로 이 점을 공격하면서 나에게 욕을 퍼붓는다. 그들은 묵자 역시 학생들이 많았는데, 그는 어찌하여 성인이 되지 못했느냐고 하면서 역시 공자가 명망이 높다고 한다. 나는 그들이 아래와 같은 말에 주목하기를 바란다.

묵자가 병에 걸리자, 질비跌鼻가 들어와 물었다. "선생님께서는 귀신이 밝게 살펴 화복을 줄 수 있다고 하시고, 선을 행하는 자는 상을 받고 선하지 않은 일을 행하는 자는 벌을 받는다고 하셨습니다. 지금 선생님께서는 성인이신데, 어찌 병에 걸리셨습니까? 혹시 선생님의 말씀에 맞지 않는 것이 있기 때문입니까? 귀신이 밝게 알지 못하기 때문입니까?" 묵자가 말했다. "나를 병에 걸리게 했다고 해서 어찌 밝게 알지 못한다고 하느냐? 사람이 병에 걸리는 것에는 여러 방면의 원인이 있다. 추위와 더위 때문에 걸리는 경우도 있고 무리하여 걸리는 경우도 있다. 백 개의 문 가운데 하나만을 달아놓았다면 도둑이 어찌 다른 문으로 들어오지 않겠느냐?墨子有疾, 跌鼻進而問曰, '先生以鬼神爲明, 能爲禍福, 爲善者賞之, 爲不善者罰之. 今先生, 聖人也, 何故有疾? 意者先生之言有不善乎? 鬼神不明知乎?' 子墨子曰, '雖使我有病, 何遽不明? 人之所得於病者多方, 有得之寒暑, 有得之勞苦. 百門而閉一門焉, 則盜何遽無從入?'(『묵자』「공맹公孟」)

상리근相里勤의 제자, 오후五侯의 문도, 남방의 묵자인 고획苦獲·이치已齒·등릉자鄧陵子는 다 『묵경』을 송독했으나 대치되고 달라 서로 상대방을 '별묵別墨'이라 불렀다. '견백堅白'이나 '동이同異'의 논변으로 서로를 헐뜯고, '기우奇偶'의 합치되지 않는 언사로 서로 응수했으며, 거자鉅子를 성인으로 여겨 모두 그를 주인으로 섬기기를 원하고, 후세에 전해지기를 희망하여 오늘날에 이르기까지 끊어지지 않고 있다.相里勤之弟子, 五侯之徒, 南方之墨者苦獲已齒鄧陵子之屬, 俱誦墨經, 而倍譎不同, 相謂別墨. 以堅白同異之辯相訾, 以畸偶不仵之辭相應, 以巨子爲聖人, 皆願爲之尸, 冀得爲其後世, 至今不決.(『장자』「천하天下」)

사실 공자의 학생들도 공자를 성인으로 떠받들진대 묵자의 학생들이라고 못할 게 무엇인가? 묵자의 학생들은 머릿속이 미신으로 가득 차 있었다. 그들은 병에 걸리는 것은 다 덕을 쌓지 않아서라고 생각했다.(동한시대의 도교에서 말하는 명산命算도 이런 생각에서 나왔다.) 선생님이 성인인 이상 성인은 좋은 일을 할 것이고 귀신은 그것을 알 텐데 어찌 선생님이 병에 걸리실 수 있느냐고, 선생님은 병에 걸리지 않을 것이라고 생각했다.

맹자의 시대에 공자는 이미 결코 변치 않는 성인이었다. 그가 공자에게 붙인 칭호는 '성지시자聖之時者'였다.(『맹자』「만장하」) 사실상 '당대의 성인'이라는 뜻이다. 루쉰은 이를 현대어로 번역한다면 바로 '모던 성인'이라고 했다.[18] 공자는 성인을 모두 죽은 사람이라고 했는데, 맹자는 공자를 살아 있는 성인이라 한 것이다. 이러한 수정은 매우 중요하다. 이때부터 성인의 척도가 매우 느슨해졌기 때문이다. 순임금만이 성인이 아니라, 문왕도 주공도 성인이고, 이윤·백이·유하혜도 성인이 되었다.[19] 누구나 성인이 될 수 있게 되었다.

선생님이 성인이 되는 것, 이것이 첫걸음이다. 선생님이 성인이 되지 않으면 학생이 어떻게 성인이 될 수 있겠는가? 맹자가 공자를 성인이라 칭할진대 그의 학생들은 자신의 선생님도 성인으로 칠 수 있지 않느냐고 생각했을 것이다. 예컨대 공손추는 맹자에게 선생님도 성인이라 할 수 있지 않겠느냐고 묻는다. 그런데 이에 대한 맹자의 대답이 참 재미있다. 그는 공자를 성인이라고 한 자공의 의견을 부인한 공자의 이야기를 있는 그대로 한다. 그러고 나서 맹자는 정색을 하고는 공손추에게 말한다. '뭐? 너 그게 무슨 말이냐? 성인이라는 직함은 공자도 감당할 수 없었는데, 너 그게 무슨 말이냐?'(『맹자』「공손추상」) 하지만 공손추의 질문은 너무도 일리가 있는, 자공이 그 시절 했던 질문과 다를 게 없는 것이라 하겠다. 맹자는 이제 조만간 성인이 될 터였다. 과연 나중에 맹자는 성인이 되었다. 그는 안연·증자·자사와 함께 사배四配

중의 한 명이 되어, '아성亞聖'이라는 칭호와 더불어 공자 옆에 서게 되었다. 비록 약간 늦은 시기에 송대 사람들에 의해 봉해진 것이기는 하지만 어쨌든 2급 성인이다.('사배'는 2급 성인이다.)

그다음으로 제자백가들이 아부하던 이들로 군왕이 있었음도 잊지 마시라. 성인은 선생님도 될 수 있고 지도자도 될 수 있었다. 예컨대 신농神農파였던 진량陳良의 문도 진상陳相과 그의 동생 진신陳辛은 등 문공을 뵙고 "임금께서 성인의 정치를 행하신다고 들었거니와, 임금님 또한 성인이십니다"[20]라고 했다. 면전에 대고 아부를 하면서 조금도 얼굴이 빨개지지 않았다. 후세의 제왕들은 모두 '성聖'이라는 글자를 좋아하여 누구나 자신에게 그 딱지를 붙이곤 했다.

아직 끝나지 않았다. 마지막으로 '사람은 누구나 성인이 될 수 있는가?' 하는 문제가 다음 단계에 해당되는 추론이다. 하루는 조교曹交가 맹자에게 "사람은 모두 요·순이 될 수 있다"[21]는 그런 설이 있느냐고 묻자, 맹자는 그런 설이 있다고, 당신이 요의 옷을 입고 요의 말을 하며 요를 모범으로 삼아 행하기만 하면 당신은 곧 요임금이라고 말한다. 순 역시 마찬가지이다. 이는 '아미타불을 염불하기만 하면 서방정토로 갈 수 있다'는 것과 같은 이치인 것이다.

누구나 성인이 될 수 있다니, 너무나 절묘하게 맞아떨어진다. 마오쩌둥도 "6억 중국인이 다 요순六亿神州盡舜堯"이라고 했다. 이렇게 공자 사후에 성인의 개념은 어지러워졌다. 유가만 어지러워진 게 아니라 묵가도 어지러워졌다. 도가의 설명은 더욱 웃겨서 아예 성인을 갖고 놀려댔다.

예를 들어 『장자』에서는 거리낌 없이 성인을 욕해댄다. 이 책에서도 성인은 군자보다 높다. 하지만 성인 외에도 천인天人·신인神人·지인至人이 있다.(「천하」) 성인 앞에는 용성씨容成氏·혁서씨赫胥氏 같은 일군의 제왕들도 있다. 그들의 지위는 성인보다 높다.[22] 성인 중에서 요·순·우·탕·문·무 같은 이들은 물론이고 삼황오제조차도 '염치가 없다無恥'고 했다.(「천운」)[23] 또 그들은 모두 '이미 죽은已死' 사람들이고 성인의 말은 '옛사람의 찌꺼기'[24]라고도 한다. "천하에 선한 사람은 적고 선하지 않은 사람이 많으니, 성인이 천하를 이롭게 하는 것이 적고 천하를 해롭게 하는 것이 많다"[25]고도 하고, "성인이 죽지 않으면 큰 도둑도 없어지지 않는다"[26]고도 한다. 상하이박물관 초나라 죽간 「용성씨」 첫머리에는 이들 성인보다 더 이르고 더 지위가 높은 일군의 인물들이 다루어지고 있다.

전국시대 말기에 이르면 모든 준비를 마쳤으되, 중요한 것 하나가 빠져 있었다. 공자가 세운 기준 가운데 하나만이 수정되지 않고 순자를 기다리고 있었다. 공자는 권세가 없으면 백성을 편안하게 하고 대중을 구하는 전 인민의 구세주가 될 수 없다고 했다. 하지만 순자는 상관없다고, 공자나 자궁子弓이나 모두 성인이라고 말했다. 그들과 순임금·우임금의 차이는 매우 적다고 했으며, 순임금과 우임금은 "성인 가운데 권세를 얻은 자"인 데 반해, 공자와 자궁은 "성인 가운데 권세를 얻지 못한 자"라고 했다.[27]

권세를 얻지 못해도 똑같이 성인이 된 자를 후대 사람들은 '소왕素王'이라 불렀다. 마치 소계素鷄·소압素鴨이 절밥 요리 중에서는 '왕' 같은 요리이기는 하지만 여전히 채소인 것처럼, 그것은 실은 대용품이다. 이는 예수가 기독교에서 '왕 중의 왕'인 것과 맞먹는다. 우리는 이를 '대성지성문선왕大成至聖文宣王'이라고 부른다.

반고班固는 "옛적에 중니께서 돌아가시자 심오한 말이 끊어지고 70 제자가 죽자 대의가 어그러졌다"[28]고 했다. 공자와 그의 학생들이 사망한 후 '성인'의 개념에는 참으로 천지가 개벽할 만한 변화가 일어났다. 이런 의미에서 "전국시대 이후의 이른바 성인이란 존숭을 뜻하는 허명이다"[29]라는 주준성의 말은 훌륭하다 하겠다.

19장

'집 잃은 개' 논란에 대하여

『사기』의 「공자세가」를 읽어본 사람이라면 누구나 '집 잃은 개'가 고서에 나오는 이야기임을 안다. 거기에는 공자가 때를 만나지 못하고 뜻을 이루지 못한 점이 묘사되어 있다. 이 이야기는 한 사람이 한 것이 아니고 다섯 권의 고서에 나오며, 이야기를 하는 사람들은 모두 공자를 무척 숭배하는 이들이었다. 나는 줄곧 이 고사에 아주 깊은 뜻이 담겨 있다고 생각해왔다. 거기에는 공자가 성인인가 아닌가 하는 자공의 커다란 문제에 대한 답이 있기 때문이다. 이에 대한 공자의 대답은 명확하다. 자신은 성인이 아니며, 자신을 '집 잃은 개'와 닮았다고 할 것 같으면 그건 그렇다는 것이다.

난세에 구세주를 기다리는 것은 예나 지금이나 마찬가지다. 의儀 땅의 변경을 지키는 관리가 예언하지 않았던가? "천하에 도가 없어진 지 오래되었습니다. 하늘이 장차 선생님을 목탁으로 삼으실 것입니다"[1]라고 말이다. 『한시외전韓詩外傳』에서 이야기하는 이 고사는 참 재미있다. 거기서 공자는 자신이 살고 있는 세상이 너무나 타락하여 모두들 구세주를 기다리고 있고, 그래서 기필코 자신을 끌어다 구세주로 삼으려 한다고 말하고 있다. 하지만 공자는 "내가 어찌 감히 되리오?丘何敢當"라고 하면서 자신은 성인을 감당하지 못한다고 했다.

이 고사는 절대로 공자를 모욕한 것이 아니다. 만약 공자를 모욕한 것이라면 공자 사당 안 성적전聖跡殿에 있는 「성적도」에 이 고사를 표현한 그림이 들어 있을 수 없을 것이다.

공자 사당의 「성적도」 79번째 비석에는 이 고사가 실려 있다. 제목은 '미복을 하고 송나라를 지나가다微服過宋'라고 되어 있는데, 이 제목은 맞지 않다. 사실 그것이 말하는 것은 공자가 정나라에 이르렀을 때의 이야기이지, 송나라에 이르렀을 때의 이야기가 아니기 때문이다. 그림을 보면, 공자는 정나라 외성 동문 밖에 서 있는데, 이 동문은 지금도 남아 있다. 지금의 허난河南성 신정新鄭시 정한鄭韓 옛 성터에는 높고 큰 성벽이 지면에서부터 우뚝 솟아 있는데, 그 서쪽은 내성, 동쪽은 외성이다. 그 중 외성 동쪽 벽에는 구멍이 하나 있는데, 그것이 곧 외성 동문으로(지금은 문이 세워져 있다), 공자가 송나라를 떠나 동쪽에서 왔을 때 그는 바로 먼저 이 문에 이르렀다. 그곳은 새로 조성한 정풍원鄭風苑이라는 공원 안에 위치해 있는데, 나는 그곳에 가서 깊은 인상을 받은 바 있다.

공자 생가에 소장된 채색으로 되어 있는 「성적도」 제목은 자못 시원적이다. 그것의 제목은 '누루설성도累累說聖圖'라고 무척 재미있게 되어 있다. '누루累累'란 '지쳐 보이는 것이 집 잃은 개 같다累累若喪家之狗'고 할 때의 '누루'로,[2] '집 잃은 개'를 대신하여 가리킨다. 그리고 '설성說聖'

이란 성인에 대해 설명함을 뜻한다. 사실 그는 '집 잃은 개'를 자신에 비하고, 이러한 비유를 사용하여 자신이 왜 '성인'이라는 칭호를 거부했는지를 설명한 것이다.

내가 베이징대에서 『논어』를 강의할 때 썼던 원고를 책으로 펴내면서 제목을 '집 잃은 개'라고 단 이유는 매우 단순했다. 그것은 공부자께서 스스로 하신 말씀이며, 동시에 공자의 진짜 처지를 가장 잘 반영하고 있기 때문이었다.

그런데 어떤 이들은 책도 읽지 않고 이를 타박했다. 나는 그들에게 『사기』를 읽어보고 「성적도」를 보라고, 나는 아무것도 만들어낸 것이 없다고 말한다. 또 그들은 나보고 왜 옛사람들이 했던 '상가지견喪家之犬'이라는 말을 '상가지구喪家之狗'라는 말로 바꾸었느냐고 따지는데, 그러면 나는 그들에게 고서의 원문을 읽어보라고, 원문이 곧 '상가구喪家狗'라고 한다. 또 그들은 나보고 왜 당신은 '상가지구喪家之狗'의 '지之' 자를 빼버렸냐고 하는데, 그러면 나는 그들에게 고서의 원문을 읽어보라고, 원문에는 '상가지구'라는 말도 있고 '상가구'라는 말도 있다고 한다. 또 그들은 '상가지구'나 '상가구'의 '상'이라는 글자는 평성으로 읽어야 하고, 그 뜻은 돌아갈 곳이 없는 개가 아니라, 사람이 죽어 장례를 치르고 있는 집의 개라고 말하는데, 그러면 나는 그렇지 않을뿐더러, 설사 그렇다고 한들 어떻단 말이냐고 말한다. 장례를 치르는 집에서 주인이 사라지면 아무도 먹여 기를 수 없을 터, 마찬가지로 그런 개가 아니겠느냐고, 그대들이 아무리 궁리를 해본다 한들 이 말이 담고 있는 함의를 확장시켜 그것을 성인이라 할 수는 없을 것이라고 말한다.

리우수리劉蘇里 선생께서 일찍이 인터넷상의 토론을 모아주면서 내가 독자들과 교류할 수 있기를 바랐고, 이에 나는 편지 한 통을 썼는데, 여기에 그 내용을 실어도 무방하리라 본다.

수리 형에게

어제 통화를 할 때 형이 인터넷상에서 '상가구'라는 말에 대해 논쟁이 일고 있는데 제가 어떤 생각을 갖고 있느냐고 물으셨지요? 형도 아시다시피 저는 인터넷을 그다지 잘 이용하지 않아서 그 사람들이 무슨 일로 떠드는지 주목하지 않았습니다. 그날 회의에서도 황하이롱黃海龍 편집장께서 물으셨지만, 옆에 있던 누군가가 다른 문제에 대해 이야기했기에, 그분과도 이 문제에 대해 토론할 틈이 없었습니다.

형도 잘 알다시피 공자는 보통 사람이 아니고, 『논어』도 보통 책이 아니기 때문에 이 주제는 쉽게 논쟁을 불러일으키곤 합니다. 그날 회의에서도 이 말이 논쟁을 불러일으키는 주제가 되어, 갖가지 관점에 갖가지 해석이 있었습니다. 마치 행위예술처럼 욕을 먹는 일을 피할 수 없었던 것입니다. 하지만 기왕에 물음을 던지셨으니, 독자들에게 참고가 되도록 저의 의견을 말하고자 합니다.

첫째, 나는 무슨 고증학의 권위자가 아니다. 다른 이들과 마찬가지로 나는 일반 독자일 뿐이다. 그러니 나를 떠받들든 나를 욕하든 이것을 가지고 사실과 맞지 않는 말을 할 필요는 없다. 토론은 마땅히 평등해야 한다.

지금 벌어지고 있는 논쟁은 그리 복잡하지 않다. 나는 책에서 이미

'상가구'의 출처 다섯 단락에 대해 설명한 바 있다.

(1) 공자가 정나라에 갔을 때 제자들과 서로 흩어져 공자가 홀로 외성 동문에 서 있게 되었다. 정나라 사람 가운데 혹자가 자공에게 말했다. "동문에 어떤 사람이 있는데, 이마는 요임금을 닮았고, 목은 고요와 비슷하며, 어깨는 자산과 비슷하나 허리 아래는 우임금보다 3치 짧다. 몹시 지친 것이 마치 집을 잃은 개 같다." 자공이 이 사실을 공자에게 알렸다. 공자는 기뻐하여 웃으며 말했다. "외모야 꼭 그런 것은 아니지만, 집 잃은 개 비슷하다고 말한 것은 맞구나, 정말 맞구나!"孔子適鄭, 與弟子相失, 孔子獨立郭東門. 鄭人或謂子貢曰, '東門有人, 其顙似堯, 其項類皐陶, 其肩類子産, 然自要[腰]以下不及禹三寸. 累累若喪家之狗.' 子貢以實告孔子. 孔子欣然笑曰, '形狀, 末也. 而謂似喪家之狗, 然哉! 然哉!'(『사기』「공자세가」)

(2) 공자가 정나라를 지나갈 때 제자들과 서로 흩어져 홀로 외성에 서 있게 되었다. 혹자가 자공에게 말했다. "동문에 어떤 사람이 있는데, 머리는 요임금을 닮았고, 목은 고요를 닮았으며, 어깨는 자산을 닮았으나 허리 아래는 우임금보다 3치 짧다. 몹시 지친 것이 마치 집을 잃은 개 같다." 자공이 이를 공자에게 알리자, 공자가 탄식하고 웃으며 말했다. "외모야 꼭 그런 것은 아니지만, 집 잃은 개 같다고 말한 것은 맞구나, 정말 맞구나!"夫子過鄭, 與弟子相失, 獨立郭門外. 或謂子貢曰, '東門有一人, 其頭似堯, 其頸似皐絲, 其肩似子産, 然自腰以下, 不及禹三寸, 儡儡如喪家之狗.' 子貢以告孔子, 孔子喟然而笑曰, '形狀末也, 如喪家之狗, 然哉乎! 然哉乎!'(『백호통의』「수명壽命」)

(3) 공자가 정나라에 갔을 때 제자들과 서로 흩어져 공자는 홀로 정나라 동

문에 서 있게 되었다. 정나라 사람 가운데 혹자가 자공에게 물었다. "동문에 어떤 사람이 있는데, 이마는 요임금을 닮았고, 목은 고요와 비슷하며, 어깨는 자산과 비슷하나 허리 아래는 우임금보다 3치 짧다. 몹시 지친 것이 마치 집을 잃은 개 같다." 자공이 이를 공자에게 알렸다. 공자는 기뻐하여 웃으며 말했다. "외모야 꼭 그런 것은 아니지만, 집 잃은 개喪家狗 비슷하다고 말한 것은 맞구나, 정말 맞구나!"孔子適鄭, 與弟子相失, 孔子獨立鄭東門. 鄭人或問子貢曰, '東門有人, 其頭似堯, 其項若皐陶, [其]肩類子産. 然自腰以下, 不及禹三寸, 儽儽若喪家之狗.' 子貢以告孔子, 孔子欣然笑曰, '形狀, 末也. 如喪家狗, 然哉! 然哉!'(『논형論衡』 「골상骨相」)

(4) 공자가 정나라에 갔을 때 제자들과 서로 흩어져 홀로 동쪽 외성 문 밖에 서 있게 되었다. 어떤 사람이 자공에게 말했다. "동문 밖에 어떤 사람이 있는데, 키는 9척 6촌이고, 눈가는 매끈하고 길며, 이마는 툭 튀어나왔고, 머리는 요임금을 닮았고, 목은 고요를 닮았으며, 어깨는 자산을 닮았으나 허리 아래는 우임금보다 3치 짧다. 지친 것이 마치 집을 잃은 개 같다." 자공이 이를 공자에게 알렸다. 공자는 기뻐하여 웃으며 말했다. "외모야 꼭 그런 것은 아니지만, 집 잃은 개 비슷하다고 말한 것은 맞구나, 정말 맞구나!"

孔子適鄭, 與弟子相失, 獨立東郭門外. 或人謂子貢曰, '東門外有一人焉, 其長九尺有六寸, 河目隆顙, 其頭似堯, 其頸似皐陶, 其肩似子産, 然自腰已下, 不及禹者三寸, 纍然如喪家之狗.' 子貢以告, 孔子欣然而歎曰, '形狀, 末也. 如喪家之狗, 然乎哉! 然乎哉!'(『공자가어』 「곤서困誓」)

(5) 공자가 정나라의 동문을 나와 고포자경姑布子卿을 맞이하러 가며 말했다. "너희들은 마차를 끌고 가 비켜 있어라. 누군가 올 것인데, 그 이는 나의

관상을 봐줄 사람이다. 너희는 그것을 적어라." 고포자경 또한 말했다. "너희들은 마차를 끌고 가 비켜 있어라. 어떤 성인이 올 것이다." 공자가 내려서 걷자 고포자경은 마주보고 50보를 걷고 뒤에서 바라보며 50보를 걷고 나서는 자공을 돌아보며 말했다. "저 사람은 뭐 하는 사람입니까?" 자공이 말했다. "저의 선생님입니다. 노나라 공구라고 하지요." 고포자경이 말했다. "노나라 공구라고요? 저는 일찍이 저 이에 대해 들은 적이 있습니다." 자공이 말했다. "저의 선생님이 어떻습니까?" 고포자경이 말했다. "요의 이마, 순의 눈, 우의 목, 고요의 입을 닮았지요. 앞에서 보면 가득히 땅을 가진 듯합니다만, 뒤에서 바라보면 삐쭉 솟은 어깨에 수척한 등만은 네 성인에 미치지 못합니다." 자공이 한숨을 내쉬자 고포자경이 말했다. "그대는 무엇을 근심하십니까? 그대의 선생님은 움푹 들어간 얼굴을 하고 있지만 추하지 않고 수퇘지 같은 입을 하고 있지만 들쑥날쑥하지 않으며, 멀리서 보건대 지쳐 보이는 것이 마치 상갓집 개 같습니다. 그대는 무엇을 근심하십니까? 그대는 무엇을 근심하십니까?" 자공이 이 말을 공자에게 전했는데, 공자는 말한 것이 없고, 오직 상갓집 개喪家狗에 대해서만 말하면서 "(성인을) 내가 어찌 감당할 수 있겠느냐?"라고 했다. 자공이 말했다. "선생님께서 움푹 들어간 얼굴을 하고 있지만 추하지 않으시고 수퇘지 같은 입을 하고 있지만 들쑥날쑥하지 않으시다는 점은 저도 이미 알고 있습니다만, 상갓집 개에 대해서는 어찌 말하실 수 있는지 알지 못하겠습니다." 공자가 말했다. "자공아, 너는 저 상갓집 개를 보지 못했느냐? 염을 하고 곽에 관을 넣으며, 자리를 배치해 제사를 지낸다. 둘러보아도 사람이 없으니, 그 개를 놓아주려고 한다. 위로는 밝은 군왕이 없고 아래로는 현명한 방백이 없다. 왕도가 쇠미해지고 정치적 가르침이 사라졌으며 강한 자가 약한

자를 능멸하고 많은 사람이 소수의 사람을 해치며, 백성들은 제멋대로 하여 다스릴 수 없다. 그 사람은 본디 나에게 그것을 맡게 하려고 하는 것이다. 내가 어찌 감당하겠느냐?" 孔子出(衛)[鄭]之東門, 逆姑布子卿, 曰, '二三子引車避. 有人將來, 必相我者也. 志之.' 姑布子卿亦曰, '二三子引車避, 有聖人將來.' 孔子下步, 姑布子卿迎而視之五十步, 從而望之五十步, 顧子貢曰, '是何爲者也?' 子貢曰, '賜之師也, 所謂魯孔丘也.' 姑布子卿曰, '是魯孔丘歟? 吾固聞之.' 子貢曰, '賜之師何如?' 姑布子卿曰, '得堯之顙, 舜之目, 禹之頸, 皐陶之喙. 從前視之, 盎盎乎似有(王)[土]者. 從後視之, 高肩弱脊, 此惟不及四聖者也.' 子貢吁然. 姑布子卿曰, '子何患焉? 汙面而不惡, 葭(貜)喙而不藉, 遠而望之, 羸(累)乎若喪家之狗, 子何患焉? 子何患焉?' 子貢以告孔子. 孔子無所辭, 獨辭喪家狗耳, 曰, '丘何敢乎?' 子貢曰, '汙面而不惡, 葭(貜)喙而不藉, 賜以(已)知之矣. 不知喪家狗, 何足辭乎?' 子曰, '賜, 汝獨不見夫喪家之狗歟? 旣斂而槨, 布(器)[席]而祭, 顧望無人, 意欲施之. 上無明王, 下無賢(土)[士]方伯. 王道衰, 政教失, 强陵弱, 衆暴寡, 百姓縱心, 莫之綱紀. 是人固以丘爲欲當之者也. 丘何敢乎?' (『한시외전』 권9, 18장)

마지막 단락은 쉬웨이위許維遹의 『한시외전집석韓詩外傳集釋』 교정본을 참고한 것이다.

위 다섯 단락 중에서 앞의 네 단락은 하나의 설이고, 마지막 한 단락은 또 하나의 설이다. 우리는 위의 첫 번째, 두 번째와 네 번째, 다섯 번째 단락에서는 모두 '상가지구'라고 되어 있지만, 세 번째, 다섯 번째 단락에서는 '상가구'(밑줄 친 곳)라고 되어 있기도 하다는 점에 유의해야 한다. '상가구'는 내가 만들어낸 말이 아니라, 옛사람들이 그렇게 사용했었다는 점을 알 수 있는 대목이다. 사람들은 '지之'라는 글자가 빠지면 뜻이 완전히 변한다고 하는데, 위의 두 단락은 이를 이겨낼 수 있는 반증이라 하겠다.

사실 여기서 문제의 핵심은 '지之'라는 글자에 있는 것이 아니라, '상가喪家'를 어떻게 읽느냐에 있는데, 이 점은 아래에서 다시 이야기할 것이다. 물론 내가 '지之'를 생략해버린 데에 어떤 깊은 뜻이 있었던 것도 아니다. 다만 책 제목으로 삼기 위해, 그리고 자못 매끄럽게 읽히기에 그렇게 한 것뿐이다. 이는 무슨 오류라고 할 것도 못 된다.

둘째, 내가 사용한 이 말은 관습적인 용법에 불과하지, 어떤 특별한 발명품이 아니다. 여러분이 『한어대사전』³ 1616쪽을 찾아보면 '상가'라는 말에 두 가지 읽는 방법과 두 가지 용법이 있음을 알 수 있을 것이다. 하나는 상례를 치르는 집이라는 뜻으로, 그 경우 '상'은 평성으로 읽는다. 다른 하나는 가족이 몰살당하거나 집안의 주인을 잃는다는 뜻으로, 그 경우 '상'은 거성으로 읽는다. 그런데 '상가지견喪家之犬'이나 '상가지구'의 경우 책에서는 두 번째 종류로 귀속시키고 있다. 모두 집을 잃고, 주인이 죽은 개를 가리킨다는 것이다. 따라서 지금의 토론은 오히려 네티즌들이 고심하며 고증을 통해 제시한 관습적인 용법과는 다른 새로운 해석에 관한 것이라 하겠다. 그들은 '상가지구'의 '상가'가 마땅히 첫 번째에 속한다고 말하기 때문이다.

이 설이 존재하는 이상 우리는 토론해볼 수 있다. 다행히 나는 이미 고서에 나오는 원문을 제공했으니 너무 입 아프게 논쟁할 필요는 없을 것이다.

셋째, 『한어대사전』의 독법에 대해서도 물론 검토해볼 수 있다. 지금 모두들 이에 대해 토론하므로, 우리는 고서에 나오는 이 말의 예문들을 재검토해볼 수 있을 것이다.

(1) '상례를 치르는 집'이라고 할 때의 '상가'와 관련하여 『한어대사전』에서 인용하고 있는 『안씨가훈顏氏家訓』 「풍조風操」는 가장 이른 시기의 것이 아니다. 『한서』 「유협전遊俠傳」에 나오는 말이 그것보다 훨씬 이르다. "원섭原涉은 몸소 살펴보는 일이 끝나자 주인에게 '잔치 상을 받기를 원합니다'라고 했다. 다 같이 먹고 마시는데, 원섭만이 배불리 먹지 않고 관 같은 물품을 싣고, 손님들을 데리고 상가로 가서 입관하게 하고 온 사람들이 장례가 끝난 뒤에 떠나도록 권했다. 위급한 사람을 돕고 타인을 대하는 것이 이와 같았다. 후에 어떤 이가 원섭을 헐뜯으며 '간사한 놈'이라고 하자, 상갓집 아들이 즉시 이 말을 한 자를 찔러 죽였다. 涉親閱視已, 謂主人, '願受賜矣.' 既共飲食, 涉獨不飽, 乃載棺物, 從賓客往至喪家, 爲棺斂勞俫畢葬. 其周急待人如此. 後人有毁涉者曰'姦人之雄也', 喪家子即時刺殺言者."(『한서』 「유협전」) 따라서 한나라 때에 이러한 용법이 있었음에는 틀림없으나 13경에는 이런 용법이 보이지 않는다. 위에서 '상가'란 사람이 죽은 집이라는 뜻이다.

(2) '가족이 몰살되었다'고 할 때의 '상가'라는 말은 고서에서 그 예가 아주 많은데, 종종 집안과 국가가 함께 거론된다. 예컨대 '나라가 멸망하고 집안을 잃었다滅國喪家', '나라가 파멸하고 집안을 잃었다破國喪家', '나라가 패망하고 집안을 잃었다敗國喪家', '나라가 기울고 집안을 잃었다傾國喪家' 등 그 예는 이루 헤아릴 수 없다. 이러한 예에서 '상喪'이라는 글자는 모두 동사로 쓰인 '가家'의 목적어로 집안을 잃었음을 나타낸다. 『예기』 「예운」에는 "그러므로 오직 성인만이 예가 멈추어져서는 안 됨을 알고, 그러므로 나라를 파멸에 이르게 하고 집안을 잃게 하며 타인을 없애려고 하면 반드시 먼저 예를 없애는 것이다故唯聖人爲知

禮之不可以已也, 故壞國喪家亡人, 必先去其禮"라고 되어 있는데, 이는 비교적 이른 시기의 예라 하겠다.

넷째, '상가구'라는 말의 출전이 다섯 번째 단락과 앞의 네 단락이 다르다는 것이다. 그것들은 모두 한나라 때의 구설로 각기 근원을 가지고 있을 가능성이 크다. 앞의 네 단락 중에는 태사공太史公의 인용이 가장 이르다. 그것보다 더 이른 것에 대해서는 잘 모르겠다. 다섯 번째 단락의 경우에도 그것보다 더 이른 것에 대해서는 잘 모르겠다. 이 두 가지 설을 나는 이설로 남겨두면서 상세히 논의하지 않았으니, 독자들이 문제를 제기하는 것도 매우 일리가 있다고 하겠다. 이제 나는 나의 관점에 대해 솔직하게 약간의 설명을 하려고 한다.

우선 내가 말하고자 하는 것은 물론 한영韓嬰은 사마천보다 이른 시기의 사람이지만 위의 두 가지 설 가운데 어느 것이 먼저이고 어느 것이 나중인지는 분명하지 않다는 점이다. 과거에 위서를 판별하는 학자들은 종종 이렇게 말했다. 만약 갑이라는 책이 을이라는 책보다 앞서고, 갑이라는 책이 을이라는 책과 내용이 같다면, 을이라는 책은 갑이라는 책을 베낀 것이라고 말이다. 하지만 이런 방법은 꼭 믿을 만한 것이 못 된다. 사실상 그 둘이 함께 다른 어떤 책을 베꼈거나 혹은 각기 달리 전하는 저본을 베꼈을 가능성도 있기 때문이다. 따라서 우리는 사마천이 한영의 것을 베꼈다고 말할 수는 없다. 고서의 양식에 대한 연구를 보면 이러한 반증은 무척 많이 있기 때문이다. 더군다나 그들의 설은 비교적 차이가 크다. 예를 들어 관상을 보는 자의 이름을 사마천은 '정나라 사람'이라 한 데 비해, 한영은 '고포자경'이라 하여 서로 다르다. 세부 묘사 역시 많이 다르다. 따라서 나의 관점은 베꼈을 가능성은 거의 없다는 것이다.

다음으로 고포자경은 조간자 곁에서 관상을 보던 자로 고대 관상가 가운데 매우 유명하다. 이 인물은 전국시대의 『순자』 「비상非相」에도 나오고 『논형』 「골상」에도 나온다. 조간자가 『좌전』 소공 25년에 나오기 시작하므로 고포자경이 공자를 만났을 가능성은 시간적인 측면에서 보건대 아무런 문제가 없다. 그랬을 가능성은 있다. 하지만 공자는 정나라에 갔을 뿐 진晉나라에 간 적은 없다. 또 한영의 설에는 관상가의 냄새가 아주 진하게 난다. 아마 고대 관상가들이 전하는 이야기였을 것이다. 따라서 이치를 놓고 볼 때 그의 설은 사마천의 설만큼 믿을 만한 것이 못 된다 하겠다. 사마천은 위의 이야기를 공자가 60세 되던 해에 일어난 사건으로 가져다놓았다. 그리고 당시에 공자는 때마침 정나라를 지나가고 있었다. 정나라야말로 그가 지나갔던 국가였다. 고포자경은 조나라 사람이다. 만약 그가 특별히 정나라로 가 공자를 만났다고 한다면 그것은 그리 믿을 만한 이야기가 아닐 것이다. 또 있다. 우리는 사마천이 황실의 장서를 두루 열람하여 본 것이 많고 넓었으며, 후대 사람들이 인용할 때 모두 이 설을 따랐음을 아는데, 이러한 설명도 간과되어서는 안 된다.

내 책에서는 '상가구'의 출전에 대해서 인용만 했을 뿐 고증을 하지는 않았는데, 그렇게 한 원래 뜻은 말이 많아지는 것을 피하기 위해서였다. 그런데 나는 이로 인해 지금 이렇게 시끄러워질 줄은 몰랐다. 어떤 이는 내가 고의적으로 『한시외전』을 피해갔다고, 고서에 나오는 서로 다른 독법과 다른 설명을 피해갔다고 생각하는데, 이는 너무 지

나친 생각이다. 만약 정말로 그랬다면 무엇 하러 내가 『한시외전』도
채록했겠는가?

내친 김에 한마디 더 하자. 『사기』 「공자세가」의 "몹시 지친 것이
집을 잃은 개 같다"는 말에 대해 『집해集解』에서는 왕숙王肅의 다음과
같은 말을 인용하고 있다. "상갓집 개는 주인이 슬프고 처량하여 음식
을 얻지 못한다. 그리하여 지치고 뜻을 이루지 못한다. 공자는 난세에
태어나 도가 행해지지 않았다. 그러므로 지친 듯 뜻을 이루지 못한 모
습이다.喪家之狗, 主人哀荒, 不見飮食, 故累然而不得意. 孔子生於亂世, 道不得行, 故累然不得
志之貌也."(『사기집해史記集解』) 그러고 나서 이어지는 인용문은 바로 위에
서 인용한 『한시외전』이다. 내가 언급하지 않았던 이 주석은 주목할
만하다. 나는 왕숙이 『한시외전』에 근거를 두었다고 생각하는데, 그
는 '상갓집 개'는 주로 공자가 뜻을 이루지 못함을 묘사하고 있는 것이
지 그를 욕하고 있는 것은 아니라고 분명히 말하고 있다.

나는 이 말을 둘러싼 사람들의 논쟁이 주로 그것이 사람이 죽은 집
의 개인가, 아니면 집이 없어진 개인가에 있다고 생각한다. 이 문제는
나중에 다시 논할 것이지만, 나는 이 둘에 무슨 대단한 차이는 없다고
본다. 왕숙의 말은 전자의 함의로 이해할 수 있을 듯하다. 하지만 설사
이렇게 이해한다고 하더라도 이야기가 담고 있는 기본적인 함의는 바
꿀 수 없다. 상갓집 개는 주인이 죽음으로 인해 아무도 먹여 길러줄 수
없는 개이니, 사실상 그것도 역시 돌아갈 곳이 없는 개인 것이다.

내가 책에서 다섯 번째 인용문에 대해 세밀한 고증을 하지 않고 나
의 전반적인 이해만을 표현한 것은 내 생각이 짧았던 탓이다. 특히 문
제의 민감성에 대해 나는 충분히 예측하지 못했다. 이제라도 세밀한

부분에 대해 논의를 하게 되었으니 이는 물론 좋은 일이다.

다섯째, 내가 설명하고자 하는 것은 '돌아갈 곳이 없다'는 말은 대의일 뿐 정의도 아니고 번역도 아니라는 점이다. 앞의 네 단락의 인용문에 대해 나는 그 대의를 뭉뚱그려 서술했지, 주석도 번역도 하지 않았고 고증은 더더욱 하지 않았다. 나의 나태함과 소홀함으로 인해 논쟁과 상상의 공간이 모두에게 주어졌다. 다섯 번째 단락에 대해서도 나는 마찬가지로 논의를 하지 않아 모두에게 역시 충분한 자유가 주어지게 되었다.

다섯 번째 단락의 주요한 의미는 고포자경이 공자의 관상을 보는데, 사람들이 '성인'이라 칭하는 공자가 도대체 성인을 닮았는지를 보는데 있다. 여기서 우리는 이 이야기의 상징적인 의미가 도대체 어디에 있는지에 유의해야 한다. 이것이야말로 문제의 핵심이다.

선진시대의 고서에서는, 그것이 『논어』든 『묵자』든 『노자』든 아니면 다른 어떤 책이든 상관없이 이른바 '성인'이란 신도 아니고 보통 사람도 아닌 엄청나게 총명하고 인격이 고매하며 권세를 지녀 백성을 편안하게 하고 대중을 구제함으로써 천하를 다스리는 옛 성현, 특히 요·순·우를 가리켰다. 타이완의 어떤 이는 이 방면의 고증을 한 글을 쓴 바 있다. 위의 인용문에 언급된 '네 명의 성인'은 바로 그런 사람들이다. 그런 까닭에 공자는 『논어』에서 자신은 성인을 만나지 못했다고 명확히 말했다. 그러니 그가 어떻게 자신을 성인이라고 말할 수 있었겠는가?

『논어』를 읽다보면 우리는 공자가 살아 있을 때 자공이 나와 공자를 성인으로 내세웠음을 알게 되는데, 이는 고대의 성인 개념에 대한 전복으로 공자는 이를 허락하지 않았고, 이에 그도 그만둘 수밖에 없었다. 나중에 공자가 사망하자 자공·재아·유약은 계속해서 공자를 성인으로 세우려고 했고, 맹자·순자에 이르기까지 크게 세우고 특별히 세우는 일은 중단 없이 계속되었지만, 최초에 그 이야기를 꺼낸 이는 자공이었다. 이에 대해 공자는 '요·순이 그렇게 아무렇게나 될 수 있는가?'라고 엄숙한 태도를 보였다. 하지만 맹자는 "사람은 모두 요·순이 될 수 있다人皆可以爲堯舜"(『맹자』「고자하」)고 찬동했다. 이는 성인의 개념을 철저히 세속화한 것이다. 그들이 그렇게 한 그 마음씀은 매우 깊고 이해할 만하지만, 그 개념은 완전히 조작된 것이다. 위의 다섯 단락에서 관상가와 대화를 한 자가 모두 자공이었던 것은 결코 우연이 아니다. 그것들은 모두 자공이 제기한 공자가 도대체 성인이냐 아니냐 하는 커다란 문제에 대해 답을 한 것이다. 이야기는 이런 배경 하에서 전개되었다.

당시의 사람들은 생각이 매우 자연스러웠다. 상고시대의 성인들은 모두 다 죽어버리고 오늘날 세상은 이렇게 엉망일진대 성인이 나올 때가 되었다는 것이다. 성인은 바로 구세주이다. 그들은 성인을 기다렸다. 그것도 매우 고통스럽게 기다려, 설사 성인이 없다고 하더라도 하나 만들어야 한다고 생각했다. 지금의 심정과 같았을 것이다. 자공의 생각도 매우 자연스러웠다. 그러한 성인이라면 우리 선생님을 빼고 또 누가 있겠느냐는 것이다.

고포자경이 공자의 관상을 봐준 뒤 내놓은 답은 그가 닮기도 했고 닮지 않기도 했다는 것이다. 세부 묘사는 다르지만 대체적인 뜻은 『사기』와 같다. 공자에게는 성인의 모습이 있지만 또한 상갓집 개를 닮기도 했다는 것이다. 공자는 그 말을 들은 후 '성인'이라는 말에 대해서는 한마디 말도 하지 않고 자신이 '상갓집 개'라는 점만을 인정했다. 공자는 성인이냐는 물음에 그는 "내가 어찌 감당할 수 있겠느냐"고 했다. 뒤에 이어지는 말은 이보다 더 분명하다. "위로는 밝은 군왕이 없고 아래로는 현명한 방백이 없다. 왕도가 쇠미해지고 정치적 가르침이 사라졌으며 강한 자가 약한 자를 능멸하고 많은 사람이 소수의 사람을 해치며, 백성들은 제멋대로 하여 다스릴 수 없다. 그 사람은 본디 나에게 그것을 맡게 하려고 하는 것이다. 내가 어찌 감당하겠느냐?" 누군가 나를 끌어들여 그들이 기다리는 성인이 되게 하려 한다는 것이다. 이것이 자공의 물음에 대한 직접적인 대답이며 그 태도는 『논어』와 일치한다.

'상갓집 개'라는 말에 관해서 공자는 긍정적인 대답을 했다. 그는 이렇게 말했다. "염을 하고 곽에 관을 넣으며, 자리를 배치해 제사를 지낸다. 둘러보아도 사람이 없으니, 버리려고 한다." 앞 두 구절에서는 염하고 장례를 지내며 제사를 지내는 등의 의례에 대해 말하고 있고, 뒤두 구절에서는 집안의 사람이 모두 죽으면 아무도 기를 수 없기 때문에 개를 버릴 수밖에 없다고 말하고 있다. '시施'는 '치馳(놓아주다)'로 읽는다. 이 단락에서는 물론 장례를 치르는 것에 대해 이야기하고 있다. 하지만 '상갓집 개'란 집안의 사람들이 모두 죽으면 개의 주인이 없어지기에 놓아줄 수밖에 없는, 밖에서 유랑하게 할 수밖에 없는 개를 가리킨다. 물론 이는 돌아갈 집이 없는 개다. 이렇게 주인이 죽은 개와 돌아갈 집이 없는 개는 조금도 모순되지 않는다.

그래도 만족스럽지 않다면 다음의 문장을 읽어보시기 바란다.

이때에 이르러 물을 잃은 물고기마냥, 집을 잃은 개마냥, 곧 쓰러질 것처럼 쇠약해지고 말은 입 밖으로 나오지 못하게 되었으니, 어찌 이 세상의 일을 할 수 있었겠냐마는, 군주의 위엄을 접촉하고는 충분히 뜻이 큼을 내비치고 속세에 보탤 수 있었다.當此之時, 若失水之魚, 喪家之狗, 行不勝衣, 言不出口, 安能干當世之務, 觸人主之威, 適足以露狂簡而增塵垢.(하후담夏侯湛, 「저의抵疑」, 정복보丁福保의 『전진문全晉文』 제69에 수록)

담湛은 서진西晉 초기 사람으로 한나라와는 그리 멀지 않은 시대를 살았던 인물이다. 그런데 위 인용문의 '상가지구喪家之狗'와 '실수지어失水之魚'는 서로 대구를 이룬다. '상가喪家'의 '상喪'은 분명히 동사이며, 이를 상례를 치르는 집의 개라고 하는 것은 분명히 통하지 않는다. 역대 시문의 용법 또한 다 동사로 풀었으니, 이를 두고 용서할 수 없는 오류를 범했다고 할 수는 없는 것이다.

게다가 상례를 치르는 개란 무슨 뜻인가? 그것이 성인으로 미화하는 데 무슨 도움을 줄 수 있는가? 어떤 개든지 다 개이고, 개란 공자를 욕하는 말이 아니라 비유에 불과하다. 옛사람들의 이 비유를 어떻게 재해석하건 간에 성인으로 변할 수는 없을 것이다.

이 세 글자는 너무도 대단했다. 최동벽崔東壁은 그가 살던 시대에 그것을 보고는 즉각 놀라워하고 두려워하여 떨면서 심하게 욕을 퍼부어 댔다. 그는 사마천이 어떤 사람인가 하는 점을, 그가 공자를 숭배한 자라는 점을 생각하지 않았다. 사마천이 이 이야기를 했다고 해서 어찌 천고의 죄인이 될 수 있단 말인가? 더군다나 그것은 양한 시대의 구설이다. 한영도, 반고도, 왕충도 이야기했다. 그들이 모두 천고의 죄인들이란 말인가?

고서를 연구하는 이들은 최동벽이 성인을 보호하고 도를 수호하려는 편견이 있었을 뿐만 아니라 방법론적으로도 주관적이고 제멋대로였음을 다 안다. 고증이라는 겉모습으로도 도를 수호하겠다는 동기는 가리지 못한다. 구지에강顧頡剛 선생은 도를 수호하려는 그에 대해 비판을 했으나, 아쉽게도 고서의 양식에 관한 연구가 여전히 부족한 듯이 보이고, 방법론적으로도 송조에서 청조까지의 '문장 인용 반증법'을 벗어나지 못하고 있다. 고서의 진위를 판별하는 학문 자체는 지금도 여전히 의심의 대상이 되고 있다. 여기서는 시간 관계상 더 이야기하지 않겠다.

오늘날 이 세 글자가 뜻밖에 각기 다른 관점을 테스트하는 행위에 술이 되어버렸다. 좋아하는 자는 그것을 좋게 보아 청산유수로 한바탕 말을 늘어놓고, 미워하는 자는 그것을 밉게 보아 역시 청산유수로 한바탕 말을 늘어놓는다. 옛사람들은 생각지도 못했던 일이다.

마지막으로 한마디 더 하고자 한다. 내가 '집 잃은 개'로 책 제목을 정한 것은 공자를 욕하기 위함도, 이를 나 자신에게 빗대기 위함도 아닌, 공자의 진짜 처지, 지식인이 종종 맞닥뜨리게 되는 처지를 설명하기 위함이었을 따름이다. 나는 그의 처지를 매우 동정한다. 그에게 정신이 있고 이상이 있었음은 그 누구도 부정하지 못한다. 문제는 그 정신이 의탁할 곳, 이상이 실현될 곳이 없었다는 데 있다.[4] 이는 사실에 대한 진술이지, 공자의 얼굴에 먹칠을 하기 위한 것이 아니다.

위의 고사에서 '집을 잃은 개'와 '성인'은 서로 상대되는 말로, 거기에는 매우 깊은 비유적 의미가 담겨 있다. 공자는 '집을 잃은 개'임을 인정할지언정 '성인'이라는 점은 인정하지 않았다. 이는 그가 분명히 인식했던 점이다.

한번 생각해보시라. 커다란 방향이라는 점에서 생각해보시라. 어떤 설명이 더 적절한지 말이다.

내가 이 고사를 들추어내는 목적은 논쟁을 일으키기 위해서가 아니라 공자를 이해하기 위해서이다. 나는 정처 없이 떠돌아다녔던 공자가 사후에 갖가지 칭호가 붙은 공자보다 덜 빛난다고 느껴지지는 않는다. 내가 좋아하는 공자는 저 살아 있는 공자이지, 빚어지고 조각된, 공자 사당에 단정히 앉아 사람들로부터 큰절을 받는 공자가 아니다. 나의 목적은 성인으로 숭배하고 성인으로 미화해온 거짓된 설명을 철저히 깨뜨려 공자를 본래의 모습으로 되돌려놓는 데 있다.[5] 여기에 무슨 잘못이 있는가? 어떤 목적을 위해서든, 어떤 역사학자가 믿음이나 감정으로 역사적 진실을 대체해도 좋을까?

나의 관점은 아주 명확하고 또 아주 단순하다. 공자는 사랑스럽고도 불쌍한 '집 잃은 개'이지, 본래적 의미에서의 '성인'은 아니라는 것이다. 나는 그를 '인간'으로 이해하지 '성인'으로 숭배하지 않는다. 욕하려면 얼마든지 욕을 하라. 빙빙 돌려서 말할 필요는 없다.

나에게는 '성인'이라는 말이야말로 공자를 욕하는 말이다. 나는 많은 사람들과 문화적 입장이 다르다. 따라서 그들의 반응은 매우 정상적이라 하겠다. 성인으로 숭배하는 자들에게 나는 "당신들이

'성인'이라는 것을 공자에게 억지로 강요할 때 훈고학적인 고증은 아무 도움이 되지 못할 것"이라고 말할 수 있을 뿐이다.(리링, 2007년 4월 29일)

20장
『논어』에서 무엇을 배울 것인가

옛사람들이 『논어』를 읽을 때 보인 가장 큰 결함은 성인을 존숭하고 도를 수호하려고 한 데 있다. 특히 송 이후로 그러해서, 의리학파든 고증학파든, 혹은 대담하게 가정을 하는 것이든 아니면 조심스럽게 증명을 하는 것이든 모두 그런 결함을 갖고 있었다.[1] 이치대로라면 이들의 금기는 현대인에게는 없어야 한다. 하지만 오늘날의 풍조는 매우 좋지 않아 성인을 존숭하고 도를 수호하는 오래된 잘못을 다시 범할 뿐만 아니라 책은 팽개쳐 읽지 않으면서 그것이 무슨 쓸모가 있는지만 묻는다.

공자는 진열되기 위한 존재가 아니고 『논어』는 도구가 아니다

『노자』에서는 "천지는 불인하여 만물을 추구芻狗로 여기고, 성인은 불인하여 백성을 추구로 여긴다"[2]고 했다. '추구'란 무엇인가? 바로 풀

을 꼬아 만든 개로 제사에 쓰이며 제사가 끝나면 버려지는 것이다. 이 『노자』의 말을 활용해서 말하자면 "학자는 불인하여 공자를 추구로 여긴다"고 할 수 있을 것이다. 추구는 진열되어 잠시 쓰이는 것이다.

백성들은 공자에 대해 무지하여 학자들에 의해 오도된다. 그리하여 존숭과 활용을 빼고는 다른 것은 알지 못하는데, 그렇다고 이들을 원망할 필요는 없다. 원망을 하고자 한다면 학자들을 원망해야 한다. 학자들이 말도 안 되는 짓을 하고 있는 것이다.

도구라는 말을 옛사람들은 '기器'라고 불렀다. '기'는 물론 매우 중요하다. 예컨대 "기량에 따라 부린다器之"(「자로」 13.25)고 했는데, 이는 상대방을 매우 중요하게 생각한다는 말이다.

그릇에는 큰 그릇도 있고 작은 그릇도 있다. 관중은 세상을 다스린 능력 있는 신하였으나, 공자는 "관중은 그릇이 작았다管仲之器小哉"고 하여, 그의 도량이 크지 않음을 마음에 들어하지 않았다.

공자의 제자 중에서는 자공이 가장 능력이 있었는데, 그는 공자가 자신을 어떻게 생각하는지 물어보았다. 그러자 공자는 자공 또한 '그릇'이라고 했다. 자공이 어떤 그릇이냐고 묻자 공자는 '호련瑚璉'이라고 말했다.(「공야장」 5.4) '호련'이란 밥을 담는 그릇으로 매우 귀한 것이었다. 공자는 자공이 능력이 있다 하더라도 '그릇'일 뿐이며, 설사 '큰 그릇'이라 하더라도 그것 역시 '그릇'일 뿐이라고 생각했다. 공자가 "군자는 그릇처럼 한 가지 용도만 있지 않다君子不器"(「위정」 2.12)라고 했듯이, 그가 추구하는 것은 '도道'였다.

오늘날 '기'를 추구하는 사람들은 모두 공자를 가지고 밥을 먹고 사는 사람들이다. 정치를 해서 먹고사는 이들이건 아니면 도덕을 가지고 먹고사는 이들이건(종교를 가지고 먹고사는 이들도 있다), 누구든 그를 가지고 그럴듯하게 말한다. 그렇기에 혹자는 "공가점孔家店은 식량을 파는 점포"라고 했던가. 이 점포가 쓰러지면 우리는 밥을 먹고 살수 없게 된다.[3]

'배워서 활용을 다한다'는 말이 '배워서 저속함을 다한다'는 뜻은 아니다

세인들은 책을 읽을 때 눈앞의 이익에 급급해하는데, 이 점을 나는 깊이 체득하고 있다. 하나는 마치 어제의 일처럼 느껴지는 '문혁'을 통해서, 그리고 다른 하나는 고대에서 그리 멀리 떨어지지 않은 현재를 통해서 말이다. 당시 공자를 비판할 때나 지금 공자를 존숭할 때나 모두 그렇게 책을 읽어왔다. 나이가 지긋한 이들 가운데 적지 않은 사람이 어느 경우에도 빠지지 않고 편승하여 아예 똑같이 목청을 높여왔다. 믿지 못하겠거든 한번 조사해보라.

지금은 '포스트 문혁' 시대로 '문혁'과는 이미 30년의 거리가 있고, 당시 사람들도 서서히 늙어가고 있지만, 사상적인 타성은 여전히 존재하고 있다. 어떤 책인지는 상관없이 누구든 처음부터 그것을 읽는 것이 무슨 쓸모가 있느냐고 묻는다. 특히 오늘날의 동량들, 그리고 각급 간부 학습반, 기업 총재 학습반의 학생들은 입만 열면 이런 물음을 던진다.

『역경』을 읽는 것은 (주식이나 관운 같은) 운세를 점치는 법을 배우기 위해서이고, 『손자』를 읽는 것은 (직원을 관리하거나 업계에서 승리를 거둘 수 있는) 계략을 배우기 위해서이며, 『논어』에서 배우는 것은 작게는 심령의 위안을 얻고 크게는 세계를 구원하기 위해서라고 한다.[4]

심지어 지식인들조차도 벼슬 못해 안달하는 병이 발작을 일으키고 정치에 기대려는 병증이 제거되기 어려움으로 인해 이들의 '입' 또한 빼놓을 수 없는 것이 되었다. 누가 우리에게 문인도 정치를 논의하며 정치에 참여하는 '영광스러운 전통'이 생기게 해줄 수 있느냐며 말이다.

문혁 식의 '사기'를 다시 당할 순 없다

항저우 시후西湖 호숫가 바오추保俶탑 아래에 살고 있던 어느 늙은 장군은 연기처럼 사라져버린 옛일을 이렇게 추억했다. 1959년 루산廬山회의가 끝난 후 마오쩌둥은 이곳저곳을 돌아다녔는데, 군대의 간부들과 인사를 나누며 새로 취임한 국방부장관이자 후일 부주석이 되는 린비아오林彪를 떠받들 것을 요구한다. 이때 마오는 린비아오가 종합하는 능력이 대단히 뛰어나다고 말했다.

나는 전쟁사를 약간 읽어본 적이 있는데, 그 책들을 보면 린비아오는 정말 그런 특징을 지니고 있었다. 그는 요점이 담긴 어구를 잘 만들어냈다. 예를 들어 그는 동북지방에서 '일점양면一點兩面'(공격은 한 점에 집중하고 포위는 두 면에서 함), '삼삼제三三制'(3인 1조로 전투조를 구성하고, 진격을 할 때에는 역삼각형 모양으로 함), '사쾌일만死快一慢'(후속 준비, 공격, 전투 확대 등은 빨라야 하고 총공격 시기는 늦어야 함) 같은 말들을 정리해냈다. 숫자를 포함하고 서너 글자가 하나의 어구를 이루고 있는 이런 말들은 입에서 익어 술술 나오며 외우기도 쉽다. 그런데 고서를 읽으면서 나는 선진시대의 제자백가들이 벼슬을 구할 때에도 이런 방법을 취했음을 알게 되었다. 이는 매우 총명한 담화 방법이다.

린비아오는 군중심리와 지도자의 심리를 잘 아는 인물이었다. 그는 『마오쩌둥 선집』 네 권이 너무 두껍다고, 적어야지 많으면 미혹된다고 했는데, 이로부터 『마오쩌둥어록』이 나오게 된다. 그리고 그는 다음과 같은 학습 방법을 취할 것을 주장한다.

문제의식을 갖고 학습하라. 현실에 근거해 배우고 활용하라. 학습과 활용을 결합하라. 급히 활용해야 할 것을 먼저 학습하라. 즉시 효과가 나타나게 하라.

이는 정치사상 공작의 요점을 철저히 이해한 것이라 하겠다. 송대에 병법서를 읽을 때에도 백화문만을 읽고 주석은 폐기했는데, 이 역시 비슷한 생각이라 하겠다.

하지만 중국의 고서는 이런 식으로 읽어서는 안 된다는 점이 반드시 지적되어야 할 것이다. 다른 사람은 몰라도 적어도 학교에서만큼은, 적어도 내 수업에서만큼은 이렇게 읽어서는 안 된다. 그리고 그 이유는 아주 단순하다. 학문은 정치가 아니기 때문이다.

나에게 공자는 역사적 인물이며, 따라서 거듭 말하거니와 우선 공자는 역사적 연구의 대상이다. 모든 논의와 설명에는 역사적 근거가 있어야 한다. 역사적 근거 없이 날조하거나 엉터리로 말한다면 다른 사람은 속일 수 있을지 몰라도 나는 속이지 못한다.[5] 이런 '문혁' 식의 사기를 다시 당할 수는 없는 것이다.

인문학의 유용성은 무용함에 있다

우리는 공자가 인문학자였음을 잊어서는 안 된다. 그가 중국에 남긴 일대 공헌이 있다고 한다면 그것은 고전문화를 보존한 데 있다.

공자가 전수한 고전문화는 무엇인가? 시·서·예·악·역·춘추로 모두 문학·사학·철학에 해당되는 것들이다. 이들 책에서는 무엇에 대해 이야기하고 있는가? 모두 인문학에 대해 이야기하고 있다.

오늘날의 유행은 '인문'을 말하는 것으로, 무엇이든지 이 라벨을 붙인다. 마치 귤을 팔 때 품질이 최고이고 맛있으니 빨리 와서 사라는 의미로 번쩍번쩍 빛나는 작은 딱지를 하나씩 붙여놓은 것처럼, 그 참된 의미는 도리어 흐릿해진 채 말이다. 사실 인문학의 핵심은 사람을 근본으로 삼는 것으로서, 첫째 그것은 귀신으로 꾸미지 않고, 둘째 그것은 자연과학과 다르며, 셋째 그것은 사회과학과도 다르다. 그런데 우리는 공부자에 대해서는 어찌하여 '인문적 배려'를 이야기하지 않는 것일까?

역사적 문헌을 역사적 문헌으로 읽지 않고, 인문학을 인문학으로 이야기하지 않으면 주제에서 크게 벗어나게 되는 법, 그것이 공자와 무슨 관계가 있고 『논어』와 무슨 관계가 있는 것이겠는가?

나는 인문학을 연구하는 자이다. 인문학의 특징은 무엇인가? '무용함無用'이라는 두 글자로 요약된다. 『수호전』에 등장하는 저 '지다성智多星'이라는 별명을 지닌 오용吳用이 총명하다고 한다면 그의 총명함은 무용함에 있었다. 만약 굳이 무슨 쓸모에 대해 말해야 한다면 그것은 노자와 장자가 말하는 무용함을 쓸모로 여기는 것일 게다.

고대에는 『춘추』로 사건을 판결하고 「하거서河渠書」로 우물을 팠으며, '문혁' 시대에는 철학을 이용해 돼지를 사육하고 탁구를 치는 일도 있었다. 다들 이 일들을 잊어버렸는가?

오늘날 공자 존숭의 세 가지 모습

오늘날 『논어』를 읽는 데에는 세 가지 독법이 있고, 이 세 가지 독법에 의해 나타나는 세 가지 공자의 모습이 있다.

첫째는 종교로 세우는 것이다. 우선 '중국의 삼교 가운데 유교를 으뜸으로 삼음'으로써 중국에서 공자가 지닌 절대정신적인, 지배적인 지위를 세우는 것이다. 이들은 공자를 유교의 교주로 내세운다. 이런 종교는 중화민국 초기에 일찌감치 (캉유웨이나 천환장陳煥章 같은 이들에 의해) 세워진 바 있는데, 옹호하는 자도 거의 없었고 중화민국 정부도 이를 허가한 적이 없다. 신중국이 수립된 후 종교사무관리국이 허가한 종교로 불교, 도교를 비롯한 일군의 종교들이 있었지만, 마찬가지로 이 종교는 없었다. 나는 중국에 이 종교가 세워질 것이라고, 그것도 국교로 세워질 것이라고 믿지 않는다.

둘째는 헌법으로 세우는 것이다. 공자, 맹자, 안연, 증자를 높여 계승하고 이정, 주자, 육상산, 왕양명을 본받아 빛내 중화인민공화국을 다시 규정하고 중국이 유가 사회주의임을 (혹은 유가 무슨 무슨 주의임을) 선포하자는 것이다. 이들은 공자를 국가의 상징으로 삼고 있다. 이들은 경제와 정치라는 향긋한 '케이크'는 이미 다 만들어졌으며, 부족한 것은 도덕이라는 위에 얹을 '크림'일 뿐이라고 한다. 그리하여 부국강병을 주장하고 대국의 굴기에 관심을 가진 자라면 어느 나라에 대해 공부를 하건 모두 공자에 매혹된다. 하지만 나는 중국의 헌법이 미래에 이렇게 규정되리라고는 생각지 않는다.

나머지 하나는 도덕을 재건하고 스스로 분발하도록 가르치며 잘 배우도록 권하는 일에 『논어』로 「공산당원의 수양을 논함_{論共產黨員的修養}」이나 『마오쩌둥어록』 「노삼편_{老三篇}」을 대체하자는 것이다. 이들은 공자를 중국의 도덕적 원천으로 삼고, 공자를 빌려(사실은 이정·주자·육상산·왕양명을 빌려) 도덕적 재건을 이루려고 하는데, 이는 무슨 새로운 것이 아니다. 70여 년 전 중국이 가장 어지러울 때 일찌감치 그렇게 한 사람이 있었다. 그 운동의 발기인은 다름 아닌 대만으로 도망간 (기독교 신자) 장제스_{蔣介石} 부부였다. 신생활 운동이라 불린 이 운동에서 스스로를 분발시키는 운동은 군인들에게서 시작되었다. 그런데 나중에 어떻게 되었는가? 사람들의 도덕이 향상되었는가? 그렇지 못했다.[7]

종교로 세우자는 설이 가장 황당하다

근대의 공자 존숭은 다 전통의 기치를 내걸었는데, 이 전통은 대부분 거짓 전통이었다. 예컨대 유교를 종교로 세우자는 것이 그랬다.

첫째, 공자는 엘리트를 위주로 했지 결코 대중 영웅이 아니었다. 그에게는 군중적 기반이 없었다. 우리는 한대에 유가의 누명을 벗겨준 것은 대중을 위무하기 위한 것이 아니라 지식인을 위무하기 위한 것이었음을 알아야 한다. 루쉰도 공자와 대중은 본래 아무런 관계가 없다고 했다. 중국에 문묘文廟가 아무리 많다고 한들 그것은 현縣급 정도에 미칠 뿐이다. 촌村에 모신 것은 문창文昌으로 대중은 오로지 자신의 아이가 합격하는 일에만 관심을 가졌을 뿐이다. 시험이란 엘리트로, 관리로 나아가기 위한 것이지 사당으로 가기 위한 것이 아니었다. 이렇게 대중이 없는데 종교를 어디에 세울 수 있겠는가?

둘째, 공자는 괴이한 힘에 대해 말하지 않고 성명性命에 대해 이야기한 적이 드물었으며, 인간의 일을 중시하고 인간이 귀신보다 낫다고 했다. 그는 비교적 이성적인 사람이었다. 그러니 이런 사람을 끌어다 교주로 삼는 것은 완전히 빗나간 일이 아닌가? 중국에 왔던 마테오리치는 그 시절 이 점을 분명히 간파했다. 중국의 문인 사대부들이나 상류사회는 어리석은 백성들과는 반대로 종교적 감수성이 매우 박약하다고 말이다. 오늘날 서방에서도 종교를 믿지 않는 이들은 주로 대학에 있다. 우리가 전통을 발양하고자 한다면 이러한 전통을 발양해야 한다.

솔직히 말해 종교로 세우자는 것은 중국 근대의 코미디였다. 전통으로 말하자면 그것은 가장 관계가 먼 것이었다. 중국의 전통은 무엇인가? 앞서 이야기했듯이 그것은 정치와 종교의 분리, 정치적인 대통일, 그리고 종교의 다원화였다. 반면 서방의 전통은 이와는 정반대였다.

난하이南海의 성인 캉유웨이가 세계 5대주를 두루 돌아다니면서(그에게는 이것을 선전하는 인장이 하나 있다) 가장 크게 자극을 받은 일은 무엇이었던가? 귀신이 우리를 때린다는 것, 견고한 함대와 날카로운 무기뿐 아니라 이들에게 종교 또한 있다는 것이었다. 이에 그는 종교가 없으면 어찌 되겠느냐며 문득 큰 깨달음을 얻는다.

그렇지만 원점으로 돌아가 말해본다면, 서양은 물론 종교를 중시해왔으나, 무엇을 위해 그들은 산을 옮기듯이 몸과 마음을 다해 문예부흥을 일으키고 계몽운동을 했던 것일까? 다름 아닌 중세를 해체시키고 정치와 종교를 분리시키며 종교를 다원화시키기 위해서가 아니었던가? 그리고 그것은 바로 우리의 전통이 아닌가? 그런데 우리는 어찌하여 도리어 거꾸로 가려 하는가?

역사적으로 있었던 전제주의를 보면, 중국의 전제주의는 정치적 대통일을, 서양의 전제주의는 종교적 대통일을 이루었는데, 이 두 종류의 전제주의는 모두 자유를 속박하는 것들이었다.(후자의 경우 정신적인 자유를 더욱 속박했다.) 사정이 이렇거늘 유학을 국교로 세우는 것이 중국에 무슨 좋을 것이 있겠는가? 특히 사상의 자유라는 측면에서 말이다.

외왕이 없어졌으니 내성을 어찌할 것인가

중국의 지식인들은 수신·제가·치국·평천하나 내성외왕을 말하기를 제일 좋아해, 독서를 다 하고 나면 반드시 정치를 하고 고위층으로 들어가 관리를 하려 했다.[8] 그러다 18세기가 되면서 서양이 이것에 빠져들어 중국은 자신들의 유토피아이고 중국의 황제는 자신들의 철인군주라고 여겼다. 그리고 19세기에 이르러 그들은 이미 이것을 포기했으나 우리는 여전히 그것을 선전하며, 그렇게 선전한 지 200년이 흘렀다.

중국이 서구화된 첫걸음은 기술이었고, 그다음은 제도였으며, 그다음은 사상이었다. '동방의 도덕'은 최후의 보루였을 따름이다. 『신유가선언新儒家宣言』의 저자는 서양의 가치관은 자유와 민주로 자신들은 그것을 옹호하지만, 자신들은 기반을 무너뜨리려는 것이 아니라 기반을 보완하는 것이라고 말했다. 외왕에 대해서는 다투지 않겠다고, 서구화되면 서구화되는 대로 놔두겠다고 했다. 하지만 거꾸로 그들은 서양은 자신의 틀을 놓고 중국에서 배우라고, 중국의 5대 정신에서 배우라고 더욱 강조한다. 왜 그랬을까? 알고 보면 그들이 남겨두려 했던 것은 내성이었을 뿐이다. 마치 중의中醫가 지반을 잃었으면서도 종국에는 여전히 서양의학을 이끌려는, 즉 이론적으로 서양의학을 지도하려는 것처럼 말이다. 서양의 외왕은 여전히 우리에 의해 방향이 지시되어야 한다는 것이다.

공자가 나라를 다스리고 천하를 태평하게 할 수 없다는 점은 분명해 보인다. 또 이미 이야기했듯이 '『논어』 절반을 가지고 천하를 다스린다'는 것도 터무니없는 전설일 뿐이다. 그리고 이를 오늘날에 가져다 놓으면 더욱 황당해진다.

오늘날 문예부흥을 떠들어대는 이가 있다. 어떤 문예부흥이든 그것은 전부 '옛것에 기대어 제도를 뜯어고친 것托故改制', 캉康 성인의 제도 개혁 같은 것이다. 남들의 문예부흥은 종교적 전제주의를 타파한 것이었는데 우리는 무엇을 하고 있는가? 도리어 거꾸로 돌아가고 있다.

중국에서 믿음이 상실되고 이상이 없어진 후 무엇으로 그것을 대신할지 하는 문제를 놓고 많은 사람들은 그것은 당연히 공자가 되어야 한다고 생각한다. 공자를 벗어나서는 그 누구도 호소력이 없으니 그를 가지고 대신할 수밖에 없다는 것이다. 그리하여 우리는 오늘날의 공자로 인해 참으로 모든 것이 마음먹은 대로 진행됨을 목도하게 된다. 그 누가 중국의 좌파와 우파는 동거할 수 없다고 했던가? 그들 중에는 공자를 끌어다 연극을 해대는 이들이 있다.[9]

황당한 생각은 대비시키는 것을 두려워한다. 오늘날의 문화적 기상도는 1980년대와 다를 뿐만 아니라 완전히 상반되기까지 한다. 사람들은 조상들을 한바탕 호되게 꾸짖다가 모두들 후회하고, 고통이 가라앉은 뒤 그 고통을 생각하고는 그래도 역시 조상이 좋다고들 한다.[10]

전통문화의 산업화는 이미 그저 말해보는 것에 그치지 않고 있다. 복숭아는 삼 년 만에, 살구는 사 년 만에, 배는 오 년 만에 열매를 맺지만 조상은 그 해에 열매를 맺어 팔 수 있다. '조상'이라는 열매는 한 근에 얼마인가? 이것이야말로 사람들을 흥분케 하는 지점이다.[11]

도덕이란 맹물 같은 것이다

　공자가 교주가 될 수 있고 천하를 다스릴 수 있다는 말을 많은 이들은 믿지 않는다. 하지만 많은 이들은 도덕의 '나무'는 늘 푸르다고 믿는다. 남에게 좋은 것을 배우라고 권하는 것을 설마 당신이라고 반대하겠는가? 도덕은 물론 유용한 것으로 나는 그것에 반대하지 않는다. 하지만 문제는 그것이 얼마나 유용한가 하는 것이다.

　도덕이 유용하다는 것은 주로 그것이 광범위하게 통용되어 어느 곳에 가져다놓아도 다 적용된다는 의미이다. 동서고금을 막론하고 도덕을 논하는 방식은 모두 비슷하다. 그래서 혹자는 세계 종교의 커다란 통일은 바로 이 기반 위에서 세워질 것이라고 말한다. 어느 누구도 자신은 도덕을 중시하지 않는다고 말하지 않는다. 우리 중국인도 남에게 좋은 것을 배우라고 하고, 외국에서도 남들에게 나쁜 것을 배우라고 하지는 않는다. 하지만 통용되는 것은 모두 추상적인 것들이다. 예를 들어 신용을 중시하는 것은 좋은가? 물론 좋다. 용감함을 중시하는 것은 좋은가? 물론 좋다. 그러나 누구에 대한 신용을 중시하는지를 살펴보아야 하고, 어떤 일을 하는 데 용감하고자 하는지도 살펴보아야 한다. 구체적으로 무엇을 해야 하는지에 대해 도덕은 관여할 수 없다.

　그러므로 이런 유의 문제에 부딪힐 때면 공자는 골치가 아파졌다. 실제 상황에 따라 논하면서 임시로 제한도 두어야 했다. 예컨대 그는 신의 중에 큰 신의를 중시해야 했지만 작은 신용의 경우는 반드시 그런 것은 아니어서, 어떨 때는 큰 신의를 논하고 어떨 때는 작은 신의를 논하고 하면서 학식이 깊어졌다. 용기 역시 그렇다. 의로운 것을 보고 용감하게 행동하는 것은 괜찮지만 의가 무엇인지에 대해서는 보충설명을 해야 했다. 예를 들어 윗사람을 거슬러 난을 일으키면 아무리 용감하다 한들 안 되는 일이었다. 그는 그것을 용기가 아니라고 했다.

도덕이 부재한 것은 도덕을 중시하지 않았기 때문이니, 그것을 중시하면 그것이 존재하게 되고 그것을 중시하지 않으면 그것이 존재하지 않게 된다고 하는데, 이는 결과를 거꾸로 원인으로 여기는 것이다. 난세일수록 도덕을 더욱 중시하게 되는 것은 법칙이다. 하지만 도덕이란 난세에는 아무 쓸모가 없는 것이다. 쓸모가 없을 뿐 아니라 헛되이 거짓만 늘어나게 만든다.

이런 이유로 나는 도덕이란 '맹물' 같은 것이라고 말한다. 맹물은 모든 사람들이 마셔야 한다. 물을 마시지 않으면 죽는 사람이 생긴다. 그렇지만 맹물을 밥으로 삼아 먹을 수는 없다. 공자든 안연이든 모두 밥을 먹어야 한다. 단지 팔베개를 하고 냉수만 마실 수는 없다. 약으로 먹어도 그것은 듣지 않는다. 굳이 그것을 약이라고 말한다 해도 그것은 기껏해야 정신적으로 위안을 줄 뿐, 그것을 먹고 죽는 사람도 없지만 병을 고칠 수도 없다. 따라서 만약 그것을 만병을 통치할 수 있는 영약이라 한다면 그것은 지나친 것이다.

정치가 사회 전체의 활동인 데 비해 도덕은 그것과는 달리 작은 사회집단에 적용된다. 옛사람들의 말로 하자면 그것은 주로 부모형제와의 관계, 혼인관계, 친구와의 관계 같은 문제를 처리하는 데 적용된다. 생활 중에 우리가 가장 범하기 쉬운 잘못은 커다란 이치와 조그만 이치를 제대로 구분하지 못한다는 점이다. 예컨대 친구와 왕래하고 집안

사람들과 함께 지내는 것을 거래를 하고 외교 행위를 하는 것처럼 한다면 욕을 먹지 않겠는가? 마찬가지로 개인적인 좋고 싫음이나, 친구·친척 관계를 가지고 정치를 한다면 그것 역시 말도 안 될 것이다. 그리고 만약 너무 말도 안 된다면 체포하여 처벌할 것이다.

공자의 생각은 합리적인 듯이 보인다. 작은 것이 없을진대 어찌 큰 것이 있을 수 있겠는가? 어떤 큰 사회집단, 사회조직이든 그것은 다 구체적인 사람에서 비롯된 것일진대, 작은 곳에서 시작하고, 도덕을 부여잡는 데서 시작하면 무엇이든 바로잡을 수 있다고 생각한다. 하지만 사실 이것은 두 번째 오류이다.

도덕을 가지고 역사를 논하면 언제나 논하면 논할수록 혼란스러워진다. 착한 사람과 나쁜 사람의 이야기는 어린아이나 어른이나 다 듣기 좋아하는 것이지만, 그것은 역사가 아니다.

공자의 가치는 도대체 어디에 있을까

공자는 다음의 세 가지 가치를 지니고 있는데, 그것들은 도덕선생, 정치가, 그리고 종교 지도자로서 지닌 가치가 아니다.[12]

첫째, 공자는 당시 학식이 가장 깊은 사람이었다. 그는 학자이자 교육가로서 문화적인 공헌을 남겼다. 역사적으로도 많은 보수주의자들은 정치적으로는 실패했지만 문화적으로는 공헌을 남겼다. 이런 그에게 우리는 감사해야 한다. 그에게 감사해야 할 뿐 아니라, 그의 실패에도 감사해야 한다. 많은 사람들은 막다른 길목에 이르지 않으면 마음을 굳게 먹고 학문을 하지는 않는다. 공자 또한 그렇다. 만약 그가 줄곧 관직에 있었다면 학문을 할, 학생들을 지도할 시간이 있었겠는가? 그러지 못했을 수도 있다. 과거 '문혁' 기간 공자를 비판할 때 사람들은 공자에게서 가장 비판하기 어려운 것이 바로 학문적, 교육적 측면에서의 공헌이라고 했다. 이 방면의 공헌은 비판될 수 없는 것이었다.

둘째, 공자는 사회평론가였다. 공자 및 공자와 동시대를 살았던 다른 사상가들은 모두 사회평론가였다. 그들은 천하에 도가 없고 당시의 사회는 아주 엉망이라고 했다. 그리고 이것은 사실로, 그의 비판 자체에는 잘못된 것이 없다. 당시 공자의 주된 불만은 부도덕하고 무질서하다는 두 가지에 집중되어 있었다. 그리하여 그는 덕과 예를 크게 이야기했다. 이러한 비판은 증상에 따라 처방을 내린 듯하나, 실은 문제의 핵심을 찌르지 못한 것이었고, 그의 해결 방법 역시 모두 취할 수 없는 것들이었다. 후세에 출현한 몇 사람은 그보다 더 격렬했으며, 토론 또한 훨씬 실질적이었지만,[13] 그래도 그는 리더 역할을 했다고 하겠다.

셋째, 공자는 백가쟁명의 시대를 연 인물이다. 우리는 선진시대에 가장 찬란히 빛난 학문은 자학子學이었음을 안다. 양한 시대가 경학의 시대라고 한다면 이 시대는 자학의 시대였다. 당시에 경학은 자학의 일부였다. 나는 공자의 가장 큰 공헌은 그가 '과녁'이 된 데 있다고 본다. 묵가도 그를 비판하고, 도가도 그를 비판하는 등, 선진시대 제자백가는 누구나 그를 비판했는데, 이로부터 백가쟁명이, 사상적으로 미증유의 자유가, 학문적으로 미증유의 발전이, 중국 사상사에서 가장 휘황찬란한 시대가 생겨났다. 한대에 이르러 학문은 유가의 독존으로 정해짐으로써 유가의 지위는 두드러졌을지 모르나 선진시대의 휘황찬란함은 이에 이르러 빛을 잃고 만다.

공자가 지닌 가치는 이상의 세 가지이다. 그런데 나더러 이 중 가장 가치 있는 것 하나를 고르라고 한다면 나는 많은 이들의 공격 대상이 되었다는 마지막 것을 고를 것이다.

내가 제일 좋아하는 공자의 열 마디 말

공자는 지식인이었기에, 내가 그를 최대한 존중하는 방법은 그를 지식인으로 대하는 것이다. 지식인의 천직은 군중을 선동하고, 민의를 조작하며, 지도자에게 유세하여 그들을 위해 아이디어를 내고 처방을 내리는 것이 아니라, 여러 의견을 물리치고 참말을 하는 데 있다.

『논어』를 읽고 내가 가장 좋아하게 된 말로 다음의 10단락이 있다.

(1) 공자께서 말씀하셨다. "감언이설을 하고, 얼굴빛을 꾸미며, 공손함이 지나친 것을 좌구명은 부끄러워했는데 나 또한 이를 부끄럽게 생각한다. 원망하는 마음을 감추고 그 사람과 벗하는 것을 좌구명은 부끄러워했는데 나 또한 이를 부끄럽게 생각한다."(「공야장」 5.25)

(2) 공자께서 말씀하셨다. "해진 솜옷을 입고서 여우나 담비가죽으로 만든 옷을 입고 있는 사람과 함께 서 있으면서도 부끄러워하지 않는 사람은 아마 중유일 것이다. '질투하지 않고 탐하지 않으니 어찌 좋지 않겠는가?'" 자로가 죽을 때까지 이 시를 외우려 했다.(「자한」 9.27)

(3) 공자께서 말씀하셨다. "군자는 남의 좋은 점은 이루어주고 남의 나쁜 점은 이루어주지 않는다. 소인은 이와 반대이다."(「안연」 12.16) (다음 말도 참조하라. "자공이 말했다. '군자도 미워하는 것이 있습니까?' 공자께서 말씀하셨다. '미워하는 것이 있다. 남의 나쁜 점을 말하는 사람을 미워하고…'"(「양화」 17.24))

(4) 공자께서 말씀하셨다. "군자는 말을 가지고 사람을 기용하지 않고 사람으로 인해 그 사람이 한 말을 없애지 않는다."(「위령공」 15.23)

(5) 자공이 물었다. "마을 사람들이 모두 좋아하면 어떻습니까?" 공자께서 말씀하셨다. "아직 그렇다고 해서는 안 된다." "마을 사람들이 모두 미워하면 어떻습니까?" 공자께서 말씀하셨다. "아직 그렇다고 해서는 안 된다. 마을 사람 중에 선한 사람이 좋아하고, 선하지 않은 사람이 미워하는 것만 못하다."(「자로」 13.24)

(6) 공자께서 말씀하셨다. "많은 사람이 미워하더라도 반드시 살펴보고 많은 사람이 좋아하더라도 반드시 살펴보아야 한다."(「위령공」 15.28)

(7) 공자께서 말씀하셨다. "향원은 덕을 해치는 자다."(「양화」 17.13)

(8) 공자께서 말씀하셨다. "군자는 단결하되 당파를 만들지 않으며, 소인은 당파를 만들되 단결하지 않는다."(「위정」 2.14)

(9) 공자께서 말씀하셨다. "군자는 장중하기는 하지만 다투지 않고, 잘 어울리기는 하지만 편당을 짓지 않는다."(「위령공」 15.22) (다음 구절을 참조하라. "진나라 사패가 말했다. '저는 군자는 편을 들지 않는다고 들었는데, 군자도 편을 듭니까…' 무마기가 이 사실을 고하자 공자께서 말씀하셨다. '나는 다행이로다. 만약 잘못이 있으면 사람들이 반드시 그것을 아는구나.'"(「술이」 7.31))

(10) 공자께서 말씀하셨다. "삼군의 장수는 빼앗을 수 있지만 필부의 뜻은

빼앗을 수 없다."(「자한」 9.26)

위의 10단락은 모두 지식인을 겨냥한 말들이다. 공자는 허위에 반대했는데 나는 그것을 좋아한다. 공자는 남과 함께 선을 행하고, 될 수 있는 한 남을 이해하며, 남에 대한 편견이 생겨나는 것을 막아야 한다고 주장했는데, 나는 그것을 좋아한다. 공자는 향원鄕愿에 반대하고, 좋고 나쁨이 여론에 의해 좌우되는 것에 반대했는데, 나는 그것을 좋아한다. 공자는 패거리를 짓는 것에 반대했는데, 나는 그것을 좋아한다. 공자는 아부하지 않고 홀로 설 것을 강조했는데, 나는 그것을 좋아한다. 나는 이 10단락 가운데 특히 후반부 5단락을 좋아한다.

머리말·서론

1) "三軍可奪帥也, 匹夫不可奪志也."(「자한子罕」 9.26)

2) 예컨대 공자보다 이른 시기의 것으로 초나라 신숙시申叔時의 '구예九藝'는 이런 책들을 가리킨다. 또 공자보다 늦은 시기의 것으로『장자莊子』「천운天運」 편에도 '육경'이라는 말이 명확히 언급되어 있는데, '육경'이란 바로 위의 여섯 종의 고서를 가리킨다.

3) 인문학과 과학기술은 다르다. 문학·사학·철학은 '현실에 근거해 배우고 활용하라活學活用'는 말을 가장 큰 금기로 여긴다. 문학을 어떻게 활용하고 사학을 어떻게 활용하며 철학을 어떻게 활용할 수 있는가? 위를 봐도 겹겹이 이어지는 하늘처럼 끝이 없고, 아래를 봐도 끝이 안 보이는 것이 인문학일진대 차원의 전환을 이루지 않는다면 그것은 전혀 활용될 수 없다. 그럼에도 백성들은 이 어귀를 가장 좋아하는 결점을 갖고 있다. 그리하여 린비아오林彪가 주창해 퍼진 이 학습 방법의 악영향이 지금까지도 사그라지지 않고 있는 것이다.

4) 趙紀彬,『論語新探』, 人民出版社, 1976, 北京, 上部「釋人民」, 1-26쪽. 楊伯峻,『論語譯註』, 中華書局, 北京, 1980, 4쪽.

5)『馬克思恩格斯全集』, 第一卷, 人民出版社, 1956, 北京, 453쪽.

6) 李零,『中國方術續考』, 中華書局, 2007, 北京, 23쪽.

7) 예컨대 자장은 띠紳에다 적었다. (「위령공」 15.6) 선생님이 말씀하시는데, 공책(죽간 혹은 목판)을 가져오지 않아 현장에서 띠에다 기록한 것이다. 여기서 말하는 띠란 바지 허리띠의 아래로 늘어뜨린 부분으로 그것은 흡사 서양의 넥타이와 같다. 중국의 신사紳士(진신지사縉紳之士의 준말)는 허리에 끈이 있고, 서양의 신사는 목에 끈이 있다.

8) 고대의 7촌은 손바닥 크기로, 그것의 판형은『마오주석어록毛主席語錄』과 비슷하다.

9) 蔡尚思,『論語導讀』,『蔡尚思全集』第七册, 上海古籍出版社, 2005, 565-567쪽에 수록.

10) 南懷瑾,『論語別裁』, 復旦大學出版社, 1990, 上海, 上册, 4-5쪽.

11) 선대 사람들은 공자의 연표를 엮을 때 대부분『논어』를 가지고 엮었는데, 이러한 방법은 사마천의『사기』「공자세가」에서 이미 사용된 바 있다. 하지만 이 경우『논어』가운데 연대가 불분명한 일부 말조차 종종 엮여 장난으로 흘러버리곤 한다는 점에 유의해야 한다.

12)『魯迅全集』, 第1卷, 人民文學出版社, 北京, 1956, 19쪽.

1장. 공자에게 다가가기

1) 『詩』有之: '高山仰止, 景行行止.' 雖不能至, 然心鄉往之. 余讀孔氏書, 想見其爲人.

2) 오늘날의 풍조는 "공자의 책을 읽되 그 사람됨에 대해서는 알고 싶어하지 않거나", 혹은 "공자의 책을 읽지도 않고 그 사람됨에 대해 알고 싶어하지도 않는다"는 것이다. 그들은 공자를 역사적 연구의 대상으로 삼는 것조차 반대한다.

3) 통치자들은 공자를 존숭하는 것이 곧 자신을 존숭하는 것이고 민심을 수습하는 데 이점이 있다는 점을 잘 알고 있었다. 그들은 공자를 도구로 삼은 것이다. 물론 이 일은 공자와는 무관하다. 그는 후대 사람들이 자신을 어떻게 이용할지 알 수 없었다.

4) 李零, 『喪家狗』, 山西出版集團·山西人民出版社, 2007, 太原, 47-50쪽 참조.

5) 曹婉如 외 編, 『中國古代地圖集(全國-元)』, 文物出版社, 北京, 1990, 도면 49-51.

6) 한나라 때의 '건녕원년사신비乾寧元年史晨碑'에 이미 '안모정顔母井'이라는 말이 언급되어 있다.

7) 옛사람들은 '오보지구五父之衢'를 '노현 동남쪽에 있는 거리의 명칭魯縣東南道名'(『左傳』 襄公 11年 杜預 注)이라고 하거나, '곡부현 동남쪽 2리 노성 안曲阜縣東南二里魯城內'이라고 했다.(『사기』 「孔子世家」 正義에 인용된 『括地志』) 한편 『노국지도비魯國之圖碑』에는 '오보리五父里'라는 곳이 노성魯城 동북쪽으로 표시되어 있다. 이로부터 '오보지구'란 방산防山으로 통하는 큰길이며, 위치는 노성 동문 일대에 있다고 추측할 수 있다.

8) 1977-1978년, 산둥성 고고학자들은 곡부 노고성魯故城을 발굴하다가 서한 후기의 성벽을 발견했는데, 그곳의 서쪽 벽과 남쪽 벽은 노고성의 성벽을 이용한 데 비해, 북쪽 벽은 명나라 때의 성 북쪽에, 동쪽 벽은 명나라 때의 성 동쪽에 있어 범위가 명나라 때의 성보다 컸으나, 그래도 서남쪽으로 치우쳐 있었다. 이 한나라 때의 성은 그 시기가 노 공왕恭王이 사망한 시기(기원전 128년)보다 늦은 것이며 노 영광전靈光殿 유적의 범위를 뛰어넘는 것이다. 이곳 또한 공자사당이 있던 지역을 중심으로 한다.

9) 孔子游乎緇帷之林, 休坐乎杏壇之上. 弟子讀書, 孔子弦歌鼓琴.

10) 고서에는 대부분 기관씨亓官氏라고 되어 있는데, 『예기비禮器碑』에 따르면 바른 정서법은 계관씨幵官氏라고 한다. 당나라 때의 『공자가어』에서도 그렇게 썼다.(『사기』 「공자세가」 색은索隱에서 인용)

11) 『장자』 「외편外篇」 「전자방田子方」, 안연이 공자에게 물었다. "선생님께서 걸으시면 저도 걷고, 선생님께서 빨리 걸으시면 저도 빨리 걸으며, 선생님께서 뛰어가시면 저도 뛰어가나, 선생님께서 먼지도 날리지 않을 정도로 빨리 뛰어가심에 이르러서 저는 뒤에서 두 눈 뜨고 보고 있을 수밖에 없습니다."顔淵問於仲尼曰, '夫子步亦步, 夫子趨亦趨, 夫子馳亦馳, 夫子奔逸絶塵, 而回瞠若乎後矣.'

12) 潘津, 「'聖跡圖'版本初探」, 『孔子硏究』 2003年 1期, 100-109쪽.

13) 『神州國光集增刊』(二), 神州國光社, 上海, 1908. 등실鄧實이라는 사람은 이 책 발문에서 이렇게 말했다. "옛날에는 항자경項子京 집에 소장되어 있다가 경자庚子년 8국 연합군의 난으로 어떤 영국인에 의해 사들여졌다. 그 뒤 내 죽은 동생 추秋 씨 가문의 처제 양수팽楊壽彭이 일본에서 어떤 이로부터 영사한 것을 빌려 남겨두었다." 이 책에 있는 10폭의 그림은 '니산치도尼山致

禱'(공자 어머니, 니산에서 기도하다), '인번거노因膰去魯'(제사 고기로 인해 노나라를 떠나다), '광인해
위匡人解圍(광 땅 사람들의 포위를 풀다), '미복과송微服過宋'(미복을 하고 송나라를 지나가다), '학금
사양學琴師襄'(사양자에게서 현금을 배우다), '서하반가西河返駕'(서하에서 말머리를 돌리다), '자서저
봉子西沮封'(봉토를 주려는 것을 자서가 저지하다), '퇴수시서退修詩書'(물러나 시·서를 익히다), '서수획
린西狩獲麟'(서쪽에서 사냥을 하다 기린을 잡다), '한고사노漢高祀魯'(한 고조가 노의 공자를 제사 지내
다)에 해당된다.

14) 상하이 칭푸青浦 공자 가택에는 과거에 장해의 증손자 장구더德의 번각본臟刻本과 강희康
熙 중방정범보각본中方正範補刻本이 있었는데, 이미 모두 유실되었다. 진강기陳康祺의 『낭잠기문이
필郎潛紀聞二筆』卷5의 「청포공택青浦孔宅」 및 최근 사람 유성우劉成禹의 『세재당잡억世載堂雜憶』에
실린 유월俞樾의 「청포공택青浦孔宅」을 참조할 것.

15) 『孔子聖跡圖』, 齊魯書社, 2005, 濟南. 채색본의 14, 15, 19, 27-39번째 그림이 주윤체朱胤杉
의 번각본에는 빠져 있다. 또 채색본 11번째 그림은 '학금사양學琴師襄'(사양자에게서 현금을 배우
다)에 해당되는데, 주윤체의 번각본에는 '직사위리職司委吏'(계손씨의 창고지기 일을 하다)에 해당
되는 10번째 그림(13쪽) 뒤에 있다.

2장. 공자의 이미지

1) 『노사路史』 「후기구後紀九」 주에서 인용.
2) 仲尼柸頂, 反首張面, 四十有九表, 堤眉谷竅, 參臂駢脇, 腰大十圍, 長九尺六寸, 時謂長人.
3) 老萊子之弟子出薪, 遇仲尼, 反以告, 曰, '有人於彼, 脩上而趨下, 末僂而後耳, 視若營四海, 不
知其誰氏之子.' 老萊子曰, '是丘也, 召而來.'
4) 仲尼之狀, 面如蒙(彭)俱(蜞). 이 말에 대한 옛 주석에는 오류가 많은데, 여기서는 가오형高亨의
해석을 따랐다. 량치시옹梁啓雄, 『荀子簡釋』(古籍出版社, 1956, 北京), 49쪽에 인용된 高亨, 『荀
子眉箋』을 참조할 것.
5) 其顙似堯, 其項類皋陶, 其肩類子産, 然自要腰以下, 不及禹三寸. 『백호통白虎通』 「수명壽命」,
『논형論衡』 「골상骨相」, 『공자가어』 「곤서困誓」의 내용도 대략 비슷하다.
6) 得堯之顙, 舜之目, 禹之頸, 皐陶之喙. 『한시외전韓詩外傳』 권9, 제18장.
7) 萇弘語劉文公曰, '吾觀孔仲尼有聖人之表. 河目而隆顙, 黃帝之形貌也. 脩肱而龜背, 長九尺
有六寸, 成湯之容體也. 然言稱先王, 躬履謙讓, 治聞强記, 博物不窮, 抑亦聖人之興者乎?'
8) 공자의 부친은 "키가 10척이었다身長十尺"(『공자가어』 「본성해本姓解」)고 하니, 2미터 30센티
미터에 해당된다. 또 공자의 7대손인 공등孔騰은 "키가 9척 6촌이었다長九尺六寸"(『사기』 「공자세
가」)고 하니, 2미터 21.76센티미터에 해당된다. 이 가문은 키다리를 배출하는 가문이었던 것으
로 보인다.
9) 魯迅, 「在現代中國的孔夫子」, 『魯迅全集』 第6卷, 人民文學出版社, 1958, 北京, 248-254
쪽을 참조하라. 여기서 루쉰은 한나라 때 화상석에 그려진, 공자가 노자를 뵙는 그림에 대해 언
급한 바 있는데, 이에 대한 그의 느낌은 이랬다. "이분은 매우 마른 늙은이로, 커다란 소맷부리

로 된 창파오長袍 두루마기를 입고 허리춤에 칼 하나를 차거나 겨드랑이 사이에 지팡이를 하나 끼고 있되, 전혀 웃지 않고 위풍당당하다. 만일 이분 곁에서 시좌를 한다면 반드시 허리를 꼿꼿이 세워야 하리라. 그리하여 2-3시간이 지나면 뼈마디가 시큰거릴 것이며, 만약 보통 사람이라면 아마도 서둘러 도망가지 않을 수 없을 것이다."루쉰박물관 관장 쑨위孫鬱 선생의 흔쾌한 승낙을 받아 나는 루쉰이 소장했던 한대 화상석 탁본을 눈으로 살펴본 적이 있다. 그의 탁본은 두 장이 있는데, 모두 무량사武梁祠 한대 화상석에 그려진 공자가 노자를 뵙는 그림이다.

10) 항탁은 『전국책』 『회남자』 『사기』 『한서』 등의 고서에 나온다. 청대 유정섭兪正燮의 『계사유고癸巳遺稿』 권11 「항탁고項橐考」 및 돈황변문敦煌變文 『공자항탁상문서孔子項托相問書』를 참조하라.

11) 孫機, 『漢代物質文化資料圖說』, 文物出版社, 1991, 北京, 398쪽, 도면 100-12. 이 물건은 한나라 때나 당나라 때에도 있었다.

12) 『예기』 「증자문曾子問」, 『사기』 「공자세가」, 『공자가어』 「관주觀周」.

13) 문옹은 경제景帝 말년과 무제 때의 촉군 태수로 정치를 잘한다는 명성이 있었으며, 원칙을 고수하기로 유명한 서한시대의 관리였다. 그는 지리적으로 외진 촉군에 있으면서 유학을 주창했고 교화를 시행하여 제로齊魯와 명성을 나란히 했다. 경제가 각 군郡과 제후국에 학교를 세우라고 한 것도 바로 그에 의해 시작된 것이었다. 건무建武 10년(34)에는 익주益州 태수 문참文參이 이사吏舍 200여 칸을 증설했으나, 영초永初 이후(113년 이후), 그리고 중평中平 연간(184-189)에 학궁에 두 차례 화재가 일어난다. 다시 흥평興平 원년(194)에 촉군 태수 고진高朕이 학궁을 중건하여 문옹석실文翁石室(문옹옥실文翁玉室이라고도 불렸다)이라 칭했다.

14) 『팔경실금석보정八瓊室金石補正』 권35, 『당익주학관묘당기唐益州學館廟堂記』 및 『원화군현도지元和郡縣圖誌』 권31에서 인용.

15) 『송사』 「장당전蔣堂傳」, 『속자치통감장편續自治通鑒長編』 권153.

16) 至唐已漫減. 宋嘉祐中, 重爲摹寫, 增至一百七十三人. 今學宮止有孔門諸子石刻, 不知仍是故物否, 其餘不可見矣, 『익부담자益部談資』 중권.

17) 예컨대 『수서隋書』 「경적지經籍志」에는 「촉문옹학당상제기蜀文翁學堂像題記」 두 권이 있고, 『구당서舊唐書』 「경적지經籍志」와 『신당서新唐書』 「예문지藝文志」에는 「익주문옹학당도益州文翁學堂圖」 한 권이 있다. 『사기색은史記索隱』에는 '문옹공묘도文翁孔廟圖' '칠십자도七十子圖' '문옹도文翁圖'라고 하여 각기 다른 이름으로 인용되어 있으나, 마땅히 같은 그림으로 보아야 할 것이다.

18) 송宋 채조蔡條, 『철위산총담鐵圍山叢談』 권4.

19) 청淸 주이존朱彝尊, 『일하구문고日下舊聞考』 권19, 『양경구구록兩京求舊錄』에서 인용.

20) 今成都府學宮禮殿已非舊, 畵亦早湮, 청淸 진강기陳康祺, 『낭잠기문초필郎潛紀聞初筆』 권9.

21) 嚴文明, 「東夷文化的探索」, 『嚴文明史前考古論集』, 科學出版社, 1998, 北京, 319-333쪽에 수록.

22) 가의賈誼의 『신서新書』 「용경容經」 편에서는 "자공이 자신의 집에서 와 공자를 알현했을 때 공자는 낯빛을 바르게 하고 지팡이를 쥐고 경쇠의 굽은 부분처럼 몸을 굽히고 서 계셨다子贛由其家來, 謁於孔子. 孔子正顔, 擧杖磬折而立"고 했으며, "자로가 공자의 등을 보니, 굽은 것이 경쇠 같고 소매를 걷어올린 것 같았다子路見孔子之背, 磬折擧裘"고 했다.

23) 「在現代中國的孔夫子」, 『魯迅全集』 第6卷, 人民文學出版社, 1958, 北京, 248-254쪽. '전

부 혹은 전무'란 곧 'all or nothing'이다.

3장. 공자의 '조국'과 '부모의 나라'

1) 오랫동안 살아온 곳을 쉽사리 떠나지 않는 전통사회에서 본적과 출생지, 그리고 거주지는 종종 하나로 통일된다. 그렇지만 고대에도 인구 이동은 있었다. 여기서 말하는 '조국'이란 조상 대대로 거주해온 나라를 가리킨다. 현대 중국어에도 '조국'이라는 말이 있는데, 그것은 국적에 대한 인정을 기준으로 한다.

2)「微子」18.2, "유하혜가 옥관이 되었다가 세 번 쫓겨났다. 어떤 사람이 말했다. '그대는 떠날 만하지 않습니까?' 유하혜가 대답했다. '도를 곧게 해서 사람을 섬길진대 어디를 간들 세 번 쫓겨나지 않겠으며, 도를 굽혀서 사람을 섬길진대 어찌 부모의 나라를 떠날 필요가 있겠습니까?' (柳下惠爲士師, 三黜, 人曰, '子未可以去乎?' 曰, '直道而事人, 焉往而不三黜? 枉道而事人, 何必去父母之邦?') 공자의 아버지와 어머니의 집(혹은 외할머니 댁)이 모두 노나라에 있었으니 그렇게 부를 수 있을 것이다. 영어의 fatherland와 motherland는 아버지와 어머니, 혹은 외할머니의 나라를 가리킨다.

3) 옛날에는 가嘉를 이름으로, 공孔을 자로 본 이들이 많았다.

4)『좌전』소공 7년 조에서 맹희자는 공자를 "성인의 후예聖人之後"라고 했고, 장손흘臧孫紇은 "성인 중에 밝은 덕을 지닌 자가 임금이 되지 않는다면 그 후세 가운데 반드시 유명해지는 사람이 있을 것이다聖人有明德者, 若不當世, 其後必有達人"라고 했다. 이들이 말하는 성인을 옛 주석에서는 상商나라 탕湯이라 한 것과는 달리, 두예杜預의 주석 및『공자가어』「관주觀周」편에서는 '성인 중에 밝은 덕을 지닌 자'를 인용하면서 '성인의 후예 중에 밝은 덕을 지닌 자聖人之後有明德者'라고 했다. 한편 왕인지王引之는 옛 주석을 취하지 않고 전문傳文의 성인이 불보하弗父何를 가리킨다고 생각했다. 불보하는 송민공의 아들로 밝은 덕을 지녀 왕위를 송여공宋厲公에게 양보하고 계승하지 않았다. 왕인지는 이러한 성인은 "밝은 덕을 지닌 자에게 두루 통하는 칭호로 큰 성인만을 가리키지는 않는다明德之通稱, 不專指大聖"고 했다.(『經義述聞』「春秋左傳下」) 그가 말하는 '큰 성인'은 고서에 많이 보이는 것으로 그것은 모두 '성왕聖王'을 가리킨다. 만약 이 설이 성립한다면 군주의 자리를 양보한 덕이 있는 자도 '성인'이라 칭할 수 있을 것이다.

5) "且逆而送之, 曰 '美而艶.'"『좌전』, 환공 원년.

6) 혹자는 목금보木金父라고 하고 혹자는 공방숙孔防叔이라고 하기도 하는데, 다 추측일 뿐이다.

7) "畏華氏之逼而奔魯."『공자가어』「본성해本姓解」

8) 中國社會科學院考古研究所·美國哈弗大學皮保德物館中美聯合考古隊, 「河南商丘縣東周城址勘査簡報」,『考古』, 1998년 12期, 18-27쪽.

9) "丘少居魯, 衣逢掖之衣, 長居宋, 冠章甫之冠."『예기』「유행儒行」

10)『논어』의 이 장은 매우 중요하다. 마왕퇴 백서·장가산張家山 한대 죽간漢簡·상하이박물관 초나라 죽간楚簡 등에는 모두 팽조가 언급되어 있는데, 이는 그가 고대의 유명한 인물이었다는 점을 설명한다. 하지만 고서에서 그를 언급한 것으로는 아무래도『논어』가 가장 이르다.

11) "사람으로서 변치 않는 마음이 없으면 무의가 될 수 없다人而無恒, 不可以作巫醫"라는 말을 「치의」에서는 '예로부터 전해지는 말古之遺言'이라고 했다. 한편 '무의巫醫'라는 말이 「치의」편 각 판본에는 '복사卜筮'라고 되어 있다. '복사'는 술수, '무의'는 방술로 다른 것이다. 여기서는 아무래도 '복사'라고 하는 것이 더 낫겠다.

12) "學而不厭, 誨人不倦."(「술이」7.2)

13) 「論持久戰」, 『毛澤東選集』(一卷本), 人民出版社, 北京, 1966, 482쪽.

14) "知其不可而爲之."(「헌문」14.38)

15) "紇與顔氏女野合而生孔子."(『사기』「공자세가」)

16) 『사기』「공자세가」 색은索隱 및 정의正義에서는 『공자가어』를 인용한 뒤 이렇게 말하고 있다. "숙량흘이 노나라의 시 씨를 아내로 맞아 딸 아홉을 낳고, 그의 첩이 맹피를 낳았으나, 맹피가 다리에 병이 있어 이에 안 씨에게 구혼을 하니, 징재가 아버지의 명을 따라 결혼을 했다梁紇娶魯之施氏, 生九女, 其妾生孟皮, 孟皮病足, 乃求婚於顔氏, 徵在從父命爲婚."현행 판본 『공자가어』「본성해」 편에는 시 씨 이야기가 빠져 있다.

17) 노나라 안 씨에는 두 줄기가 있다. 하나는 소주小邾의 안 씨, 즉 주무공邾武公(이름은 이보夷父, 자는 안顔)의 아들을 특별히 예郳에 봉했다고 할 때의 안 씨로, 이들은 조曹 성이 된다.(『좌전』장공 5년 소疏에 인용된 『세본世本』 및 두예의 『춘추세족보春秋世族譜』, 그리고 『잠부론潛夫論』「지씨성志氏姓」을 참조할 것.) 다른 한 줄기는 노 백금伯禽의 방계로 안顔을 식읍으로 받아 살았으며, 이들은 희姬 성이 된다.(왕검王儉, 『성보姓譜』) 한편 『좌전』양공 19년 조에 위 영공이 안의희顔懿姬라는 노나라 여자를 아내로 맞아들였다고 되어 있는데, 그 여자는 안顔, 희姬 성을 가진 여자를 가리킨다. 공자의 어머니도 아마 희姬 성이었을 것이다.

18) 안무요顔無繇, 안회顔回, 안행顔幸, 안고顔高, 안상顔相, 안지부顔之仆, 안쾌顔噲, 안하顔何가 그들이다. 내 생각에 위나라에 있을 때 공자는 안탁추顔濁鄒의 집에서 머문 적이 있는데, 이 안 씨는 노나라 안 씨와 관련이 있을 것이다. 또 언언言偃의 '언言'과 안회의 '안顔'이 상하이박물관 초나라 죽간에는 글자 쓰는 법이 같다.

19) 이러한 말을 누가 만들어냈는지는 알 수 없다. 이와 관련된 고증이 고명한 이에 의해 이루어지기를 기대하는 바이다. 1929년 공 씨 가문에서는 산둥성립山東省立제2사범학교의 공연 '공자, 남자를 만나다子見南子'를 고발했는데, 산둥교육청에 연명하여 낸 그 공문에는 그 학교의 표어에 '공 씨 둘째아들을 타도하자打倒孔老二'는 말이 있었음이 언급되어 있다. 魯迅, 「關於子見南子」, 『魯迅全集』第7卷, 人民文學出版社, 1958, 北京, 550-570쪽을 참조할 것.

20) "孔子之去齊, 接淅而行. 去魯, 曰, '遲遲吾行也, 去父母國之道也.' 可以速則速, 可以久則久, 可以處則處, 可以仕則仕, 孔子也."(『맹자』「만장하」) 비슷한 말이 『맹자』「진심하」에서도 나온다.

21) "直道而事人, 焉往而不三黜? 枉道而事人, 何必去父母之邦?"(「미자」18.2)

22) 『水經注』卷25, 「泗水」, "곽수漷水는 다시 노나라 추산鄒山 동남쪽을 지나 서남쪽으로 흐른다. 추산은 『춘추좌전』에서 말하는 역산嶧山이니, 주문공邾文公이 이주해온 곳이다. 오늘날 성은 추산의 남쪽에 있고, 험한 지형을 끼고 있어 견고하다. 예전에는 주루邾婁국이라 불렸으며, 성姓은 조曹였다. 숙량흘의 봉읍이었으며, 공자가 이곳에서 태어났다漷水又逕魯國鄒山東南而西南流, 『春

秋左傳』所謂嶧山也, 邾文公之所還. 今城在鄒城之陽, 依巖阻以墉固, 故邾婁之國, 曹姓也. 叔梁紇之邑是也, 孔子生於此."

23) 『說文』「邑部」, "鄒郰는 노나라의 현 이름이며 옛 주루邾婁국이다. 황제 전욱顓頊의 후예가 봉해진 곳이다郰, 魯縣, 古邾國, 帝顓頊之後所封." 『說文』「邑部」, "郰鄒는 노나라의 작은 읍이며 공자의 고향이다郰, 魯下邑, 孔子之鄕."

24) 『사기』「공자세가」 정의正義에서는 『괄지지括地志』를 인용하여 "여릉산은 곡부현 남쪽 28리에 있다女陵山在曲阜縣南二十八里"고 했다. 또 간보干寶의 『삼일기三日紀』를 인용하여 이렇게 말했다. "징재는 공상空桑의 땅에서 공자를 낳았는데, 공상은 오늘날 공두空竇라 부르며, 노나라 남산의 공두에 있다. 물이 없어 제사를 지낼 때 물을 뿌리고 청소를 한 후 고하면 곧 맑은 샘이 석문石門에서 나와 두루 쓸 수 있었고, 제사가 끝나면 샘이 말랐다. 오늘날 세속에서는 여릉산이라 칭한다徵在生孔子空桑之地, 今名空竇, 在魯南山之空竇中. 無水, 當祭時灑掃以告, 輒有清泉自石門出, 足以周用, 祭訖泉枯. 今俗名女陵山." 또 '노국지도비魯國之圖碑'에도 '여릉산'이라는 말이 나오는데, 위치는 니산尼山 서남쪽이고, 옆에는 '백룡산白陵山', '맹자묘孟子墓', '맹자사당孟子廟' 및 '사기산四基山'이 있다고 하여, 이미 오늘날의 쩌우청鄒城시 북쪽에 들어선 느낌이다.

25) 山東省文物考古研究所 等 編, 『曲阜魯國故城』, 齊魯書社, 1982, 濟南.

26) "賢哉, 回也! 一簞食, 一瓢飮, 在陋巷."(「옹야」 6.11)

27) "子入太廟"(「팔일」 3.15, 「향당」 10.19)

4장. 70세의 자술自述

1) 1949년에 중국의 평균 수명은 고작 35세였고, 세계의 1인당 평균 수명은 고작 47세였다. 오늘날 중국의 평균 수명은 72세이다.

2) 그러한 예는 많다. 예를 들어 왕궈웨이王國維는 52세까지밖에 살지 못했지만 큰 공헌을 남겼고, 잭 런던은 40세밖에 살지 못했으면서도 50권의 책을 썼다.

3) "四十五十而無聞焉, 斯亦不足畏也已."(「자한」 9.23)

4) "年四十而見惡焉, 其終也已."(「양화」 17.26)

5) 명 고헌성顧憲成, 『사서강의四書講義』

6) 청 수더程樹德, 『논어집석』

7) 「성적도」에는 공자의 일생이 그림으로 설명되어 있는데, 그것은 주로 공자의 신성한 경험을 과장하기 위한 것이다. 이른바 전기라는 것도 연의소설이다. 그것들이 통속적이라는 점은 차치하고라도 사료에 대한 아무런 선별이 없을뿐더러 순서도 엉망이다. 게다가 과장과 상상을 통해 첨가된 것들도 많다. 그러니 그것을 진짜로 여기지 마시라. 여기서 서술하는 것은 선별을 거친 기본적 역사적 사실이다. 그밖에 이 부분을 읽을 때 17장을 참조해도 좋다. 나는 지리와 관련된 고증을 그곳에서 하고, 여기서는 지리가 아닌 과정만을 논할 것이기 때문이다.

8) 『춘추공양전』「춘추곡량전」, 양공 21

9) "常陳俎豆, 設禮容."「공자세가」

10) 최술, 『수사고신록洙泗考信錄』 권1

11) 『맹자』「만장하」, 『사기』「공자세가」

12) 『사기』「공자세가」, 『공자가어』「현군賢君」

13) "三人行, 必有我師焉."(「술이」7.22)

14) 『공자가어』「변악辨樂」편에서는 공자가 사양자에게서 현금을 배웠다고 되어 있으나, 사양자가 진짜로 잘 연주하는 것은 경쇠였다. 한편 『논어』에는 공자가 현금을 탔을 뿐만 아니라(예컨대 「양화」17.20에는 공자가 "현금을 타면서 노래를 불러 그로 하여금 듣게 하셨다取瑟而歌 使之聞之"라고 되어 있다) 경쇠도 쳤다고 되어 있다.(예컨대 「헌문」14.39에는 "공자께서 위나라에서 경쇠를 치고 계셨다子擊磬於衛"고 되어 있다.) 아마도 공자는 현금과 경쇠를 모두 그에게서 배운 듯하다.

15) 사마천은 이렇게 말했다. "공자가 스승으로 섬겼던 이들로 주나라에는 노자, 위나라에는 거백옥, 제나라에는 안평중, 초나라에는 노래자, 정나라에는 자산, 노나라에는 맹공탁이 있었다. 여러 차례 장문중, 유하혜, 동제백화, 개산자연을 칭찬하였으나, 공자는 모두 이들의 후대 사람으로 한 시대를 살지는 않았다."(孔子之所嚴事: 於周則老子, 於衛蘧伯玉, 於齊晏平仲, 於楚老萊子, 於鄭子產, 於魯孟公綽. 數稱臧文仲, 柳下惠, 銅鞮伯華, 介山子然, 孔子皆後之, 不並世. 『사기』「중니제자열전」) 이 열 사람 중 여섯 사람은 『논어』에 나오지만 네 사람은 『논어』에 나오지 않는다. 『논어』에 나오는 인물 가운데 공자가 가장 크게 칭찬한 이는 거백옥, 안평중, 자산, 유하혜이고, 맹공탁의 경우도 괜찮았으나, 장문중만은 그의 비판의 대상이었다. 『논어』에 보이지 않는 이들은 노자, 노래자, 동제백화, 개산자연이다.

16) "不學禮, 無以立."(「계씨」16.13)

17) "不知禮, 無以立也."(「요왈」20.3)

18) "一乘車, 兩馬, 一豎子俱."(『예기』「증자문」, 『사기』「공자세가」, 『공자가어』「관주觀周」)

19) "吾老矣, 不能用也."(「미자」18.3)

20) 옛사람들은 이를 두고 안영의 생각이었다고 말했다.(『묵자』「비유하非儒下」, 『안자춘추晏子春秋』외편 하 제1장, 『사기』「공자세가」) 안영은 관직에 오르지 않은 선비 왕륜王倫 같았지만, 이 책들에서 이야기하는 일은 시간적인 측면을 고려해보건대 결코 있을 수 없는 일이다.

21) "聞韶, 三月不知肉味."(「술이」7.14)

22) 1983년, 샤오위엔춘의 한 농부가 자신이 30년 동안 보관해온 석경 하나를 제국고성유적박물관齊國故城遺址博物館에 기증했다. 이 석경에는 '악경樂磬(?)'이라는 명문 두 글자가 새겨져 있다. 장룽하이張龍海의 「린쯔 샤오위엔춘 출토 명문 석경臨淄韶院村出土銘文石磬」115쪽을 참조하라. 이 글은 『임치습패臨淄拾貝』(臨淄中軒印務有限責任公司, 2001, 淄博)에 수록되어 있다.

23) "加(假)我數年, 五十以學易, 可以無大過矣."(「술이」7.17)

24) "不知命, 無以爲君子也."(「요왈」20.3)

25) 유극장劉克莊, 『심원춘沁園春』「몽부약夢孚若」

26) 『사기』「공자세가」, 『공자가어』「상로相魯」

27) 『좌전』정공 12년, 『사기』「공자세가」. 삼도는 삼환三桓의 봉읍으로, 후는 숙손 씨의 봉읍, 비는 계손 씨의 봉읍, 성은 맹손 씨의 봉읍이었다. '타墮'라는 글자는 성곽을 무너뜨린다는 뜻이다.

28) 『순자』「유좌宥坐」, 『사기』「공자세가」. 『계년繫年』에서는 이를 부정하고(상권, 25~26쪽),

『공자전孔子傳』에서는 이를 삭제했는데, 이유가 불충분하다. 자오지빈趙紀彬의 『공자가 소정묘를 죽인 문제에 관하여關於孔子誅少正卯問題』(人民出版社, 1973년, 베이징)를 참조할 것. 공자가 소정묘를 죽인 곳은 노나라 궁성 남문의 궐문 아래였다고 한다. 『수경주』「사수泗水」에서는 '쌍석궐雙石闕'이라 하고, 『노국지도비魯國之圖碑』에서는 '양관兩觀'이라 하는데, 모두 이 고적을 가리킨다.

29) 『사기』「십이제후연표十二諸侯年表」「위강숙세가衛康叔世家」「공자세가」

30) 『장자』「추수」, 『사기』「공자세가」. 이 일은 「자한」 9.5과 「선진」 11.23에 보인다.

31) 「술이」 7.23, 『맹자』「만장상」, 『사기』「공자세가」

32) 사마천은 염구가 노나라로 돌아간 후(기원전 492년경) 공자는 '진나라에서 채나라로 갔다가' '채나라에서 섭 땅으로 갔다'고 명확히 말했다. 그런데 최적崔適은 공자가 주래州來의 채에 가지 않았는가 하면 섭현에도 가지 않았으며 부함負函에서 섭공을 만났다고 했다.(「孔子無至州來及葉之事」, 『洙泗考信錄』 권3 , 『崔東壁遺書』, 上海古籍出版社, 1983, 300쪽에 수록) 이 주장은 믿기 어려운데, 이 점은 17장에 상술되어 있다.

33) "泰山其頹乎, 梁木其壞乎, 哲人其萎乎."(『예기』「단궁상檀弓上」)

34) 사마천은 "공자가 노성 북쪽 사수 위에 묻혔다孔子葬魯城北泗上"(『사기』「공자세가」)고 했다. 옛사람들이 어떤 강물의 위上라고 하면 그것은 보통 강물의 북쪽을 가리켰다. 예컨대 민자건은 "나를 위해 잘 말해주십시오. 만일 다시 나를 찾아온다면 나는 반드시 제나라 땅인 문수의 위에 있을 것입니다善爲我辭焉. 如有復我者, 則吾必在汶上矣"(「옹야」 6.9)라고 말했는데, 여기서 '문수의 위'란 '문수의 북쪽'을 가리킨다. 그렇지만 오늘날 공림은 사수의 남쪽, 수수洙水의 북쪽에 있다.

35) 「선진」 11.8, 「양화」 17.10, 「계씨」 16.13

36) "受業子思之門人"(『사기』「맹자순경열전孟子荀卿列傳」)

37) "伯魚塚, 孔子塚東邊, 與孔子幷, 大小相望. 子思塚, 在孔子塚南, 亦大小相望"(『태평어람太平御覽』 권560)

5장. 70제자

1) 이번 장의 내용은 대체로 『집 잃은 개喪家狗』 16-24쪽의 내용과 같다. 여기서는 대체적인 내용을 발췌했는데 수정한 부분도 있다.

2) "弟子蓋三千焉, 身通六藝者七十有二人"(『사기』「공자세가」)

3) "孔子曰, '受業身通者七十有七人'"(『사기』「중니제자열전」)

4) 『사기』「중니제자열전」 3가 주에서 인용되었으나 지금은 유실되었다.

5) 精廬暫建, 贏糧動有千百, 其耆名高義, 開門受徒者, 編牒不下萬人

6) 呂思勉, 「講學者不親授」, 『呂思勉讀書札記(上)』, 上海古籍出版社, 1982, 675-678쪽.

7) "聞道有先後, 術業有專攻"(한유韓愈, 『진학해進學解』)

8) 여기서의 그룹 분류는 단지 연령에 따라 대체적으로 나눈 것으로, 제자들의 배움의 선후 관계를 정확히 반영하고 있는 것은 아니다.

9) 季桓子使仲弓爲宰.

10) "以言取人乎, 失之宰予"(『한비자』「현학」)

11) "朽木不可雕也. 糞土之牆不可杇也"(「공야장」 5.10)

12) "夫子步亦步, 夫子趨亦趨, 夫子馳亦馳, 夫子奔逸絶塵, 而回瞠若乎後矣"(『장자』「전자방」)

13) 『여씨춘추』「찰현察賢」, 『한시외전』 제26장, 『회남자』「태족泰族」, 『설원說苑』「정리政理」, 『공자가어』「굴절해屈節解」

14) 『공자가어』「72제자해七十二弟子解」. 『世本』 일문에서는 고시가 제나라 고 씨에서 나왔다고 했다. 『世本八種』, 商務印書館, 1957, 上海, 秦嘉謨輯補本, 182쪽.

15) '비費읍의 읍재'가 『사기』「중니제자열전」에서는 '비費와 후郈의 읍재'로 되어 있고, 『예기』「단궁하」에서는 그가 성成의 읍재를 맡은 것으로 되어 있으며, 『공자가어』「칠십이제자해」에서는 그가 무성武城의 읍재를 맡은 것으로 되어 있다.

16) 『설원』「정리政理」, 『공자가어』「변정辨政」

17) 『좌전』 애공 8년에 "담대멸명의 아버지澹臺滅明之父"가 언급되어 있다.

18) "以容取人乎, 失之子羽"(『한비자』「현학」)

19) "以貌取人, 失之子羽"(『사기』「중니제자열전」) 하지만 사마천은 그의 "외모가 아주 추하다狀貌甚惡"고 하여 상반되게 말하고 있다.

20) 「학이」 1.10, 「자장」 19.25

21) 「학이」 1.2, 1.12-13

22) 『좌전』 소공昭公 20년, 『맹자』「진심하」, 『장자』「대종사」

6장. 공자 문하 13명의 현자

1) 오늘날 각 판본에는 이 단락에 "공자께서 말씀하셨다子曰"라는 말이 없다. 이 때문에 이 말이 공자가 한 말인지 아닌지에 대해 선인들 사이에는 논쟁이 있었다. 이에 대해 혹자는 이 문장과 앞 문장("공자께서 말씀하셨다. '진나라와 채나라에서 나를 따르던 자들이 모두 내 곁에 없구나.'子曰, '從我於陳蔡者, 皆不及門也.'")을 연결해서 읽어야 한다고, 이 둘은 모두 공자가 한 말이라고 했는데, 그건 틀린 말이다. 사실 문장의 의미를 보건대, 위 두 문장은 갈라서 읽어야 한다. 또 위 문장에 나오는 열 사람을 자字로 부르고 있는 점을 볼 때, 그것은 공자의 말이 아니라 후대 사람이 총정리한 말임을 알 수 있다. 설사 선생님의 생각이라고 하더라도 말투는 후대 사람의 말투다.

2) 「공야장」 5.8, 「선진」 11.26

3) 「자장」 19.4, 자하가 말했다. "비록 작은 도에 틀림없이 볼만한 것이 있기는 하겠지만 멀리 이르는 데 장애가 될까 두렵다. 이 때문에 군자는 그것을 하지 않는 것이다難小道, 必有可觀者焉, 致遠恐泥, 是以君子不爲也." 이 말은 마땅히 공자가 자하의 약점을 겨냥해 한 말로 보아야 한다.

4) "大上有立德, 其次有立功, 其次有立言"(『좌전』 양공 24)

5) 堂堂乎張也, 難與並爲仁矣.

6) 二三子以我爲隱乎? 吾無隱乎爾. 吾無行而不與二三子者, 是丘也.

7장. 공자의 인물 품평(상): 옛 성현 및 그 외의 인물

1) 이 말은 리우샤오치劉少奇의 책 때문에 유명해졌다. 그는 이렇게 말했다. "중국에는 다음과 같은 두 가지 속담이 있다. '누구인들 뒤에서 남에게 욕을 먹지 않고 누구인들 뒤에서 남을 욕하지 않겠느냐?' '풍랑이 일어나는 대로 내맡겨 고깃배 위에 편안히 앉아 있네.' 세상에서 타인으로부터 하나도 오해받지 않는 사람은 없으나, 오해란 조만간 깨끗하게 풀리게 마련이다."(劉少奇, 『論共産黨員的修養』, 人民出版社, 1962, 北京, 84–85쪽.)

2) 逃乎深縫, 匿乎壞絮, 自以爲吉宅.

3) 魏晉之際, 天下多故, 名士少有全者.

4) "仲尼祖述堯舜"(『예기』, 「중용」)

5) "巍巍乎"(「태백」 8.18~8.19)

6) "舜有臣五人而天下治"(「태백」 8.20)

7) 「안연」 12.22, 「헌문」 14.5

8) "强梁者不得其死."(『노자』 42장)

9) 羿善射, 奡盪舟, 俱不得其死然. 禹稷躬稼而有天下.

10) "君子哉若人! 尙德哉若人"(「헌문」 14.5)

11) "紂之不善, 不如是之甚也."(「자장」 19.20)

12) "泰伯, 其可謂至德也已矣. 三以天下讓, 民無得而稱焉"(「태백」 8.1)

13) "憲章文武"(『예기』, 「중용」)

14) "亂臣十人"(「태백」 8.20)

15) "甚矣吾衰也! 久矣吾不復夢見周公"(「술이」 7.5)

16) "君子不施(弛)其親, 不使大臣怨乎不以. 故舊無大故則不棄也, 無求備於一人."(「미자」 18.10)

17) 「공야장」 5.23, 「술이」 7.15, 「계씨」 16.12, 「미자」 18.8

18) 「미자」(18.8)에서는 우중虞仲과 이일夷逸을 "은거하면서 말을 마음대로 했지만 몸은 청렴함에 맞고 벼슬을 버린 것은 권도에 맞았던隱居放言, 身中淸, 廢中權" 유형에 속하는 것으로 열거했다. 이 가운데 이일의 생졸연대와 국적은 미상이다. 또 이어서 주장朱張이라는 자도 있는데 어느 유형에 속하는지도 알 수 없을뿐더러 생졸연대와 국적도 미상이다.

19) "桓公殺公子糾, 召忽死之, 管仲不死"(「헌문」 14.16)

20) "桓公九合諸侯, 不以兵車, 管仲之力也. 如其仁! 如其仁!"(「헌문」 14.16)

21) "管仲非仁者與(歟)? 桓公殺公子糾, 不能死, 又相之."(「헌문」 14.17)

22) "管仲相桓公, 霸諸侯, 一匡天下, 民到于今受其賜. 微管仲, 吾其被髮左衽矣. 豈若匹夫匹婦之爲諒也, 自經於溝瀆而莫之知也."(「헌문」 14.17)

23) "人(仁)也. 奪伯氏騈邑三百, 飯疏食, 沒齒無怨言."(「헌문」 14.9)

24) "晉文公譎而不正, 齊桓公正而不譎."(「헌문」 14.15)

25) "以臣召君, 不可以訓."(『좌전』 양공 28년)

26) 「미자」 18.8에서는 유하혜와 소련少連을 '뜻을 굽히고 몸을 욕되게 한降志辱身' 유형에 집어

넣었다. 소련은 생졸연대와 국적 미상이다.

27) 非其君, 不事, 非其友, 不友.

28) 『맹자』「공손추상」「만장하」「고자하」「진심상」

29) "伯夷, 聖之淸者也. 伊尹, 聖之任者也. 柳下惠, 聖之和者也. 孔子, 聖之時者也."(『맹자』「만 장하」)

30) "無衣帛之妾, 無食粟之馬, 無藏金玉, 無重器備. 君子是以知季文子之忠於公室也. 相三君 矣, 而無私積, 可不謂忠乎."(『좌전』 양공 5년)

31) "邦有道, 則知(智), 邦無道, 則愚. 其知(智)可及也, 其愚不可及也."(「공야장」 5.21)

32) 舊令尹之政 必以告新令尹.

33) 그밖에 『논어』에는 주임周任이라는 사람도 나오는데(「계씨」 16.1), 이 인물은 『좌전』 은공 6년에도 보인다. 이 인물의 생졸연대와 국적은 미상인데, 아마 비교적 이른 시기의 사람이었을 것이다.

8장. 공자의 인물 품평(하): 당시의 정치가 및 은자들

1) 그가 어렸을 때 생존해 있던 인물도 포함할 것이다.

2) 今之從政者. 예컨대 자공은 공자에게 이렇게 물었다. "오늘날 정치를 하는 자들은 어떻습니 까?今之從政者何如" 그러자 공자가 이렇게 말했다. "아! 도량이 작은 사람들을 어떻게 따질 수 있겠느 냐?噫! 斗筲之人, 何足算也." (「자로」 13.20) 또 초나라의 광인 접여接輿는 공자의 곁을 지나가며 이런 노래를 불렀다. "봉황아, 봉황아! 어찌 덕이 쇠약해졌느냐? 지나간 것에 대해서는 간언할 수 없 지만 앞으로 올 것에 대해서는 아직 늦지 않았으니, 그만두어라, 그만두어라! 오늘날 정치에 종 사하는 자들은 위험하다.鳳兮鳳兮, 何德之衰! 往者不可諫, 來者猶可追. 已而已而! 今之從政者殆而"(「미자」 18.5) 이 렇게 이들은 당시 관직에 있는 이들을 경멸했다.

3) 「술이」 7.1에 나오는 노팽老彭은 팽조이지, 노자와 팽조가 아니다.(리링, 『상가구』, 142쪽 참조.)

4) 『좌전』 정공定公 원년에는 "주공간공이 자신의 자제는 버려두고 멀리 있는 이민족을 기용하 기를 좋아했다周鞏簡公棄其子弟, 而好用遠人"고 되어 있다. 또 정공 2년에는 "2년 여름 4월 신유에 공 씨의 자제들이 간공을 죽였다二年夏四月辛酉, 巩氏之群子弟殺簡公"고 되어 있다. 이 두 해의 전傳에 해당 되는 글은 이어서 읽어야 한다. 이에 대해 두예杜預는 이렇게 주석을 달았다. "간공은 주의 경이 다簡公, 周卿士." 나는 이 인물이 이 시대의 주공이 아닐까 하고 생각한다. 공恭(공恭)과 간簡은 시 호일 것이고 계강자 때의 주공과 시기가 매우 가깝기 때문이다. 리링의 생각: 동주시대에는 두 글자로 시호를 짓는 것이 크게 유행했다.(리링, 「楚景平王與古多字謚」, 『傳統文化與現代化』, 1996 年 6期, 23-27쪽.)

5) 齊景公有馬千駟, 死之日, 民無德(得)而稱焉.

6) "晏平仲善與人交, 久而敬之."(「공야장」 5.17)

7) "吾聞君子不黨, 君子亦黨乎? 君取於吳爲同姓, 謂之吳孟子. 君而知禮, 孰不知禮?"(「술이」 7.31)

8) "丘也幸, 苟有過, 人必知之."(「술이」 7.31)

9) 「팔일」 3.19, 「자로」 13.15

10) 「위정」 2.19, 「팔일」 3.21, 「옹야」 6.3, 「안연」 12.9, 「헌문」 14.21

11) "臧武仲之知(智)"(「헌문」 14.12)

12) 「위정」 2.20, 「옹야」 6.8, 「선진」 11.7, 「안연」 12.17-19

13) "其不改父之臣與父之政"(「자장」 19.18)

14) "孔子之所嚴事"(「중니제자열전」)

15) 「헌문」 14.36, 「자장」 19.23

16) 그밖에 『논어』에 나오는 노나라 사람으로 다음과 같은 이들이 있다. 임방林放(「팔일」 3.4, 3.6), 좌구명左丘明(「공야장」 5.25), 유비孺悲(「양화」 17.20), 양부陽膚(「자장」 19.19), 미생묘微生畝 (「헌문」 14.32), 원양原壤(「헌문」 14.43), 사면師冕(「위령공」 15.42), 태재太宰(「자한」 9.6), 석문石門에 서 새벽에 문을 열어주는 사람(「헌문」 14.38), 호향互鄕의 더불어 말하기 어려웠던 동자(「술이」 7.29), 달항達巷 고을 사람(「자한」 9.2), 궐리闕黨의 동자(「헌문」 14.44)가 그들이다.

17) "魯衛之政, 兄弟也"(「자로」 13.7)

18) "衛多君子"(「좌전」 양공 29)

19) "仲叔圉治賓客, 祝鮀治宗廟, 王孫賈治軍旅"(「헌문」 14.19)

20) "俎豆之事, 則嘗聞之矣. 軍旅之事, 未之學也"(「위령공」 15.1)

21) 『장자』「칙양」, 『회남자』「원도」

22) "夫子欲寡其過而未能也"(「헌문」 14.25)

23) "君子哉蘧伯玉! 邦有道則仕, 邦無道則可卷而懷之"(「위령공」 15.7)

24) "直哉史魚! 邦有道如矢, 邦無道如矢"(「위령공」 15.7)

25) "子謂衛公子荆善居室, '始有', 曰苟合矣. '少有', 曰苟完矣. '富有', 曰苟美矣"(「자로」 13.8)

26) "可以爲文矣"(「헌문」 14.18)

27) "敏而好學, 不恥下問, 是以謂之文也"(「공야장」 5.15)

28) 與其媚於奧, 寧媚於竈.

29) "不有祝鮀之佞, 而有宋朝之美, 難乎免於今之世矣."(「옹야」 6.16)

30) 그밖에도 『논어』에 나오는 위나라 사람으로는 극자성棘子成(「안연」 12.8), 공명가公明賈(「헌 문」 14.13), 위 공손조公孫朝(「자장」 19.22), 의儀 땅의 변경을 지키는 관리(「팔일」 3.24), 삼태기를 메고 공 씨 집 문 앞을 지나간 사람(「헌문」 14.39)이 있다.

31) 天生德於予, 桓魋其如予何.

32) 리링은 여기서 루쉰의 『아큐정전』에 나오는 '정신승리법'을 차용하고 있다. - 편집자 주

33) "神諶草創之, 世叔討論之, 行人子羽脩飾之, 東里子産潤色之."(「헌문」 14.8)

34) "有君子之道四焉: 其行己也恭, 其事上也敬, 其養民也惠, 其使民也義."(「공야장」 5.16)

35) "知其不可而爲之."(「헌문」 14.38)

36) 「미자」 18.1에 나오는 미자·기자·비간은 은나라 말기의 비협조자이고, 「미자」 18.11에 나오는 주나라의 여덟 선비 또한 추측컨대 주 문왕에 의탁한 은나라의 신하들인 것 같다. 「미 자」 18.8에 나오는 백이·숙제·우중虞仲·이일夷逸·주장朱張·유하혜柳下惠·소련少連 역시 양주兩周 시대의 비협조자들이었다. 이 인물들에 대해서는 7장에서 이미 논의한 바 있다.

37) "大師摯適齊, 亞飯干適楚, 三飯繚適蔡, 四飯缺適秦, 鼓方叔入於河, 播鼗武入於漢, 少師陽擊磬襄入於海."(「미자」 18.9)

38) 예전 사람들은 「팔일」 3.24에 나오는 의儀 땅의 변경을 지키는 관리(위나라 사람), 「헌문」 14.38에 나오는 석문石門에서 새벽에 문을 열어주는 사람(노나라 사람), 「헌문」 14.39에 나오는 삼태기를 메고 공 씨 집 문 앞을 지나가는 사람(위나라 사람)을 세상을 피해 숨은 선비들에 집어넣었다. 하지만 원문을 보건대 우리는 그 점을 알 수 없으며, 게다가 맨 앞 두 사람은 하급관리였다. 또 『논어』에 나오는 미생고微生高(「공야장」 5.24)와 변장자卞莊子(「헌문」 14.12)는 생졸연대가 미상이다. 변장자는 노나라 변읍의 대부이며 용감하기로 유명했다.

9장. 주공을 향한 꿈

1) 『魯迅全集』, 第1卷, 人民文學出版社, 北京, 1956, 3쪽.

2) "有教無類"(「위령공」 15.39)

3) "四海之內, 皆兄弟也"(「안연」 12.5)

4) "文武之道未墜於地, 在人"(「자장」 19.22)

5) "君子和而不同, 小人同而不和"(「자로」 13.23)

6) "禮之用, 和爲貴"(「학이」 1.12)

7) 「선진」 11.26에서 네 제자에게 포부를 이야기해보라고 했을 때, 자로·염유·공서화가 말한 포부는 작은 것이 아니었는데, 선생은 오로지 증점과 함께하겠다고 했다. 역시 동일한 이치이다.

8) 사마천은 역사는 30년이 지나면 한 차례 작은 변화가 일어나고 100년이 지나면 한 차례 중간 정도의 변화가 일어나며, 500년이 지나면 한 차례 커다란 변화가 일어난다고 했다.(『사기』, 「천관서天官書」) 그는 이 예언을 총 네 차례나 했다.(「주본기」 「진본기秦本紀」 「봉선서封禪書」 「노자신한열전老子申韓列傳」)

10장. 천명과 인성

1) "克己復禮爲仁"(「안연」 12.1)

2) 仲尼曰, '古也有志, 克己復禮仁也'

3) 君君臣臣, 是爲明訓.

4) "天人之際, 合而爲一"(『춘추번로』 「심찰명호深察名號」)

5) 이러한 상황은 1980년대와는 정반대라고 하겠다. 당시에는 조상을 욕하고, 허둥대며 중국인이 무엇을 먹는지도 욕하는 것이 유행이었다. 혹자는 우리들이 처음부터 유럽보다 못했다고, 저들은 고기를 먹는 데 비해, 우리는 식량을 먹음으로써 환경 파괴의 장본인이 되었다고 말했다.

6) 李零, 『中國方術續考』, 中華書局, 北京, 2006, 신판 머리말, 5쪽 및 이 책 8-14쪽을 참조할 것.

7) "主爲譎詐, 依托鬼神, 以惑衆心…主百藥, 以治金瘡, 以痊萬病"(『육도六韜』「용도龍韜」「왕익王翼」)

8) 先知者, 不可取於鬼神, 不可象於事, 不可驗於度, 必取於人, 知敵之情者也.

9) 天官時日, 不若人事也.

10) "故明於天人之分, 則可謂至人矣"(『순자』「천론」)

11) "究天人之际, 通古今之变"(「보임소경서報任少卿書」)

12) 天反時爲災, 地反物爲妖(『좌전』선공 15년)

13) 『郭店楚簡』「窮達以時」, "하늘이 있고 땅이 있으니, 하늘과 땅에는 구분이 있다. 하늘과 사람의 구분을 살피면 행할 바를 알게 된다. 현명한 사람이 있으나 그 때를 만나지 못하면 비록 어질다 하더라도 명성이 알려져 등용되지 못한다. 만약 그 때를 만난다면 무슨 어려움이 있겠는가!有天有人, 天人有分. 察天人之分, 而知所行矣. 有其人, 無其世, 雖賢弗行矣. 苟有其世矣, 何難之有哉!" "때를 만나느냐 만나지 못하느냐는 하늘에 달려 있다遇不遇, 天也."

14) 자로가 죽었을 때도 공자는 그렇게 외쳤다. 『공양전』애공 14년 조를 보면 "안연이 죽자 공자는 '아! 하늘이 나를 버리셨구나'라고 했고 자로가 죽자 공자는 '아! 하늘이 나를 끊어버리셨구나'라고 했다顔淵死, 子曰, '噫! 天喪子.' 子路死, 子曰, '噫! 天祝子'고 되어 있다. '축祝'이란 '끊는다斷'는 뜻으로, '버린다喪'는 말과 유사하다.

15) 원나라 때 설치한 의봉현儀封縣은 이것에 의해 지어진 이름으로 원래의 지역은 지금의 허난성 란카오蘭考현 동쪽 이평儀封향이며, 현지에는 이른바 '공부자 뵙기를 청한 곳請見夫子處'이 있다. 현재의 란카오는 란이蘭儀와 카오청考成이라는 두 현이 합쳐져 형성된 곳이고, 란이는 다시 이평儀封과 란양蘭陽이라는 두 현이 합쳐져 형성된 곳이다.

16) 이와 유사한 말이 또 있다. "공백료가 자로를 계손에게 참소하자 자복경백이 공자께 아뢰었다. '계손이 참으로 미혹된 생각을 갖고 있습니다만, 공백료 정도야 제 힘으로 죽여 그 시체를 시장이나 조정에 걸어놓을 수 있습니다.' 공자께서 말씀하셨다. '도가 장차 행해지는 것도 명이고, 도가 장차 사라지는 것도 명인데, 공백료가 그 명을 어떻게 하겠느냐?'公伯寮愬子路於季孫. 子服景伯以告, 曰, '夫子固有惑志, 於公伯寮, 吾力猶能肆諸市朝!' 子曰, '道之將行也與(歟), 命也. 道之將廢也與(歟), 命也. 公伯寮其如命何!'"(「헌문」14.36) 후에 왕망이 그에게서 배워 죽기 직전에 "한나라 병사들이 나를 어찌 하겠는가?"라고 하다가 난도질 당해 죽었다.

17) "人法天, 天法道, 道法自然"(25장)

18) 『流氓的變遷』, 『魯迅全集』第4卷, 人民文學出版社, 1957, 北京, 123-124쪽.

19) 「술이」 7.12, "공자께서 말씀하셨다. '부유함이 구할 수 있는 것이라면 설사 채찍을 잡는 마부가 된다 할지라도 나는 할 것이다. 만약 구할 수 없다면 내가 좋아하는 것을 따르겠다.'子曰, '富而可求也, 雖執鞭之士, 吾亦爲之. 如不可求, 從吾所好'를 참조할 것.

20) 「팔일」 13.3, "왕손가가 물었다. '방구석 신에게 아첨하는 것보다 차라리 부엌신에게 아첨하는 것이 낫다는 말은 무슨 뜻일까요?' 공자께서 말씀하셨다. '그렇지 않습니다. 하늘에 죄를 지으면 빌 곳도 없습니다.王孫賈問曰, '與其媚於奧, 寧媚於竈, 何謂也?' 子曰, '不然. 獲罪於天, 無所禱也.'";「술이」 7.35, "공자께서 병이 깊어지시자, 자로가 기도하기를 간청했다. 공자께서 말씀하셨다. '그런 일이 있었느냐?' 자로가 대답했다. '있습니다. 뇌문에 '그대를 위해 상하의 신께 빈다'는 말이 있

습니다.' 공자께서 말씀하셨다. '그렇다면 나는 기도한 지 오래되었다.'^{子疾病, 子路請禱. 子曰, '有諸?' 子}
^{路對曰, '有之, 誄曰, 禱爾于上下神祇.' 子曰, '丘之禱久矣'}를 참조할 것.

21) 천명을 알 수 있는 방법에 대한 일반적인 이미지는 현대인들은 과학에 기대고 옛사람들은 점에 기댄다는 것인데, 이는 틀린 생각이다. 사실 옛사람이나 현대인이 직면한 문제는 비슷하여 다 인간의 지혜로는 미치지 못하는 곳이 있다. 이렇게 미치지 못하는 곳에 대해서는 과학 또한 어쩔 도리가 없고, 이는 역시 추측에 기대야 한다. 추측이 바로 점의 본질이다.

22) 물론 일부 사이비과학에서는 도덕이 선천적으로 존재하며 유전될 수도 있다는 점을 논증하려고 애쓴다.

23) "人之性惡, 其善者僞也"(『순자』 「성악性惡」)

11장. 성인과 인한 사람

1) "君子有三畏: 畏天命, 畏大人, 畏聖人之言"(「계씨」 16.8)

2) 乃命羲和欽若昊天, 歷象日月星辰, 敬授民時.

3) '사악'은 한 사람으로 계산하였다. 또 다른 설로 '팽조'를 넣고 '사악'을 뺀 것도 있다. 瀧川資言, 『史記會注考證』, 上册, 上海古籍出版社, 1986, 14-15쪽 참조.

4) 「헌문」 14.37-40도 참고할 만하다.

5) "殷有三仁焉"(「미자」 18.1)

6) "求仁而得仁, 又何怨"(「술이」 7.15)

7) 李零, 「說名士, 兼談人文幻想」, 『三聯生活週刊』 2006年 第20期, 126-127쪽.

8) "隱居放言, 身中淸, 廢中權"(「미자」 18.8)

9) "我則異於是, 無可無不可"(「미자」 18.8)

10) "鳳兮鳳兮, 何德之衰! 往者不可諫, 來者猶可追. 已而已而! 今之從政者殆而!"(「미자」 18.5)

11) "丘何爲是栖栖者與(歟)? 無乃爲佞乎"(「헌문」 14.32)

12) "非敢爲佞也, 疾固也"(「헌문」 14.32)

13) "四體不勤, 五穀不分, 孰爲夫子?"(「미자」 18.7)

14) "知其不可而爲之者"(「헌문」 14.38)

15) "聖人不死, 大盜不止"(『장자』 「거협」)

16) "己欲立而立人, 己欲達而達人"(「옹야」 6.30)

17) "脩己以安百姓, 堯舜其猶病諸"(「헌문」 14.42)

18) "令尹子文三仕爲令尹, 無喜色. 三已之, 無慍色. 舊令尹之政, 必以告新令尹"(「공야장」 5.19)

19) "崔子弑齊君, 陳文子有馬十乘, 棄而違之. 至於他邦, 則曰, '猶吾大夫崔子也.' 違之. 之一邦, 則又曰, '猶吾大夫崔子也.' 違之"(「공야장」 5.19)

20) '由也, 千乘之國, 可使治其賦也, 不知其仁也.' '求也, 千室之邑, 百乘之家, 可使爲之宰也, 不知其仁也.' '赤也, 束帶立於朝, 可使與賓客言也, 不知其仁也.'(「공야장」 5.8)

21) "天下有道則見, 無道則隱"(「태백」 8.13)

22) "若聖與仁, 則吾豈敢"(「술이」 7.34)

12장. 군자와 소인

1) "君子哉若人! 魯無君子者, 斯焉取斯"(「공야장」 5.3)
2) "羿善射, 奡盪舟, 俱不得其死然. 禹稷躬稼而有天下"(「헌문」 14.5)
3) "君子哉若人! 尙德哉若人"(「헌문」 14.5)
4) "君子, 小人之反也"(『순자』, 「불구不苟」)
5) 고서에서 말하는 군자국은 모두 해외에 있다. 예를 들어 『산해경』 「해외동경海外東經」에 나오는 군자국은 해외에 있다. 또 『후한서』와 『신당서新唐書』의 「동이전東夷傳」에서는 조선과 일본을 군자국이라 여기고 있다.
6) 呂思勉, 『呂思勉讀史札記』, 上冊, 上海古籍出版社, 1982, 510쪽.
7) 소인에 서민 이하의 천민이 포함되어야 하는지는 문제가 된다. 『순자』 「성악」 편에서는 "성인의 지혜를 가진 자가 있고, 사군자의 지혜를 가진 자가 있으며, 소인의 지혜를 가진 자가 있고, 역부의 지혜를 가진 자가 있다有聖人之知者, 有士君子之知者, 有小人之知者, 有役夫之知者"라고 했다. 또 『순자』 「애공哀公」 편에서는 "사람에는 다섯 가지 전형이 있다. 용인庸人이 있고 사士가 있으며, 군자가 있고 현인이 있으며, 성인이 있다人有五儀: 有庸人, 有士, 有君子, 有賢人, 有聖人"라고 했다. 나는 '현인'은 '성인'보다 낮은, 공자의 '인한 사람'이나 '선한 사람善人'에 해당된다고 생각한다. 그다음은 '사', '군자' 혹은 '사군자'인데, '사'는 '군자'보다 낮다고 본다. 그다음은 '소인', '용인庸人', '역부役夫'인데, '소인'은 '역부'보다 높다. '역부'는 '용인'에 해당되어 '소인' 아래에 놓인다고 본다.
8) 『논어』에서 '사'에 대해 논한 것은 주로 여덟 장이다. 공자가 '사'에 대해 논한 것으로는 「이인」 4.9, 「안연」 12.20, 「자로」 13.20, 13.28, 「헌문」 14.2, 「위령공」 15.9, 이렇게 여섯 장이 있고, 증자가 '사'에 대해 논한 것으로는 「태백」 8.7 한 장이 있다. 그밖에도 『논어』에 '사'라는 글자가 언급된 곳은 여섯 장이 더 있다.
9) "勞心者治人, 勞力者治於人"(『맹자』 「등문공상」)
10) "畏大人"(「계씨」 16.8)
11) 『주역』에는 '대인', '군자', '대군大君', '소인' 같은 단어들이 자주 언급되어 있다. 『주역』 「사師」를 보면 "상육上六: 대군大君이 명이 있어 나라를 열고 집안을 이으니, 소인은 쓰면 안 된다上六, 大君有命, 開邦承家, 小人勿用"라고 되어 있다. '대군大君'은 상하이박물관 초간본에는 '대군자大君子'라고 되어 있고, 마왕퇴 백서본에는 '대인군大人君'이라고 되어 있으며, 쌍고퇴雙古堆 한간본漢簡本에는 '대군大君'이라고 되어 있다. 또 『순자』 「중니」 「왕패」 두 편에도 '대군자'라는 단어가 나온다. 나는 '대군'과 '대군자'가 모두 '대인군자大人君子'의 약칭이 아닌가 한다.
12) "先進於禮樂, 野人也. 後進於禮樂, 君子也."(「선진」 11.1)
13) "女(汝)爲君子儒, 無爲小人儒"(「옹야」 6.13)
14) 『순자』 「성악」 편에서는 용감함도 '최고 수준의 용감함上勇', '중간 정도의 용감함中勇', '가장 수준이 낮은 용감함下勇'의 셋으로 나누었다.

15) "唯女子與小人爲難養也, 近之則不孫(遜), 遠之則怨."(「양화」17.25)

13장. 공자, 덕을 논하다

1) 70제자 이후 남겨진 주요 저작으로는 『맹자』와 『순자』가 있다.
2) 이하의 내용은 『喪家狗』 353-361쪽에서 발췌했다.
3) "巧言令色, 鮮矣仁."(「학이」1.3, 「양화」17.17)
4) "剛毅木訥, 近仁."(「자로」13.27)
5) "仁者, 其言也訒."(「안연」12.3)

14장. 공자, 예를 논하다

1) "周監於二代, 郁郁乎文哉! 吾從周."(「팔일」3.14)
2) 맹자는 당시 진짜로 많은 사람들이 죽었다는 점을 믿지 않고 오히려 『상서』의 신뢰성을 의심했다. 그는 "인한 사람은 천하에 적수가 없고 주 무왕은 지극한 인의 힘으로 지극히 불인한 주를 친 것이니仁人無敵於天下, 以至仁伐至不仁' 피가 강을 이루어 절굿공이를 떠다니게 하는 정도는 아니었을 것"이라고 말했다.(『맹자』「진심하」)
3) "人而不仁, 如禮何? 人而不仁, 如樂何?"(「팔일」3.3)
4) "生, 事之以禮, 死, 葬之以禮, 祭之以禮."(「위정」2.5)
5) "君使臣以禮, 臣事君以忠."(「팔일」3.19)
6) "上好禮, 則民易使也."(「헌문」14.41)
7) "上好禮, 則民莫敢不敬."(「자로」13.4)
8) "爲禮不敬."(「팔일」3.26)
9) "能以禮讓爲國乎, 何有? 不能以禮讓爲國, 如禮何?"(「이인」4.13)
10) "不知禮, 無以立也."(「요왈」20.3)
11) "不學禮, 無以立."(「계씨」16.13)
12) "非禮勿視, 非禮勿聽, 非禮勿言, 非禮勿動."(「안연」12.1)
13) "食不厭精, 膾不厭細."(「향당鄕黨」10.6)
14) "繁禮君子, 不厭忠信, 戰陳之間, 不厭詐僞."(『한비자』「난일難一」)
15) "夫儒者以六藝爲法. 六藝經傳以千萬數, 累世不能通其學, 當年不能究其禮, 故曰 '博而寡要, 勞而少功'."(『사기』「태사공자서」)
16) "人有恒言, 皆曰'天下國家'. 天下之本在國, 國之本在家, 家之本在身."(『맹자』「이루상」)
17) "先立乎其大者, 則其小者不能奪也."(『맹자』「고자상吿子上」)
18) 송 신종神宗 원봉元封 7년에 순경荀卿은 난릉후蘭陵侯로 봉해져(『송사』「신종기 」) 다소간 지위가 있었다. 그러나 송 이후로 순자는 점차 유가에 의해 배척된다. 순자는 맹자의 후대로 증자에

대해서는 그런 대로 예의를 갖추었으나, 자사와 맹자에 대해서는 호되게 비난을 했으니, 도통이 한창 수립되던 송나라 때에는 필연적으로 배척될 수밖에 없었다. 예컨대 『소식집蘇軾集』 권43 「순경론荀卿論」에서는 순경을 질책하며 진나라의 정치는 이사에서 나왔는데 이사는 순경에서 나왔으니, 유가의 죄인이라 여겼다. 그러다 명나라 만력 연간에는 그를 좇아내어 제사를 지내지 않았는데, 이는 그를 유가의 대오에서 제외시킨 것이다. 순자의 지위가 다시 확인된 것은 5·4운동 이후, 해방 이후이다. '문혁' 시기, 공자를 비판할 때는 순자는 법가에 놓이게 되었는데, 이 역시 이 주제와 관련해 존재할 수밖에 없었던 1막이다.

15장. 공자는 무슨 책들을 읽었을까

1) 고대에는 또 다른 종류의 육예, 즉 예禮·악樂·활쏘기射·수레 몰기御·서예書·산술數도 있었다.
2) "不學詩, 無以言"(「계씨」 16.13)
3) "加我數年, 五十以學『易』, 可以無大過矣"(「술이」 7.17)
4) 「팔일」 3.25, 「술이」 7.14, 「위령공」 15.11
5) "吾自衛反(返)魯, 然後樂正, 「雅」 「頌」 各得其所"(「자한」 9.15)
6) "興於詩, 立於禮, 成於樂"(「태백」 8.8)
7) "取瑟而歌, 使之聞之."(「양화」 17.20)
8) "吾猶人也"(「술이」 7.33, 「안연」 12.13)
9) 보통 사람은 다시 두 종류로 나뉜다. 하나는 '배워서 아는 자學而知之者'이고, 다른 하나는 '어려움에 부딪혀 배우는 자困而學之者'이다. 이 두 부류의 사람은 모두 배워야 한다. 한편 나머지 두 부류는 배울 필요가 없다. 가장 지혜로운 사람은 '태어나면서부터 아는 자生而知之者'이니, 당연히 배울 필요가 없으며, 가장 어리석은 사람은 '어려움에 부딪혀서도 배우지 않는 자困而不學者'이니, 역시 배울 필요가 없다.(「계씨」 16.9) 공자는 배울 필요가 있는 사람이었을 뿐 아니라 그중에서도 전자에 속했다. "본성은 서로 비슷하지만 익히는 것에 따라 서로 멀어진다性相近也, 習相遠也"는 말은 주로 중인을 겨냥한 말이다. 다시 말해 보통 사람들의 지능은 사실 다 비슷하다는 말이다. 왕충은 맹자가 말한 성선설은 가장 지혜로운 사람을 겨냥한 말이고, 순자가 말한 성악설은 가장 어리석은 사람을 겨냥한 말이며, 고자가 말한 성무선악性無善惡설은 중인을 겨냥한 말로, 각기 치우친 어느 한 부분을 얻은 것이라고 했다.
10) 「옹야」 6.27, 「자한」 9.11, 「안연」 12.15
11) 자하 또한 "비록 작은 도에 틀림없이 볼만한 것이 있기는 하겠지만 멀리 이르는 데 장애가 될까 두렵다. 이 때문에 군자는 그것을 하지 않는 것이다雖小道, 必有可觀者焉, 致遠恐泥, 是以君子不爲也."(「자장」 19.4)라고 말했는데, 이 말은 아마도 자하가 선생님에게서 들은 말일 것이다.
12) 자하 또한 "날마다 몰랐던 것을 알아가고 달마다 알 수 있게 된 것을 잊지 않는다면 배우기를 좋아한다고 할 수 있을 것이다日知其所亡, 月無忘其所能, 可謂好學也已矣"(「자장」 19.5)라고 했다.
13) 자하 또한 "널리 배우고 뜻을 독실하게 하며 절실한 것을 묻고 가까운 것을 생각하면 인이 그 가운데 있다博學而篤志, 切問而近思, 仁在其中矣"(「자장」 19.6)라고 했다.

14) '일이관지一以貫之'라는 말을 그는 증삼과도 한 바 있다.(「이인」 4.15)

15) "學而不厭, 誨人不倦"(「술이」 7.2)

16장. 공자는 어떤 곳들을 가보았을까

1) "天下有道, 則禮樂征伐自天子出…天下有道, 則政不在大夫…天下有道, 則庶人不議." "天下無道, 則禮樂征伐自諸侯出."(「계씨」 16.2)

2) "父母在, 不遠遊, 遊必有方"(「이인」 4.19)

3) "士而懷居, 不足以爲士矣"(「헌문」 14.2)

4) "君子之道, 辟如行遠必自邇, 辟如登高必自卑"(『예기』「중용」)

5) "獨上高樓"(『인간사화人間詞話』)

6) 子在川上曰, '逝者如斯夫, 不舍晝夜.'(「자한」 9.17)

7) "釣而不綱"(「술이」 7.27)

8) 『순자』「유좌宥坐」의 '공자께서 동쪽으로 흐르는 물을 감상하셨다孔子觀於東流之水'는 단락을 참조하라. 거기서 공자는 "군자는 큰 강물을 보면 반드시 감상한다君子見大水必觀焉"고 했다.

9) 孔子旣不得用於衛, 將西見趙簡子. 至於河而聞竇鳴犢舜華之死也, 臨河而嘆曰: '美哉水, 洋洋乎! 丘之不濟此, 命也夫.'(「공자세가」)

10) 錢穆, 『孔子傳』, 三聯書店, 2002, 北京, 42-43쪽.

11) "洙泗之間"(『예기』「단궁상」)

12) "齊景公有馬千駟, 死之日, 民無德(得)而稱焉"(「계씨」 16.12)

13) "齊一變, 至於魯, 魯一變, 至於道"(「옹야」 6.24)

14) "魯衛之政, 兄弟也"(「자로」 13.7)

15) "二三子何患於喪乎? 天下之無道也久矣, 天將以夫子爲木鐸"(「팔일」 3.24)

16) 子畏於匡. 曰, '文王旣沒, 文不在茲乎? 天之將喪斯文也, 後死者不得與於斯文也. 天之未喪斯文也, 匡人其如予何?'(「자한」 9.5)

17) "君子之厄於陳蔡之間, 無上下之交也"(「진심하」)

18) 「孔子無至州來及葉之事」, 『洙泗考信錄』卷三, 『崔東壁遺書』上海古籍出版社, 1983, 300쪽에서 인용.

19) 錢穆, 『先秦諸子繫年』, 中華書局, 1985, 北京, 上冊, 47쪽.

17장. 공자의 정치적 번뇌

1) 사마천은 공자가 30세였을 때(기원전 522) 제 경공과 안영이 노나라로 와 예에 대해 물었으며(『사기』「十二諸侯年表」「齊太公世家」「魯周公世家」), 제 경공은 일찍이 그에게 가르침을 구한 적이 있다고 말했다.(『사기』「공자세가」) 『좌전』소공 7년에는 다음과 같은 기록이 보인다. "9

월에 소공이 초나라에서 돌아왔다. 맹희자는 자신이 의례 진행을 도와주지 못하는 것을 부끄럽게 여겨 그것을 배웠는데, 예에 능한 자가 있으면 따라 배웠다_{九月, 公至自楚. 孟僖子病不能相禮, 乃講學}_{之, 苟能禮者從之.}" 맹희자가 자신이 예를 모르는 것 때문에 고심하다가 예를 아는 사람에게서 배우기 시작했다는 말인데, 이것은 공자가 17세 되던 해(기원전 535)의 일로 공자와는 무관하다. 그런데 뒤의 문장에서 맹희자는 임종을 할 때 자신의 두 아들인 맹의자_{孟懿子(仲孫何忌)}와 남궁경숙_{南宮敬叔}을 자신의 곁에 있던 대부에게 부탁하면서 공자가 '성인의 후예_{聖人之後}'이고, 당대의 '명망이 있는 사람_{達人}'이니 자신의 두 아들이 공자를 스승으로 모시고 그에게서 예를 배우게 해달라고 한다. 이는 공자가 34세 되던 해(기원전 518)의 일을 앞서 서술한 것이다.

2) "天下有道則見, 無道則隱"(「태백」 8.13)

3) "善哉! 信如君不君, 臣不臣, 父不父, 子不子, 雖有粟, 吾得而食諸?"(「안연」 12.11)

4) 『묵자』 「비유하_{非儒下}」 같은 고서에서는 경공이 공자를 중용하려고 하지 않았던 것은 안영이 반대했기 때문이라고 하는데, 이 설은 그리 믿을 게 못 된다.

5) 錢穆, 『孔子傳』, 三聯書店, 2002, 北京, 27-28쪽.

6) 『장자』 「천운」 편에서 공자는 노담에게 "저는 『시경』 『서경』 『예기』 『악기』 『주역』 『춘추』의 육경을 닦은 지 오래되어 전고를 익숙히 알고 있다고 생각했습니다. 또 간언한 이가 72군주로 선왕의 도를 논하고 주공과 소공의 업적을 밝혔습니다. 하지만 어느 임금도 받아들이지 않았습니다_{丘治詩書禮樂易春秋六經, 自以爲久矣, 孰知其故. 以奸者七十二君, 論先王之道而明周召之迹, 一君無所鉤用}"라고 했다. 공자가 벼슬을 구하느라 72명의 군주를 만났다는 것은 조금 과장된 것으로, 우언일 뿐 믿을 만한 것은 못 된다.

7) 「술이」 7.15에서 염유가 자공에게 "선생님께서 위나라의 출공을 도와줄까요?"라고 물은 것은 아마 이것과 관련이 있을 것이다. 위 영공이 병법에 대해 물은 이유가 무엇이었는지에 대해서는 여러 가지 추측이 있다. 아마도 그는 자신이 죽은 후에 진나라 사람들이 괴외를 귀국시킴으로써 필연적으로 전쟁이 일어나리라는 것을 알았기에 공자에게 그것을 물었는지도 모른다.

18장. 공자는 어떻게 성인이 되었을까

1) 宗福邦 等 主編, 『古訓彙纂』, 商務印書館, 2003, 北京, 1835-1836쪽.

2) "春秋以前所謂聖人者, 通人也"(『설문통훈정성說文通訓定聲』 「정부鼎部」 제17)

3) 眼見爲實, 耳聽爲虛.

4) "聞而知之謂之聖"(『소문素問』 「지진요대론至眞要大論」, 린이林亿 등이 새로 교정하면서 『난경難經』에서 인용한 말)

5) 視不明, 聖(聽)不聰.

6) "聖人參於天地, 竝於鬼神"(『예기』 「예운」)

7) "萬人曰傑, 萬傑曰聖"(『예별명기禮別名記』, 『백호통의白虎通義』 「성인」에서 인용)

8) "天地養萬物, 聖人養賢以及萬民"(『주역』 「이頤·단전彖傳」)

9) "天地感而萬物化生, 聖人感人心而天下和平"(『주역』 「함咸·단전彖傳」)

10) 仲尼祖述堯舜, 憲章文武.

11) 유약柳若은 자사를 "성인의 후예"(『예기』「단궁상」)라고 했다. 『좌전』 소공 7년에서 맹희자는 공자를 "성인의 후예"라고 했다. 왕인지王引之는 여기서의 성인이 '불보하弗父何'를 가리킨다고 했다.(『경의술문經義述聞』「춘추좌전하春秋左傳下」) 만약 이 설이 성립된다면 임금의 자리를 양보한 현군 또한 성인이라 칭할 수 있을 것이다.

12) "吾猶人也"(「술이」 7.33, 「안연」 12.13)

13) "爲之不厭, 誨人不倦"(「술이」 7.34)

14) "智足以知聖人, 汚不至阿其所好."(『맹자』「공손추상」)

15) '문혁' 시기에 '이린伊林·디시滌西 사건'이라는 게 있었다. 농업대학교 부속중학의 두 학생이 바로 이 말에 반대해 하마터면 반 친구들이 이들을 얼음구멍에 밀어 넣을 뻔했던 사건이다.

16) 이 말은 오늘날의 다음과 같은 우스갯소리를 연상시킨다. 봉황TV의 '타이거 토크(Tiger Talk, 一虎一席談)'라는 프로그램에서 변론하기 좋아하는 어떤 분별없는 이는 공자가 "위로도 5천 년을 관여했으며, 아래로도 5천 년을 관여할 것"이라고 말했다. 아래로 5천 년을 관여할 것이라는 말은 논외로 하더라도 위로 관여했다니, 어떻게 관여했단 말인가? 그렇다면 신석기시대까지 거슬러 올라가 관여했어야 할 것이다.

17) 명나라 때의 '공자위노사구상孔子爲魯司寇像'에도 "요·순보다 어질어 해와 달이 찬미한다賢於堯舜, 日月其譽"는 따위의 말이 있다.

18) 魯迅, 「在現代中國的孔夫子」, 『魯迅全集』 第6卷, 人民出版社, 北京, 1958, 248-254쪽에 수록.

19) 「공손추상」「공손추하」「이루하」「만장하」「진심하」

20) "聞君行聖人之政 是亦聖人也"(『맹자』「등문공상」)

21) "人皆可以爲堯舜"(『맹자』「고자하」)

22) 「馬蹄」, "혁서씨의 시대에 백성들은 집에 거주할 때에는 해야 할 바를 모르고 밖을 거닐 때에는 갈 곳을 몰랐으며, 입에 먹을 것을 물고 즐거이 놀며, 배불리 먹고 놀았다. 백성들은 그와 같을 따름이었다. 성인이 출현함에 이르러서는 예악으로 억지로 꾸며 천하의 형체를 바로잡고, 인의를 높이 들어 천하의 마음을 위로하니, 백성들은 힘써 지능을 쓰기를 좋아하기 시작하고 이로움을 다투어 멈추지 못하였다. 이 또한 성인의 과오이다赫胥氏之時, 民居不知所爲, 行不知所之, 含哺而熙, 鼓腹而遊, 民能以此矣. 及至聖人, 屈折禮樂以匡天下之形, 縣跂仁義以慰天下之心, 而民乃始踶跂好知, 爭歸於利, 不可止也. 此亦聖人之過也."; 「胠篋」, "옛날 용성씨·대정씨·백황씨·중앙씨·율륙씨·여축씨·헌원씨·혁서씨·존로씨·축융씨·복희씨·신농씨가 있던 그 시대에는 백성들이 줄을 묶어 일을 기록하고, 음식을 달게 여기고 옷을 아름답게 여겼으며, 풍속을 즐거워하고, 기거하는 곳을 편안하게 여겼다. 이웃 나라가 서로 가까워 닭이나 개가 우는 소리가 서로 들려도 백성들은 죽을 때까지 서로 왕래하지 않았다. 이와 같은 때는 지극히 다스려지는 때이다. 지금은 백성들로 하여금 목을 빼고 발돋움을 하게 하여 '어떤 곳에 현자가 있다'고 말하게 한다. 식량을 가득 싣고 가게 하니, 안으로는 양친을 버리고 밖으로는 주관하던 일을 포기하며, 족적은 제후의 국경에 이르고 수레바퀴 자국은 천 리 밖으로까지 이어져 있으니, 이는 군주가 지를 좋아한 과오이다昔者容成氏大庭氏伯皇氏中央氏栗陸氏驪畜氏軒轅氏赫胥氏尊盧氏祝融氏伏戲氏神農氏, 當是時也, 民結繩而用之, 甘其食, 美其服, 樂其俗, 安

其居, 鄰國相望, 雞狗之音相聞, 民至老死而不相往來. 若此之時, 則至治已. 今遂至使民延頸擧踵曰'某所有賢者', 贏糧而趣之, 則內棄其親而外去其主之事, 足跡接諸侯之境, 車軌結乎千里之外, 則是上好知之過也."

23) 자공은 공자를 성인으로 세워 후세에 깊은 인상을 남겼다. 그런데 이 대화에서는 고의로 노담의 입을 빌어 자공을 혼내고 있다. 매우 풍자적이라 하겠다.

24) "古人之糟魄(粕)"(「천도」)

25) "天下之善人少而不善人多, 則聖人之利天下也少而害天下也多"(「거협胠篋」)

26) "聖人不死, 大盜不止"(「거협」)

27) 聖人之得執(勢)者…聖人之不得執(勢)者(『순자』「비십이자非十二者」)

28) "昔仲尼沒而微言絕, 七十子喪而大義乖"(『한서』「예문지」)

29) "戰國以後所謂聖人, 則尊崇之虛名也"(『설문통훈정성說文通訓定聲』「정부鼎部」제17)

19장. '집 잃은 개' 논란에 대하여

1) "天下之無道也久矣, 天將以夫子爲木鐸"(「팔일」3.24)

2) 『노자』20장에 나오는 "무척 피곤하구나. 돌아갈 곳이 없는 것 같다僗僗兮, 若無所歸"라는 말과 유사하다.

3) 漢語大辭典出版社, 1997, 上海

4) 어떤 이는 공자에게는 정신적인 고향이 있었지만 그것을 찾을 필요는 없었다고 하거나, 혹은 공자에게는 정신이 있었지만 현실세계에는 그런 정신이 없었고, 따라서 당연히 어떤 정신적인 고향 같은 것도 없었다고 하는데, 이는 일부러 말싸움을 벌이고 함부로 생트집을 잡는 짓이다.

5) 내가 말하는 공자는 역사적인 공자, 참된 공자이다. 혹자는 역사에 진실이란 없다고, 설사 있다고 해도 알 수 없고 절대 복원할 수 없다고 말하는데, 이것들은 모두 핑계일 뿐이다. 역사학의 인식론적 곤경은 본래 우리에게 역사에서의 공백에 해당하는 부분에 대한 자신의 상상을 어떻게 통제해야 하는지를 일깨워줄 수 있을 뿐, 결코 사실에 입각하지 않고 제멋대로 지껄이는 자의 근거가 될 수는 없다. 옛사람은 이렇게 말했다. "산천이 말을 할 수 있다면 관상가의 얼굴이 흙빛 같아질 것이고 오장육부가 말을 할 수 있다면 의사는 먹고 살 수 없을 것이다山川而能語, 相師面如土, 肺腑而能語, 醫師食無術." 단서를 잡을 수 없는 사건이라고 해서 추리소설과 같을 수는 없다. 송자宋慈의 『세원록洗寃錄』에서는 무엇을 이야기하고 있는가? 관을 열어 검시하는 것에 대해 이야기하고 있다. 고고학은 무엇을 하는 것인가? 이미 사라진 것들을 다시 당신의 눈앞에 가져다놓는 것이다. 이러한 수단들은 모두 한계를 갖고 있다. 그렇다. 하지만 당신이 헛소리를 늘어놓는다면 이러한 것들이 총이 되어 쏠 수도 있다. 이들은 당신에게 입을 다물라고 할 것이기 때문이다.

20장. 『논어』에서 무엇을 배울 것인가

1) 나의 『논어』 읽기는 청수더程樹德의 『논어집석論語集釋』을 기초로 하고 있다. 청수더는 『논어』를 읽을 때 고증과 의리를 함께 중시했는데, 나 역시 그러하다. 내 책을 펼쳐본 사람들은 내가 한대의 것이든 송대의 것이든 가리지 않고 모두 함께 받아들여 근거로 삼았다는 점을 어렵지 않게 발견할 수 있을 것이다. 그런데 혹자는 책을 읽지는 않고 처음부터 나를 고증학파니, 고문경학파니, 송대의 학문을 말살해버렸느니 하는데, 이는 다 헛소리이다.

2) "天地不仁, 以萬物爲芻狗. 聖人不仁, 以百姓爲芻狗"(5장)

3) 2007년 9월 13일에 텔레비전을 켜보니, 양광陽光위성TV의 '찻집에서 풍소 논하기茶館論風騷'라는 프로그램에 홍콩 수재 두 사람이 공자에 대해 이야기를 나누고 있었다. 이들은 영어에도 recycle(폐품의 순환적 재생과 재활용이라는 뜻으로, 미국의 쓰레기통에 이 글자가 있다)이라는 말이 있듯이, 공자는 완전히 '재활용'할 수 있다고 말했다. 그러다 흥이 돋자 공자를 비유하기를, 공자는 우리들의 할아버지, 아버지와 같으니, 공자에 반대하는 것은 할아버지와 아버지에게 반항하는 것과 같다고, 사춘기에 조급해지고 호르몬이 지나치게 분비되었을 때 이런 멍청한 짓을 하는 것과 같다고 말하기도 했다. 정말 우습다 하겠다.

4) 이번 여름방학 때 나는 초청 강연을 해달라는 전화를 적지 않게 받았는데, 이런 강좌에 가서 강의를 해보고는 대동소이하다는 것을, 이들의 관심이 기본적으로 같다는 것을 알게 되었다. 위에서 말한 것들 외에도 여러 가지 미신 또한 이들을 흥분케 하는 것들이었다. 이들은 자신이 듣고 싶어하는 것만을 들을 뿐, 그밖의 것들은 모두 군더더기였다. 그래서 매번 나에게 '실제적인 것과 연결해달라'고 요구하곤 했다. 그래서 내가 연결해준 실제적인 것은 무엇이었던가? 우선은 이들에게 찬물을 끼얹은 것이었다. 하지만 물 한 잔으로 수레에 불타고 있는 장작불을 어찌 끌 수 있었겠는가?

5) 모든 사람은 역사 연구의 대상이다. 사람들은 리링李零이 공자를 역사박물관으로 보내버렸음에도 불구하고 공자는 여전히 자신들 마음속의 붉은 태양이며, 그는 현대에도 여전히 살아 있고, 자신들의 마음속에 살아 있다고 말한다. 이는 전형적인 종교적 언사라 하겠다.

6) 학자들의 소아병이 지닌 주된 특징은 아무리 책을 많이 읽어도 극 중에 들어간 듯한 느낌에서 벗어나지 못한다는 점이다. 큰 인물에 대해 쓰면 자신이 큰 인물이 되어버리고, 자가 발전을 하며 자기 자신에 대해 감동을 하곤 한다. 그런 의미에서 오늘날의 철학과는 유학과 혹은 성리학과로 명칭 개정을 해도 될 듯하다.(혹자는 경자經子과로 부르자고 건의하기도 했다.) 철학을 논하는 많은 이들은 그것을 형이상학이라고 하지만 실제로는 형이하학이며, 철학은 정치로 가는 직행열차이다. 중국의 양생술에서는 먹는 대로 보補해진다고 하는데, 이들 역시 그렇다. 유가를 연구하면 그 자신이 유가가 되고, 도가를 연구하면 그 자신이 도가가 된다. 마치 배우가 자신의 배역 속으로 몰입하는 것처럼 말이다. 만일 하늘 아래 모두가 이렇게 학문을 한다면 수의학을 연구하는 이들은 어찌 하란 말인가?

7) 5·4운동이 전통문화를 단절시켰다는 설, 전통문화가 홍콩, 대만에만 존재한다는 설, 아시아의 네 마리 작은 용은 공자에 기대어 재부를 축적했다는 설은 모두 홍콩, 대만에서 나왔다.(홍콩, 대만 출신으로 해외에 거주하는 일부 화교 학자들도 포함된다.) 그러나 사실 아시아의 네 마리 작은 용은 미국에 기대고 전쟁을 통해 부를 축적한 것이지, 공자와는 아무 관계가 없다. 이

는 신화에 불과하다.

8) 중국의 지식인들은 정치와 학문을 분명히 나눌 줄 모르는 오류를 자주 범하곤 한다. 즉 정치를 학문화하거나 학문을 정치화하거나 한다. 학문을 오도한 것이 첫째요, 정치를 오도한 것이 둘째니, 이 둘은 모두 취할 것이 못 된다. 서생이 나라를 오도한 교훈은 너무도 많다.

9) 중국의 좌파는 반만 좌파이고, 중국의 우파 역시 반만 우파이다. 우파는 공자로 공산당에 반대할 수 있다고 여기며 좌파는 공자로 제국주의에 반대할 수 있다고 여긴다. 이들은 각기 도모하는 바가 있는데, 결국은 생각이 같은 곳으로 모였다.

10) 어떤 언론인이 나에게 1980년대에 사람들이 하늘 탓, 남 탓을 하듯이 조상을 욕할 때 당신은 반대를 하더니, 지금 사람들이 국학 열풍을 일으키자 또 반대를 하니, 당신은 자기모순에 빠진 것이 아니냐고 물었다. 이 노형은 참으로 이상하다. 조상을 욕하던 것에서 조상을 팔아먹는 것으로 바뀐 것에 대해서는 자기모순을 느끼지 못하면서 내가 두 가지에 대해 모두 비판을 한 것에 대해서는 자기모순에 빠졌다고 하니 말이다. 이러니 내가 그와 무엇을 말할 수 있었겠는가?

11) 전국 인민의 옷을 한복漢服으로 갈아입게 한다면 얼마를 벌 수 있는가? 전국의 어린아이를 모두 맹모孟母학교에 보낸다면 얼마를 벌 수 있는가? 전국 각지의 조상들을 모두 개발하여 (예컨대 갖가지 성에 따라 각 성의 일족 사당을 그 조상의 트러스트trust로 만들어 황제黃帝 대大 종족 사당이라 칭하여) 제전 행사를 벌이면 얼마를 벌 수 있을까? 이런 사업을 전 세계로 확장하는 것은 더 말할 것도 없을 것이다.

12) 나는 원래 공자의 책이 아직도 존재하니 존숭을 하든지 비판을 하든지 어쨌거나 원서는 읽어야 한다고 생각했다. 그런데 그런 나의 생각은 틀렸음을 알게 되었다. 나는 도덕의 재건을 떠드는 사람들, 문예부흥을 떠드는 사람들, 대국의 굴기를 떠드는 사람들이 원서에는 조금도 관심이 없다는 것을 알게 되었다. 혹여 있다고 하더라도 그 관심은 기껏해야 공자 이후의 해석들, 송명이학에 신유가를 보탠 것에 있었다. 그리하여 학문은 공허해지고 정치적 구호만이 남게 되었다.

13) 『묵자』든 『노자』든, 아니면 『맹자』든 공자보다 시기가 늦은 이들이 보인 태도는 그보다 격렬했다. 전국시대에는 상황이 더 엉망이 되어, 문제는 이미 귀족들의 울타리 안에서 일어나는 공연한 소란을 넘어서, 백성들이 살 수 없는 지경으로 발전했다. 모두의 생존이 문제가 되고 말았다. 예컨대 반전 같은 것이 그들이 공통적으로 다루는 화제였다.

學而第一

1.1 子曰, "學而時習之, 不亦說乎? 有朋自遠方來, 不亦樂乎? 人不知而不慍, 不亦君子乎?"

1.2 有子曰, "其爲人也孝弟, 而好犯上者, 鮮矣, 不好犯上, 而好作亂者, 未之有也. 君子務本, 本立而道生. 孝弟也者, 其爲仁之本與!"

1.3 子曰, "巧言令色, 鮮矣仁!"

1.4 曾子曰, "吾日三省吾身, 爲人謀而不忠乎? 與朋友交而不信乎? 傳不習乎?"

1.5 子曰, "道千乘之國, 敬事而信, 節用而愛人, 使民以時."

1.6 子曰, "弟子, 入則孝, 出則悌, 謹而信, 汎愛衆, 而親仁. 行有餘力, 則以學文."

1.7 子夏曰, "賢賢易色, 事父母, 能竭其力, 事君, 能致其身, 與朋友交, 言而有信. 雖曰未學, 吾必謂之學矣."

1.8 子曰, "君子不重, 則不威, 學則不固. 主忠信. 無友不如己者. 過則勿憚改."

1.9 曾子曰, "愼終追遠, 民德歸厚矣."

1.10 子禽問於子貢曰, "夫子至於是邦也, 必聞其政, 求之與? 抑與之與?" 子貢曰, "夫子溫良恭儉讓以得之. 夫子之求也, 其諸異乎人之求與?"

1.11 子曰, "父在觀其志, 父沒觀其行, 三年無改於父之道, 可謂孝矣."

1.12 有子曰, "禮之用, 和爲貴. 先王之道, 斯爲美, 小大由之. 有所不行, 知和而和, 不以禮節之, 亦不可行也."

1.13 有子曰, "信近於義, 言可復也. 恭近於禮, 遠恥辱也. 因不失其親, 亦可宗也."

1.14 子曰, "君子食無求飽, 居無求安, 敏於事而愼於言, 就有道而正焉, 可謂好學也已."

1.15 子貢曰, "貧而無諂, 富而無驕, 何如?" 子曰, "可也, 未若貧而樂, 富而好禮者也." 子貢曰, "詩云, '如切如磋, 如琢如磨', 其斯之謂與?" 子曰, "賜也, 始可與言詩已矣, 告諸往而知來者."

1.16 子曰, "不患人之不己知, 患不知人也."

爲政第二

2.1 子曰, "爲政以德, 譬如北辰, 居其所而衆星共之."

2.2 子曰, "詩三百, 一言以蔽之, 曰, '思無邪'."

2.3 子曰, "道之以政, 齊之以刑, 民免而無恥, 道之以德, 齊之以禮, 有恥且格."

2.4 子曰, "吾十有五而志于學, 三十而立, 四十而不惑, 五十而知天命, 六十而耳順, 七十而從心所欲, 不踰矩."

2.5 孟懿子問孝. 子曰, "無違." 樊遲御, 子告之曰, "孟孫問孝於我, 我對曰, 無違." 樊遲曰, "何謂也?" 子曰, "生事之以禮, 死葬之以禮, 祭之以禮."

2.6 孟武伯問孝. 子曰, "父母唯其疾之憂."

2.7 子游問孝. 子曰, "今之孝者, 是謂能養. 至於犬馬, 皆能有養, 不敬, 何以別乎?"

2.8 子夏問孝. 子曰, "色難. 有事, 弟子服其勞, 有酒食, 先生饌, 曾是以爲孝乎?"

2.9 子曰, "吾與回言終日, 不違如愚. 退而省其私, 亦足以發, 回也不愚."

2.10 子曰, "視其所以, 觀其所由, 察其所安. 人焉廋哉? 人焉廋哉?"

2.11 子曰, "溫故而知新, 可以爲師矣."

2.12 子曰, "君子不器."

2.13 子貢問君子. 子曰, "先行其言而後從之."

2.14 子曰, "君子周而不比, 小人比而不周."

2.15 子曰, "學而不思則罔, 思而不學則殆."

2.16 子曰, "攻乎異端, 斯害也已."

2.17 子曰, "由! 誨女知之乎! 知之爲知之, 不知爲不知, 是知也."

2.18 子張學干祿. 子曰, "多聞闕疑, 愼言其餘, 則寡尤, 多見闕殆, 愼行其餘, 則寡悔. 言寡尤, 行寡悔, 祿在其中矣."

2.19 哀公問曰, "何爲則民服?" 孔子對曰, "擧直錯諸枉, 則民服, 擧枉錯諸直, 則民不服."

2.20 季康子問, "使民敬忠以勸, 如之何?" 子曰, "臨之以莊則敬, 孝慈則忠, 擧善而教不能則勸."

2.21 或謂孔子, "子奚不爲政?" 子曰, "書云, '孝乎惟孝, 友于兄弟, 施於有政.' 是亦爲政, 奚其爲爲政?"

2.22 子曰, "人而無信, 不知其可也. 大車無輗, 小車無軏, 其何以行之哉?"

2.23 子張問十世可知也. 子曰, "殷因於夏禮, 所損益, 可知也, 周因於殷禮, 所損益, 可知也. 其或繼周者, 雖百世, 可知也."

2.24 子曰, "非其鬼而祭之, 諂也. 見義不爲, 無勇也."

八佾第三

3.1 孔子謂季氏, "八佾舞於庭, 是可忍也, 孰不可忍也?"

3.2 三家者以雍徹. 子曰, "'相維辟公, 天子穆穆', 奚取於三家之堂?"

3.3 子曰, "人而不仁, 如禮何? 人而不仁, 如樂何?"

3.4 林放問禮之本. 子曰, "大哉問! 禮, 與其奢也寧儉, 喪, 與其易也寧戚."

3.5 子曰, "夷狄之有君, 不如諸夏之亡也."

3.6 季氏旅於泰山. 子謂冉有曰, "女弗能救與?" 對曰, "不能." 子曰, "嗚呼! 曾謂泰山不如林放乎?"

3.7 子曰, "君子無所爭. 必也射乎! 揖讓而升, 下而飮. 其爭也君子."

3.8 子夏問曰, "'巧笑倩兮, 美目盼兮, 素以爲絢兮' 何謂也?" 子曰, "繪事後素." 曰, "禮後乎?" 子曰, "起予者商也! 始可與言詩已矣."

3.9 子曰, "夏禮吾能言之, 杞不足徵也, 殷禮吾能言之, 宋不足徵也. 文獻不足故也. 足則吾能徵之矣."

3.10 子曰, "禘自旣灌而往者, 吾不欲觀之矣."

3.11 或問禘之說. 子曰, "不知也, 知其說者之於天下也, 其如示諸斯乎!" 指其掌.

3.12 祭如在, 祭神如神在. 子曰, "吾不與祭, 如不祭."

3.13 王孫賈問曰, "與其媚於奧, 寧媚於竈, 何謂也?" 子曰, "不然, 獲罪於天, 無所禱也."

3.14 子曰, "周監於二代, 郁郁乎文哉! 吾從周."

3.15 子入太廟, 每事問. 或曰, "孰謂鄹人之子知禮乎? 入太廟, 每事問." 子聞之曰, "是禮也."

3.16 子曰, "射不主皮, 爲力不同科, 古之道也."

3.17 子貢欲去告朔之餼羊. 子曰, "賜也! 爾愛其羊, 我愛其禮."

3.18 子曰, "事君盡禮, 人以爲諂也."

3.19 定公問, "君使臣, 臣事君, 如之何?" 孔子對曰, "君使臣以禮, 臣事君以忠."

3.20 子曰, "關雎, 樂而不淫, 哀而不傷."

3.21 哀公問社於宰我. 宰我對曰, "夏后氏以松, 殷人以栢, 周人以栗, 曰, 使民戰栗." 子聞之曰, "成事不說, 遂事不諫, 旣往不咎."

3.22 子曰, "管仲之器小哉!" 或曰, "管氏儉乎?" 曰, "管氏有三歸, 官事不攝, 焉得儉?" "然則管仲知禮乎?" 曰, "邦君樹塞門, 管氏亦樹塞門. 邦君爲兩君之好, 有反坫, 管氏亦有反坫. 管氏而知禮, 孰不知禮?"

3.23 子語魯大師樂, 曰, "樂其可知也, 始作, 翕如也, 從之, 純如也, 皦如也, 繹如也, 以成."

3.24 儀封人請見, 曰, "君子之至於斯也, 吾未嘗不得見也." 從者見之. 出曰, "二三子何患於喪乎? 天下之無道也久矣, 天將以夫子爲木鐸."

3.25 子謂韶, "盡美矣, 又盡善也." 謂武, "盡美矣, 未盡善也."

3.26 子曰, "居上不寬, 爲禮不敬, 臨喪不哀, 吾何以觀之哉?"

里仁第四

4.1 子曰, "里仁爲美. 擇不處仁, 焉得知?"

4.2 子曰, "不仁者不可以久處約, 不可以長處樂. 仁者安仁, 知者利仁."

4.3 子曰, "唯仁者能好人,能惡人."

4.4 子曰, "苟志於仁矣,無惡也."

4.5 子曰, "富與貴,是人之所欲也,不以其道得之,不處也.貧與賤,是人之所惡也,不以其道得之,不去也.君子去仁,惡乎成名?君子無終食之間違仁,造次必於是,顚沛必於是."

4.6 子曰, "我未見好仁者,惡不仁者.好仁者,無以尙之,惡不仁者,其爲仁矣,不使不仁者加乎其身.有能一日用其力於仁矣乎?我未見力不足者.蓋有之矣,我未之見也."

4.7 子曰, "人之過也,各於其黨.觀過,斯知仁矣."

4.8 子曰, "朝聞道,夕死可矣."

4.9 子曰, "士志於道,而恥惡衣惡食者,未足與議也."

4.10 子曰, "君子之於天下也,無適也,無莫也,義之與比."

4.11 子曰, "君子懷德,小人懷土,君子懷刑,小人懷惠."

4.12 子曰, "放於利而行,多怨."

4.13 子曰, "能以禮讓爲國乎?何有?不能以禮讓爲國,如禮何?"

4.14 子曰, "不患無位,患所以立.不患莫己知,求爲可知也."

4.15 子曰, "參乎!吾道一以貫之."曾子曰, "唯."子出,門人問曰, "何謂也?"曾子曰, "夫子之道,忠恕而已矣."

4.16 子曰, "君子喩於義,小人喩於利."

4.17 子曰, "見賢思齊焉,見不賢而內自省也."

4.18 子曰, "事父母幾諫,見志不從,又敬不違,勞而不怨."

4.19 子曰, "父母在,不遠遊,遊必有方."

4.20 子曰, "三年無改於父之道,可謂孝矣."

4.21 子曰, "父母之年,不可不知也.一則以喜,一則以懼."

4.22 子曰, "古者言之不出,恥躬之不逮也."

4.23 子曰, "以約失之者鮮矣."

4.24 子曰, "君子欲訥於言而敏於行."

4.25 子曰, "德不孤,必有鄰."

4.26 子游曰, "事君數,斯辱矣,朋友數,斯疏矣."

公冶長第五

5.1 子謂公冶長, "可妻也.雖在縲絏之中,非其罪也." 以其子妻之.

5.2 子謂南容, "邦有道,不廢,邦無道,免於刑戮." 以其兄之子妻之.

5.3 子謂子賤, "君子哉若人!魯無君子者,斯焉取斯?"

5.4 子貢問曰, "賜也何如?"子曰, "女,器也."曰, "何器也?"曰, "瑚璉也."

5.5 或曰, "雍也仁而不佞."子曰, "焉用佞?禦人以口給,屢憎於人.不知其仁,焉用佞?"

5.6 子使漆彫開仕.對曰, "吾斯之未能信."子說.

5.7 子曰, "道不行, 乘桴浮于海. 從我者其由與?" 子路聞之喜. 子曰, "由也好勇過我, 無所取材."

5.8 孟武伯問子路仁乎? 子曰, "不知也." 又問. 子曰, "由也, 千乘之國, 可使治其賦也, 不知其仁也." "求也何如?" 子曰, "求也, 千室之邑, 百乘之家, 可使爲之宰也, 不知其仁也." "赤也何如?" 子曰, "赤也, 束帶立於朝, 可使與賓客言也, 不知其仁也."

5.9 子謂子貢曰, "女與回也孰愈?" 對曰, "賜也何敢望回? 回也聞一以知十, 賜也聞一以知二." 子曰, "弗如也, 吾與女弗如也."

5.10 宰予晝寢. 子曰, "朽木不可雕也, 糞土之牆不可杇也, 於予與何誅?" 子曰, "始吾於人也, 聽其言而信其行, 今吾於人也, 聽其言而觀其行. 於予與改是."

5.11 子曰, "吾未見剛者." 或對曰, "申棖." 子曰, "棖也慾, 焉得剛?"

5.12 子貢, "我不欲人之加諸我也, 吾亦欲無加諸人." 子曰, "賜也, 非爾所及也."

5.13 子貢, "夫子之文章, 可得而聞也, 夫子之言性與天道, 不可得而聞也."

5.14 子路有聞, 未之能行, 唯恐有聞.

5.15 子貢問曰, "孔文子何以謂之文也?" 子曰, "敏而好學, 不恥下問, 是以謂之文也."

5.16 子謂子産, "有君子之道四焉, 其行己也恭, 其事上也敬, 其養民也惠, 其使民也義."

5.17 子曰, "晏平仲善與人交, 久而敬之."

5.18 子曰, "臧文仲居蔡, 山節藻梲, 何如其知也?"

5.19 子張問曰, "令尹子文三仕爲令尹, 無喜色, 三已之, 無慍色. 舊令尹之政, 必以告新令尹. 何如?" 子曰, "忠矣." 曰, "仁矣乎?" 曰, "未知, 焉得仁?" "崔子弑齊君, 陳文子有馬十乘, 棄而違之. 至於他邦, 則曰, '猶吾大夫崔子也.' 違之. 之一邦, 則又曰, '猶吾大夫崔子也.' 違之. 何如?" 子曰, "淸矣." 曰, "仁矣乎?" 曰, "未知, 焉得仁?"

5.20 季文子三思而後行. 子聞之曰, "再, 斯可矣."

5.21 子曰, "甯武子, 邦有道則知, 邦無道則愚. 其知可及也, 其愚不可及也."

5.22 子在陳, 曰, "歸與! 歸與! 吾黨之小子狂簡, 斐然成章, 不知所以裁之."

5.23 子曰, "伯夷叔齊不念舊惡, 怨是用希."

5.24 子曰, "孰謂微生高直? 或乞醯焉, 乞諸其鄰而與之."

5.25 子曰, "巧言令色足恭, 左丘明恥之, 丘亦恥之. 匿怨而友其人, 左丘明恥之, 丘亦恥之."

5.26 顏淵季路侍. 子曰, "盍各言爾志?" 子路曰, "願車馬衣輕裘, 與朋友共, 敝之而無憾." 顏淵曰, "願無伐善, 無施勞." 子路曰, "願聞子之志." 子曰, "老者安之, 朋友信之, 少者懷之."

5.26 子曰, "已矣乎! 吾未見能見其過而內自訟者也."

5.28 子曰, "十室之邑, 必有忠信如丘者焉, 不如丘之好學也."

雍也第六

6.1 子曰, "雍也可使南面."

6.2 仲弓問子桑伯子. 子曰, "可也簡." 仲弓曰, "居敬而行簡, 以臨其民, 不亦可乎? 居簡而行簡, 無乃大簡乎?" 子曰, "雍之言然."

6.3 哀公問, "弟子孰爲好學?" 孔子對曰, "有顔回者好學, 不遷怒, 不貳過. 不幸短命死矣, 今也則亡, 未聞好學者也."

6.4 子華使於齊, 冉子爲其母請粟. 子曰, "與之釜." 請益. 曰, "與之庾." 冉子與之粟五秉. 子曰, "赤之適齊也, 乘肥馬, 衣輕裘. 吾聞之也, 君子周急不繼富."

6.5 原思爲之宰, 與之粟九百, 辭. 子曰, "毋! 以與爾鄰里鄉黨乎!"

6.6 子謂仲弓曰, "犁牛之子騂且角, 雖欲勿用, 山川其舍諸?"

6.7 子曰, "回也, 其心三月不違仁, 其餘則日月至焉而已矣."

6.8 季康子問, "仲由可使從政也與?" 子曰, "由也果, 於從政乎何有?" 曰, "賜也可使從政也與?" 曰, "賜也達, 於從政乎何有?" 曰, "求也可使從政也與?" 曰, "求也藝, 於從政乎何有?"

6.9 季氏使閔子騫爲費宰. 閔子騫曰, "善爲我辭焉! 如有復我者, 則吾必在汶上矣."

6.10 伯牛有疾, 子問之, 自牖執其手, 曰, "亡之, 命矣夫! 斯人也而有斯疾也! 斯人也而有斯疾也!"

6.11 子曰, "賢哉, 回也! 一簞食, 一瓢飲, 在陋巷, 人不堪其憂, 回也不改其樂. 賢哉, 回也!"

6.12 冉求曰, "非不說子之道, 力不足也." 子曰, "力不足者, 中道而廢. 今女畫."

6.13 子謂子夏曰, "女爲君子儒! 無爲小人儒!"

6.14 子游爲武城宰. 子曰, "女得人焉耳乎?" 曰, "有澹臺滅明者, 行不由徑, 非公事, 未嘗至於偃之室也."

6.15 子曰, "孟之反不伐, 奔而殿, 將入門, 策其馬, '非敢後也, 馬不進也.'"

6.16 子曰, "不有祝鮀之佞, 而有宋朝之美, 難乎免於今之世矣."

6.17 子曰, "誰能出不由戶? 何莫由斯道也?"

6.18 子曰, "質勝文則野, 文勝質則史. 文質彬彬, 然後君子."

6.19 子曰, "人之生也直, 罔之生也幸而免."

6.20 子曰, "知之者不如好之者, 好之者不如樂之者."

6.21 子曰, "中人以上, 可以語上也, 中人以下, 不可以語上也."

6.22 樊遲問知. 子曰, "務民之義, 敬鬼神而遠之, 可謂知矣." 問仁. 曰, "仁者先難而後獲, 可謂仁矣."

6.23 子曰, "知者樂水, 仁者樂山. 知者動, 仁者靜. 知者樂, 仁者壽."

6.24 子曰, "齊一變, 至於魯, 魯一變, 至於道."

6.25 子曰, "觚不觚, 觚哉! 觚哉!"

6.26 宰我問曰, "仁者, 雖告之曰, '井有仁焉.' 其從之也?" 子曰, "何爲其然也? 君子可逝也, 不可陷也, 可欺也, 不可罔也."

6.27 子曰, "君子博學於文, 約之以禮, 亦可以弗畔矣夫!"

6.28 子見南子, 子路不說. 夫子矢之曰, "予所否者, 天厭之! 天厭之!"

6.29 子曰, "中庸之爲德也, 其至矣乎! 民鮮久矣."

6.30 子貢曰, "如有博施於民而能濟衆, 何如? 可謂仁乎?" 子曰, "何事於仁! 必也聖乎! 堯舜其猶病諸! 夫仁者, 己欲立而立人, 己欲達而達人. 能近取譬, 可謂仁之方也已."

述而第七

7.1 子曰, "述而不作, 信而好古, 竊比於我老彭."

7.2 子曰, "默而識之, 學而不厭, 誨人不倦, 何有於我哉?"

7.3 子曰, "德之不脩, 學之不講, 聞義不能徙, 不善不能改, 是吾憂也."

7.4 子之燕居, 申申如也, 夭夭如也.

7.5 子曰, "甚矣吾衰也! 久矣吾不復夢見周公!"

7.6 子曰, "志於道, 據於德, 依於仁, 遊於藝."

7.7 子曰, "自行束脩以上, 吾未嘗無誨焉."

7.8 子曰, "不憤不啓, 不悱不發. 舉一隅, 不以三隅反, 則不復也."

7.9 子食於有喪者之側, 未嘗飽也.

7.10 子於是日哭, 則不歌.

7.11 子謂顏淵曰, "用之則行, 舍之則藏, 唯我與爾有是夫!" 子路曰, "子行三軍, 則誰與?" 子曰, "暴虎馮河, 死而無悔者, 吾不與也. 必也臨事而懼, 好謀而成者也."

7.12 子曰, "富而可求也, 雖執鞭之士, 吾亦爲之. 如不可求, 從吾所好."

7.13 子之所愼, 齊, 戰, 疾.

7.14 子在齊聞韶, 三月不知肉味, 曰, "不圖爲樂之至於斯也."

7.15 冉有曰, "夫子爲衛君乎?" 子貢曰, "諾, 吾將問之." 入曰, "伯夷叔齊何人也?" 曰, "古之賢人也." 曰, "怨乎?" 曰, "求仁而得仁, 又何怨?" 出曰, "夫子不爲也."

7.16 子曰, "飯疏食飮水, 曲肱而枕之, 樂亦在其中矣. 不義而富且貴, 於我如浮雲."

7.17 子曰, "加我數年, 五十以學易, 可以無大過矣."

7.18 子所雅言, 詩書執禮, 皆雅言也.

7.19 葉公問孔子於子路, 子路不對. 子曰, "女奚不曰, 其爲人也, 發憤忘食, 樂以忘憂, 不知老之將至云爾."

7.20 子曰, "我非生而知之者, 好古敏以求之者也."

7.21 子不語怪力亂神.

7.22 子曰, "三人行, 必有我師焉. 擇其善者而從之, 其不善者而改之."

7.23 子曰, "天生德於予, 桓魋其如予何?"

7.24 子曰, "二三子以我爲隱乎? 吾無隱乎爾. 吾無行而不與二三子者, 是丘也."

7.25 子以四教, 文, 行, 忠, 信.

7.26 子曰, "聖人, 吾不得而見之矣, 得見君子者, 斯可矣." 子曰, "善人, 吾不得而見之矣, 得見有恆者, 斯可矣. 亡而爲有, 虛而爲盈, 約而爲泰, 難乎有恆矣."

7.27 子釣而不綱, 弋不射宿.

7.28 子曰, "蓋有不知而作之者, 我無是也. 多聞, 擇其善者而從之, 多見而識之, 知之次也."

7.29 互鄉難與言, 童子見, 門人惑. 子曰, "與其進也, 不與其退也, 唯何甚? 人絜己以進, 與其絜也, 不保其往也."

7.30 子曰, "仁遠乎哉? 我欲仁, 斯仁至矣."

7.31 陳司敗問昭公知禮乎, 孔子曰, "知禮." 孔子退, 揖巫馬期而進之, 曰, "吾聞君子不黨, 君子亦黨乎? 君取於吳爲同姓, 謂之吳孟子. 君而知禮, 孰不知禮?" 巫馬期以告. 子曰, "丘也幸, 苟有過, 人必知之."

7.32 子與人歌而善, 必使反之, 而後和之.

7.33 子曰, "文莫吾猶人也. 躬行君子, 則吾未之有得."

7.34 子曰, "若聖與仁, 則吾豈敢? 抑爲之不厭, 誨人不倦, 則可謂云爾已矣." 公西華曰, "正唯弟子不能學也."

7.35 子疾病, 子路請禱. 子曰, "有諸?" 子路對曰, "有之, 誄曰, '禱爾于上下神祇.'" 子曰, "丘之禱久矣."

7.36 子曰, "奢則不孫, 儉則固. 與其不孫也, 寧固."

7.37 子曰, "君子坦蕩蕩, 小人長戚戚."

7.38 子溫而厲, 威而不猛, 恭而安.

泰伯第八

8.1 子曰, "泰伯, 其可謂至德也已矣. 三以天下讓, 民無得而稱焉."

8.2 子曰, "恭而無禮則勞, 愼而無禮則葸, 勇而無禮則亂, 直而無禮則絞. 君子篤於親, 則民興於仁, 故舊不遺, 則民不偸."

8.3 曾子有疾, 召門弟子曰, "啓予足! 啓予手! 詩云, '戰戰兢兢, 如臨深淵, 如履薄冰.' 而今而後, 吾知免夫! 小子!"

8.4 曾子有疾, 孟敬子問之. 曾子言曰, "鳥之將死, 其鳴也哀, 人之將死, 其言也善. 君子所貴乎道者三, 動容貌, 斯遠暴慢矣, 正顔色, 斯近信矣, 出辭氣, 斯遠鄙倍矣. 籩豆之事, 則有司存."

8.5 曾子曰, "以能問於不能, 以多問於寡, 有若無, 實若虛, 犯而不校, 昔者吾友嘗從事於斯矣."

8.6 曾子曰, "可以託六尺之孤, 可以寄百里之命, 臨大節而不可奪也, 君子人與? 君子人也."

8.7 曾子曰, "士不可以不弘毅, 任重而道遠. 仁以爲己任, 不亦重乎? 死而後已, 不亦遠乎?"

8.8 子曰, "興於詩, 立於禮, 成於樂."

8.9 子曰, "民可使由之, 不可使知之."

8.10 子曰, "好勇疾貧, 亂也. 人而不仁, 疾之已甚, 亂也."

8.11 子曰, "如有周公之才之美, 使驕且吝, 其餘不足觀也已."

8.12 子曰, "三年學, 不至於穀, 不易得也."

8.13 子曰, "篤信好學, 守死善道. 危邦不入, 亂邦不居. 天下有道則見, 無道則隱. 邦有道, 貧且賤焉, 恥也, 邦無道, 富且貴焉, 恥也."

8.14 子曰, "不在其位, 不謀其政."

8.15 子曰, "師摯之始, 關雎之亂, 洋洋乎, 盈耳哉!"

8.16 子曰, "狂而不直, 侗而不愿, 悾悾而不信, 吾不知之矣."

8.17 子曰, "學如不及, 猶恐失之."

8.18子曰, "巍巍乎, 舜禹之有天下也而不與焉!"

8.19子曰, "大哉堯之爲君也! 巍巍乎! 唯天爲大, 唯堯則之. 蕩蕩乎, 民無能名焉. 巍巍乎! 其有成功也, 煥乎其有文章!"

8.20舜有臣五人而天下治. 武王曰, "予有亂臣十人." 孔子曰, "才難, 不其然乎? 唐虞之際, 於斯爲盛. 有婦人焉, 九人而已. 三分天下有其二, 以服事殷. 周之德, 其可謂至德也已矣."

8.21子曰, "禹, 吾無間然矣. 菲飮食, 而致孝乎鬼神, 惡衣服, 而致美乎黻冕, 卑宮室, 而盡力乎溝洫. 禹, 吾無間然矣."

子罕第九

9.1子罕言利與命與仁.

9.2達巷黨人曰, "大哉孔子! 博學而無所成名." 子聞之, 謂門弟子曰, "吾何執? 執御乎? 執射乎? 吾執御矣."

9.3子曰, "麻冕, 禮也, 今也純, 儉, 吾從衆. 拜下禮也, 今拜乎上, 泰也. 雖違衆, 吾從下."

9.4子絕四, 毋意, 毋必, 毋固, 毋我.

9.5子畏於匡, 曰, "文王旣沒, 文不在茲乎? 天之將喪斯文也, 後死者不得與於斯文也, 天之未喪斯文也, 匡人其如予何?"

9.6大宰問於子貢曰, "夫子聖者與? 何其多能也?" 子貢曰, "固天縱之將聖, 又多能也." 子聞之曰, "大宰知我乎! 吾少也賤, 故多能鄙事. 君子多乎哉? 不多也."

9.7牢曰, "子云, '吾不試, 故藝.'"

9.8子曰, "吾有知乎哉? 無知也. 有鄙夫問於我, 空空如也. 我叩其兩端而竭焉."

9.9子曰, "鳳鳥不至, 河不出圖, 吾已矣夫!"

9.10子見齊衰者冕衣裳者與瞽者, 見之, 雖少必作, 過之必趨.

9.11顔淵喟然歎曰, "仰之彌高, 鑽之彌堅. 瞻之在前, 忽焉在後. 夫子循循然善誘人, 博我以文, 約我以禮, 欲罷不能. 旣竭吾才, 如有所立卓爾. 雖欲從之, 末由也已."

9.12子疾病, 子路使門人爲臣. 病間, 曰, "久矣哉, 由之行詐也! 無臣而爲有臣. 吾誰欺? 欺天乎! 且予與其死於臣之手也, 無寧死於二三子之手乎! 且予縱不得大葬, 予死於道路乎?"

9.13子貢曰, "有美玉於斯, 韞匵而藏諸? 求善賈而沽諸?" 子曰, "沽之哉! 沽之哉! 我待賈者也."

9.14子欲居九夷. 或曰, 陋如之何? 子曰, "君子居之, 何陋之有?"

9.15子曰, "吾自衛反魯, 然後樂正, 雅頌各得其所."

9.16子曰, "出則事公卿, 入則事父兄, 喪事不敢不勉, 不爲酒困, 何有於我哉?"

9.17子在川上曰, "逝者如斯夫! 不舍晝夜."

9.18子曰, "吾未見好德如好色者也."

9.19子曰, "譬如爲山, 未成一簣, 止, 吾止也. 譬如平地, 雖覆一簣, 進, 吾往也."

9.20子曰, "語之而不惰者, 其回也與!"

9.21子謂顔淵曰, "惜乎! 吾見其進也, 未見其止也."

9.22 子曰, "苗而不秀者, 有矣夫! 秀而不實者, 有矣夫!"

9.23 子曰, "後生可畏, 焉知來者之不如今也? 四十五十而無聞焉, 斯亦不足畏也已."

9.24 子曰, "法語之言, 能無從乎? 改之爲貴. 巽與之言, 能無說乎? 繹之爲貴. 說而不繹, 從而不改, 吾末如之何也已矣."

9.25 子曰, "主忠信, 毋友不如己者, 過則勿憚改."

9.26 子曰, "三軍可奪帥也, 匹夫不可奪志也."

9.27 子曰, "衣敝縕袍, 與衣狐貉者立, 而不恥者, 其由也與? '不忮不求, 何用不臧?'" 子路終身誦之. 子曰, "是道也, 何足以臧?"

9.28 子曰, "歲寒然後知松柏之後彫也."

9.29 子曰, "知者不惑, 仁者不憂, 勇者不懼."

9.30 子曰, "可與共學, 未可與適道. 可與適道, 未可與立. 可與立, 未可與權." "唐棣之華, 偏其反而. 豈不爾思? 室是遠而." 子曰, "未之思也, 夫何遠之有?"

鄉黨第十

10.1 孔子於鄉黨, 恂恂如也, 似不能言者. 其在宗廟朝廷, 便便言, 唯謹爾. 朝, 與下大夫言, 侃侃如也, 與上大夫言, 誾誾如也. 君在, 踧踖如也, 與與如也.

10.2 君召使擯, 色勃如也, 足躩如也. 揖所與立, 左右手, 衣前後, 襜如也. 趨進, 翼如也. 賓退, 必復命曰, "賓不顧矣."

10.3 入公門, 鞠躬如也, 如不容. 立不中門, 行不履閾. 過位, 色勃如也, 足躩如也, 其言似不足者. 攝齊升堂, 鞠躬如也, 屏氣似不息者. 出, 降一等, 逞顏色, 怡怡如也. 沒階, 趨進, 翼如也. 復其位, 踧踖如也.

10.4 執圭, 鞠躬如也, 如不勝. 上如揖, 下如授. 勃如戰色, 足蹜蹜如有循. 享禮, 有容色. 私覿, 愉愉如也.

10.5 君子不以紺緅飾, 紅紫不以爲褻服. 當暑, 袗絺綌, 必表而出之. 緇衣, 羔裘, 素衣, 麑裘, 黃衣狐裘. 褻裘長, 短右袂. 必有寢衣, 長一身有半. 狐貉之厚以居. 去喪, 無所不佩. 非帷裳, 必殺之. 羔裘玄冠不以弔. 吉月, 必朝服而朝. 齊必有明衣, 布.

10.6 齊必變食, 居必遷坐. 食不厭精, 膾不厭細. 食饐而餲, 魚餒而肉敗, 不食. 色惡, 不食. 臭惡, 不食. 失飪, 不食. 不時, 不食. 割不正, 不食. 不得其醬, 不食. 肉雖多, 不使勝食氣. 唯酒無量, 不及亂. 沽酒市脯不食. 不撤薑食, 不多食. 祭於公, 不宿肉. 祭肉, 不出三日. 出三日, 不食之矣. 食不語, 寢不言. 雖疏食菜羹, 瓜祭, 必齊如也.

10.7 席不正, 不坐. 鄉人飲酒, 杖者出, 斯出矣.

10.8 鄉人儺, 朝服而立於阼階.

10.9 問人於他邦, 再拜而送之.

10.10 康子饋藥, 拜而受之. 曰, "丘未達, 不敢嘗."

10.11 廐焚. 子退朝曰, "傷人乎?" 不問馬.

10.12 君賜食, 必正席先嘗之. 君賜腥, 必熟而薦之. 君賜生, 必畜之. 侍食於君, 君祭, 先飯.

10.13 疾, 君視之, 東首, 加朝服, 拖紳.

10.14 君命召,不俟駕行矣.

10.15 入太廟,每事問.

10.16 朋友死,無所歸,曰,"於我殯."

10.17 朋友之饋,雖車馬,非祭肉,不拜.

10.18 寢不尸,居不容.

10.19 見齊衰者,雖狎,必變.見冕者與瞽者,雖褻,必以貌.凶服者式之.式負版者.有盛饌,必變色而作.迅雷風烈必變.

10.20 升車,必正立,執綏.車中,不內顧,不疾言,不親指.

10.21 色斯擧矣,翔而後集.

10.22 曰,"山梁雌雉,時哉時哉!"子路共之,三嗅而作.

先進第十一

11.1 子曰,"先進於禮樂,野人也,後進於禮樂,君子也.如用之,則吾從先進."

11.2 子曰,"從我於陳蔡者,皆不及門也."

11.3 德行,顏淵閔子騫冉伯牛仲弓.言語,宰我子貢.政事,冉有季路.文學,子游子夏.

11.4 子曰,"回也非助我者也,於吾言無所不說."

11.5 子曰,"孝哉閔子騫! 人不間於其父母昆弟之言."

11.6 南容三復白圭,孔子以其兄之子妻之.

11.7 季康子問,"弟子孰爲好學?"孔子對曰,"有顏回者好學,不幸短命死矣,今也則亡."

11.8 顏淵死,顏路請子之車以爲之椁.子曰,"才不才,亦各言其子也.鯉也死,有棺而無椁.吾不徒行以爲之椁.以吾從大夫之後,不可徒行也."

11.9 顏淵死.子曰,"噫!天喪予!天喪予!"

11.10 顏淵死,子哭之慟.從者,"子慟矣!"曰,"有慟乎?非夫人之爲慟而誰爲?"

11.11 顏淵死,門人欲厚葬之.子曰,"不可."門人厚葬之.子曰,"回也視予猶父也,予不得視猶子也.非我也,夫二三子也."

11.12 季路問事鬼神.子曰,"未能事人,焉能事鬼?"曰,"敢問死."曰,"未知生,焉知死?"

11.13 閔子侍側,誾誾如也,子路,行行如也,冉有子貢,侃侃如也.子樂."若由也,不得其死然."

11.14 魯人爲長府.閔子騫曰,"仍舊貫,如之何?何必改作?"子曰,"夫人不言,言必有中."

11.15 子曰,"由之瑟,奚爲於丘之門?"門人不敬子路.子曰,"由也升堂矣,未入於室也."

11.16 子貢問,"師與商也孰賢?"子曰,"師也過,商也不及."曰,"然則師愈與?"子曰,"過猶不及."

11.17 季氏富於周公,而求也爲之聚斂而附益之.子曰,"非吾徒也,小子鳴鼓而攻之,可也."

11.18 柴也愚,參也魯,師也辟,由也喭.子曰,"回也其庶乎,屢空.賜不受命,而貨殖焉,億則屢中."

11.19 子張問善人之道.子曰,"不踐迹,亦不入於室."子曰,"論篤是與,君子者乎?色莊者乎?"

11.20 子路問,"聞斯行諸?"子曰,"有父兄在,如之何其聞斯行之?"冉有問,"聞斯行諸?"子曰,

"聞斯行之." 公西華曰, "由也問聞斯行諸, 子曰, '有父兄在', 求也問聞斯行諸, 子曰, '聞斯行之'.赤也惑, 敢問." 子曰, "求也退, 故進之, 由也兼人, 故退之."

11.21 子畏於匡, 顔淵後. 子曰, "吾以女爲死矣." 曰, "子在, 回何敢死?"

11.22 季子然問, "仲由冉求可謂大臣與?" 子曰, "吾以子爲異之問, 曾由與求之問. 所謂大臣者, 以道事君, 不可則止. 今由與求也, 可謂具臣矣." 曰, "然則從之者與?" 子曰, "弑父與君, 亦不從也."

11.23 子路使子羔爲費宰. 子曰, "賊夫人之子?" 子路曰, "有民人焉, 有社稷焉, 何必讀書, 然後爲學?" 子曰, "是故惡夫佞者."

11.24 子路曾晳冉有公西華侍坐. 子曰, "以吾一日長乎爾, 毋吾以也. 居則曰, '不吾知也!' 如或知爾, 則何以哉?" 子路率爾而對曰, "千乘之國, 攝乎大國之間, 加之以師旅, 因之以饑饉, 由也爲之, 比及三年, 可使有勇, 且知方也." 夫子哂之. "求! 爾何如?" 對曰, "方六七十; 如五六十, 求也爲之, 比及三年, 可使足民. 如其禮樂, 以俟君子." "赤! 爾何如?" 對曰, "非曰能之, 願學焉. 宗廟之事, 如會同, 端章甫, 願爲小相焉." "點! 爾何如?" 鼓瑟希, 鏗爾, 舍瑟而作, 對曰, "異乎三子者之撰." 子曰, "何傷乎? 亦各言其志也." 曰, "莫春者, 春服旣成, 冠者五六人, 童子六七人, 浴乎沂, 風乎舞雩, 詠而歸." 夫子喟然歎曰, "吾與點也!" 三子者出, 曾晳後. 曾晳曰, "夫三子者之言何如?" 子曰, "亦各言其志也已矣." 曰, "夫子何哂由也?" 曰, "爲國以禮, 其言不讓, 是故哂之." "唯求則非邦也與?" "安見方六七十如五六十而非邦也者?" "唯赤則非邦也與?" "宗廟會同, 非諸侯而何? 赤也爲之小, 孰能爲之大?"

顔淵第十二

12.1 顔淵問仁. 子曰, "克己復禮爲仁. 一日克己復禮, 天下歸仁焉. 爲仁由己, 而由人乎哉?" 顔淵曰, "請問其目." 子曰, "非禮勿視, 非禮勿聽, 非禮勿言, 非禮勿動." 顔淵曰, "回雖不敏, 請事斯語矣."

12.2 仲弓問仁. 子曰, "出門如見大賓, 使民如承大祭. 己所不欲, 勿施於人. 在邦無怨, 在家無怨." 仲弓曰, "雍雖不敏, 請事斯語矣."

12.3 司馬牛問仁. 子曰, "仁者, 其言也訒." 曰, "其言也訒, 斯謂之仁已乎?" 子曰, "爲之難, 言之得無訒乎?"

12.4 司馬牛問君子. 子曰, "君子不憂不懼." 曰, "不憂不懼, 斯謂之君子已乎?" 子曰, "內省不疚, 夫何憂何懼?"

12.5 司馬牛憂曰, "人皆有兄弟, 我獨亡." 子夏曰, "商聞之矣, 死生有命, 富貴在天. 君子敬而無失, 與人恭而有禮. 四海之內, 皆兄弟也, 君子何患乎無兄弟也?"

12.6 子張問明. 子曰, "浸潤之譖, 膚受之愬, 不行焉, 可謂明也已矣. 浸潤之譖, 膚受之愬, 不行焉, 可謂遠也已矣."

12.7 子貢問政. 子曰, "足食, 足兵, 民信之矣." 子貢曰, "必不得已而去, 於斯三者何先?" 曰, "去兵." 子貢曰, "必不得已而去, 於斯二者何先?" 曰, "去食. 自古皆有死, 民無信不立."

12.8 棘子成曰, "君子質而已矣, 何以文爲?" 子貢曰, "惜乎, 夫子之說君子也! 駟不及舌. 文猶質也,質猶文也.虎豹之鞹猶犬羊之鞹."

12.9 哀公問於有若曰, "年饑,用不足,如之何?" 有若對曰, "盍徹乎?" 曰, "二,吾猶不足,如之何其徹也?" 對曰, "百姓足,君孰與不足?百姓不足,君孰與足?"

12.10 子張問崇德辨惑.子曰, "主忠信,徙義,崇德也.愛之欲其生,惡之欲其死.既欲其生,又欲其死,是惑也.'誠不以富,亦祇以異.'"

12.11 齊景公問政於孔子.孔子對曰, "君君,臣臣,父父,子子." 公曰, "善哉!信如君不君,臣不臣,父不父,子不子,雖有粟,吾得而食諸?"

12.12 子曰, "片言可以折獄者,其由也與?" 子路無宿諾.

12.13 子曰, "聽訟,吾猶人也.必也使無訟乎!"

12.14 子張問政.子曰, "居之無倦,行之以忠."

12.15 子曰, "博學於文,約之以禮,亦可以弗畔矣夫!"

12.16 子曰, "君子成人之美,不成人之惡.小人反是."

12.17 季康子問政於孔子.孔子對曰, "政者,正也.子帥以正,孰敢不正?"

12.18 季康子患盜,問於孔子.孔子對曰, "苟子之不欲,雖賞之不竊."

12.19 季康子問政於孔子曰, "如殺無道,以就有道,何如?" 孔子對曰, "子爲政,焉用殺?子欲善而民善矣.君子之德風,小人之德草.草上之風,必偃."

12.20 子張問, "士何如斯可謂之達矣?" 子曰, "何哉,爾所謂達者?" 子張對曰, "在邦必聞,在家必聞." 子曰, "是聞也,非達也.夫達也者,質直而好義,察言而觀色,慮以下人.在邦必達,在家必達.夫聞也者,色取仁而行違,居之不疑.在邦必聞,在家必聞."

12.21 樊遲從遊於舞雩之下,曰, "敢問崇德,脩慝,辨惑?" 子曰, "善哉問!先事後得,非崇德與?攻其惡,無攻人之惡,非脩慝與?一朝之忿,忘其身以及其親,非惑與?"

12.22 樊遲問仁.子曰, "愛人." 問知.子曰, "知人." 樊遲未達.子曰, "舉直錯諸枉,能使枉者直." 樊遲退,見子夏曰, "鄉也吾見於夫子而問知,子曰, '舉直錯諸枉,能使枉者直',何謂也?" 子夏曰, "富哉言乎!舜有天下,選於眾,舉皋陶,不仁者遠矣.湯有天下,選於眾,舉伊尹,不仁者遠矣."

12.23 子貢問友.子曰, "忠告而善道之,不可則止,毋自辱焉."

12.24 曾子曰, "君子以文會友,以友輔仁."

子路第十三

13.1 子路問政.子曰, "先之勞之." 請益.曰, "無倦."

13.2 仲弓爲季氏宰,問政.子曰, "先有司,赦小過,舉賢才." 曰, "焉知賢才而舉之?" 曰, "舉爾所知.爾所不知,人其舍諸?"

13.3 子曰, "衛君待子而爲政,子將奚先?" 子路曰, "必也正名乎!" 子路曰, "有是哉,子之迂也!奚其正?" 子曰, "野哉,由也!君子於其所不知,蓋闕如也.名不正,則言不順,言不順,則事不成,事不成,則禮樂不興,禮樂不興,則刑罰不中,刑罰不中,則民無所錯手足.故君子名之必可言也,言之必可行也.君子於其言,無所苟而已矣."

13.4 樊遲請學稼. 子曰, "吾不如老農." 請學爲圃. 曰, "吾不如老圃." 樊遲出. 子曰, "小人哉, 樊須也! 上好禮, 則民莫敢不敬, 上好義, 則民莫敢不服, 上好信, 則民莫敢不用情. 夫如是, 則四方之民襁負其子而至矣, 焉用稼?"

13.5 子曰, "誦詩三百, 授之以政, 不達, 使於四方, 不能專對, 雖多, 亦奚以爲?"

13.6 子曰, "其身正, 不令而行, 其身不正, 雖令不從."

13.7 子曰, "魯衛之政, 兄弟也."

13.8 子謂衛公子荊, "善居室. 始有, 曰, '苟合矣.' 少有, 曰, '苟完矣.' 富有, 曰, '苟美矣.'"

13.9 子適衛, 冉有僕. 子曰, "庶矣哉!" 冉有曰, "旣庶矣, 又何加焉?" 曰, "富之." 曰, "旣富矣, 又何加焉?" 曰, "敎之."

13.10 子曰, "苟有用我者, 期月而已可也, 三年有成."

13.11 子曰, "'善人爲邦百年, 亦可以勝殘去殺矣.' 誠哉是言也!"

13.12 子曰, "如有王者, 必世而後仁."

13.13 子曰, "苟正其身矣, 於從政乎何有? 不能正其身, 如正人何?"

13.14 冉子退朝. 子曰, "何晏也?" 對曰, "有政." 子曰, "其事也. 如有政, 雖不吾以, 吾其與聞之."

13.15 定公問, "一言而可以興邦, 有諸?" 孔子對, "言不可以若是其幾也. 人之言曰, '爲君難, 爲臣不易.' 如知爲君之難也, 不幾乎一言而興邦乎?" 曰, "一言而喪邦, 有諸?" 孔子對, "言不可以若是其幾也. 人之言曰, '予無樂乎爲君, 唯其言而莫予違也.' 如其善而莫之違也, 不亦善乎? 如不善而莫之違也, 不幾乎一言而喪邦乎?"

13.16 葉公問政. 子曰, "近者說, 遠者來."

13.17 子夏爲莒父宰, 問政. 子曰, "無欲速, 無見小利. 欲速, 則不達, 見小利, 則大事不成."

13.18 葉公語孔子曰, "吾黨有直躬者, 其父攘羊, 而子證之." 孔子曰, "吾黨之直者異於是, 父爲子隱, 子爲父隱. 直在其中矣."

13.19 樊遲問仁. 子曰, "居處恭, 執事敬, 與人忠. 雖之夷狄, 不可棄也."

13.20 子貢問, "何如斯可謂之士矣?" 子曰, "行己有恥, 使於四方, 不辱君命, 可謂士矣." 曰, "敢問其次." 曰, "宗族稱孝焉, 鄕黨稱弟焉." 曰, "敢問其次." 曰, "言必信, 行必果, 硜硜然小人哉! 抑亦可以爲次矣." 曰, "今之從政者何如?" 子曰, "噫! 斗筲之人, 何足算也?"

13.21 子曰, "不得中行而與之, 必也狂狷乎! 狂者進取, 狷者有所不爲也."

13.22 子曰, "南人有言曰, '人而無恆, 不可以作巫醫.' 善夫!" "不恆其德, 或承之羞." 子曰, "不占而已矣."

13.23 子曰, "君子和而不同, 小人同而不和."

13.24 子貢問曰, "鄕人皆好之, 何如?" 子曰, "未可也." "鄕人皆惡之, 何如?" 子曰, "未可也, 不如鄕人之善者好之, 其不善者惡之."

13.25 子曰, "君子易事而難說也. 說之不以道, 不說也, 及其使人也, 器之. 小人難事而易說也. 說之雖不以道, 說也, 及其使人也, 求備焉."

13.26 子曰, "君子泰而不驕, 小人驕而不泰."

13.27 子曰, "剛毅木訥近仁."

13.28 子路問曰, "何如斯可謂之士矣?" 子曰, "切切偲偲, 怡怡如也, 可謂士矣. 朋友切切偲偲, 兄弟怡怡."

13.29子曰, "善人教民七年, 亦可以卽戎矣."

13.30子曰, "以不敎民戰, 是謂棄之."

憲問第十四

14.1憲問恥. 子曰, "邦有道, 穀, 邦無道, 穀, 恥也." "克伐怨欲不行焉, 可以爲仁矣?" 子曰, "可以爲難矣, 仁則吾不知也."

14.2子曰, "士而懷居, 不足以爲士矣."

14.3子曰, "邦有道, 危言危行, 邦無道, 危行言孫."

14.4子曰, "有德者必有言, 有言者不必有德. 仁者必有勇, 勇者不必有仁."

14.5南宮适問於孔子曰, "羿善射, 奡盪舟, 俱不得其死然. 禹稷躬稼而有天下." 夫子不答. 南宮适出, 子曰, "君子哉若人! 尙德哉若人!"

14.6子曰, "君子而不仁者有矣夫, 未有小人而仁者也."

14.7子曰, "愛之, 能勿勞乎? 忠焉, 能勿誨乎?"

14.8子曰, "爲命, 裨諶草創之, 世叔討論之, 行人子羽脩飾之, 東里子産潤色之."

14.9或問子産. 子曰, "惠人也." 問子西. 曰, "彼哉! 彼哉!" 問管仲. 曰, "人也. 奪伯氏駢邑三百, 飯疏食, 沒齒無怨言."

14.10子曰, "貧而無怨難, 富而無驕易."

14.11子曰, "孟公綽爲趙魏老則優, 不可以爲滕薛大夫."

14.12子路問成人. 子曰, "若臧武仲之知, 公綽之不欲, 卞莊子之勇, 冉求之藝, 文之以禮樂, 亦可以爲成人矣." 曰, "今之成人者何必然? 見利思義, 見危授命, 久要不忘平生之言, 亦可以爲成人矣."

14.13子問公叔文子於公明賈, "信乎, 夫子不言, 不笑, 不取乎?" 公明賈對曰, "以告者過也. 夫子時然後言, 人不厭其言, 樂然後笑, 人不厭其笑, 義然後取, 人不厭其取." 子曰, "其然? 豈其然乎?"

14.14子曰, "臧武仲以防求爲後於魯, 雖曰不要君, 吾不信也."

14.15子曰, "晉文公譎而不正, 齊桓公正而不譎."

14.16子路曰, "桓公殺公子糾, 召忽死之, 管仲不死." 曰, "未仁乎?" 子曰, "桓公九合諸侯, 不以兵車, 管仲之力也. 如其仁, 如其仁."

14.17子貢曰, "管仲非仁者與? 桓公殺公子糾, 不能死, 又相之." 子曰, "管仲相桓公, 霸諸侯, 一匡天下, 民到于今受其賜. 微管仲, 吾其被髮左衽矣. 豈若匹夫匹婦之爲諒也, 自經於溝瀆而莫之知也?"

14.18公叔文子之臣大夫僎與文子同升諸公. 子聞之, 曰, "可以爲文矣."

14.19子言衛靈公之無道也, 康子曰, "夫如是, 奚而不喪?" 孔子曰, "仲叔圉治賓客, 祝鮀治宗廟, 王孫賈治軍旅. 夫如是, 奚其喪?"

14.20子曰, "其言之不怍, 則爲之也難."

14.21陳成子弑簡公. 孔子沐浴而朝, 告於哀公曰, "陳恆弑其君, 請討之." 公曰, "告夫三子!" 孔子曰, "以吾從大夫之後, 不敢不告也. 君曰告夫三子者!" 之三子告, 不可. 孔子曰, "以吾從大夫之後,不敢不告也."

14.22 子路問事君.子曰, "勿欺也,而犯之."

14.23 子曰, "君子上達,小人下達."

14.24 子曰, "古之學者爲己,今之學者爲人."

14.25 蘧伯玉使人於孔子.孔子與之坐而問焉,曰, "夫子何爲?" 對曰, "夫子欲寡其過而未能也." 使者出.子曰, "使乎!使乎!"

14.26 子曰, "不在其位,不謀其政." 曾子曰, "君子思不出其位."

14.27 子曰, "君子恥其言而過其行."

14.28 子曰, "君子道者三,我無能焉,仁者不憂,知者不惑,勇者不懼." 子貢曰, "夫子自道也."

14.29 子貢方人.子曰, "賜也賢乎哉?夫我則不暇."

14.30 子曰, "不患人之不己知,患其不能也."

14.31 子曰, "不逆詐,不億不信,抑亦先覺者,是賢乎!"

14.32 微生畝謂孔子曰, "丘何爲是栖栖者與?無乃爲佞乎?" 孔子曰, "非敢爲佞也,疾固也."

14.33 子曰, "驥不稱其力,稱其德."

14.34 或曰, "以德報怨,何如?" 子曰, "何以報德?以直報怨,以德報德."

14.35 子曰, "莫我知也夫!子貢曰, "何爲其莫知子也?" 子曰, "不怨天,不尤人,下學而上達.知我者其天乎!"

14.36 公伯寮愬子路於季孫.子服景伯以告,曰, "夫子固有惑志於公伯寮,吾力猶能肆諸市朝." 子曰, "道之將行也與,命也,道之將廢也與,命也.公伯寮其如命何!"

14.37 子曰, "賢者辟世,其次辟地,其次辟色,其次辟言." 子曰, "作者七人矣."

14.38 子路宿於石門.晨門曰, "奚自?" 子路曰, "自孔氏." 曰, "是知其不可而爲之者與?"

14.39 子擊磬於衛.有荷蕢而過孔氏之門者,曰, "有心哉,擊磬乎!" 既而曰, "鄙哉,硜硜乎!莫己知也,斯己而已矣.深則厲,淺則揭." 子曰, "果哉!末之難矣."

14.40 子張曰, "書云,'高宗諒陰,三年不言.'何謂也?" 子曰, "何必高宗,古之人皆然.君薨,百官總己以聽於冢宰三年."

14.41 子曰, "上好禮,則民易使也."

14.42 子路問君子.子曰, "脩己以敬." 曰, "如斯而已乎?" 曰, "脩己以安人." 曰, "如斯而已乎?" 曰, "脩己以安百姓.脩己以安百姓,堯舜其猶病諸?"

14.43 原壤夷俟.子曰, "幼而不孫弟,長而無述焉,老而不死,是爲賊." 以杖叩其脛.

14.44 闕黨童子將命.或問之曰, "益者與?" 子曰, "吾見其居於位也,見其與先生並行也.非求益者也,欲速成者也."

衛靈公第十五

15.1 衛靈公問陳於孔子.孔子對曰, "俎豆之事,則嘗聞之矣,軍旅之事,未之學也."

15.2 明日遂行,在陳絶糧,從者病,莫能興.子路慍見曰, "君子亦有窮乎?" 子曰, "君子固窮,小人窮斯濫矣."

15.3 子曰, "賜也, 女以予爲多學而識之者與?" 對曰, "然, 非與?" 曰, "非也, 予一以貫之."

15.4 子曰, "由! 知德者鮮矣."

15.5 子曰, "無爲而治者其舜也與? 夫何爲哉? 恭己正南面而已矣."

15.6 子張問行. 子曰, "言忠信, 行篤敬, 雖蠻貊之邦, 行矣. 言不忠信, 行不篤敬, 雖州里, 行乎哉? 立則見其參於前也, 在輿則見其倚於衡也, 夫然後行." 子張書諸紳.

15.7 子曰, "直哉史魚! 邦有道, 如矢, 邦無道, 如矢. 君子哉蘧伯玉! 邦有道, 則仕, 邦無道, 則可卷而懷之."

15.8 子曰, "可與言而不與言, 失人, 不可與言而與之言, 失言. 知者不失人, 亦不失言."

15.9 子曰, "志士仁人, 無求生以害仁, 有殺身以成仁."

15.10 子貢問爲仁. 子曰, "工欲善其事, 必先利其器. 居是邦也, 事其大夫之賢者, 友其士之仁者."

15.11 顏淵問爲邦. 子曰, "行夏之時, 乘殷之輅, 服周之冕, 樂則韶舞. 放鄭聲, 遠佞人. 鄭聲淫, 佞人殆."

15.12 子曰, "人無遠慮, 必有近憂."

15.13 子曰, "已矣乎! 吾未見好德如好色者也."

15.14 子曰, "臧文仲其竊位者與! 知柳下惠之賢而不與立也."

15.15 子曰, "躬自厚而薄責於人, 則遠怨矣."

15.16 子曰, "不曰如之何, 如之何者, 吾末如之何也已矣."

15.17 子曰, "羣居終日, 言不及義, 好行小慧, 難矣哉!"

15.18 子曰, "君子義以爲質, 禮以行之, 孫以出之, 信以成之. 君子哉!"

15.19 子曰, "君子病無能焉, 不病人之不己知也."

15.20 子曰, "君子疾沒世而名不稱焉."

15.21 子曰, "君子求諸己, 小人求諸人."

15.22 子曰, "君子矜而不爭, 羣而不黨."

15.23 子曰, "君子不以言舉人, 不以人廢言."

15.24 子貢問曰, "有一言而可以終身行之者乎?" 子曰, "其恕乎! 己所不欲, 勿施於人."

15.25 子曰, "吾之於人也, 誰毀誰譽? 如有所譽者, 其有所試矣. 斯民也, 三代之所以直道而行也."

15.26 子曰, "吾猶及史之闕文也. 有馬者借人乘之, 今亡矣夫!"

15.27 子曰, "巧言亂德. 小不忍, 則亂大謀."

15.28 子曰, "衆惡之, 必察焉, 衆好之, 必察焉."

15.29 子曰, "人能弘道, 非道弘人."

15.30 子曰, "過而不改, 是謂過矣."

15.31 子曰, "吾嘗終日不食, 終夜不寢, 以思無益, 不如學也."

15.32 子曰, "君子謀道不謀食. 耕也, 餒在其中矣, 學也, 祿在其中矣. 君子憂道不憂貧."

15.33 子曰, "知及之, 仁不能守之, 雖得之, 必失之. 知及之, 仁能守之. 不莊以涖之, 則民不敬. 知及之, 仁能守之, 莊以涖之, 動之不以禮, 未善也."

15.34 子曰, "君子不可小知而可大受也, 小人不可大受而可小知也."

15.35 子曰, "民之於仁也, 甚於水火. 水火, 吾見蹈而死者矣, 未見蹈仁而死者也."

15.36 子曰, "當仁, 不讓於師."

15.37 子曰, "君子貞而不諒."

15.38 子曰, "事君, 敬其事而後其食."

15.39 子曰, "有敎無類."

15.40 子曰, "道不同, 不相爲謀."

15.41 子曰, "辭達而已矣."

15.42 師冕見, 及階, 子曰, "階也." 及席, 子曰, "席也." 皆坐, 子告之曰, "某在斯, 某在斯." 師冕出. 子張問曰, "與師言之道與?" 子曰, "然, 固相師之道也."

季氏第十六

16.1 季氏將伐顓臾. 冉有季路見於孔子曰, "季氏將有事於顓臾." 孔子曰, "求! 無乃爾是過與? 夫顓臾, 昔者先王以爲東蒙主, 且在邦域之中矣, 是社稷之臣也. 何以伐爲?" 冉有曰, "夫子欲之, 吾二臣者皆不欲也." 孔子曰, "求! 周任有言曰, '陳力就列, 不能者止.' 危而不持, 顚而不扶, 則將焉用彼相矣? 且爾言過矣, 虎兕出於柙, 龜玉毁於櫝中, 是誰之過與?" 冉有曰, "今夫顓臾, 固而近於費. 今不取, 後世必爲子孫憂." 孔子曰, "求! 君子疾夫舍曰欲之而必爲之辭. 丘也聞有國有家者, 不患寡而患不均, 不患貧而患不安. 蓋均無貧, 和無寡, 安無傾. 夫如是, 故遠人不服, 則脩文德以來之. 既來之, 則安之. 今由與求也, 相夫子, 遠人不服, 而不能來也, 邦分崩離析, 而不能守也, 而謀動干戈於邦內. 吾恐季孫之憂, 不在顓臾, 而在蕭牆之內也."

16.2 孔子曰, "天下有道, 則禮樂征伐自天子出, 天下無道, 則禮樂征伐自諸侯出. 自諸侯出, 蓋十世希不失矣, 自大夫出, 五世希不失矣, 陪臣執國命, 三世希不失矣. 天下有道, 則政不在大夫. 天下有道, 則庶人不議."

16.3 孔子曰, "祿之去公室五世矣, 政逮於大夫四世矣, 故夫三桓之子孫微矣."

16.4 孔子曰, "益者三友, 損者三友. 友直, 友諒, 友多聞, 益矣. 友便辟, 友善柔, 友便佞, 損矣."

16.5 孔子曰, "益者三樂, 損者三樂. 樂節禮樂, 樂道人之善, 樂多賢友, 益矣. 樂驕樂, 樂佚遊, 樂宴樂, 損矣."

16.6 孔子曰, "侍於君子有三愆, 言未及之而言謂之躁, 言及之而不言謂之隱, 未見顏色而言謂之瞽."

16.7 孔子曰, "君子有三戒, 少之時, 血氣未定, 戒之在色, 及其壯也, 血氣方剛, 戒之在鬪, 及其老也, 血氣既衰, 戒之在得."

16.8 孔子曰, "君子有三畏, 畏天命, 畏大人, 畏聖人之言. 小人不知天命而不畏也, 狎大人, 侮聖人之言."

16.9 孔子曰, "生而知之者上也, 學而知之者次也, 困而學之, 又其次也, 困而不學, 民斯爲下矣."

16.10 孔子曰, "君子有九思, 視思明, 聽思聰, 色思溫, 貌思恭, 言思忠, 事思敬, 疑思問, 忿思難, 見得思義."

16.11 孔子曰, "見善如不及, 見不善如探湯. 吾見其人矣, 吾聞其語矣. 隱居以求其志, 行義以達其道. 吾聞其語矣, 未見其人也."

16.12 齊景公有馬千駟, 死之日, 民無德而稱焉. 伯夷叔齊餓於首陽之下, 民到于今稱之. 其斯之謂與?

16.13 陳亢問於伯魚曰, "子亦有異聞乎?" 對曰, "未也. 嘗獨立, 鯉趨而過庭. 曰, '學詩乎?' 對曰, '未也.' '不學詩, 無以言.' 鯉退而學詩. 他日, 又獨立, 鯉趨而過庭. 曰, '學禮乎?' 對曰, '未也.' '不學禮, 無以立.' 鯉退而學禮. 聞斯二者." 陳亢退而喜曰, "問一得三, 聞詩聞禮, 又聞君子之遠其子也."

16.14 邦君之妻, 君稱之曰夫人, 夫人自稱曰小童, 邦人稱之曰君夫人, 稱諸異邦曰寡小君, 異邦人稱之亦曰君夫人.

陽貨第十七

17.1 陽貨欲見孔子, 孔子不見, 歸孔子豚. 孔子時其亡也, 而往拜之. 遇諸塗. 謂孔子曰, "來! 予與爾言." 曰, "懷其寶而迷其邦, 可謂仁乎?" 曰, "不可." "好從事而亟失時, 可謂知乎?" 曰, "不可." "日月逝矣, 歲不我與." 孔子曰, "諾, 吾將仕矣."

17.2 子曰, "性相近也, 習相遠也." 子曰, "唯上知與下愚不移."

17.3 子之武城, 聞弦歌之聲. 夫子莞爾而笑, "割雞焉用牛刀?" 子游對曰, "昔者偃也聞諸夫子曰, '君子學道則愛人, 小人學道則易使也.'" 子曰, "二三者! 偃之言是也. 前言戲之耳."

17.4 公山弗擾以費畔, 召, 子欲往. 子路不說, 曰, "末之也已, 何必公山氏之之也?" 子曰, "夫召我者, 而豈徒哉? 如有用我者, 吾其爲東周乎?"

17.5 子張問仁於孔子. 孔子曰, "能行五者於天下爲仁矣." "請問之." 曰, "恭寬信敏惠. 恭則不侮, 寬則得衆, 信則人任焉, 敏則有功, 惠則足以使人."

17.6 佛肸召, 子欲往. 子路曰, "昔者由也聞諸夫子曰, '親於其身爲不善者, 君子不入也.' 佛肸以中牟畔, 子之往也, 如之何?" 子曰, "然, 有是言也. 不曰堅乎, 磨而不磷; 不曰白乎, 涅而不緇. 吾豈匏瓜也哉? 焉能繫而不食?"

17.7 子曰, "由也! 女聞六言六蔽矣乎?" 對曰, "未也." "居! 吾語女. 好仁不好學, 其蔽也愚, 好知不好學, 其蔽也蕩, 好信不好學, 其蔽也賊, 好直不好學, 其蔽也絞, 好勇不好學, 其蔽也亂, 好剛不好學, 其蔽也狂."

17.8 子曰, "小子何莫學夫詩? 詩, 可以興, 可以觀, 可以羣, 可以怨. 邇之事父, 遠之事君, 多識於鳥獸草木之名." 子謂伯魚, "女爲周南召南矣乎? 人而不爲周南召南, 其猶正牆面而立也與?"

17.9 子曰, "禮云禮云, 玉帛云乎哉? 樂云樂云, 鐘鼓云乎哉?"

17.10 子曰, "色厲而內荏, 譬諸小人, 其猶穿窬之盜也與?"

17.11 子曰, "鄉愿, 德之賊也."

17.12 子曰, "道聽而塗說, 德之棄也."

17.13 子曰, "鄙夫可與事君也與哉? 其未得之也, 患得之. 旣得之, 患失之. 苟患失之, 無所不至矣."

17.14 子曰, "古者民有三疾, 今也或是之亡也. 古之狂也肆, 今之狂也蕩, 古之矜也廉, 今之矜也忿戾,古之愚也直,今之愚也詐而已矣."

17.15 子曰, "巧言令色, 鮮矣仁."

17.16 子曰, "惡紫之奪朱也, 惡鄭聲之亂雅樂也, 惡利口之覆邦家者."

17.17 子曰, "予欲無言." 子貢曰, "子如不言, 則小子何述焉?" 子曰, "天何言哉? 四時行焉, 百物生焉, 天何言哉?"

17.18 孺悲欲見孔子, 孔子辭以疾. 將命者出戶, 取瑟而歌, 使之聞之.

17.19 宰我問, "三年之喪, 期已久矣. 君子三年不爲禮, 禮必壞, 三年不爲樂, 樂必崩. 舊穀旣沒, 新穀旣升, 鑽燧改火, 期可已矣." 子曰, "食夫稻, 衣夫錦, 於女安乎?" 曰, "安." "女安則爲之! 夫君子之居喪, 食旨不甘, 聞樂不樂, 居處不安, 故不爲也. 今女安則爲之!" 宰我出. 子曰, "予之不仁也! 子生三年, 然後免於父母之懷. 夫三年之喪, 天下之通喪也, 予也有三年之愛於其父母乎!"

17.20 子曰, "飽食終日, 無所用心, 難矣哉! 不有博奕者乎? 爲之猶賢乎已."

17.21 子路曰, "君子尚勇乎?" 子曰, "君子義以爲上, 君子有勇而無義爲亂, 小人有勇而無義爲盜."

17.22 子貢曰, "君子亦有惡乎?" 子曰, "有惡, 惡稱人之惡者, 惡居下流而訕上者, 惡勇而無禮者, 惡果敢而窒者." 曰, "賜也亦有惡乎?" "惡徼以爲知者, 惡不孫以爲勇者, 惡訐以爲直者."

17.23 子曰, "唯女子與小人爲難養也, 近之則不孫, 遠之則怨."

17.24 子曰, "年四十而見惡焉, 其終也已."

微子第十八

18.1 微子去之, 箕子爲之奴, 比干諫而死. 孔子曰, "殷有三仁焉."

18.2 柳下惠爲士師, 三黜. 人曰, "子未可以去乎?" 曰, "直道而事人, 焉往而不三黜? 枉道而事人, 何必去父母之邦?"

18.3 齊景公待孔子, "若季氏, 則吾不能, 以季孟之間待之." 曰, "吾老矣, 不能用也." 孔子行.

18.4 齊人歸女樂, 季桓子受之, 三日不朝, 孔子行.

18.5 楚狂接輿歌而過孔子, "鳳兮鳳兮! 何德之衰? 往者不可諫, 來者猶可追. 已而已而! 今之從政者殆而!" 孔子下, 欲與之言. 趨而辟之, 不得與之言.

18.6 長沮桀溺耦而耕, 孔子過之, 使子路問津焉. 長沮曰, "夫執輿者爲誰?" 子路曰, "爲孔丘." 曰, "是魯孔丘與?" 曰, "是也." 曰, "是知津矣." 問於桀溺. 桀溺曰, "子爲誰?" 曰, "爲仲由." 曰, "是魯孔丘之徒與?" 對曰, "然." 曰, "滔滔者天下皆是也, 而誰以易之? 且而與其從辟人之士也, 豈若從辟世之士哉?" 耰而不輟. 子路行以告. 夫子憮然曰, "鳥獸不可與同羣, 吾非斯人之徒與而誰與? 天下有道, 丘不與易也."

18.7 子路從而後, 遇丈人, 以杖荷蓧. 子路問曰, "子見夫子乎?" 丈人曰, "四體不勤, 五穀不分. 孰爲夫子?" 植其杖而芸. 子路拱而立. 止子路宿, 殺雞爲黍而食之, 見其二子焉. 明日, 子路行以告. 子曰, "隱者也." 使子路反見之. 至則行矣. 子路曰, "不仕無義. 長幼之節, 不可廢也, 君臣之義, 如之何其廢之? 欲潔其身, 而亂大倫. 君子之仕也, 行其義也. 道之不行, 已知之矣."

18.8 逸民, 伯夷, 叔齊, 虞仲, 夷逸, 朱張, 柳下惠, 少連. 子曰, "不降其志, 不辱其身, 伯夷叔齊與!" 謂柳

下惠少連, 降志辱身矣, 言中倫, 行中慮, 其斯而已矣. 謂虞仲夷逸, 隱居放言, 身中淸, 廢中權. 我則異
於是, 無可無不可.

18.9 大師摯適齊, 亞飯干適楚, 三飯繚適蔡, 四飯缺適秦, 鼓方叔入於河, 播鼗武入於漢, 少師陽, 擊磬
襄, 入於海.

18.10 周公謂魯公曰, "君子不施其親, 不使大臣怨乎不以. 故舊無大故, 則不棄也. 無求備於一人!"

18.11 周有八士, 伯達, 伯适, 仲突, 仲忽, 叔夜, 叔夏, 季隨, 季騧.

子張第十九

19.1 子張曰, "士見危致命, 見得思義, 祭思敬, 喪思哀, 其可已矣."

19.2 子張曰, "執德不弘, 信道不篤, 焉能爲有? 焉能爲亡?"

19.3 子夏之門人問交於子張. 子張曰, "子夏云何?" 對曰, "子夏曰, '可者與之, 其不可者拒之.'" 子張曰, "異乎吾所聞, 君子尊賢而容衆, 嘉善而矜不能. 我之大賢與, 於人何所不容? 我之不賢與, 人將拒我, 如之何其拒人也?"

19.4 子夏曰, "雖小道, 必有可觀者焉, 致遠恐泥, 是以君子不爲也."

19.5 子夏曰, "日知其所亡, 月無忘其所能, 可謂好學也已矣."

19.6 子夏曰, "博學而篤志, 切問而近思, 仁在其中矣."

19.7 子夏曰, "百工居肆以成其事, 君子學以致其道."

19.8 子夏曰, "小人之過也必文."

19.9 子夏曰, "君子有三變, 望之儼然, 卽之也溫, 聽其言也厲."

19.10 子夏曰, "君子信而後勞其民, 未信, 則以爲厲己也. 信而後諫, 未信, 則以爲謗己也."

19.11 子夏曰, "大德不踰閑, 小德出入可也."

19.12 子游曰, "子夏之門人小子, 當洒掃應對進退, 則可矣, 抑末也. 本之則無如之何?" 子夏聞之, 曰, "噫! 言游過矣! 君子之道, 孰先傳焉? 孰後倦焉? 譬諸草木, 區以別矣. 君子之道, 焉可誣也? 有始有卒者, 其唯聖人乎!"

19.13 子夏曰, "仕而優則學, 學而優則仕."

19.14 子游曰, "喪致乎哀而止."

19.15 子游曰, "吾友張也爲難能也, 然而未仁."

19.16 曾子曰, "堂堂乎張也, 難與並爲仁矣."

19.17 曾子曰, "吾聞諸夫子, 人未有自致者也, 必也親喪乎!"

19.18 曾子曰, "吾聞諸夫子, 孟莊子之孝也, 其他可能也, 其不改父之臣與父之政, 是難能也."

19.19 孟氏使陽膚爲士師, 問於曾子. 曾子曰, "上失其道, 民散久矣. 如得其情, 則哀矜而勿喜!"

19.20 子貢曰, "紂之不善, 不如是之甚也. 是以君子惡居下流, 天下之惡皆歸焉."

19.21 子貢曰, "君子之過也, 如日月之食焉, 過也, 人皆見之, 更也, 人皆仰之."

19.22 衛公孫朝問於子貢曰, "仲尼焉學?" 子貢曰, "文武之道, 未墜於地, 在人. 賢者識其大者, 不賢者識其小者. 莫不有文武之道焉. 夫子焉不學? 而亦何常師之有?"

19.23 叔孫武叔語大夫於朝曰, "子貢賢於仲尼." 子服景伯以告子貢. 子貢曰, "譬之宮牆, 賜之牆也及肩, 闚見室家之好. 夫子之牆數仞, 不得其門而入, 不見宗廟之美, 百官之富. 得其門者或寡矣. 夫子之云, 不亦宜乎!"

19.24 叔孫武叔毀仲尼. 子貢曰, "無以爲也! 仲尼不可毀也. 他人之賢者, 丘陵也, 猶可踰也, 仲尼, 日月也, 無得而踰焉. 人雖欲自絶, 其何傷於日月乎? 多見其不知量也."

19.25 陳子禽謂子貢, "子爲恭也, 仲尼豈賢於子乎?" 子貢曰, "君子一言以爲知, 一言以爲不知, 言不可不愼也. 夫子之不可及也, 猶天之不可階而升也. 夫子之得邦家者, 所謂立之斯立, 道之斯行, 綏之斯來, 動之斯和. 其生也榮, 其死也哀, 如之何其可及也?"

堯曰第二十

20.1 堯曰, "咨! 爾舜! 天之曆數在爾躬, 允執其中. 四海困窮, 天祿永終." 舜亦以命禹. 曰, "予小子履敢用玄牡, 敢昭告于皇皇后帝, 有罪不敢赦. 帝臣不蔽, 簡在帝心. 朕躬有罪, 無以萬方, 萬方有罪, 罪在朕躬." 周有大賚, 善人是富. "雖有周親, 不如仁人. 百姓有過, 在予一人." 謹權量, 審法度, 脩廢官, 四方之政行焉. 興滅國, 繼絶世, 擧逸民, 天下之民歸心焉. 所重, 民食喪祭. 寬則得衆, 信則民任焉, 敏則有功, 公則說.

20.2 子張問於孔子曰, "何如斯可以從政矣?" 子曰, "尊五美, 屛四惡, 斯可以從政矣." 子張曰, "何謂五美?" 子曰, "君子惠而不費, 勞而不怨, 欲而不貪, 泰而不驕, 威而不猛." 子張曰, "何謂惠而不費?" 子曰, "因民之所利而利之, 斯不亦惠而不費乎? 擇可勞而勞之, 又誰怨? 欲仁而得仁, 又焉貪? 君子無衆寡, 無小大, 無敢慢, 斯不亦泰而不驕乎? 君子正其衣冠, 尊其瞻視, 儼然人望而畏之, 斯不亦威而不猛乎?" 子張曰, "何謂四惡?" 子曰, "不教而殺謂之虐, 不戒視成謂之暴, 慢令致期謂之賊, 猶之與人也, 出納之吝謂之有司."

20.3 孔子曰, "不知命, 無以爲君子也, 不知禮, 無以立也, 不知言, 無以知人也."

성인을 죽여서 공자를 구하다

리링은 용기 있는 학자이다. 그는 중국 대륙을 심각하게 휘감고 있는 공자 숭배의 열풍에 거의 홀로 외롭게 맞서온 정통 고문헌학자이자 지식인이다. 공자가 달아오를 때마다 그는 "이건 아니다"라며 정확한 근거와 상식으로 그 열기를 식혀주었다. 민감한 주제에 대해서는 늘 머뭇거리듯 말하고 조심스럽기만 한 현대 중국학자들의 저작을 주로 읽어온 내가 리링의 저작을 처음 접했을 때 든 느낌은 아주 '시원하다'는 것이었다.

현재 베이징대 중문학과 교수인 리링은 중국 대륙에서 이른바 3고학(고문헌학, 고고학, 고문자학)의 대가로 통한다. 한국에는 거의 알려지지 않은 '숨어 있는 고수'였던 그는 주로 고대 병법, 방술, 죽간·백서 등의 출토문헌 연구에서 전문적인 학술 성과를 내왔다. 그런데 그러던 그가 2000년대 중반부터 독자 대중의 관심을 쉽게 불러일으킬 만한 고전 관련 연구서들을 출간하기 시작했다. 중국의 대표적 병법서인 『손자』 관련 2부작 『용병은 속임수로 이루어진다-내가 읽은 손자兵以詐立-我讀孫子』(2006), 『유일한 규칙-손자의 투쟁철학唯一的規則-孫子的鬪爭哲學』(2010), 유가사상을 대표하는 『논어』 관련 2부작 『집 잃은 개-내가 읽은 논어喪家狗-我讀論語』(2007), 『성인의 이미지를 벗겨내야 진짜 공자가 보인다-논어, 종횡으로 읽기去聖乃得眞孔子-論語縱橫讀』(2008), 그리고 도가사상을 대표하는 『노자』 관련 저서 『사람은 낮은 곳으로 간다人往低處走』(2008) 등이 그것이다.

　이 일련의 최근 저작들 가운데 중국의 일반 독자들에게 가장 많이 읽히고 사회적으로 커다란 논란과 반향을 일으킨 것은 바로 『집 잃은 개』라는 책이다. 공자는 열국을 주유했으나 의탁하여 뜻을 펼칠 만한 군주를 만나지 못했다. 공자가 정나라 동문에 이르렀을 때, 그 지친 모습을 본 어느 정나라 사람이 그를 '집 잃은 개'에 비유했다. 그 말을 들은 공자 또한 자신의 처지가 그와 같다고 긍정했다. 이 고사에 주목한 리링이 공자의 신세를 가장 적절하게 표현한 말이라 판단하여 책의 제목으로 삼은 것인데, 이것이 마치 만세의 성인이신 공자에 대한 엄청난 모독인 것처럼 여겨진 것이다. 인터넷의 원색적인 비난에서 언론매체의 갖가지 논평, 그리고 학술회의 석상에서의 열띤 토론에 이르기까지, 리링은 유명해지고 이 책은 문제작이 되었다.

　비록 '집 잃은 개'라는 제목이 역사 기록에 전거를 두고 있지만, 그것이 '자극적'이라는 점은 부인하기 어렵다. 아마도 저자는 이 점을 어느 정도는 알고 의도적으로 제목을 그렇게 달았으리라. 하지만 책 제목을 그렇게 정한 동기가 저자 자신이 유명해지기 위해서였다는 일각의 주장은 자못 저열한 인신공격성 비난으로 보인다. 이 책 서문에 밝히고 있듯이, 리링이 '집 잃은 개'라는 이미지를 부각시킨 의도는 일각에서 공자를 성인으로 숭배하는 움직임, 나아가 그것을 가능케 하는 지난 20년간 중국사회에 불어온 '복고풍'에 맞서 홀로 대항한다는 데 있다.

그가 말하는 '복고풍'이란 무엇인가? 그것은 다름 아닌 1990년대 중반부터 중국에서 본격적으로 형성되기 시작한 전통문화 계승, 발양의 분위기를 가리킨다. 주지하다시피 중국은 지난 100여 년 동안 전통을 수없이 비판해왔다. 5·4운동에서 문화대혁명을 거쳐 1980년대 문화열 논쟁에 이르기까지 중국사회에서는 전통에 대한 철저한 비판 및 그것과의 단절을 통해서만 현대화를 이룰 수 있다고 생각하는 것이 대세였다. 하지만 1990년대부터 이러한 100여 년의 모색에 문제가 있었음을 반성하고 점차 전통을 전면적으로 이해하고 긍정하려는 분위기로 선회하며, 최근에는 이를 숭상, 옹호, 발양하려는 분위기마저 팽배해가고 있다. 이러한 분위기가 갖고 있는 문제점은 무엇인가? 학적으로는 전통에 대해 무비판적·맹목적이 되기 쉽고, 정치적으로는 전통문화를 사랑하는 것과 애국주의를 교묘히 결합시킴으로써 중화주의를 고취시키는 데 이용될 우려가 있으며, 사회적으로는 다양한 전통문화적 요소를 상품화함으로써 전통이 지나치게 돈벌이의 수단으로 활용되고 있다는 점이다. 이러한 문제점에 대해 깊이 우려하고 있기에 리링은 지난 20여 년간의 '복고풍'을 '광풍'이라고 거칠게 표현한다.

그렇다면 이 '광풍'은 어떻게 잠재울 수 있는가? 그는 공자 숭배가 이 광풍의 '눈'에 해당된다고 생각한 듯하다. 공자야말로 중국의 전통문화를 상징하는 아이콘이기 때문이다. 공자에 대한 숭배가 일어나는 원인은 공자를 성인으로 여기기 때문인데, 공자에게서 이 성인이라는 이미지를 벗겨내면 공자를 마치 종교적 성인으로 취급하는 분위기가 잠잠해지고, 아울러 공자를 정치적, 상업적으로 이용하려는 분위기도 약화될 것이라 본 듯하다.

『논어』에 관한 리링의 2부작은 이런 주제의식을 담고 있다. 책은 두 권이지만, 주장은 하나로 관통하고 있다. 공자는 성인이 아니라 그저 당대를 치열하게 살다 간, 고뇌로 가득 찬 지식인일 뿐이라는 것이 그것이다. 따라서 독자들은 이 두 권의 책 중 한 권만 읽어도 저자가 무엇을 말하고자 하는지 어렵지 않게 알 수 있다. 하지만『논어』를 새로운 눈으로 보고자 하는 이라면 이 두 권의 책을 모두 읽어볼 것을 권한다. 저자 자신이 설명하고 있듯이 이 두 권의 책은 모두 각기 다른 쓰임새가 있기 때문이다. 즉 다음의 두 가지 측면에서 그 차이점이 설명될 수 있다.

첫째, 형식적인 측면을 놓고 보면,『집 잃은 개』는 여느『논어』해설서처럼 원문 1장부터 20장까지를 그 순서에 따라 한 문장씩 빠짐없이 설명하고 있다. 따라서 그것은『논어』원문을 가져다놓고 처음부터 끝까지 일독하려는 독자들에게 기존의 논어역주와는 다른, 다양한 새로운 시각을 제공해주는 매우 유용한 참고서가 될 수 있다. 반면『성인의 이미지를 벗겨내야 진짜 공자가 보인다』(한국어판 제목은『논어, 세 번 찢다』임. 아래에서는 한국어판 제목으로 지칭함)는 역시 같은 20장으로 구성되어 있지만,『논어』를 원문 순서대로 해설하는 것이 아니라, 몇 개의 커다란 주제로 나누어 각각에 대해 집중된 논의를 하고 있다. 이러한 집중된 논의가 이루어지려면 우선은『논어』를 풀어헤쳐 읽는 것이 필요하다. 인물과 사상이라는 두 가지 주제에 따라『논어』를 헤쳐모은 뒤, 모인 것들과 여타의 다른 고서들을 풍부히 결합시켜 설명하는 것, 이것이 저자가『논어, 세 번 찢다』에서 택한 연구 방법이다. 따라서『논어』전체에 나오는 등장인물들을 체계적으로 이해하려는 사람,

『논어』의 핵심 개념들을 체계적으로 정리하려는 사람에게 이 책은 큰 도움이 될 것이다.

둘째, 내용적인 측면을 놓고 보면『집 잃은 개』는 세세하다는 특징을,『논어, 세 번 찢다』는 심도가 있다는 특징을 지닌다. 이러한 특징의 차이는 우선은 서술 형식과 밀접히 연관되어 있다. 전자는『논어』의 원문 순서대로 설명이 이루어지기에『논어』의 각 문장이 담고 있는 의미에 대한 설명이 비교적 세세하다. 반면 후자는 몇 가지 커다란 주제에 따라 집중적으로 논의가 이루어지기 때문에 논의의 심도가 전자보다 깊다. 한편 두 저작의 내용적 차이는 출판 시기의 차이와도 관련 있다.『논어, 세 번 찢다』에는『집 잃은 개』가 출판되고 커다란 논란이 일어난 것을 계기로 해, 저자가 이견에 대해 반박을 하거나 앞의 저작에서 미진했던 부분에 대해 보완한 것들이 적지 않으며, 심지어『집 잃은 개』에서는 다루지 않았던 내용들도 있다. 예컨대 저자는 공자가 살아생전 다녔던 길을 직접 발로 뛰어다니며 답사를 했는데, 그 답사의 기록은 이 책에만 나오는 내용이다.

이 책의 한국어 번역과 관련하여 몇 가지 밝혀둘 것이 있다. 우선 중국어 원문과 비교할 때 이 한국어 번역본은 제목 및 본문의 구성에 몇 가지 다른 점이 있다. 그중 가장 큰 차이는 편집부의 의견을 받아들여 본문의 서술 순서에 약간의 변화를 가했다는 점이다. 원서에서는 책 전체가 2부로 나뉘어, 1부에서는 인물, 2부에서는 사상이 각각 다루어졌다. 그런데 한국어판에서는 2부 구성이 아니라 3부 구성으로 바뀌었다. 원서 1부의 마지막 두 개 장에 해당하는 '공자는 어떻게 성인이 되었을까'와 '『집 잃은 개』 논란에 대하여', 그리고 2부 마지막 장인 '『논어』에서 무엇을 배울 것인가'를 따로 떼어내 3부로 독립시킨 것이다. 그 이유는 이 세 편의 글이 '인물'과 '사상'이라는 원서 각 부의 구성 의도와 직접적인 관련이 없는 데다, 오히려 책의 큰 주제인 '성전으로서의 이미지 벗겨내기'에 매우 부합하는 글들이었기 때문이다. 따라서 리링의 저작을 처음 접하는 국내 독자들에게 좀 더 명확하게 책의 의도를 전달하고, 또한 독서의 편의라는 실용적인 목적을 겸하여 3부 구성으로 바꾸었음을 여기서 밝혀둔다.

이러한 변화로 인해 책의 제목도 원서와는 달라졌다. '성인의 이미지를 벗겨내야 진짜 공자가 보인다'를 좀더 간결하게 표현할 방법을 고민하던 중, 한국어 '찢다'라는 동사가 지니고 있는 다의성이 떠올랐다. 한 권으로 묶인 『논어』 원서를 풀어헤쳐 한 번은 역사 시기에 따라 종으로 서술하고, 한 번은 사상적 내용에 따라 횡으로 서술한다고 할 때의 '풀어헤침'에서 두 번 '찢음'의 의미를 발견하고, 공자가 지닌 성인의 이미지를 벗겨낸다는 것은 『논어』가 지녀온 '성전'으로서의 이미지를 벗겨내는 것이기도 하다는 점에 착안해, '성전'으로서의 『논어』를 찢는다는 세 번째 '찢음'의 의미를 발견하게 되었다. 원서의 뜻에 부합되는 이러한 제목은 편집부의 아이디어였다.

하나는 각 장절 중간제목, 소제목을 번역할 때 그것이 너무 장황할 경우 될 수 있으면 간결한 형태로 줄였으며 필요에 따라 더 적합한 내용으로 살짝 바꾸기도 했다. 그리고 다른 하나는 인명과 지명에 관한 것이다. 다소 혼란스러울 수 있겠지만, 인명과 지명은 현행 국어 어문 규정에 따라 중국 신해혁명 전후를 기준으로 그 이전의 인명과 지명은 한자어의 한국어 독음 그대로 표기하고, 그 이후의 것들은 중국어 발음에 따라 음역을 했음을 밝혀두는 바이다.

끝으로 사랑하는 나의 고국 한국에서 이 책을 접할 독자 여러분께 당부하고 싶은 것이 한 가지 있다. 독자에 따라 도덕, 종교, 문화에 대한 시각은 이 책의 저자 리링과 다를 수 있다고 본다. 나 역시 철학, 종교 연구자로서 이 문제에 대한 저자의 시각에 완전히 동의하는 것은 아니다. 하지만 그럼에도 불구하고 앞서 언급한 탄탄한 3고학을 기초로 다년간 『논어』 연구에 몰두하여 얻어낸 크고 작은 여러 결론에 대해서는 많은 부분 수긍이 갔다. 아무쪼록 시각이 다르다고 쉽게 책을 덮어버리지 말고 저자가 안내하는 『논어』의 세계로 푹 빠져 들어갔다 나오면 기존의 어떤 책들보다 더 많은 수확이 있을 것이라 믿는다.

리링의 저작이 지닌 가치를 제일 먼저 알아보고 이 책을 번역할 기회를 주셨을 뿐 아니라 번역 중에도 조언을 아끼지 않으신 글항아리 노승현 기획위원, 재촉의 말 한마디 하지 않고 기다려주신 강성민 대표, 그리고 거친 초고를 더 적합한 한국어 표현으로 다듬어주신 편집부 여러분께 감사의 마음을 전한다.

2011년 7월 8일
베이징에서 황종원